寄语与撷英
中国政治学会 30 年巡礼

郑 慧 主编

世界知识出版社

图书在版编目（CIP）数据

寄语与撷英：中国政治学会30年巡礼/郑慧主编．
—北京：世界知识出版社，2018.1
ISBN 978-7-5012-5713-3

Ⅰ.①寄… Ⅱ.①郑… Ⅲ.①政治学—研究机构—概况—中国 Ⅳ.①D0-242.1

中国版本图书馆CIP数据核字(2018)第054299号

责任编辑 刘豫徽
责任出版 王勇刚

书　　名 寄语与撷英：中国政治学会30年巡礼
Jiyu yu Xieying：Zhongguo Zhengzhixuehui 30 nian Xunli
主　　编 郑　慧

出版发行 世界知识出版社
地址邮编 北京市东城区干面胡同51号（100010）
经　　销 新华书店
网　　址 www.ishizhi.cn
电　　话 010-65265923（发行）　010-85119023（邮购）
投稿信箱 lyhbbi@163.com
印　　刷 北京京华虎彩印刷有限公司
开本印张 720×1020毫米　1/16　27¾印张
字　　数 386千字
版次印次 2018年1月第一版　2018年1月第一次印刷
标准书号 ISBN 978-7-5012-5713-3
定　　价 69.00元

目　录

为建立具有中国特色的马克思主义政治学而努力奋斗

——张友渔同志在中国政治学会成立大会上的开幕词*

张友渔**

同志们：

中国政治学会成立大会现在开幕。

目前，我们国家正处于工作重点转移到社会主义现代化建设方面来，并且要在经济上实行进一步调整、在政治上实现进一步安定的前提下进行政治体制和经济体制的重大改革之际，在这样的重要时刻，召开全国政治学会成立大会，具有十分重要的意义。

我们这次会议的主要议程是：（一）听取胡乔木同志和于光远同志的重要讲话；（二）就政治学的对象与任务，政治学在社会科学体系中的地位及其与我国政治体制改革的关系，对于社会主义现代化事

---

* 中国政治学会成立大会于1980年12月24—28日在北京召开。该文发表于《政治学研究通讯》（内部刊物）1981年5月第3期。

** 张友渔，时任中国社会科学院副院长，中国政治学会会长。

业的意义，如何改变我国政治学研究的落后状况等问题，开展学术性讨论；（三）讨论修订《全国政治学研究（1981—1985）规划纲要》的初步设想；（四）审议通过《中国政治学会章程》；（五）协商推选中国政治学会的理事会理事，建立工作机构；（六）讨论中国政治学会今后的工作。

同志们：政治学作为一门重要的学科，不论是对于繁荣社会科学研究事业，提高全民族的科学文化水平；还是对于实现四个现代化，促进国家的政治体制改革，都占有不容忽视的重要地位。从这个意义上讲，我们这次来自中央有关部门和各省、市、自治区的100多位会员代表欢聚一堂，共商政治学的建设问题，其重要性是显而易见的，无疑是中国政治学界的一件非常值得庆贺的事。当然，这并不是说可以自满了，而是说，政治学界不仅对时代所赋予自己的光荣使命应当具有欢欣鼓舞的自豪感，而且对自己所肩负的艰巨任务必须具有坚定不移的责任感。问题很清楚，召开会议也好，创建学会也好，本身并不是目的，只不过是一种措施，一种手段。归根结底，是为了推动政治学所处的落后状态能够早日改变，促进政治学研究事业的繁荣发展，使政治学真正能为政治服务，真正能有助于四个现代化的伟大事业。一方面，我们要充分肯定，粉碎“四人帮”以来，随着整个社会科学地位的日益提高和党的知识分子政策的不断落实，不仅政治学的应有地位正在恢复，政治学的重要性越来越受重视，而且政治学界的面貌正在复苏，逐步出现活跃的新局面。因此，建立中国政治学会，开展群众性的学术活动，已经具备了客观的可能性。但另一方面，我们也必须清醒地看到，在我国，轻视政治学由来已久，而恢复政治学研究只是刚刚开始；政治学的队伍拆散多年，人才流失，学业荒废，要聚集人才不比寻找矿产资源更容易；政治学研究工作中断长达30年，课题很多，任务繁重，要改变这种落后状态，不能指望短期所能奏效。因此，今后中国政治学会要开展工作，难免会碰到一定困难。我们必须具有知难而进的决心和坚持不懈的勇气！如果没有勇挑重担的事业心，没有艰苦创业的责任感，没有百折不挠的自信心，也就必将一事无成。如何搞好中国政治学会的工作，是这次会议的中心议题之一，需要大家群策群力，出谋划策，集思广益。我想利用这个机会，对中国政治学会今后的工作，提几点希望：

第一，希望中国政治学会保持群众性学术团体的本色，工作的重点始终要放在推动和组织本会会员，就政治学领域内的重大或迫切的课题进行必要的分工协作，深入进行创造性的科学研究工作，有计划地搞好国内外的政治学学术交流工作。

前面已经讲了，政治学研究所面临的课题很多，任务很重。这就应当把客观需要和主观可能有机地结合起来，坚持实事求是，区别轻重缓急，统筹兼顾，全面安排，制定计划，具体落实。

我所说的要保持群众性学术团体的本色，对于政治学会来讲特别重要。这主要指的是两个意思：首先，它所选定的研究课题及其成果应当主要是学术理论性的；其次，它的活动内容，应当主要是属于学术理论性质的，真正成为本会会员进行学术活动的场所。当然所谓学术理论性，是与实际密切联系的，不是脱离实际的。

第二，希望中国政治学会坚持以马克思主义、列宁主义、毛泽东思想为指导的基本原则，讲求政治学研究的科学性，树立良好的学风。

中国政治学会要积极提倡、鼓励会员和广大的政治学工作者，努力学习和运用马克思主义的基本理论研究政治科学。

现在，摆在我们面前的一个重要任务，就是要重新系统地学习和掌握马克思主义的科学体系，用以指导我们今后的工作。马克思主义的基本理论对政治学的重要性，已为正反两方面的实践经验所证实。只有坚持以马克思主义的基本理论为指导，我国的政治科学才有可能沿着正确的轨道健康地向前发展。任何以为马克思主义理论对于政治学研究是可有可无的想法和做法，任何以为政治学研究应当摆脱马克思主义的“束缚”的想法和做法，都是错误的。

当然，坚持以马克思主义为指导，并不意味着可以利用“只言片语”去乱贴标签。马克思主义不是教条，而是我们研究政治科学的指南。这就是说，我们不仅要运用马克思主义的立场、观点、方法去研究政治现象，而且要坚持一切从政治现象的实际出发，而不能从任何主观随意性或实用主义的需要出发。我们希望政治学界一定要牢固树立理论联系实际，一切从实际出发、实事求是的学风，并使之日益发扬光大。当然，以马克思主义为指导，并不是把马克思主义当作宗教戒律，不许讨论，而是要以马克思主义为武器，来战胜非马克思主义的理论、学术。马克思主义是放之四海而皆准，历经百世而不惑的、颠扑不破的真理，不怕别人批评。思想问题只能用思想斗争的方式而不能用法律手段，用“罢黜百家”来解决。我们并不是要放弃“百家争鸣”的方针。当然，有些言论不属于“百家争鸣”的范围。

第三，希望中国政治学会要不断加强广大政治学工作者的团结，注意政治学人才的发现和培养，推动政治科学工作队伍的发壮大。

安定团结是改革体制、实现四化的基本条件，也是发展政治科学的必要条件。中国政治学会作为党和政府领导下的群众性学术团体，不仅应当用自己的科研成果，当好党和政府的得力助手，而且要通过自己的日常学术活动，成为团结广大政治学工作者的组织，起到党和政府联系政治学工作者的纽带作用。要尽快改变政治学在我国的落后状况，促进政治学的繁荣发展，这在政治学界是人心所向，是大家的共同目标。因此，同心同德，聚精会神，狠下功夫，多出成果，应当成为政治学界的共同志向；而地区的不同，研究领域的不同，学术观点的不同，都不能成为妨碍政治学工作者内部团结的因素。

当前，一个十分突出的问题是，由于大家都知道的原因，政治学工作者的队伍与政治科学发展的要求是非常不相适应的。要解决这个问题，除了通过人事组织部门解决用非所学者的归队以外，根本出路在于教育主管部门有计划地大力培养政治学专门人才。但中国政治学会作为群众性的学术团体，也是广泛地发现和培养人才的很好的组织形式。我希望政治学会的会员和理事，都能把发现人才作为自己的一项经常性任务。同时也可以考虑，有计划地、分期分批地举办一些短训班，有目的地培训一批在职的政治学工作者，以适应政治学科研、教学和实际工作部门的急需。无论是加强政治学本身的学科建设，繁荣政治学研究事业，还是加强社会主义的政治建设，改革和完善政治制度，如果没有一支专业化的政治学工作者队伍，那都只能是纸上谈兵。因此，我们政治学工作者的队伍，不仅必须不断地发展壮大，而且当前就必须尽快加以扩大，特别是要不失时机地选拔、补充一批年轻的新生力量。中国的马克思主义的政治科学，不但需要后继有人，而且必然大有人在、后来居上，也应当一代胜过一代。

第四，希望中国政治学会认真贯彻“百花齐放、百家争鸣”的方针，推动学术交流的开展，促进政治科学的繁荣。

实行“双百”方针，是繁荣科学文化事业的正确方针。毫无疑问，要发展政治科学，必须在政治学界坚定不移地贯彻执行学术上的“百家争鸣”。今后，各地政治学工作者举行的各种学术会议和学术讨论会，必定会日益活跃。中国政治学会开展工作之后，就要考虑如何在坚持四项基本原则的前提下，树立学术自由的良好风气。要想推动学术讨论的展开并不断提高讨论水平，首先，要使学术讨论真正是建立在科学研究的基础之上；其次，必须保证大家自由讨论，各抒己见，畅所欲言。我看，不仅要允许不同学派、不同学术观点的自由讨论，而且应该提倡在学术成果上开展友谊竞赛，例如，可以搞一点优秀科研成果的评选活动。

还有，我们政治学界以一个学界而论，国际学术交流也必然要提到日程上来。现在，中国政治学会建立起来了，在开展各种形式的中外政治学的学术交流方面，也需要考虑如何发挥它的应有作用。

同志们！不久前召开的五届人大三次会议，是一次有重大意义的会议，它的各项决定特别是关于实行政治体制和经济体制改革的决定，合潮流，顺民心，深受全党和全国人民的热烈拥护，我们广大的政治学工作者也由此受到很大的鼓舞，更加增强了前进的信心。中国政治学会的创立，将是对中国政治学界的一个极大推动。我相信，新生的中国政治学会一定能够团结广大的政治学工作者，为发展我国的政治科学，为实现经济上的进一步调整、政治上的进一步安定，为改革与完善我国社会主义政治制度，做出有益的贡献。谨祝会议圆满成功！

为开创政治学研究工作的新局面而努力

——在中国政治学会第二次学术讨论会上的讲话*

张友渔**

中国政治学会召开第二次学术讨论会，是我国政治学界的一件有意义的事。这次会议将以“我国的政治体制改革”为中心议题，组织专题讨论，进行学术交流。开好这次学术讨论会将对我国政治学的建设和发展产生推动作用，并以此为良好的开端，在大家的共同努力下，使政治科学能够为我国全面开创社会主义现代化建设的新局面做出应有的贡献。

现在，我想就这个问题讲一点个人的想法。

为了全面开创社会主义现代化建设的新局面，党的“十二大”把发展科学确定为经济建设的战略重点之一。“科学”当然包括自然科学和社会科学。在1981年6月，党的十一届六中全会《关于建国以来党的若干历史问题的决议》中就已明确提出：“要在全党大大加强对马克思主义理论的研究，对中外历史和现状的研究，对各门社会科学

* 本文发表于《政治学研究通讯》1983年第1期。

** 张友渔，时任中国社会科学院副院长，中国政治学会会长。

和自然科学的研究。”政治学是社会科学的一个重要学科，党向社会科学工作者提出的任务，也是向我们政治学研究工作者提出的任务。社会主义现代化建设是全党全军全国各族人民的伟大事业，我们一定要做好政治学研究工作，为这个伟大事业服务，做出应有的贡献。

如何为社会主义现代化建设服务呢？我认为，首先，政治学本身要有一个新的面貌，拿出一批真正适合当前社会主义现代化建设需要的科研成果。邓小平同志在党的“十二大”的开幕词中指出：“我们的现代化建设，必须从中国的实际出发，无论是革命还是建设，都要注意学习和借鉴外国经验。但是，照抄别国经验，别国模式，从来不能得到成功。这方面我们有过不少教训。把马克思主义的普遍真理同我国的具体实践结合起来，走自己的道路，建设有中国特色的社会主义，这就是我们总结长期历史经验得出的基本结论。”小平同志这一论断，同样适用于我们政治学研究工作，应当成为政治学研究工作的根本指导思想。我们必须从实际情况出发，努力探索我国社会主义政治的特点和它发展的客观规律。

1980 年 5 月，在中国政治学会筹备会成立大会上，我们曾经提出，要为建立具有中国特色的马克思主义政治学而奋斗。就是说要建立一门马克思主义原理和中国政治实践相结合的，以分析和解决中国和世界在理论上实际上存在的政治问题为目的的政治学。这是一个新的课题。我们对这样的政治学的研究对象和研究方法以及它所包含的全部的具体内容，不可能一开始就在认识上取得一致，因为这是新东西，过去还没有过。因此，我们应当以马克思主义理论为指导，根据实际经验和进行反复的实践把它逐步地建立起来。

政治学是研究政治的一门科学。它的研究对象当然是政治。但什么叫政治？人们的认识并不一致。资产阶级学者曾经提出过很多意见，由于阶级的局限性，他们提出的定义以及对定义的解释不可能完全是正确的、科学的。当然也不能一笔抹杀，说资产阶级学者说的都是不对的。不过从总体上看，它不可能完全是正确的、完全是科学的。他们的基本观点是错误的。所以我们研究政治学，不能把资产阶级学者的那些定义和解释作为理论根据。这些东西可以作为参考，但不能作为根据。

马克思主义的经典作家在他们的著作里经常提到政治这个概念。例如，列宁对于政治就有过许多提法。他说，“政治就是各阶级之间的斗争”，“政治是经济的集中表现”，“政治就是参与国事，指导国家、确定国家活动的方式、任务和内容”，“政治是一种科学，是一种艺术”，等等。当然经典作家的著作不是每一句话都是一个完整的定义。有些论述往往是针对着某一种情况就某一个方面的问题而提出的。所以我可以说一句题外的话，我们现在不是有好多马恩列斯毛的语录吗？语录这个东西是很有用处的，因为每一个人的脑筋不可能统统记住马恩列斯说过什么话。但是，只靠语录，可能正确，也可能犯错误。比如说对于政治，马恩列斯也说过好多话。其中有的是全面的，也许就是一个定义；有的是针对某一个问题时说的话，只是适应当时那个情况对处理那个问题才是正确的，如果你拿来用到别的地方去，用到别的问题上去，就可能是错误的。所以，语录是必要的，但是语录只是个索引。根据语录我们可以知道经典作家在什么地方说过什么话，然后去找原文。因为这些话有个上下联系和前后左右的关系，是针对某些条件某些问题讲的。因此，我现在引用了列宁同志那些话，不一定每句话都是千古不变的。根据列宁的思想，政治是阶级社会的产物，没有阶级的时候，没有阶级斗争，没有国家，没有法律，也没有政治。所以政治是阶级社会的产物，是阶级社会的经济基础和上层建筑的集中表现，是统治阶级、被统治阶级之间权力斗争的关系，同时也是统治阶级内部权力分配和运用的关系，政治就是这么个东西。对于这个看法可能有不同意见，可以讨论。斗争和运用都是一种艺术，所以政治是一种艺术，又是科学。由于社会的发展和阶级关系的变化，政治的具体内容也随着变化，直到阶级消灭，政治也就不存在了。如果说在共产主义社会还会有政治的话，那就不是本来意义上的政治了，就不是现在讲的政治了。过去毛主席也说过，将来社会还会有政治这个词，那个时候叫它政治也可以，但不是现在这个政治的意思。马列主义、毛泽东思想是指导我们政治学研究的理论基础。我们必须坚持马列主义、毛泽东思想，绝不可以离开它，更不可以违背它。但是，马克思主义导师从来不是抽象地谈论政治的含义，而总是在一定的历史背景下具体地加以阐发。因此，我们绝不可以满足于摘引马克思主义经典著作的片言只语，而是应该把理论与实际结合起来，全面地、准确地领会马列主义、毛泽东思想关于政治的论述。

要建立具有中国特色的马克思主义政治学，有两条必须坚持：一是必须坚持以马克思主义的基本理论为指导，二是必须坚持从当今中国的实际出发，来认识我国的以及世界的政治。这样才能够既符合马克思主义的原则，又富有中国自己的特色。至于政治学这门科学应当包含哪些具体内容以及政治学的体系问题，我认为，不可以从书本上去寻找现成的答案。因为科学体系本身也是从实际中产生的，总结实际经验才能逐渐形成为一个体系，体系又是随着科学的发展，特别是客观现实的发展而不断发展变化的。如果认为科学体系是永恒不变的话，那它就成了一个死框框，它本身就不会是科学的，何况我们研究政治学，不是停留在研究一般的政治学，而更重要的是研究社会主义政治学。社会主义政治学现在还没有现成的体系可循。所以，要建立和发展马克思主义政治学，我们不应当一开始便把主要精力集中在解决体系问题上。如果一开始就把精力用于研究马克思主义政治学的体系问题，那恐怕不大可能做得很成功。这里面有一个方法问题：即从体系出发，从已有的结论出发，还是从实际出发，从客观的需要出发？我认为，应该从实际出发，而不可以从书本出发，更不可以从空想、想象出发，我并不是说，体系问题不需要研究，这是科学，将来总得有个科学的体系。但我认为在开始的时候我们可以不忙于追求搞一个完整的体系。而是应当用较多的力量进行调查研究，摸清在我国实际生活中，哪些问题是急切需要解决的，研究工作就在哪里开始。在实践过程中，随着对情况的了解，认识的提高，经验的积累，规律的掌握，就可以逐步地自然地解决政治学的体系问题。这就是说，不要为体系而体系，花好多力量去搞这个东西，要先从解决实际问题入手，最后它就自然地形成一个完整的体系。

这几年来，我们大家都在为建立具有中国特色的马克思主义政治学而努力。可以说，这个具有中国特色的马克思主义政治学正在建设中，正在实现过程中，它的特点正在形成和发展的过程中。建立具有中国特色的马克思主义政治学的目的和任务，最主要的是为党所提出的实现社会主义现代化的总任务服务。为此，我们政治学研究工作者在当前：

第一，要研究政治的发展有没有规律？社会主义政治是什么？它有什么特点？它同过去历史上的政治有什么区别、有什么联系？在社会主义社会的发展中，政治处于什么样的地位？能起什么样的作用，它应该起什么作用？等等。

第二，我们要研究如何坚持人民民主专政。作为无产阶级专政的一种形式，人民民主专政有什么特点？它同历史上剥削阶级的专政有什么区别？在我们人民民主专政的社会主义国家里，国家应当怎么样活动？它的职能是什么？为了保证充分行使它的职能，它的权力结构应当是什么样的？行使职能的方式又是什么？是不是随着发展阶段的不同而不同？比如无产阶级专政，它也有发展的不同阶段。一个阶段有一个阶段的特点、形式和方法。斯大林不是就说过专政有两个阶段吗？第一个阶段镇压的职能是主要的，第二个阶段经济文化建设的职能是主要的。在我国解放初期，人民民主专政主要职能就是专政，我们不是有过镇反吗？在现阶段，主要职能又是什么呢？就是建设社会主义现代化，这个职能就是主要的。国家行使它的职能是不是随着发展阶段的不同而不同？在剥削阶级作为阶级不再存在的情况下，如何正确认识和处理阶级斗争问题？国家如何运用专政职能，有效地对付可能存在的颠覆活动，有力地镇压敌对分子的反革命破坏行为，坚决地惩办危害社会治安，特别是破坏社会主义经济的刑事犯罪分子？这些都是需要认真研究的。

第三，我们要研究什么是高度的社会主义民主，如何建设高度的社会主义民主。党的“十二大”提出社会主义的物质文明和精神文明建设，都要依靠继续发展社会主义民主来保证和支持。建设高度的社会主义民主，是我们的根本目标和根本任务之一。这就向我们提出了一系列的重大研究课题：社会主义的高度民主应是什么样的？它有哪些基本的标志和特征？它同资本主义民主是什么区别？社会主义民主在社会主义现代化建设中的意义和作用是什么？它如何才能对社会主义的物质文明和精神文明的建设起保证和支持作用？在社会主义民主的建设中，如何把民主扩展到政治生活、经济生活、文化生活和社会生活的各个方面？如何在基层政权和基层社会生活中逐步发展人民的直接民主、发展基层社会生活的群众自治？如何使民主成为人民群众进行自我教育的方法？如何按照社会主义民主的原则，建立人与人之间的平等关系和个人与社会之间的正确关系？如何把社会主义民主的建设同社会主义法制的建设更紧密地结合起来，使社会主义民主不断地制度化，法律化？政治学者应该认真研究，探求社会主义民主发展的客观规律。这些问题是中央现在提出的要求，也是在胡耀邦同志的报告中提出来的，如何实现这些要求，就是我们政治学面临的任务。

第四，我们要研究如何改革政治体制，加强国家机构的职能。党的“十二大”把进行机构改革和经济体制改革，实现干部队伍的革命化、年轻化、知识化、专业化，作为我们集中力量进行社会主义现代化建设的四项保证之一。这就向政治学研究者提出了极其重要的，也是我们义不容辞的任务。我们应当深入地研究，在建设高度民主的社会主义政治制度的过程中，在遵循民主集中制的原则的前提下，如何加强各级国家机关的建设，使各级人民代表大会及其常设机构真正成为有权威的权力机关。这是党的十一届六中全会决议中提出的要求。中央的这个要求很高，我们应当承认现在各级人民代表大会及其常设机构已经是，本来就应该是有权威的权力机关，只是工作有做得不够的地方就是了。这次修改宪法已经解决了相当一些问题，是不是我们应当结合学习新宪法，进一步认真研究呢？我认为应该。还有，如何进一步改革和完善国家的政治体制、领导体制和干部制度；如何使人民能够更好地行使国家权力，使国家机关能够更好地按照人民的意志、利益和需要，有效地领导和组织社会主义现代化建设等，都要很好研究。这也是我们这次学术讨论会所要探讨的问题。

第五，政治学要研究党在国家生活中的地位和作用的问题。在党的“十二大”报告和新党章中，都提出了在我们社会主义国家里，党在国家生活中的地位和作用这个问题。资本主义国家有政党，社会主义国家也有政党，政党的地位和作用问题，是政治学中的一个非常重要的问题。即使是资产阶级政治学也不能不研究这个问题，资本主义国家党和政府的关系，形式上与我们不同，但在他们那里，实际上也是党领导国家的。哪一个资本主义国家的政策、方针不是由那个国家的执政党制定的？虽然执政党制定以后还要由议会通过，可是议会当中的多数党就是执政党，它要不是多数党也执不了政嘛。议会是执政党操纵的工具，所以议会通过不通过是一个形式，实际上还是由党决定。哪个党上台，它就执行哪个党的政策嘛。资本主义国家作为统治阶级的资产阶级，由于内部矛盾，一个阶级可以有几个党。有的实行两党制，有的实行多党制，它们可以轮流执政。但是不管哪一个党执政都是代表着资产阶级的利益。所以执政党的更换，基本上并不影响国家政策的改变，只是所采取的办法或者所代表的资产阶级的集团有所不同。不论哪一个党执政，一上台就宣布它的政策，议会就通过，就根据它的政策来执行，这还是党在领导吗？有的国家设总理，有的国家设首相，他们都是执政党的党魁。日本继铃木之后上台的中曾根还不是自民党的党魁吗？政府的主要阁员还不都是执政党的党员吗？所以党和国家的关系是很重要的，政治学不能不研究这个问题。资本主义国家表面看不是党领导国家，实际上就是党领导，可以说没有任何国家不是党在领导。社会主义国家中的工人阶级政党，是掌握了政权的党。在资本主义国家中，也有无产阶级的政党，有的是合法的，有的是“非法”的。合法的也有一定限度，它的地位和在社会主义国家处于执政党的地位不一样。在资本主义国家中它是被压迫的政党。在社会主义国家，它是执政党，所以它的作用就不一样。在资本主义国家，是资产阶级政党执政；无产阶级政党是不执政的，是被压迫的，它的主要任务是进行夺取政权的革命斗争。在我们社会主义国家，工人阶级政党即共产党取得了革命的胜利，处于掌握政权的地位。这就值得社会主义政治学去加以研究。我们的党在国家生活中究竟处于什么样的地位？它的领导作用究竟应该怎么样发挥？为什么必须坚持党的领导？在今天的新形势下如何改善和加强党的领导？如何加强社会主义新时期执政党的建设？如何正确认识和处理党政关系，即既要坚持党的领导，又要在党政之间有适当的分工。还有，如何处理党群关系呢？党群关系现在看起来似乎不成问题，实际上问题不小。党和群众的关系不是一个上下级关系。群众是什么？就是人民嘛！党领导群众，领导国家，反过来我们又是人民的勤务员，不是老爷，骑在人民头上。所以这个党群之间的正确关系也是要很好地坚持，不是放任自流，不去领导；也不是官僚作风，以强迫命令这种手段来领导，党群关系在整个国家中有这个问题，在一个机关中也有这个问题。怎么搞好党群关系是一个迫切需要解决的问题。所以，中央特别强调并提出这个问题。总之，党政关系，还有一个党群关系，都应该很好地开展研究。

我在讲了以上这些研究课题后，应该做三点说明。

第一，上面所列举的，仅仅是作为举例。其中有一些是大家早已知道了的，有一些可能提得不全面，还有一些我没有提到。不是说没有提到的就不需要研究，也许还有比我提到的更重要的东西。但是，我提到的这些都是政治学应该研究的课题，都是在今天实现社会主义现代化的过程中政治学应该做好的重要工作。至于我们研究出来的成果的作用大小，那就要看我们努力的结果怎么样了。如果它确实是考虑了我国社会生活的各个方面，适合于当前现实情况的需要，又反映了对客观规律的正确认识，符合实际，并推动实际的工作，那就是高质量的成果。就是说我们全面研究了实际生活的各个方面，不是片面性的，不是凭主观臆断，而是适合于当前实际情况的需要的，反映出发展的客观规律，因而就可以推动实际工作，对实际工作有帮助。这样的成果就是理论联系实际，有助于当前的社会主义现代化建设。

第二，以上所说的那些方面，主要是从需要出发来考虑的，能不能完全做到，这取决于政治学研究工作队伍的数量和质量。现在我们的数量当然还小，队伍还不强，我们还要扩大队伍。我们现有研究人员的质量、水平也不是很高，所以现在要培养骨干。除了队伍的数量和质量这两个因素之外，研究工作也会受到其他因素的制约。前面提出的研究任务当然最好都能做到，但是恐怕不大可能，有的可能很快做到，有的可能一时不能完全做到，甚至在相当长的时间内还不能够完全做到。我们应该有这种思想准备，宁愿把困难估计得多一些。我们所以要这样估计，不是因为有困难我们就不做了，不是那意思，而是因为有了困难，我们就要迎着困难前进，更加努力地解决好这个数量不足、质量不高的问题。这就是我们政治学会应该做的事情，也就是怎么样扩大我们的队伍，怎么样帮助大家提高质量。

第三，上面所列举的课题，仅仅是指政治学在实现党的“十二大”所提出的总的目标中，应当承担的主要任务的一些重要方面，并不是指政治学所应当研究的全部问题，也不是说这里提出了什么，大家就统统都去研究什么，应该有分工，有轻重缓急。现在我们有些工作，往往存在着一般化，抓不住重点的问题；也有一个一哄而起，一个潮流来了，一件什么事来了，一哄而起，不分轻重缓急的问题。研究工作里面恐怕也有这个问题，即如何区别轻重缓急、分工合作的问题。除了上述许多从实际中提出的研究课题外，我们不应该忽视加强对政治学的基础理论的研究，对于政治学的一些基本问题的研究，包括毛泽东同志早在41年前就提出要研究的政治史，还有研究中外的政治思想史、政治制度史、中国的吏制、外国的文官制度、国外的基本的政治学著作的翻译、政治学辞典和大百科全书的政治学卷等基本工具书的编辑，高等院校政治学教科书的编写、对于中外历史上的以及当代的政治学思潮、流派的研究等，都应该成为必要的工作。如果我们政治学的基本功很差，对于政治学的基础理论和基本知识缺乏了解，仅是一知半解，那么前面所列举的那些任务就不可能完成，更不可能完成得好。当然，目前主要的任务是为社会主义现代化建设服务，不能脱离实际，专去搞基础理论的研究。不过，少数人搞基础理论研究也是可以的，但一般地说不要把重点放在那儿，而必须运用我们的理论知识来解决实际问题，为社会主义现代化服务，不能脱离实际关起门来做基础理论的研究，而且脱离了实际也不可能真正研究好基础理论。自然科学也有这个问题，它还要到实验室里去实验，如果它只从书本上研究理论、公式，也不行，它还要实验。社会科学更是如此。社会科学是解决社会问题的，你不研究实际问题，光从书本上把马列主义的经典著作背熟，也不能解决中国的实际问题。为什么毛泽东思想很有价值，就是因为它把马列主义理论运用到中国的实践中来。这个道理列宁也讲得很多，就是要具体问题具体分析，马列主义本身也是这样发展的。马克思主义到了列宁阶段，就成了列宁主义了。所以脱离了实际，不可能研究好基础理论。政治学所以成为一门科学，和其他一切社会科学一样，是因为它产生于实际，又反过来服务于实际。资产阶级政治学的产生，也是由于它能解决资产阶级社会的问题，解决资产阶级同封建阶级斗争的问题，有那个作用。中国儒家的存在也是因为有它的实践者孔子跑遍天下，给封建统治阶级献策，所谓“辙环天下，卒老于行”。他还做过鲁国司寇，杀了他的敌人——当时的名人少正卯。年老退休，孔子还写了为封建统治阶级服务的儒家经典著作《春秋》，所谓“孔子作春秋，而乱臣贼子惧”。他一生著书立说，建立儒家学派，从来没有脱离实际，脱离为封建地主服务的实际。所以没有哪一个学者是不为社会服务的，不为阶级服务的。不过有个分工，有的是更直接一些的实际，有的是远一点；有的是为当前服务的，有的是为将来前途、方向服务的，这一点是我们一定要把握住的。当然，我们为实际服务，不是资产阶级的实用主义，而是以马克思主义理论为指导，根据社会发展的规律，科学地来解决实际问题。现在党和国家所以重视政治学，就是要求政治学能够帮助党和政府解决实际问题，政治学研究工作者能够作为党和政府的得力助手、参谋。具体地说，就是要能够从理论上、实际上解决社会主义现代化建设事业中存在的或者可能存在的问题，我们要起这个作用。

我们应该在政治学界现有力量的基础上，对《中华人民共和国国民经济和社会发展第六个五年计划》中要求政治学进行的重点研究项目组织攻关，争取写出高水平的科学著作，做出应有的贡献。这不但丝毫没有损害政治学作为一门科学所应有的严肃性，恰恰相反，它正是赋予和加强了社会主义政治学的科学性，也就充分表现了政治学的科学性。党和政府之所以需要政治学研究工作者这样的助手，就在于政治学研究工作者能够以科学家的严谨的、实事求是的科学态度和为人民服务的精神，研究当前迫切需要解决的现实政治问题，提出科学的见解或建议，贡献给党和政府、贡献给人民，贡献给社会主义现代化建设事业。如果我们不能完成作为党和政府的得力助手的任务，那就难怪人们不重视政治学和政治学研究工作者。说得极端一点，这样的政治学、政治学家有没有存在的必要实在值得怀疑。如果政治学不能解决政治方面的实际问题，政治学研究工作者不能帮助国家研究解决实际问题，那要你做什么？当然，少数人专门从事纯学术研究是可以的，那就不需要很多人了，何必要加强队伍、扩大队伍呢？当然不光是我们政治学界，别的社会科学界也有这个问题，即不受重视。当然重理轻文是不对的，但是咱们不能站在自己的立场，老是埋怨重理轻文，要先看看我们这个文为什么不被重视。假如该重视而不被重视，那就是人家犯错误；由于不重视文而耽误了工作，耽误了社会主义建设，那就是领导上犯错误。假如是我们不值得重视，我们做不出值得人家重视的成果来，那就很难怪人家不重视，所以事情是两方面的。我们希望领导一定不要重理轻文，要理文并重。实际上，有些时候可能就是要重理。假定这个时候急于要解决理工的问题，他重点抓理工方面也是可以的；有些时候就要重文，像现在强调发展社会主义民主，加强社会主义法制，那可能就要重文了。所以现在党和国家很重视政治学的建设和发展。有些事情要唯物地、辩证地去看，也不是一成不变的。重理轻文有时候是错误的，有时候也许就是对的，重文轻理也是这样。比如在封建社会里，没有什么科学技术问题，所以“万般皆下品，唯有读书高”，那时封建地主就需要文来帮助他。所以别人的问题是别人的问题，他不重视他犯错误，我们应该提意见。可是我们也要看看自己是不是值得重视，首先要反躬自省吧，不要怨天尤人，而应当积极工作。一方面勇于承担党政领导机关交给我们的任务，另一方面，主动提出建议，要求任务。要把这些任务都很好地完成。我们要争取同业务部门合作，把理论应用于实际，帮助他们解决实际问题。这样就可以用我们的实际行动来证明，政治学所进行的研究，对于现实的政治建设以及各部门的工作可以产生直接效果。因而，政治学就会更被重视。只要各地的政治学会、政治学的科研机构和教学单位，都能积极工作，就必然会取得地方党委和政府的领导和支持，全国政治学事业的发展也就能得到可靠的保证。

前面说到我们应当完成党和政府交给的任务和帮助业务部门解决实际问题，这就需要在政治学研究工作中，把政治学能够直接运用的部分放在重要地位。自然科学有个应用的问题，社会科学也有同样的问题。因此，为了推动政治学的发展，为了使政治学在社会主义现代化建设中更加直接地发挥它的应有作用，我们应当像自然科学的许多门类和社会科学中的经济学、法学所做的那样，把已经掌握的政治学知识直接应用到社会主义政治建设中去。在我国，自然科学的应用方面做得很好，例如导弹等这些东西都搞出来了。在社会科学方面，经济学和法学现在做了些工作，这也是由于党和政府交给的任务，要求它们这样做。在法学方面，和我也有关系，做得还是很不够，还有很多任务要做，已经做的也有不少缺点。例如，我们现在已经制定的有些法律还只是“试行”，就是因为还不完全有把握，还可能有问题，还需要在实践中考验。其他一些法律，例如民法至今还搞不出来，现在打算一部分一部分地搞。合同法搞出来了，现在正搞继承法，然后再合起来。这就是像我们前面所说的那样，适应实际的需要，先把比较成熟的和当前急需的，作为重点研究的课题；现在还不成熟的或者不是很急需的，就晚一点搞。所以说，我们应该像自然科学的许多门类以及社会科学中的经济学和法学这些部门所做的那样，把现在已经能够掌握的和实际可以应用的理论、知识先运用到社会主义建设中去。

发展政治学直接运用的部分，例如研究行政管理学，我们就可以直接运用，是不是可以同行政管理部门联系、帮助他们，像自然科学同工厂联系那样，订合同。我们可以同一些行政管理部门或单位签订合同，负责在一定的时间内研究清楚他们这个部门或者单位的现实情况，提出改进的办法。如果对方愿意跟我们合作，愿意接受我们的建议，我们可以与对方共同进行对于这个部门或单位的改革。比方说，怎样加强责任制，怎样提高行政效率，怎样克服官僚主义等，帮助他们来改革，是不是可以这样呢？在外国，他们的工厂、公司企业请律师、工程师，请会计师，等等。我们的行政部门和工厂也需要这样做，帮助他们克服官僚主义，这也可能做到，应当是我们的一部分工作。而且在今天可以说是比较主要的工作。

另外，在群众中进行政治学的普及工作，即关于政治学知识，政治学思想的普及、宣传，也应是我们工作的一部分。特别是在今天，政治学知识还没有普及的时候，更为需要。胡乔木、邓力群同志曾经强调不仅是研究工作，普及工作也是一个重要的工作，当然研究工作仍然是一个更根本的工作，在今天的情况下，组织适当力量进行政治学基础知识的普及工作，有着特别重大的意义。普及政治学知识是现在社会的普遍需要。要提高全体人民的科学文化水平，其中也应当包括政治科学。从我国的实际情况来说，政治学的知识水平现在是属于最需要提高的一个薄弱环节。同时，在我们政治学队伍中，有一部分同志的现有能力也适合于承担普及工作的任务。譬如说我们现在刚刚培养起来的年轻一点的同志，搞更深入的研究，解决一些实际的问题，可能还办不到，但他们可以承担这个普及的工作，这些同志应该一边进行研究工作，一边进行普及宣传工作。必须指出，普及工作也并不是很容易做好的事情，要真正写出为群众喜闻乐见、通俗易懂的这种政治学普及读物，首先自己得具有一定的政治水平，需要掌握丰富的知识，特别是要有深入浅出的表达能力。深入就很难，要研究透这个问题；浅出就更难，我们有些人写出的文章是只有学者懂得，一般人看不懂，做到深入浅出很不容易，所以不要轻视。因此，这就要求作者不断地充实，更新知识，提高政治水平和写作能力，也就是说，在普及中使自己得到提高。但是也不能丢开我们解决重要问题的那些研究工作而专去做这个，这也有一个如何安排的问题。

最后我再提一点意见，我们的研究是为了解决问题，而不是为了公开发表。研究不是为了发表，研究的成果可以发表，值得发表的当然可以发表。但研究的目的是为了研究出很好的能解决实际问题的成果，能够应用，而不是为了去发表。我们学术讨论会讨论的结果是为了给党和政府提供有参考价值的、有助于解决实际问题的成果。如果好，当然要发表。会后我们就要出一本书，把这次学术讨论会的成果汇集起来。但根本目的不是为了发表。作为政治学研究工作者需要注意这么一个问题，即不要把发表著作作为研究工作的主要目的，也就是说不要把发表作为著作的主要目的。有些同志往往有三段论：研究是为了写，写是为了发表，为了发表所以要写，所以才研究。我认为不能这样，这个三段论是不行的。

我们所以要搞好研究工作，写出较高水平的著作，主要是为了有助于社会主义现代化建设事业，而不是为了赶浪头、赶潮流、出风头或者应付差事。因此，作为研究成果的著作切不可以高谈阔论，不切实际，标新立异，同中央唱反调。另一方面，也不可以人云亦云，千篇一律，毫无真知灼见。不切实际是我们社会科学工作者很容易犯的毛病。作为一个科学研究工作者应当力求避免。至于宣传工作虽然不需要像研究工作那样进行艰苦的研究，但是宣传也有一个表达方式问题，表达得好不好，人家懂不懂？深入不深入？是否针对对象的实际情况？这也有个技术问题。

每一个公民，你即使是一位科学家，也不能离开你的公民的责任，比如现在宣传新宪法，要你宣传，你就得宣传，但是做研究工作的人和做宣传工作的人是两回事。做宣传工作的人主要是做宣传。你研究工作者主要应该是自己能研究出真知灼见的成果来。对于研究工作者这点很重要。政治学的研究工作者应该是以马克思主义理论为指导，从实际出发，进行科学研究。对迫切需要解决的实际问题以及在现实发展中需要进一步解决的问题，提出有用的意见、办法。这样的著作可能会有不成熟的乃至错误的东西（因为自己不一定就是正确的，或者自己以为成熟，而实际上可能并不成熟；自己以为是正确的，实际上也可能是错误的），不宜公开发表。但是，对于党和政府考虑问题还是可能有帮助的。另外，可能你的意见与现在的做法有点不同，或者有进一步的发展。但不宜公开发表，因为公开发表就是和现在的制度或者政策不合拍，甚至唱反调。但你作为助手，可以提给中央，中央认为对，就很可能采纳了你的意见，把现在的做法改了。在这样的情况下你再公开发表，这就是惊人的成果了。你的意见也可能中央认为不对，要你重新研究。所以一定阶段的研究成果不能随意发表。当然，建议、意见，如果真有所见，不是胡说八道，还是可以写出来提供给中央做参考的。这是参谋作用，助手作用。军队的参谋也不能就说一切作战计划都是正确的，而且还要由司令员看合适不合适才采用嘛，咱们的军队还有一个政委。假如参谋不提意见，那要你参谋干什么？那就不要这个参谋算了。所以我的意见从两方面讲就是不要随便乱唱高调，也不能千篇一律，要自己真正有研究。拿马列主义理论去联系实际，认真调查情况，科学地进行分析研究，提出自己认为正确的、科学的意见。至于对不对，能用不能用，领导可以考虑。不应该为发表而写作，能发表我才写作，这样的话，就不能解决问题。写东西总归希望能发表，而且如果写得真正好，也一定能发表，这个并不矛盾。如果为发表而写，写作者就有考虑了，只能人云亦云，特别是照某位领导同志讲的去写，否则就不写，不说了。那么，何必你去写、你去说呢？大家都说了，领导同志也说了，再写那个文章不是浪费纸张吗？当然，为了宣传，扩大宣传也可以重复，至于搞研究工作就不应该这样。宣传需要看的人多些，而研究成果就不需要这样了。再强调一下以免误会：根据研究的结果，把自己的意见作为成果写出来，是应该的，只是不能随便发表。经过领导认为可以发表你才能发表，或者是一部分不能发表，去掉这一部分，其余的发表。但你自己不能拿去随便就发表。在大会上的发言，凡是对学术问题和党中央没有做出结论的理论问题，表示各种不同的意见，我个人意见根据党的“双百”方针，那是可以的，党中央对党员还允许这样做，何况非党员呢？只是对于中央已经做出结论的重大政治问题、理论问题和方针政策，不能随便发表不同意见，你认为有问题，可以通过一定的方式和途径提意见，提意见还是应该的，只要通过正当手续。也许你这个意见就是中央所没有考虑到的呢！“愚者千虑，必有一得”嘛！

总之一句话，不要为发表而写作，为写作而研究。我们是为解决问题而研究，研究的成果好就写出来，当然就可以发表。

纪念中国政治学会成立五周年 中国政治学的发展有广阔前景*

张友渔**

中国政治学会自1980年12月24日成立至今已经五年了，在纪念中国政治学会成立五周年之际，彭真同志特为本刊题写了刊名，这不仅是老一辈革命家对本刊的关心和支持，也是对广大政治学研究和教学工作者的爱护和鼓励。我们分定要把这个刊物办好，办出特色。

五年来，政治学研究出了一批成果，政治学的队伍扩大了，一些省、市、自治区成立了政治学会，又有几所大学设立了政治学系或专业，各地的研究机构也有了发展，中外政治学同行之间的学术交流增多了。中国政治学会已正式加入国际政治学会，并派代表团参加了第十三届世界大会。一句话，我国政治学的学科建设向前迈逃了一大步。看过去，成绩不小，向前看，任重而道远，政治学学科的发展现状还不能适应形势的需要，我们还须努力。

搞好政治学学科建设是一个很重要的问题，我提出几点意见，供大家参考。

---

* 本文发表于《政治学研究》1986年第1期。

** 张友渔，时任中国政治学会会长。

（一）政治学学科建设要从实际需要出发，打破旧的学科体系老框架

一切学科都要为现实需要服务，与现实关系密切的政治学尤其应该如此。基础理论研究和应用研究都应当重视，但我们必须有一个基本的主导思想，就是理论研究一定要为解决现实问题服务，不能为研究而研究，不要受外来的老框框束缚。过去我也曾讲过要建立马列主义的法学体系，马列主义的政治学体系，现在看来，现实生活是不断发展的，理论研究不能死守老的体系。我们生活在改革中的社会主义中国，和柏拉图、亚里士多德的时代大不同了，和资产阶级启蒙时期也不一样，我们不能拘泥于过去的框框，政治学的学科体系要随着时代发展而相应地不断调整变动，建成不成体系的体系，而不是几十年、几百年一贯制的僵化体系。

（二）发展中国的政治科学，一定要以马列主义为指导，结合中国的实际，不能照抄苏联，也不能照搬西方资产阶级的一套，我们反对用教条主义的态度对待马列主义，但也要防止借口发展马列主义，而抛弃马列主义基本原理

对西方资产阶级的政治学可以借鉴，但一定要作具体分析，不能照抄照搬，否则就成为资产阶级政治学说的俘虏，变成一种新的教条主义。资产阶级理论中有一些方法和技术性东西可以借鉴，其基本原理有的原先就不好，后来他们自己否定了。有的在当地当时是正确、先进的，但随着时间的推移，日益暴露出它的局限性，对中国并不适用。还有的是为了缓和革命，资产阶级被迫从马列主义、社会主义那儿学来一些东西作为“改良”措施，例如扩大社会保险，增加福利，吸收工人参加管理等，对工人是有利的，但其根本目的是为了保护资本主义利益，我们不能被表面现象迷惑，都当成是我们没有的资产阶级的好东西，认为我们应当向资产学习，这叫作

“数典忘祖”，我们一定要以马列主义为指导，研究中国在社会主义现代化过程中提出的重大政治学理论问题，建立和发展具有中国特色的政治科学。

（三）当前政治学应着重研究的课题，就国内来说，有以下几个方面

1. 政治是经济的集中表现，又服务于经济，当前工作重点转移到经济建设上来，政治学研究必须围绕这个中心进行。例如，在经济体制改革中，政府职能有哪些变化，需要什么样的行政管理体制与之适应；如何体现计划经济为主、市场调节为辅的方针，在实行按劳分配原则的同时，如何像马克思所说的先从社会总产品中作各种必要的“扣除”。处理国家、集体、个人三者关系；在允许一部分人先富起来的同时，如何进行适当调节，加速发展文化、教育、科学、卫生及其他社会公共福利事业，并使全国人民普遍富裕起来；在承认价值规律的同时，如何控制物价、稳定物价，保障人民生活，使绝大多数人民生活水平能随着生产发展而不断提高；扩大企业自主权之后，如何使企业不成为“独立王国”？在厂长负责制下，如何实行民主管理，等等。这些经济建设和体制改革中的大政方针，不仅是经济问题，一首先是政治问题，这是政治学重要的研究课题。

2. 在建设高度的社会主义民主过程中，如何使民主制度化、法制化。在封建社会，一个国家的盛衰，常同君主能不能“多谋善断，知才善用”有关。多谋善断，就是在决策过程中，能够让大家讨论，听取多方面的意见，最后由个人恰当地做出结论。知才善用，则注意任人唯贤，避免任人唯亲。封建社会的君主在决策和用人问题上的这种做法是明智的，但还不可能形成民主制度。只有人民掌握了政权的今天，才可能使民主制度化，我们各方面的工作都有一定的制度法律可以遵循。这样，才能更好地体现我国的人民民主性质，发挥人民民主的作用，也有利于杜绝一些不正之风。

3. 在继续批判“阶级斗争为纲”的同时，也要防止忽视阶级斗争

的倾向。现在国内作为阶级的剥削阶级是不存在了，但还存在极少数敌对分子，特别是我们还处在复杂的国际环境中，资本主义势力的破坏作用还存在，阶级斗争在一定范围内还将长期存在。政治学应研究在新时期阶级斗争的性质、根源、表现形式、变动趋向等方面的特点及我们的对策。

4. 就业问题。这是社会成员的劳动权利和生活出路问题。这个问题带世界性，由于技术革命，劳动力过剩是不可避免的，而且会日益增加，这在资本主义国家是无法根本解决的。我国是发展中的社会主义大国，过去几年，我们在城市发展第三产业，农村开展多种经营，安排了一部分剩余劳动力，但还没有完全解决问题。这个问题解决不好，安定团结的政治局面就不能保持。今后还得重视起来，要由政治、经济、社会各学科的研究工作者进行综合研究。社会主义制度给我们提供了彻底解决就业问题的可能性，但还要抓紧工作，才能使这个关系群众切身利益的问题得到妥善解决。

国际方面应研究如何维护和平，反对战争，为我国争取有利于社会主义现代化建设的和平环境。世界大战虽然不能说是一定不可避免的，但只要帝国主义还存在，也就不能说一定可以避免，除非它们国内发生推翻垄断资产阶级统治的人民革命。因此，我们要研究当前世界的经济、政治、军事格局，各种类型战争的根源、性质和后果，防止核战争的途径等问题。

（四）要重视政治学的人才培养

社会主义现代化建设中最大的困难是人才不足，政治学因中断30年，人才缺乏问题更突出，希望教育领导部门能重视政治学的专业人才培养。在教学工作中要强调理论联系实际，要着重抓好精神文明建设，不要只是教书，传授知识，也要教人，才能培养出“四有”人才。不能用教条主义态度对待马列主义，更不能对资产阶级政治理论搞新教条主义，照抄照搬。教学方法要重启发，提高学生学习的主动精神，不搞填鸭式，不要按统一教材来照本宣科。考试制度也应改革，不应提倡死记硬背，学习的目的在于应用，学习好不好，就看你能否分析解决实际问题。

当前社会主义现代化建设和改革实践向政治学提供了大量研究课题和研究资料，社会需要是科学发展的最大推动力。有理由确信，我国政治科学的发展前景无限广阔，一个硕果累累，人才辈出的黄金时代正在到来。

推进马克思主义政治学的新发展*

江　流**

各位理事、各位来宾，同志们、朋友们：

中国政治学会三届二次理事会暨理论研讨会现在开始。本次会议有两项内容：(1) 理事会听取并审议常务理事会的工作报告，常务理事会概要介绍两年来国内外政治学学科发展情况；(2) 举行转变政府职能、政府机构和人事制度改革的理论研讨会。理论研讨会由中国政治学会、中国社会科学院政治学研究所、浙江省政治学会、浙江省行政管理学会、中共浙江省委党校五个单位联合举办。

1991 年 11 月在西安市召开的中国政治学会第三次代表大会和三届一次理事会至今已近两年了。在这两年中，1992 年初邓小平同志“南方谈话”和党的“十四大”的召开，引发了全党、全国人民学习、领会和贯彻邓小平同志建设有中国特色社会主义理论的热潮，当前又正在为实现加强宏观调控，深化改革，保持经济持续快速健康发展，开展反腐败斗争等项任务而努力工作，我国的社会主义现代化建设事业在理论和实践两条战线不断取得新胜利。在此期间，政治学学科建设也有较大进展：全国政治学界奋战十几年的《中国大百科全书·政

* 作者于 1993 年 10 月 19 日在中国政治学会三届二次理事会暨理论研讨会上的开幕词。

** 江流，时任中国社会科学院副院长，中国政治学会会长。

治学卷》现已问世；教委组织的《政治学原理》教学大纲正在撰写；各种论述有中国特色社会主义政治的著作和论文陆续出版；一批研究我国现实政治的课题正在进行。江泽民同志在党的“十四大”的报告中提出的“社会主义的发展动力”，“社会主义建设的外部条件”，“社会主义建设的政治保证”，“社会主义的领导力量和依靠力量”，“祖国统一”，“政治稳定”，“积极推进政治体制改革，使社会主义民主和法制建设有一个较大的发展”，“下决心进行行政管理体制和机构改革，切实做到转变职能、理顺关系、精兵简政、提高效率”，“国际形势和对外政策”，“加强党的建设和改善党的领导”等方面，都是政治学研究的课题，已陆续在各种研究理论计划中落实，从课题指南到各单位的研究课题，都体现出来了。社会需要是科学发展的最大动力，无论从时代的要求，还是从这两年政治学学科建设的实绩，都可以看到政治学发展是有成果的，未来是有广阔前景的。

但是，我觉得应该承认，我们的政治学学科的建设和发展还不能完全适应社会主义现代化建设的需要。在1979年的理论务虚会上，小平同志强调指出，为了实现四个现代化这一多方面的复杂任务的需要，有大量的经济理论问题需要研究。同时他又指出，政治学、法学、社会学以及世界政治的研究，我们过去多年忽视了，现在也需要赶快“补课”。15年后的今天，这几门学科都已建立了，但发展情况并不完全一样。应该说，法学学科发展得比较快，但即使法学学科的发展，法律的建设仍然滞后于四化建设和改革开放的需要，我们的政治学科更不用说了。党的“十四大”提出，为了加速改革开放，推动经济发展和社会全面进步，必须实现十个关系全局的主要任务，也要求积极推进政治体制改革，使社会主义民主和法制建设有一个较大的发展。这方面的需要，既为法学，也为政治学的发展提供了广阔的天地，使法学和政治学者大有用武之地。党和政府的同志很希望在这方面得到智力支持，很希望我们的学者用自己具有的知识，为社会主义民主政治建设和法制建设做出贡献，为社会主义市场经济体制的建立，为改革开放和四化建设做出贡献。在这些工作的过程中，也要把我们的政治学学科更快、更好地发展起来。在建设有中国特色社会主义，特别是建设社会主义民主政治的进程中，从基本理论到应用研究，一步步建设起有中国特色社会主义政治学的理论体系，建设起有中国特色的社会主义政治学。大家都知道，《邓小平文选》的第 3 卷即将出版，为我们学习和研究邓小平建设有中国特色社会主义理论，又提供了重要的文献。这既是我们建设包括社会主义民主在内的有中国特色社会主义事业的思想指南，也是我们建设有中国特色社会主义政治学的思想指南。理论工作者应深刻领会，运用研究，使我们的政治学科在改革开放和现代化建设的过程中得到更大的发展。

我们这次以转变政府职能、机构改革、人事制度改革为主题的研讨会所讨论的不仅是对于我们政治学学科的建设和发展，而且对于改革开放和现代化建设都是很有意义的重大课题。以邓小平同志 1992 年年初的重要讲话和党的“十四大”为标志，我国改革开放和现代化建设事业已进入了一个新的发展阶段。“十四大”明确指出建立社会主义市场经济体制的目标，这是建设有中国特色社会主义理论的重要组成部分，对于我国现代化建设事业具有重大的深远的意义。转变政府职能、机构改革、人事制度改革也是建立社会主义市场经济体制的迫切要求。目前普遍存在的机构臃肿、层次重叠、人浮于事、效率低下的问题，严重阻碍了企业经营机制的转换和新体制的建设进程。转变政府职能也是建立社会主义市场经济的法律秩序的重要条件。这方面有些比较复杂而又迫切需要搞清楚的问题。来前，我同法学所的同志向国务院有关领导汇报了他们提出的建立社会主义市场经济法律体系的理论思考和对策建议，他们在建议中也讲到了在转变政府职能时，如何区分作为公权者的国家和作为所有者的国家的问题。在讨论中，大家又谈到了国有企业转换机制中如何有效地实现两权分立，国家作为所有者怎样管理和发展国有资产的问题。

我们的法学家们从建立社会主义市场经济法律体系方面思考和研究这方面的问题，我们的政治学家们当然是要从政治学方面思考和研究这些问题，都用自己的专业知识，自己的研究工作，从不同角度、不同方面共同为建立有中国特色的社会主义市场经济体制做出贡献。

最后，希望我们这次讨论会发扬理论联系实际的优良传统和作风，以马列主义、毛泽东思想、邓小平建设有中国特色社会主义理论和党的基本路线为指导，解放思想、实事求是，在深化改革和全面推进社会主义现代化建设事业中，推进马克思主义政治学的新发展，在加快改革开放，建设有中国特色社会主义事业的大潮中，使政治学这块园地万紫千红、绚丽多彩！

预祝这次理事会和政治研讨会圆满成功！谢谢！

继往开来，开创中国政治学研究新局面

——在纪念中国政治学会成立20周年暨基层民主建设与社会发展研讨会上的讲话*

汝　信**

中国政治学会于1980年12月在北京成立，至今已经20年了。今天我国政治学界的同仁欢聚一堂，共同庆祝中国政治学会20岁诞辰，并举行关于“基层民主建设与社会发展”学术研讨会，这是我国政治学界的一次很有意义的重要活动。这次庆祝活动和学术研讨会是中国政治学会和深圳市龙岗区委、区政府、中山大学政治学与行政学系联合召开的，这次大会能够顺利举行，是和深圳市和中山大学的领导和同志们的大力支持和辛勤劳动分不开的，请允许我代表中国政治学会向他们表示衷心感谢！

中国政治学会的成立是我国实行改革开放政策的产物。政治学本来是社会科学的重要的基础学科之一，对社会主义国家的建设和发展

---

* 本文发表于《政治学研究》2001年第1期。

** 汝信，时任中国社会科学院常务副院长，中国政治学会会长。

具有无可替代的作用。政治学研究无论在中国还是在外国都有悠久的历史。但是，新中国成立后由于认识上的偏差，错误地用阶级斗争学说简单地取代了整个政治学研究。1952年院系调整取消了作为一门独立学科的政治学，在一个相当长的时间内政治学的教学和研究几乎完全停顿。直到党的十一届三中全会以后，邓小平同志制定了解放思想、实事求是的思想路线，他深刻地总结了思想理论工作的经验教训，1979年3月，在理论工作务虚会上的讲话中指出，"政治学、法学、社会学以及世界政治的研究，我们过去多年忽视了，现在也需要赶快补课"①。正是在邓小平同志的亲自倡导下，经过胡乔木同志的积极推动，我国的政治学研究才得到迅速的恢复和发展。继中国政治学会之后，全国许多省、市、自治区的政治学会相继成立。许多大学也重新设置政治学专业，开始招收本科生和硕士、博士研究生。中国社会科学院政治学研究所也于1985年正式建立，并开始出版《政治学研究》等专业学术刊物。20年来我国政治学的重新恢复和发展，是在邓小平理论的指导下进行的。可以说，如果没有邓小平同志的关怀和改革开放，也就没有中国政治学今天的局面。

20年来中国政治学的发展取得了可喜的成绩，这是全国政治学工作者共同努力的结果。中国政治学会作为全国政治学界群众性学术团体也对此做出了一定的贡献。概括地说，这些年来的成绩大致可以归纳为以下几个主要的方面：

第一，完成了中国政治学的恢复和重建。由于政治学的教学和研究停顿了20多年，学科建设几乎要从头做起，百废待兴，其困难可想而知。因此，在恢复初期，政治学界首先关注的是从中国的实际国情出发，借鉴、吸收和参考国内外的经验，构建符合实际需要的具有中国特色的马克思主义政治学理论体系和学科体系。经过多年的努力和研究讨论，大家在政治的含义和政治学的研究对象等问题上摆脱了过

---

① 《邓小平文选》第2卷，北京：人民出版社2001年版，第180—181页。

去的那种简单片面和狭隘的理解，认识更加深入并趋向科学，在新的基础上开始建立更加完善的新的学科体系，并大大拓展了学科研究领域，充实了许多新的学科研究内容。中国政治学开始以新的面貌出现，作为一个学科基本上实现了专业化、规范化和科学化，逐渐与国际水平接轨。这就为中国政治学的进一步发展奠定了基础。

第二，中国政治学的恢复与重建，正值中国社会在邓小平理论指导下实行改革开放的重大转折时期。随着经济体制改革的逐步深入，整个社会其他方面的改革也逐渐提上日程。邓小平同志在高瞻远瞩地指导中国改革开放和现代化建设时，就已经把政治体制改革通盘考虑在内了。他说："我们提出改革时，就包括政治体制改革。现在经济体制改革每前进一步，都深深感到政治体制改革的必要性。"① 又说："为了适应社会主义现代化建设的需要，为了适应党和国家政治生活民主化的需要，为了兴利除弊，党和国家的领导制度以及其他制度，需要改革的很多。"② 中国政治学研究恢复以后，始终紧密联系中国的实际，为当时的政治体制改革的需要服务，研究探讨了与政治体制改革相关的一系列理论问题和实际问题，如政治体制的概念和内涵，政治体制改革的必要性、基本内容和目标，政治体制改革的突破口，政治体制改革的原则和主要问题，政治体制改革与经济体制改革的关系，以及废除领导干部职务终身制和干部制度改革，党政分开，政企分开，行政机构改革，反对腐败，等等。政治学界的不少学者还先后参与了党和政府方针政策的制订或咨询工作，提供了一些重要的建议和意见。这些都为我国政治体制改革做出了积极的贡献。

第三，中国政治学在恢复后的20年中取得了很多科研成果。除了在各种报刊上发表的大量文章外，出版的政治学专著在200种以上，其中有不少著作具有相当高的学术质量和较大的社会影响。例如，在政治学理论方面，我国政治学研究工作者以马列主义、毛泽东思想和

① 《邓小平文选》第3卷，北京：人民出版社2001年版，第176页。

② 同上，第322页。

邓小平理论为指导，借鉴国外政治学的研究成果，结合中国实际，对政治学的一些基础理论问题做了新的较系统、深入的探讨，完成了一批关于政治学原理、基础理论的专著和工具书，其中包括众多学者参加编撰的《中国大百科全书·政治学卷》。在当代中国政治的研究方面，着重探讨了有中国特色的社会主义政治制度的本质和特点，特别是有关社会主义民主建设的种种问题，如我国的国体、人民代表大会制度、共产党领导的多党合作与协商制度、基层民主、民族区域自治、人权保障以及一国两制，等等。这些与现实政治密切联系的研究成果，对党和国家为进一步完善社会主义政治制度所采取的决策提供了理论依据和支持。此外，在中国政治制度史和中国政治思想史方面，都进行了系统的研究，取得了丰硕成果，近些年来陆续出版的一些多卷本著作，得到学术界的高度评价。对西方政治思想、政治制度和国际政治学的研究也十分活跃，成绩斐然，特别是翻译出版了大量国外政治学著作，这对于了解国外政治学的发展，吸收和借鉴其有益的研究成果，都起到了积极的作用。

第四，恢复和重建后的中国政治学无论在研究领域和研究方法上都比过去大大前进了一步。以往研究较少的一些薄弱的学科开始得到重视和加强，特别是为了适应改革开放的需要，行政学作为广义政治学的一个独立分支学科发展迅速，在学科建设和研究成果上表现突出，成绩卓著，已成为近年来社会科学中最热门的新兴学科之一。此外，政治学研究改变了过去单学科研究的陈旧路子，开始走向多学科、交叉学科研究，形成了一批跨学科、边缘学科的新的研究领域，大大扩展了政治学研究的范围；在研究方法上，也趋向于多样化，除了人们习惯的传统的研究方法外，广泛吸收、借鉴和运用当代国外政治学研究的一些新方法以及当代科学发展中其他学科的新成就，使我国政治学研究呈现丰富多彩的局面。

第五，也许是最重要的是，经过20年的努力，已形成一支有相当实力的政治学研究和教学队伍，初步解决了政治学人才短缺、后继乏人、青黄不接的困难状况。目前，除了一些政治继往开来，开创中国政治学研究新局面学前辈老学者焕发青春，继续活跃在学术界之外，一批政治学本科生、硕士、博士走上了工作岗位，在政治学研究中崭露头角，脱颖而出，做出了很好的成绩。这些富有朝气、思想敏锐的年轻的研究力量，将担负起发展中国政治学的重任，是21世纪中国政治学的希望所在。

以上只是非常简略地列举了中国政治学恢复以来所取得的主要成就，20年来几乎从白手起家开始能达到目前的规模和水平，确实是不容易的，应该说邓小平同志交代的政治学要赶快补课的任务已基本上完成了。但是，我们要清醒地看到，与建设社会主义现代化民主国家的需要相比，中国政治学的发展还有相当大的差距，与改革开放以来其他某些社会科学学科（如经济学、法学、社会学等）相比，政治学的发展也还是比较薄弱和滞后的。为了把中国政治学推进到一个新的阶段，我们还需作更大的努力。

在即将进入21世纪时，中国政治学也面临着新的机遇和挑战。国内社会主义市场经济的建立和进一步改革开放所引起的社会结构和利益格局的变化，国际上冷战后世界格局的变化和经济全球化的加紧进行，等等，都出现了许多新情况、新问题，需要中国政治学者去研究解决。这是发展中国政治学的大好机遇，只有成功地应对了挑战，才能更上一层楼。我以为，中国政治学研究要继续健康发展，需要注意以下几点：

第一，必须坚持以马克思主义为指导，高举邓小平理论的伟大旗帜，这是中国政治学发展的唯一正确方向。要从中国的实际出发，加强政治学基础理论研究，建构有中国特色的社会主义政治学理论体系和马克思主义的政治哲学。要大胆解放思想，勇于创新，努力争取在理论上有新的突破。

第二，理论必须密切联系实际，坚持实事求是的思想路线，要以我国改革开放和现代化建设中的重大现实问题为中心，着眼于对实际问题的理论思考。当前，中国政治学应把党的十五大提出的任务作为研究的重点。江泽民总书记在十五大报告中说：“我国经济体制改革的深入和社会主义现代化建设跨世纪的发展，要求我们在坚持四项基本原则的前提下，继续推进政治体制改革，进一步扩大社会主义民主，健全社会主义法制，依法治国，建设社会主义法治国家。”社会主义民主建设和法治国家，应该成为近一个时期中国政治学研究的主题。

第三，要认真贯彻“双百方针”，开展自由的学术讨论，鼓励不同学术观点的发表，营造活跃的学术氛围。同时要提倡严谨的学风和精品意识，力求产生高质量的学术成果。对于一些敏感的政治学问题，仍应本着“研究无禁区，宣传有纪律”的原则处理，不回避研究中的热点和难点问题。

第四，要重视研究新情况、新问题，并及时地做出新的回答。要努力把握学科发展的前沿问题，跟上国际政治学发展的步伐。要根据中国的国情和需要，吸收、借鉴和利用国外政治学研究的成果和新方法，同时又要防止“食洋不化”，照抄照搬，尤其要反对盲目崇拜西方政治学，反对西化和自由化。

总之，中国政治学经过20年的恢复与重建，已经具备较坚实的基础，只要沿着正确的方向扎扎实实地走下去，必定会有更加辉煌的未来。

齐心协力，继往开来，努力开创中国政治学会工作的新局面

——在中国政治学会第七次代表大会上所做的工作报告*

李慎明**

尊敬的中国政治学会各位顾问、常务理事、理事，同志们、朋友们：

大家好！

现在我代表中国政治学会第六届理事会做工作报告，请大家审议。

1979年3月30日，邓小平在党的理论工作务虚会上的讲话提出："我们已经承认自然科学比外国落后了，现在也应该承认社会科学的研究工作（就可比的方面说）比外国落后了"①；"政治学、法学、社会学以及世界政治的研究，我们过去多年忽视了，现在也需要赶快补课。"② 响应邓小平这一号召，经过半年多紧张有序的筹备工作，中国政治学会1980年12月在北京成立，至今已经30年了。今天，全国政

---

* 本文发表于《政治学研究》2010年第6期。

** 李慎明，时任中国社会科学院党组副书记、副院长，中国政治学会会长。

① 《邓小平文选》第2卷，北京：人民出版社1994年版，第181页。

② 同上，第180—181页。

治学界的同志们、朋友们齐聚一堂，既是为了庆贺中国政治学会30周岁的生日，肯定我们已经取得的成绩，更重要的是总结经验，展望未来，使政治学更好地履行为人民服务、为社会主义服务的使命。

在这一具有纪念意义的历史时刻，我们深切缅怀为中国马克思主义政治学的研究和建设，为改革开放后中国政治学会的成立、政治学科的重新设立和恢复发展做出过重大贡献的张友渔、邓初民、钱端升、杜任之、杜若君、朱日曜、周世逑、石啸冲、李正文、吴大英、王惠岩等已故的老一辈政治学家。衷心感谢中国政治学会顾问夏书章、丘晓、赵宝煦、徐大同、汝信、王邦佐、刘德厚等诸位先生几十年如一日为中国政治学的繁荣发展付出的辛勤劳动和无私奉献。同时也感谢各位副会长、常务理事、理事和广大政治学同仁对政治学会工作的积极参与、大力支持和热情帮助。

一、历史回顾

中国政治学会成立30年来，紧密团结、依靠全国政治学理论和实际工作者，坚持以马克思列宁主义、毛泽东思想和中国特色社会主义理论体系为指导，深入贯彻落实科学发展观，围绕党和国家中心工作，不断推动政治学研究健康、顺利、深入发展，在学科建设、服务大局、人才培养和国际交流等方面均取得了长足进步，主要表现在：

（一）政治学学科体系基本形成

中国政治学会成立伊始，北京大学、复旦大学、吉林大学率先设置了政治学专业，并陆续在上述高校以及中国人民大学、西南政法大学、苏州大学、南开大学、武汉大学、中国政法大学等高校重建政治学系并招收本科生。天津师范大学、华中师范大学等高校陆续成立了一些具有各自专业方向和学术特点的研究机构。与此同时，社科院和党校系统的政治学专业建设同步进行，黑龙江、湖北、天津、河北等省级社科院先后建立了政治学研究所。1985 年，中国社会科学院政治学研究所成立。此后，中国政治学的专业院系建设如雨后春笋，开始遍及全国各省、区、市。1990 年，国家教委正式将政治学列为法学门类一级学科，容纳了政治学理论、中外政治制度、科学社会主义与国际共产主义运动、中共党史、国际政治、国际关系和外交学等七个二级学科，政治学的专业设置基本搭建完毕。自此，政治学专业已经由星星之火成为燎原之势。全国政治学理论工作者在学术研究、学科规划、专业安排等方面分工协作、共同进步，成功完成了自国家“八五规划”以来的历届学科专业建设规划，全国所有的综合类高等院校和大多数高等专科学校、各省市社科院和党校系统大都设立了专职政治学教学与研究的院系和机构，学科体系建设基本完成。

此外，在教育部统一规划和支持下，北京大学政治发展与政府管理所已建设为“国家教育部人文社会科学政治学研究基地”，中山大学行政管理研究中心已建设为“国家教育部人文社会科学行政管理学研究基地”。华中师范大学的“中国农村院”正式成立。各省在省属大学中建设了一批省属研究基地，如作为“天津市高校人文社会科学重点基地”的天津师范大学政治文化研究中心，作为“广东省普通高校人文社会科学重点基地”的深圳大学中国政治研究所、汕头大学地方政府研究所，等等。进入 21 世纪后，全国各地、各系统政治学教学和研究单位普遍应用了信息现代化手段，纷纷建立了本单位实现现代化管理和传播政治学研究信息资料的网站。

（二）基础理论研究和基础知识研究成果丰硕

中国政治学会成立之后，积极推动政治学的基础理论建设。自 20 世纪 80 年代起，政治学界出版了一系列有关著作。如徐大同和朱一涛主编的《西方政治思想史教学大纲》和《中国古代政治思想史》，张友渔、钱端升、杜任之等主编的“政治学丛书”，赵宝煦主编的《政治学概论》，皮纯协、王邦佐、孙关宏等主编的《政治学教程》，王惠岩主编的《政治学原理》，丘晓主编的《政治学原理》，江流、范若愚主编的《科学社会主义概论》，高原主编的《科学社会主义》，云光的《社会主义政治学》，徐大同主编的《西方政治思想史》，王邦佐、孙关宏、王沪宁主编的《政治学概要》，丘晓主编的《政治学辞典》，夏书章主编的《行政管理学》等著作和相关学术论文。

经历了20世纪80年代末、90年代初的深刻反思后，我国政治学者以高度的责任感，在基础研究领域形成了一批新的研究果。例如，张友渔、石啸冲、陈荷夫等主编的《中国大百科全书·政治学》，刘星汉、王邦佐、孙关宏、王沪宁主编的《马克思主义政治学》、蓝瑛主编的《社会主义政治学说史》，王沪宁主编的《政治的逻辑——马克思主义政治学原理》，王惠岩的《当代政治学基本理论》，刘泽华主编的《中国政治思想史》、白钢主编的《中国政治制度史》，等等。时至今日，我国政治学在基本范畴、基本领域方面积累了丰厚的研究成果，在政治学基本理论、中外政治制度、政治思想史、国际政治和行政学等领域，出现了越来越多有影响的研究成果。特别是围绕阶级、国家、政党、政治权力等政治学基本问题的理论研究日益深入，为进一步建构中国化马克思主义政治学理论体系奠定了扎实的学术基础。2004年启动的马克思主义理论研究和建设工程的重点教材《政治学概论》的编写，经过多年认真努力，目前已进入最终审改定稿阶段。这意味着中国化马克思主义政治学基本理论研究和建设取得的阶段性成果，提升到了一个新的水平，即将成为具有一定学术权威性的大学政治学专业本科通用教材。

（三）学科研究领域不断扩展

中国政治学会成立之初，胡乔木、张友渔、钱端升等老一辈政治学家就提出政治学者应“就政治学领域内的重大或者迫切的课题，进行必要的分工协作，深入进行创造性的科学研究工作”①，强调中国的

① 《政治学研究通讯》1981年5月25日。

政治学要研究中国社会主义的政治制度以及国家、政党、人民、政治家之间的相互关系，实事求是地对世界各国的政治制度进行科学分析。鼓励政治学者多出新想法、写出新论著。30 年来，随着改革开放的不断深入，新情况、新矛盾、新问题层出不穷。以正确认识和解决新时期社会主义实践中的问题为导向，学者们对国家与社会、政府与市场、权力与权利的关系等重大理论和现实问题展开了日益深入的研究。

在不断加强基础研究领域和厘清基本理论问题的同时，政治学工作者努力坚持以马克思主义辩证唯物论和历史唯物论的科学方法为指导，广泛吸收借鉴当代国外政治学及其他学科的有益研究成果、经验和方法，中国政治学在研究对象、内容和体系方面形成了诸如政治社会学、政治文化学、政治传播学、政治心理学、政治伦理学、民族政治学、计量政治学、生态政治学、法政治学以及地缘政治研究、国防政治研究、警察政治研究、公共政策研究等一大批跨学科和边缘学科的研究领域。

中国政治学会、各地各系统政治学专业机构以及《政治学研究》等学术刊物，组织各方力量，编辑出版了大量政治学研究成果，包括马克思主义经典作家论著专题摘编，研究阐述中国化马克思主义政治理论的专题文章和反映中国政治学在各领域研究进展的学术文库和知识性丛书。

教育部、社科院、党校和行政学院等各系统，中央与各地党和政府都对政治学的发展给予了有力支持，为政治学研究提供了方向指导、科研动力和资金保障。以 1986 年国家设立的社会科学基金为例，据 1993—2010 年的不完全统计，国家社会科学基金资助立项的政治学相关课题达 833 项，其中重大和重点课题数量不断增加。

（四）坚持理论联系实际，为中国特色社会主义建设服务

政治学是经世致用之学。不论何时何地，政治学的地位和命运都与其在社会发展中发挥的作用紧密相关。早在 30 年前张友渔会长在中

国政治学会成立大会开幕词中就殷切希望："政治学界一定要牢固树立理论联系实际，一切从实际出发、实事求是的学风，并使之日益发扬光大。"① 30年来，政治学界几代学者，认真履行中国政治学会章程规定的"为改革开放和进一步完善社会主义政治制度，为把我国建成一个现代化的高度文明和高度民主的社会主义国家服务"的职责②，发扬理论联系实际的学风，为改革开放和社会主义现代化建设做出了重要贡献。

学会成立初期，围绕党和国家提出的基本路线和方针，特别是《关于建国以来党的若干历史问题的决议》、1982年宪法修改和党的"十二大"提出的理论和实践问题，广大政治学理论工作者对坚持四项基本原则、民主法制建设、社会主义物质文明和精神文明建设、国家领导制度和干部制度改革，以及农村和城市经济体制改革等重大问题，进行了全面的研究和讨论。针对改革开放后西方民主思想和政治模式的影响渗透，广大政治学理论工作者从社会主义民主的本质、原则和制度形式等多方面论证了中国特色社会主义民主的优越性、可行性和实现途径。

围绕党的"十三大"提出的社会主义初级阶段理论和政治体制改革问题，政治学界从不同方面加以研究。针对改革进程中出现的利益分化、利益协调、政治民主、政治稳定问题，许多学者，特别是老一辈马克思主义政治学者居安思危，明确提出必须正确处理人民内部矛盾，加大反腐败力度，坚持推进社会主义民主政治，反对资产阶级自由化和所谓"新权威主义"，与各种错误思潮进行了坚决的斗争。在1989年春夏之交的政治风波中，中国政治学会坚定地与党中央保持一致，为维护国家的长治久安积极建言献策。经历了这一风波的考验，中国政治学界愈发认识到政治学研究必须坚持以马克思主义为指导，坚持一切从社会主义初级阶段的国情出发，坚持理论联系实际，为中

---

① 《政治学研究通讯》1981年5月25日。

② 《中国政治学会章程》第三条，http：//chinaps. cass. cn/zhzhxh. Htm。

国特色社会主义建设服务。

20 世纪 90 年代，改革开放进入新阶段，以建立社会主义市场经济为目标的经济体制改革，和民主政治建设不断深入。围绕落实党的十四大、十五大提出的改革发展任务，中国政治学会提出“政治学应该大有作为”，号召全国政治学者以邓小平理论为指导，认真领会贯彻党中央提出的“讲政治”和“依法治国”基本方略。面对国内外各种复杂矛盾的挑战和层出不穷的新情况、新问题，政治学界一方面继续深化既有研究内容和主题，另一方面对社会主义民主的制度化、建设社会主义法治国家，加强基层政权建设和发展基层民主、维护国家政治和社会稳定等问题展开集中研讨和与时俱进的专题研究。在世纪之交，关于经济全球化和政治多极化对中国民主政治建设的影响、加入 WTO 与中国政治发展的关系等重大问题摆在了中国政治学者的面前，引发了新世纪中国政治发展战略选择、比较政治和国际关系等领域的研究热潮。

进入 21 世纪以来，党中央相继提出以“三个代表”重要思想和“科学发展观”为指导，推进社会主义政治文明建设，全面建设小康社会，构建社会主义和谐社会，党的执政能力建设和保持党的先进性建设等重大战略目标任务。党中央强调“人民民主是社会主义的生命”①，“党内民主是党的生命”②，明确提出“发展社会主义民主政治，最根本的是要把坚持党的领导、人民当家作主和依法治国有机统一起来”，重申政治体制改革是社会主义政治制度的自我完善和发展。强调尊重和保护人权，更加注重社会公平，让全体人民共享改革发展成果。为此，党和国家把解决民生问题摆在了更加突出的位置，采取了大力推进行政管理体制改革和服务型政府建设、完善权力制约和监督机制、建立健全教育、制度、监督并重的惩治和预防腐败体系、扩

---

① 《中国共产党第十七次全国代表大会文件汇编》，北京：人民出版社 2007 年版，第 27 页。

② 《江泽民文选》第 3 卷，北京：人民出版社 2006 年版，第 570 页。

大公民有序的政治参与等一系列重大举措。改革发展的新形势与新任务，不仅为中国政治学研究提出了一系列新课题，而且为中国政治学者提供了进一步有所作为的广阔天地。新中国成立以来，我国政府首次发布的《中国的民主政治建设》白皮书，集中体现了中国特色社会主义民主政治实践和理论的重大进展与成果。以中国社会科学院政治学研究所为主的课题组专家学者，在撰写《中国的民主政治建设》白皮书的过程中，吸收了全国政治学者的学术积累和智慧，进行了大量创造性的工作，做出了重要贡献。党中央制定的许多重大方针和政策举措，以及《中国政党制度》白皮书、《中国人权》白皮书等，均凝聚了我国政治学界的研究成果和智慧。我们欣喜地看到，政治学研究的价值和意义日益得到充分的体现，中国政治学者服务中国特色社会主义政治建设的作用日益凸显。

（五）高度重视队伍建设，优秀人才大批涌现

人才是任何事业持续发展的根本保障。政治学的发展进步离不开一支团结和富有创造力的人才队伍。发现和培养具有正确的政治观、大局观、敏锐的政治洞察力和高水平专业研究能力的各类政治学人才，是成立中国政治学会的初衷和重要职责之一。

1981年国家教委批准北京大学、复旦大学、吉林大学率先设置政治学专业后，为解决政治学师资力量问题，1982年中国政治学会委托复旦大学开办了全国第一届政治学讲习班，为推进当代中国政治学发展培训了一批骨干力量。同年，天津师范大学开办了全国首届政治思想史教师进修班；吉林大学设立了新中国成立以来第一届政治学硕士点。1983年，北京大学、华东师范大学开始招收政治学硕士研究生。此后，北京大学、中国人民大学、吉林大学、复旦大学等相继获得政治博士学位授予权，华中师范大学、武汉大学、云南大学、中山大学、南京大学、南开大学、中国政法大学、厦门大学、上海师范大学等许多高校都设立了政治学硕士点或开始招收政治学研究方向的研究生。与此同时，中国人民大学、郑州大学、华中师范大学、华东师范大学

等校设立了行政管理学教研室或行政管理专业；1993 年，国家教委批准北京大学、郑州大学设立行政学（行政管理）硕士点，次年批准华中师范大学设立行政学硕士点。此后，国家教委相继批准复旦大学等高校设立了行政学博士点；北京大学、中国人民大学、复旦大学等高校相继开始招收国际政治专业的博士和硕士研究生。随着学科点和专业人才的不断增多，国务院学位办在 2000 年批准北京大学、中国人民大学、复旦大学、华中师范大学成为全国首批政治学一级学科博士、硕士授予权单位，可以自主设立相关二级博士、硕士点和研究方向。

为了适应中央和地方各级行政事业单位对公共管理专业人才的需求，1999 年，国务院学位办决定设置我国公共管理硕士（MPA）专业学位，相关高校和科研院所开始招收 MPA 研究生；随后调整了政治学一级学科的构成，设立了公共管理一级学科。2003 年，北京大学、复旦大学、吉林大学、中国人民大学、武汉大学、北京师范大学、华中师范大学、南京师范大学、解放军南京政治学院、湖南师范大学等高校获准设立全国首批政治学、公共管理学博士后流动站。时至今日，我国政治学、行政学、国际政治学等专业人才培养机制已趋于健全。

中国政治学会在德高望重的老一辈政治学家的热心关怀、指导和率先垂范下，认真履行了团结引导帮助政治学专业队伍和人才成长的职责。我们可以感到欣慰和自豪的是，30 年来我国政治学界人才辈出。在他们当中，既有担负治国理政重任的中央领导同志和省部级领导干部，也有辛勤耕耘在教学科研岗位上获得国家级、省部级荣誉表彰的优秀教师和学者；既有受聘担任中央和各级政府部门的决策咨询专家，也有应邀为中共中央政治局、人大常委会的集体学习进行专题讲解的教授和研究员；既有不少学者在马克思主义理论研究和建设工程中担任咨询委员和课题组中担任首席专家及主要成员，又有被遴选为全国宣传教育文化系统的“四个一批”专业人才，还有入选教育部跨世纪人才计划和新世纪人才计划的中青年业务骨干等。

（六）不断组织学术活动，推动学术繁荣发展

中国政治学会成立以来，已相继选举产生六届理事会。在30年的时间里，中国政治学会按章程规定，积极组织学术活动，促进学术交流与合作。在第一届理事会期间，举办或者参与举办了五次学术研讨会，内容包括探讨政治学研究对象和体系，以及如何建设具有中国特色的社会主义政治学、行政学和行政法学，积极为我国的社会主义现代化建设和政治体制、政府体制改革建言献策。并举办或委托举办了“第一期全国政治学讲习班”和“比较文官制度研究班”。第二届理事会期间，虽有国外大气候和国内小气候的影响，但中国政治学会领导坚持用马列主义、毛泽东思想指导学会的工作，积极慎重地开展学术活动，组织召开了“政治思想史学术研讨会”“政府职能转变理论讨论会”等一系列学术会议，取得了较为良好的效果。并与其他单位合作，分别于1987年、1989年举办了钱端升教授、张友渔教授从事学术活动70周年学术研讨会，于1991年9月6日举办了钱端升先生遗著首发式。第三届理事会期间，中国政治学会与有关单位合作主办了“改革开放与政治稳定”“转变政府职能，改革行政体制”“有中国特色社会主义民主与政治体制改革”“公开选领导干部”等五次全国性学术研讨会。从1991年起，中国政治学会决定每年召开各省、市、区政治学会秘书长联席会议，随后改为团体会员代表和各省、市、区政治学会秘书长联席会议，并延续至今。第四届理事会期间，中国政治学会积极与有关单位合作，共举办了以“讲政治”为中心议题的小型学术研讨会和“穗港行政体制比较”“庆回归，‘一国两制’理论”“十五大与政治体制改革”“十五大精神与中国政治发展”“基层民主建设理论”“庆祝中国政治学会成立20周年暨基层民主建设与社会发展”七次研讨会。第五届理事会期间，中国政治学会结合年度大会与其他单位合作召开了11次大型学术研讨会。包括“21世纪中国政治发展战略”学术研讨会，“加入WTO与中国政治发展”学术研讨会，“经济全球化与中国政治发展战略”学术研讨会，“当代中国政治哲学

的建构及基本问题”学术研讨会，“西方政治思想史”学术研讨会，“社会主义政治文明建设与中国政治发展”学术研讨会，“全国第三届政治哲学”学术研讨会，“‘三个代表’重要思想与社会主义政治文明建设”学术研讨会，“全面建设小康社会进程中的政治发展与政府管理”学术研讨会，“全面实施马克思主义政治学理论研究与建设”学术研讨会，“和谐社会与社会主义政治文明建设”学术研讨会。自第六届理事会组成至今，围绕服务大局和学术前沿，学会组织举办了“中国特色社会主义政治建设与政治体制改革”“回顾与展望：中国政治学与中国政治发展30年”“新中国政治建设与政治发展60年”“基层民主与中国政治发展”等大型和中小型术研讨会和座谈会。2010年以来，以纪念学会成立30周年为契机，学会组织举办了以交流总结学科恢复以来的发展概况、研究成果和热点问题为主要内容的五个分论坛，分别是：由天津师范大学、中国政法大学联合承办，于8月14日在天津召开的“政治思想史论坛”；由南京大学承办、江苏省哲学社会科学界联合会、山东省哲学社会科学界联合会协办，于8月21日在江苏南京召开的“政治制度论坛”；由吉林大学行政学院、东北师范大学政法学院联合承办，于9月18日在吉林大学召开的“政治学理论与方法论坛”；由山西政治学会、山西大学政治与公共管理学院、郑州大学公共管理学院、山西财经大学公共管理学院联合承办，于9月25日在太原召开的“公共管理论坛”；由华中师范大学政治学研究院和湖北省政治学会联合承办，北京大学政府管理学院和上海市委党校协办，于9月27日在华中师范大学召开的“中国政治学新兴学科论坛”。

30年来，中国政治学会在全国政治学界的鼎力支持下召开的历次学术会议，都与不同时期中国政治学面对的研究主题和前沿热点问题紧密结合，对活跃思想，交流信息，统一认识，整合力量，推动学术繁荣发展，发挥了积极作用。

（七）加强学会建设，密切政治学理论工作者与实际工作者的联系与合作

30年来，中国政治学会始终重视自身建设，较好地坚持了召开年度大会制度，重大事项由会长会议和常务理事会民主决策的制度，以及由秘书长联席会议制度。这些制度已经逐步健全，基本实现了规范化和经常化。

中国政治学会十分注意了解并根据政治学专业队伍和学科建设在全国不断发展的实际，及时吸纳新的团体会员，适时扩大学会理事会的规模，支持和指导地方政治学会建设。到目前为止，中国政治学会共吸纳团体会员108个，现有理事188人，常务理事48人。目前，绝大多数省、自治区和直辖市都成立了省级政治学会。

围绕政治学领域和加强交流合作的研究课题的开展，促进了政治学专业工作者与相关领域实际工作者之间的合作，推动了政治学界深入实际开展的国情调研和实践活动。中国政治学会一贯重视密切与有关研究机构和实际工作部门、基层党政组织、企事业单位、社会团体的沟通和联系，不断畅通拓展交流信息、交换资料、开展合作、提供建议的渠道。积极向报刊、出版社推荐优秀科研成果，推荐知名专家学者参与编写、编译中外政治学文献和研究资料。第六届理事会期间，还按有关规定和程序，向主管单位和民政部申报成立了“苏区精神研究”专业委员会、“政治与战略文化研究”专业委员会和“科学发展与政治和谐研究”专业委员会等三个分支机构，目的在于协调整合各方面力量，共同研究、宣传党和国家的大政方针和重大决策，针对问题和不足，积极提出可行性建议与对策。

（八）国际学术交流与合作日趋频繁和深入

中国政治学会自成立起就承担了代表中国政治学界进行国际交流的任务，按《章程》规定，“根据需要和可能，开展政治学的国际学

术交流活动。”①在坚持“一个中国原则”、国家主权不容分割的前提下，与国际政治学会、外国学术团体机构和学者进行沟通交流。1981年，国际政治学会主动希望中国政治学会加入该会，我会经国家有关部门批准，于1984年正式成为该会国家会员。因1989年国际政治学会做出接纳中国台湾地区的错误决定并坚持这一错误决定，1991年3月我会宣布退出该组织。近年来，国际政治学会曾多次表示希望我会重返该会，由于事关重大、问题复杂，根据国家有关部门的意见，我会不能不持十分认真、严肃的慎重态度。相信条件成熟时，中国政治学会一定能胜利重返国际政治学会。

事实证明，中国政治学会在国际政治学会会员地位问题上的曲折，并没有影响中国政治学会和我国政治学界开展频繁、深入的国际学术交流与合作。众所周知，如阿尔蒙德（Almond，Gabriel Abraham）、伊斯顿（Easton David）、罗伯特·达尔（Robert Alan Dahl）、亨廷顿（Huntington，Samuel P.）、西川知一、林德布罗姆（Charles Edward Lindbolm）、奥斯特罗姆（Elinor Ostrom）等一大批外国学者都曾先后来华进行学术交流；许多海外政治学者到我国高校担任特聘教授、讲座教授或进行短期学术访问；越来越多的政治学教学和科研单位与国外相关机构建立了内容广泛，包括互派学者进修访问、举办学术讲座、开展专题研究和学术研讨会。联合主办国际学术会议也是我国政治学界进行国际学术交流的重要形式。

自20世纪90年代起，国内学术界主办、合办、承办的国际学术会议和论坛日趋频繁，涉及的主题日益丰富，包括民主问题，中国政治体制改革问题，中外行政管理体制改革、政府治理、公共管理和政策科学问题，中西政治哲学比较问题，国际政治与国际关系问题，国际共产主义运动、社会主义流派、社会主义与资本主义的比较和争论问题，西方与中国的发展模式问题，等等。这些学术交流合作和研讨

---

① 《中国政治学会章程》第十条，http：//chinaps. cass. ch/zhzhxh. Htm。

活动，拓展了中国政治学研究的国际视角，增进了中国政治学者与各国政治学者的相互理解，有助于世界人民对中国国情、中国的改革开放和中国特色社会主义建设的深入了解，对中国政治学进一步繁荣发展，走向世界和产生国际影响，有不可或缺的积极作用。

中国政治学会成立以来的30年是不平凡的30年。面对国内外复杂多变的政治环境和繁重艰巨的学科发展任务，中国政治学会带领、团结和组织全国政治学者，高举中国特色社会主义伟大旗帜，克服各种困难，经住了各种考验，开创了新时期中国政治学发展的新局面。中国政治学会之所以能够取得以上成就，主要得益于中国改革开放和社会主义现代化建设的伟大实践。伟大的实践呼唤伟大的理论，实践的创新和发展推动理论的创新和发展。改革开放以来，党和国家高度重视建设具有中国特色、中国风格、中国气派的马克思主义政治学，邓小平、江泽民和胡锦涛在不同场合都强调政治学的意义和价值，号召各级领导干部学习政治学。作为中国政治学者，我们深感责任重大，应当继续努力履行我们的职责，继往开来，不辜负党和国家的期望。

二、基本做法

我认为，中国政治学之所以能够在30年内取得上述成绩，主要是由于坚持了以下几方面的基本做法：

第一，坚持以马克思主义为指导，高举中国特色社会主义理论体系伟大旗帜，坚持中国政治学发展的正确方向。中国政治学会成立30年来，最鲜明的特点是始终强调坚持以马克思主义为指导，决不搞指导思想多元化。这是我国政治学沿着正确方向繁荣发展的根本保证。在这个根本问题上有所动摇，非但不能促进我国政治学繁荣发展，反而会造成思想混乱，人心涣散，甚至误入歧途。

坚持以马克思主义为指导，中国政治学才有话语权，才能赢得自主、自立、自我完善和发展的国际地位，而不至于只会鹦鹉学舌、照抄照搬，沦为西方政治理论及其话语的传声筒和学术附庸；才能在自由民主的学术气氛中百花齐放，百家争鸣，以勇于追求和坚持真理，修正错误的科学态度，研讨国内外各种理论和现实问题，正确分析和解决中国社会主义政治实践中出现的各种矛盾和问题。

坚持以马克思主义为指导，不能停留在空洞的口号上。马克思主义经典著作对政治哲学、政治理论和时政问题的分析和阐述，内容十分丰富深刻。因此，中国政治学会始终认为政治学工作者需要认真学习、研究马克思主义的基本理论和政治学说，持之以恒地倡导、启发、帮助中青年政治学者科学、完整地教授马克思主义政治理论，努力掌握和自觉运用马克思主义政治学的立场、观点和方法，指导对相关国际、国内重大理论与实际问题的研究。

坚持以马克思主义为指导，必须破除马克思主义过时论的迷雾。马克思主义不仅不会过时，而且具有旺盛的生命力和现代价值。因为，马克思主义不是静止在少数人书斋里的历史古籍，而是随着人类进步和实践发展而不断发展创新的先进思想和科学真理。马克思主义政治学揭示和阐明了人类社会政治关系产生发展变化的原因、本质和客观规律，能够指导人们正确认识世界和改造世界，而不是局限于一般化现象描述、概念演绎，主观臆造所谓“普世价值”和“历史终结”的政治唯心论和形而上学。

坚持以马克思主义为指导，必须坚持辩证唯物主义和历史唯物主义的立场、观点和方法。研究社会主义政治，就要将它与历史上各种社会的政治形态进行比较，在比较中认识和把握社会主义政治的本质、历史进步性、价值追求、制度特征和优势。研究社会主义初级阶段的政治，就要搞清楚社会主义初级阶段条件下的政治与历史背景和国内外环境的关系，及其与社会主义初级阶段经济、社会、文化发展水平的关系。研究人民民主专政，就要划清它与历史上其他专政类型的区别，认识和把握人民民主专政的阶级实质、职责职能和历史使命，分析国内外形势的发展变化，总结正反两方面实践经验，研究在新的历史条件下坚持和完善人民民主专政的必要性、实现途径与方式。对这些重大现实和理论问题进行政治学研究，离开了马克思主义的指导，就不可能得出符合国家、民族和人民利益需要的科学结论。

坚持以马克思主义为指导，必须坚持实事求是、解放思想、理论联系实际、不断与时俱进，反对任何形式的思想僵化和教条主义。中国特色社会主义建设，是一个不断发展、完善、逐步向更高阶段过渡的历史过程。在这一历史过程中，必须始终坚持以马克思主义作为理论基础和行动指南，否则就会走入歧路。当然，也不能要求马克思主义经典作家对在当代世界和中国的具体情况下如何建设社会主义，提供包含具体办法的现成答案。更不能把西方资本主义的所谓“普世价值”和“历史终结”理论奉为完善发展中国特色社会主义的指针。建设中国特色社会主义，只能靠当代中国共产党人和广大人民群众在实践中的不断探索、发现和创造。把马克思主义的基本原理与中国现阶段的实际相结合，不断积累和总结经验，应对新情况、新挑战，解决新矛盾和新问题，在这一进程中发展马克思主义，以发展着的马克思主义指引中国特色社会主义建设不断前进。同理，研究中国特色社会主义民主政治，推进社会主义政治文明建设，发展中国化马克思主义政治学，也应坚持这样的科学原则和精神。否则，就难免走弯路，或徒劳无功，或适得其反。

第二，坚持以科研和队伍建设为中心，不断推动中国政治学理论和学科体系的发展和创新。为此，一是必须加强我国政治学科的理论和学术基础的建设。内容首先包括作为指导我国政治学科整体发展理论基础的马克思主义政治学基本原理，指导我国社会主义建设的中国化马克思主义理论的最新发展成果；也包括政治学各分支学科的专业理论，以及对有关历史和现状的学术资料和研究成果的积累。此外，还需要重视对包括西方在内的国外政治学理论进行马克思主义的分析和研究，科学地吸收、借鉴其中的有益经验和可以为我所用的合理成分。二是必须坚持以中国特色社会主义政治建设的重大现实问题为研究的主攻方向，以满足实践需要、解决实际问题为动力，不断拓展研究领域，聚焦前沿问题，提高政治学研究的针对性、科学性和应用价值。三是必须高度重视学科队伍建设和学风建设。不仅要努力多出经得起实践和历史检验的优秀科研成果，而且要努力多出方向正确、头脑清醒、业务过硬、学风严谨、品行端正、谦虚谨慎和奋发有为的优秀科研人才。四是积极支持和倡导学术争鸣。在坚持“研究无禁区，宣传有纪律”的前提下，大力提倡不同学术流派和理论观点开展争鸣，以推动政治学研究的发展和深化。

第三，坚持贴近实际、贴近生活、贴近群众。在不断深化、扩展、提高学术研究质量和水平的同时，积极致力于政治学常识的普及，促进马克思主义大众化。为此，中国政治学工作者需要在三方面进行努力。一是不以“精英”自居，而把自己永远视为劳动人民的普通一员，以忠实地为中国最广大的人民群众服务为己任。二是深入普通老百姓生活之中，特别是要了解弱势群体生活上的疾苦和思想上的困惑，针对这些问题，下功夫进行深入和全面的研究，并不断上升到理性认识。三是改变文风，改变只会使用抽象的学术概念和艰深晦涩的学术话语表达思想的习惯，努力学会用深入浅出的科学道理和朴实明白的语言，为广大群众、普通党员和干部答疑解惑。

尊敬的中国政治学会的顾问、常务理事和理事们，全国政治学界的同志们、朋友们，中国政治学会将继续坚持不懈地按照以上基本经验努力工作，认真克服工作中存在的缺点、问题和不足，团结依靠学界广大专家学者，共同努力，推动中国政治学蓬勃发展，迈向更加成熟、对中国社会主义政治文明建设做出更多和更大贡献的新阶段。

三、新中国 61 年政治建设和政治发展的经验

作为中国的政治学者，必须植根于中国社会现实生活，因而应当对新中国成立以来中国政治建设与政治发展有所了解。站在历史的高度，纵观新中国政治建设和政治发展的历程，可以毫无疑问、理直气壮地讲，61 年社会主义中国所取得的进步是多领域、全方位的。这 61

年是一个不断探索和创新过程。正因为如此，其间61年也是一个曲折的过程，其中有无比辉煌的成就，积累了丰厚的经验，同时也有过失误，有着这样那样的教训。在这里，我仅就新中国政治建设和政治发展方面所积累的经验简要谈谈自己一些不成熟的看法。

第一，必须坚持以马克思主义为指导与坚持勇于创新的辩证统一。历史已反复证明并将继续证明：马克思主义深刻揭示了人类社会发展的总规律和总趋势没有改变，2008年爆发至今仍未见底的国际金融危机又一次证明了这一点，马克思主义是我们认识世界和改造世界的强大思想武器；马克思主义的基本原理没有也决不会过时。中国特色社会主义政治建设必须坚持以马克思主义为指导，否则必然会走到邪路上去。但是，我们也必须看到，世情、国情和党情发生了重大变化，马克思主义只有不断与时俱进，才能具有强大的生命力。我们必须做到坚持和发展的有机统一，在坚持中发展，在发展中坚持。面对新的形势和新的任务，政治学研究工作者要始终不渝地坚持解放思想、实事求是、永不僵化、勇于创新，善于把马克思主义的基本原理同中国具体实际相结合，从亿万人民齐心协力，继往开来，努力开创中国政治学会工作的新局面群众的伟大实践中总结经验，并将其升华为理论，进一步推动马克思主义的中国化进程，为在我们这个大党大国坚持和发展马克思主义不断做出新的贡献。坚持和发展马克思主义，就是要面对经济成分多样化、社会思想价值观念多样化以及经济全球化、政治多极化、文化多元化的挑战，坚决反对指导思想的多元化，坚持马克思主义在意识形态领域的指导地位，坚持中国特色社会主义理论体系不动摇。这就必须与新自由主义、社会民主主义、历史虚无主义和所谓的“普世价值”等各种错误思潮划清界限，防止各种错误倾向和各种教条主义干扰我们的改革开放和社会主义现代化建设事业，在复杂多变的国际国内的实践中坚持和发展马克思主义。

第二，必须坚持中国特色社会主义的国体和政体辩证统一。我国《宪法》明确规定：“中华人民共和国是工人阶级领导的、以工农联盟为基础的人民民主专政的社会主义国家。”这是我国的国体。

我国宪法又明确规定："人民行使国家权力的机关是全国人民代表大会和地方各级人民代表大会。"这是我国的政体，是我国的根本政治制度。国体与政体是什么关系？从政治哲学层面讲，国体是内容，是指国家的性质，亦即是指社会各阶级在国家中的地位，是统治阶级的阶级性质决定着国家性质。政体是形式，即国家政权的组织形式，即统治阶级采取何种形式来组织自己的政权机关。内容决定形式。正因为我国的人民民主专政的社会主义国体的性质，决定我国实行人民代表大会制度这一政体。美、英、德等资产阶级专政的资本主义国体的性质，决定它们实行总统制共和、议会君主立宪和议会共和制等政体。也正是因为我国的人民民主专政的社会主义国体的性质，决定我们不能采用西方的多党制和"三权分立"等政体。与此同时，我们也要认识到，形式对于内容，并不是完全消极、被动的，形式对于内容有一定的反作用。随着形势的变化，我们必须适时找寻适合实现内容的新形式，对体现和反映社会主义政治制度的体制、机制、程序、规范以及具体运行上还存在不完善的地方，进一步加以完善，不断深化政治体制改革，进一步把我国社会主义政治制度的优越性发挥出来，从而保证我国的国体永不变质。但是也必须明确，政治体制改革也必须坚持正确的政治方向。什么是政治体制改革的正确的政治方向？我认为，就是必须为着社会主义国体的巩固和发展，亦即始终坚持共产党的领导，确保人民当家作主的根本目的的实现，而决不能削弱这一国体，更不能利用政体对国体的反作用，借政治体制改革为名，逐步取消中国共产党的领导，让资本当家作主。在任何情况下，我们必须坚持社会主义的国体与政体相统一、不动摇。否则，必然会导致社会混乱，人民遭殃。

第三，必须坚持"一个中心、两个基本点"的基本路线辩证统一。社会主义革命是在帝国主义链条的薄弱环节首先突破并获得成功的，这是社会主义革命不同于其他社会革命的显著不同之点。社会主义国家在一个相当长的发展时期内，不可避免地经济上落后于发达的资本主义国家，这就决定了社会主义国家必须把追赶发达资本主义国家、实现现代化作为自己的战略目标。在相对和平的历史时期，国家要发展，社会要前进，而经济建设始终是国家各项建设的基础、大局和首要任务。对于这一兴国之要，对于党、国家兴旺发达和长治久安的这一根本要求我们必须“咬定青山”毫不动摇。四项基本原则是我们党、国家生存发展的立国之本和政治基石；我们必须毫不动摇地坚持下去。在四项基本原则中，十分重要的是坚持党的领导和社会主义道路。党的领导属于上层建筑范畴，社会主义道路首先体现在经济基础范畴。按照经济基础决定上层建筑的原理，坚持社会主义初级阶段的基本经济制度——亦即坚持社会主义道路更具根本性，更具有特殊的意义和重要性。我们应牢牢记住两点：一是我们要建设的国家，是社会主义国家，我们所实行的经济制度，是社会主义经济制度；二是我国仍处于并将长期处于社会主义初级阶段，正因如此，邓小平、江泽民、胡锦涛强调：坚持和完善公有制为主体、多种所有制经济共同发展的基本经济制度，毫不动摇地巩固和发展公有制经济，毫不动摇地鼓励、支持、引导非公有制经济发展。财产所有制不是虚的和空的，它不仅体现在财产管理制度上，也必然体现在财产分配制度上。财产所有制决定财产分配制度，财产分配制度也反作用于财产所有制。因此，坚持社会主义初级阶段基本经济制度与坚持社会主义初级阶段分配制度有着内在、本质、完整、高度的统一性。如果仅讲再分配中的公平，不讲初次分配中的公平，就不是真正的社会主义所有制。改革开放是强国之路，是我们党、国家发展进步的活力源泉，是决定当代中国命运的关键抉择。因此，我们必须与时俱进，毫不动摇地坚持符合党心民心、顺应时代潮流、方向和道路是完全正确的改革开放。我们应当充分认识，“一个中心，两个基本点”是相互贯通，相互依存，不可分割的整体。只有完整地理解和坚持了党的基本路线，才能使我们牢牢地把握住了现代化的历史机遇。

第四，必须坚持党的领导、依法治国和人民当家作主的辩证统一。胡锦涛在党的十七大报告中指出：“坚持党的领导、人民当家作主、依法治国有机统一”①。这是中国共产党将马克思主义基本原理与中国具体实际相结合，创造性地找到的一条有利于发展人民民主，促进经济社会发展，维护国家统一、民族团结、人民安康、社会和谐、政治社会稳定，实现中华民族伟大复兴的具有中国特色的政治发展道路。党的领导是人民当家作主和依法治国的根本保证。代表最广大人民的根本利益，实现和保证人民当家作主，是社会主义民主政治的本质要求。依法治国是实现党领导人民当家作主的基本途径和法治保证。这三者在建设中国特色社会主义民主政治中必须高度有机地统一起来。在这三者有机统一中，有以下几个问题值得高度关注：

一是坚持党的领导、人民当家作主、依法治国这三者并不是并列的关系。从一定意义上讲，在这三者有机统一中，人民当家作主是我们的根本目的，是我们的归宿之地，而坚持党的领导和依法治国仅仅是达到人民当家作主的手段，是达到归宿之地的桥和船。因此，衡量党的领导和依法治国正不正确的根本标准，是看能不能有效保证人民当家作主。

二是党既要坚持在宪法和法律范围内活动，又要充分发挥统领全局、协调各方的作用。从马克思主义的观点看来，阶级的专政与党的专政是有分别的东西，党只是阶级的最有觉悟的一部分人的组织，党应当而且只能在无产阶级国家中起领导作用，党不应当而且不能代替阶级去实行专政。在当代中国，无论是党的领导还是人民当家作主，都必须得到法治的保障并在法治范围内实施，严格依法办事，任何组织和个人都不允许有超越法和法律的特权。不能以党代政，党不能代替人大、政府、法院、检察院行使权力。党政职能应该也必须分开。随着历史条件、社会环境、具体任务的变化，党的领导方式和方法也必须相应地有所改变。但正如江泽民所说：中国共产党是执政党，“党的执政地位是通过党对国家政权机关的领导来实现的。如果放弃了这

---

① 《中国共产党第十七次全国代表大会文件汇编》，北京：人民出版社 2007 年版，第 27 页。

种领导，就谈不上执政地位。各级政权机关，包括人大、政府、法院、检察院和军队都必须接受党的领导，任何削弱、淡化党的领导的想法和做法，都是错误的。”①也就是说，中国共产党统领全局、协调各方的作用，是其他任何政党和集团无法替代和完成的。否则，全国就会出现一盘散沙的局面，人民当家作主和依法治国也就无从谈起。

三是不能片面强调法律高于一切。法是统治阶级意志的体现，有着鲜明的阶级性。体现无产阶级意志的法与体现资产阶级意志的法，在阶级实质上是根本不同的。有人说，我国的法律高于一切。相对于任何个人和组织而言，我们承认它高于一切。但超出了这个范围说法律高于一切，则是片面的、形而上学和绝对化的提法。我们所做的一切都是为了人民群众的根本利益。为了人民群众的根本利益，我们要勇于坚持真理，修正错误。人民的利益高于一切。当情况发生了变化，需要适应新的情况，更好地维护最广大人民群众的根本利益，党就要通过国家机关依照法律程序，及时地修改或废除相关过时的法律。而宪法和法律的制定、修正、修改或废除，离不开党的领导。最广大人民群众的利益、需求和呼声，是我们宪法和法律合法性的全部来源，也是其得以永葆活力的动力和源泉。党的十六届四中全会提出党要科学执政、民主执政、依法执政。这三者也是一个完整有机的统一体，缺一不可。不能仅讲依法执政，而忽略以科学的思想、科学的制度、科学的方法领导中国特色社会主义事业的科学执政，忽略贯彻全心全意为人民服务的宗旨，坚持为人民执政、靠人民执政的民主执政。

第五，必须坚持相信人民、依靠人民和为了人民的辩证统一。胡锦涛明确指出：“相信谁、依靠谁、为了谁，是否始终站在最广大人民的立场上，是区分唯物史观和唯心史观的分水岭，也是判断马克思主义政党的试金石。”② 社会主义民主政治建设必然是相信、依靠和为了

---

① 《江泽民文选》第1卷，北京：人民出版社2006年版，第112页。

② 《胡锦涛在“三个代表”重要思想理论研讨会上的讲话》，2003年7月1日，http：//www.china.com.cn/chinese/ch-sg-db/。

人民的有机高度统一。“全心全意为人民服务”“代表最广大人民群众的根本利益”是我们始终不变的价值观；“实践是检验真理的唯一标准”，亿万人民群众的社会实践是我们始终不变的真理观；“人民，只有人民，才是创造历史的真正动力”是我们始终不变的动力观。我们是立场、观点和方法的有机统一论者，是价值观、真理观和动力观的有机统一论者。立场、观点、方法、价值观、真理观、动力观，全部有机统一到人民群众这一主体上。我们深知，离开群众，任何人、任何集团和政党，必然一无所成。苏联解体、苏共垮台的经验教训告诉我们，把马克思主义的词句挂在嘴上，经常背诵大段语录，形式上看好似“坚持”，但实际上言行不一，牟的是一己之私利，这是广大人民群众最为憎恨的作风。我们的党与人民群众应该是鱼水关系；不应该是油水关系；也不应是蛙水关系，需要时跳到水里游游，不需要时跳到岸上享受自己的“安乐窝”；更不应是火水关系，如果是水火关系，那么这个党就离寿终正寝不远了。群众中的个体是一滴水，一滴水很容易干涸，但一滴滴水汇聚在一起，便成溪成河，成江成海。对于各种损害人民群众利益的歪风邪气和错误潮流，群众在一定条件下、一段时间内可能会无能为力，显得风平浪静，但在特定条件下，就有可能掀起巨浪，翻江倒海。正所谓水可载舟，亦可覆舟。永久站立在人民这块大地上，把相信、依靠和为了人民高度有机地统一在一起，我们才能永久成为力大无比的英雄安泰。

第六，必须坚持加强党和改善党的领导的辩证统一。领导我们事业的核心力量是中国共产党。中国共产党在中国政治发展事业中的领导地位的形成是历史的选择、人民的选择。同时，经济全球化和社会主义市场经济的深入发展，现阶段政治建设和政治发展的艰巨任务都决定了必须始终坚持党的领导。因此，我们要同各种反对党的领导的错误倾向划清界限，要旗帜鲜明、理直气壮地坚持党的领导。同时，我们也要根据国内国际形势的不断发展变化，与时俱进地不断改进和完善党的领导，不断提高党的执政能力和执政水平，不断加强党的先进性建设，坚持权为民所用，严防党内出现特殊的利益集团。1992 年春，邓小平视察南方，发表了具有历史意义的重要谈话。在这个谈话中，邓小平提出了一系列新的思想、观点和论断，其中之一就是他明确指出的："中国要出问题，还是出在共产党内部。""关键是我们共产党内部要搞好，不出事"①。这是邓小平深谋远虑地思考中国社会主义的前途与命运，深刻总结我党历史上的经验教训，冷静反思国际共产主义运动特别是东欧剧变、苏共垮台、苏联解体的沉痛教训，所得出的一个马克思主义的十分重要的结论。这一科学论断揭示了党的建设的极端重要性及其所面临的重要任务。在社会主义民主政治建设中，我们要牢牢记取这一点，始终不渝地坚持和改善党的领导。

四、做一名合格的政治学研究工作者

（一）认清当今的机遇与挑战，增强历史责任感和使命感

当今世界格局正处于大变革、大调整时期。世界经济政治已开始进入历史发展变化的快车道。世界各大国和各大战略集团的主观能动性、战略、策略及其合作、竞争、博弈乃至较量将起着十分重要的作用。国际金融危机仍在深入发展。我国周边安全环境也日益呈现出复杂、严峻的局面。国内改革开放和现代化建设事业取得了举世瞩目的重大成就，但也到了真正的关键时期，不少问题突显。国际国内双向互动也极强。国际问题国内化，国内问题国际化趋势日趋明显。我们的机遇前所未有，我们的挑战世所罕见。国际国内实践这个广阔的大舞台给我们坚持和创新正确的理论提供了极其丰厚的沃土，搭建了极其广阔的平台。我个人认为，现在有"四大安全问题"摆在我们面前：经济安全特别是金融安全、社会安全特别就业与分配问题、周边

① 《邓小平文选》第3卷，北京：人民出版社1993年版，第380页、第381页。

安全和意识形态安全。在未来三至五年乃至十年左右，应对这“四个安全问题”十分重要。从一定意义上讲，这四个安全中，意识形态安全更重要。百年风云际会，几代前仆后继，我们这个政权是几千万先烈的头颅和尸骨堆起的。我们不能让烈士的鲜血白流。我们政治学研究工作者一定要有强烈的责任感、使命感，为我们这个党、国家和民族抓住大好机遇，应对严峻挑战做出我们应有的贡献。

（二）认真学习马克思主义，坚定正确的理想信念

苏东剧变后，社会主义在世界范围内处于低潮。马克思主义过不过时？邓小平坚定地指出：“不要惊慌失措，不要认为马克思主义就消失了，没用了，失败了。哪有这回事！”①实践证明邓小平的远见卓识。法国著名哲学家萨特（Jean-Paul Sartre）也曾说过：“马克思主义的生命力远不是已经枯竭了，它还年轻，几乎还在童年；它好像刚刚在发展。所以它仍是我们时代的哲学，它是不可能被超越的，因为产生它的那些历史条件还没有被超越。”②萨特的这段话为邓小平深刻而又精彩的断言提供了很好的佐证。因此，我们政治学研究工作者应认认真真读一读马克思主义经典作家的原著。千万不能没有认真读过马克思主义的相关原著甚至根本就没有读过，仅凭别人的结论就轻易否定马克思主义的基本原理和我们党的创新理论。把马克思主义的基本立场、观点与方法真正学懂弄通并能灵活运用，就可以套用并翻新《华严经》里这样的意境，叫作：“入于真实妙法界，自然觉悟不由他。”现在，世界社会主义运动无疑在全球范围内仍然处于低潮，在低潮之时，坚定正确的理想信念显得更为重要。千万不要认为理想、信念、主义、道路虚无缥缈，与我们离得很远或没有一点关系。从一定意义上讲，我们都是精神产品的制造者，我们的理想信念正确与否，不仅涉及个人，而且还会关涉他人和整个社会。越是名家的精神产品，

① 《邓小平文选》第 3 卷，北京：人民出版社 1993 年版，第 383 页。

② 《马克思主义与现实》1990 年第 1 期。

越要接受社会实践与历史的检验。我们今天的所作所为、所言所著，必然接受明天实践与人民的评说。我们应该成为国家民族的功臣，而不应与此相反。

（三）大力弘扬理论联系实际的优良学风，勇于坚持和创新正确的理论

毛泽东曾说：要“让哲学从哲学家的课堂上和书本里解放出来，变为群众手里的尖锐武器”①。我认为，这句名言，对当今我们整个哲学社会科学界其中包括政治学界都具至关重要的意义。单纯靠从书本到书本的逻辑演绎，推演不出真正的理论大家。我们应从狭小的研究室、课堂上和书本里解放出来，通过各种途径了解不断发展变化着的世情、国情和党情。我们应始终坚持理论联系实际的原则，始终把敢于创新的勇气和科学求实的精神统一起来，始终坚持以实践为检验真理的唯一标准，勇于研究关涉党、国家和民族前途命运的宏观、前瞻、战略的重大现实与理论问题，不断开拓理论和实践的新境界。从一定意义上讲，我们正在干前人所从来没有干过的事业。我们党从来没有领导过市场经济，也从来没有像现在这样与国际资本直接、全面地打交道。我们这艘社会主义的巨轮驶向了波涛汹涌、暗流旋动的经济全球化的大海。我们有着难得的发展机遇，但也面临着许多可以预料或难以预料的严峻挑战。别的任何理论无法解决我们当代的问题。坚持马克思主义的普遍真理，紧密结合当今时代的特征和中国的实际，创新符合我们自己实际、国情、道路和利益的理论，我们才能一直走在阳光灿烂的大道上。因此，我们比以往任何时候都需要解放思想，实事求是，坚持和创新正确的理论。国际国内的实践给中国共产党人的理论创新提供了无比丰厚的实践基础和无比广阔的时空舞台。在当今中国，正是应该出大思想家和大理论家的时候。我在这里提出一个不

① 《建国以来毛泽东文稿》第10册，北京：中央文献出版社1996年版，第305页。

知恰不恰当但是一个十分严肃的问题，在当今中国，谁能写出在新形势下的新的《共产党宣言》，写出新形势下的新的《帝国主义论》？“花落谁家”？我们热切地期待着。

（四）认真改造主观世界，多出经得起实践检验的精品力作

社会主义市场经济，极大地促进了经济社会的发展，但市场经济也有消极的影响，它也催生、调动了一些人的拜金主义、享乐主义和极端个人主义。我们要坚持和创新正确的理论，都必须从人民群众的根本利益和推动社会进步这一根本立场出发。我们决不反对谋取合理、合法的个人利益，但仅从想获取金钱或个人官位这一狭隘的眼界出发绝不可能成长为真正的哲学社会科学大家。这也就是说，做学问，不能仅为自己与自己的小家庭过上好日子。真正有出息、有作为的学问家，是为了国家、民族好，是为了老百姓都过上好日子。对于领导干部来说，一旦有私心，决策必然发生问题；对于学者来说，一旦有私心，理论就会歪斜。从血管里流出来的是血，从水管里流出来的只能是水。没有一个正确的世界观，就可能做出不利于党、国家、民族和人民的事情。因此，在坚持和创新正确的理论中，我们应认真改造世界观，做到“三个勇于”：即勇于独立思考，勇于坚持真理，勇于修正错误。坚持独立思考不易，因为独立思考的过程十分艰辛，不畏艰辛地跋涉才能不断开辟新的坦途。坚持真理不易，因为有时普遍流行或随波逐流的并不是真理。高处不胜寒，不仅是自然界的状况，也不仅是一些人身处高位的感受，同时也是思想理论界并不鲜见的现象。所以，在坚持真理的过程中，有时就必须乐于耐得住“寂寞”，乐于享受“孤独”。修正错误同样不易，甚至更难，有时候否定自己所要承受的“痛苦”往往比坚持真理还要沉重。不能坚持独立思考、坚持真理或修正错误的哲学社会科学研究工作者，绝不可能是真正的一流学者。再过几十甚至百年，当我们国家真正实现社会主义现代化之时，人们记得我们为此做了点有益而不是相反的工作，这才是我们最可欣慰的。

同志们，让我们齐心协力，继往开来，为努力开创中国政治学会工作的新局面而努力奋斗。

预祝我们中国政治学会第七次代表大会圆满成功，祝大家身体健康、工作顺利、学业进步、阖家幸福。谢谢大家！

在中国政治学会第四次代表大会暨学术讨论会上的工作报告（节选）机遇与展望*

吴大英**

众所周知，人类社会发展到今天，政治在社会生活中的地位越来越突出，关系到人类生存与命运的现实问题的解决都需要借助于政治的力量。以政治为研究对象的政治学在国家政治生活中的地位和作用是不可替代的。社会的进步与政治的昌明总是与政治学的繁荣联系在一起的。世纪之交的中国，正面临着全面而深刻的历史性变革，既有难得的发展机遇，也存在严峻的挑战。中国能否在世界潮流面前争得主动，胜利地跨入21世纪，政治学与政治学理论工作者肩负着历史的责任，经受着时代的考验。

冷战结束之后，世界正朝着多极化方向发展，各种政治力量的斗争错综复杂，以经济与科技为基础的综合国力的较量日趋激烈，开放的世界又使任何一个国家的发展都离不开世界。这种国际局势要求我

---

* 该文是中国政治学会副会长吴大英代表第三届理事会在1996年5月于武汉召开的中国政治学会第四次代表大会上的工作报告。

** 吴大英，时任中国政治学会副会长。

们立足中国，面向世界，科学地确定中国在国际舞台上的地位和作用，制定正确的战略方针和对外政策，在复杂的国际局势面前冷静沉着，抓住机遇，发展自己。在这方面，政治学及政治学理论工作者负着不可推卸的责任。

综观全球，现代化是当今社会的主旋律和最强音。我国的现代化是社会主义现代化，是全新的事业，其本质特征要求我们必须走全面协调发展的道路，既要建立社会主义市场经济体制，实现经济现代化，又要加强社会主义民主与法制建设，实现政治现代化。政治的任何趋向于现代化的变革，都需要理论的支持，同时也要求相应的理论变革。这就要求政治学应该在建设有中国特色的社会主义事业中有所作为。值得庆幸的是，我们党在实践中形成了一条基本路线，成功地走出了一条建设有中国特色社会主义的道路，各项事业取得了令世人瞩目的成就，国家经济实力明显增强，国内民族团结，政局稳定。中共十四届五中全会和八届人大四次会议又为全国人民描绘了一幅宏伟的蓝图。尤其是邓小平同志历来十分重视政治学的发展。邓小平同志多次强调要讲政治。江泽民同志在中共十四届五中全会上，提出领导干部要讲政治，之后又多次强调领导干部特别是高级领导干部要讲政治。这是对我们党优良传统的继承和发展，也是对国际共产主义运动经验的全面总结，同时又是针对国内外形势做出的重大抉择。江泽民同志的讲话，为我们政治学理论工作者和实际工作者指明了方向，也为政治学的发展提供了极为有利的机会，提出了新的要求。为此，今后一个时期内，我们应该做到以下几点：

第一，政治学研究必须坚持以马克思主义为指导，以邓小平同志建设有中国特色社会主义理论为根本指针。马克思主义作为人类思想最辉煌的成果，是无产阶级的世界观和方法论，是客观真理性和鲜明的阶级性的高度统一，是科学性与意识形态性的高度统一，是认识世界、改造世界的锐利的思想武器，是我们政治学研究的根本指针。在当前，我们政治学工作者必须认真学习邓小平同志建设有中国特色社会主义理论，并运用其基本立场、观点和方法，深入研究建设有中国特色社会主义的各种实际问题。党的“十四大”明确指出了用邓小平同志建设有中国特色社会主义理论武装全党的战略任务，这是我们推进改革开放和社会主义现代化事业的迫切需要，是实现跨世纪宏伟目标的根本保证。邓小平同志建设有中国特色社会主义理论，把马列主义基本原理与当代中国实际和时代特征相结合，科学地总结了新中国成立以来我们国家谋富强、求发展的经验，特别是近20年来改革开放的社会主义现代化建设的新鲜经验，第一次系统地回答了中国这样一个经济文化比较落后的国家如何建设、巩固和发展社会主义经济、政治、文化的一系列基本问题，用新的思想观点，继承、丰富和发展了马列主义、毛泽东思想，是当代中国的马克思主义。正因为如此，我们党从十一届三中全会开始，经过“十二大”“十三大”，到“十四大”，郑重地把邓小平同志建设有中国特色社会主义理论写在了自己的旗帜上，作为继续前进的指南。应当说，近年来，我们政治学工作者在研究邓小平同志建设有中国特色社会主义理论方面，已经有了一个良好的开端，发表了一些著作和论文。当然，这还远远不够。“九五”期间，我们要进一步把这项最紧迫最重要的任务落到实处，这是我们政治学工作者的重大的政治责任。政治学研究只有坚持以马克思主义，特别是当代马克思主义即邓小平同志建设有中国特色社会主义理论为根本指针，坚持解放思想、实事求是的思想路线，坚持马克思主义世界观和方法论，坚持辩证唯物主义和历史唯物主义，才能保证正确的研究方向，得出正确的结论，掌握客观规律，用以成功地指导解决建设有中国特色社会主义的各种理论问题和实际问题，并在实践中丰富和发展政治学的内容。政治学的各种观点在客观上是有是非之分的，因此，政治学研究要坚持正确的方向，就必须分清马克思主义同反马克思主义的界限、社会主义民主同西方议会民主的界限。如果政治学研究离开了马克思主义的指导，就会偏离建设有中国特色社会主义这个根本方向，甚至会走到邪路上去，给这个宏伟的事业造成危害和灾难，也会损害政治学研究和政治学工作者本身。这是国内外的历史事实和现实的经验教训所证明了的。总之，我国的政治学研究必须以马克思主义为指导，对于那种政治学非意识形态化的主张，对于那种企图否定马克思主义对我国政治学研究的指导地位和作用的主张，必须坚决予以反对。

第二，政治学研究必须坚持理论联系实际的原则。理论联系实际是马克思主义的基本原则之一，是发展和繁荣政治学研究的根本途径，是政治学这门学科的生命力和活力之所在，必须坚持。这个原则也是马克思主义的优良学风，必须发扬。政治学研究必须从总体上和不同的层次及侧面去联系建设有中国特色的社会主义的实际，认真研究新情况，解决新问题，总结新经验，做出新的理论概括和新的结论，用以指导实践，并接受实践的检验，坚持真理，修正错误，“实践、认识、再实践、再认识”，循环往复，以至无穷，不断地把政治学研究推进到更高的水平。在新的历史时期，中国共产党正在领导全国各族人民进行建设有中国特色社会主义这个史无前例的宏伟事业，面临着国内外各种复杂的矛盾和层出不穷的新情况、新问题，其中包括政治学研究领域的各种新情况、新问题，例如：转变政府职能、改革政府机构、健全社会中介组织、加强廉政建设、深入开展反腐败斗争、社会主义民主的制度化和法律化、继续依法完善人民代表大会制度、继续完善中国共产党领导的多党合作和政治协商制度、建立民主监督的程序和制度、加强基层政权建设和发展基层民主、维护国家的政治和社会稳定，等等，这些都需要政治学认真进行深入的研究，做出科学的回答。与此同时，在政治学研究中要防止各种形式的主观主义的态度和学风，包括从书本出发的教条主义、埋头书斋的经院式研究，尤其要坚决反对那种脱离中国实际，缺乏科学分析，随心所欲、食洋不化、生搬硬套、一知半解、故弄玄虚的不良学风。

第三，必须坚持“百花齐放、百家争鸣”的方针。“百花齐放、百家争鸣”的方针，是繁荣哲学社会科学的根本方针，政治学要繁荣和发展，也必须正确贯彻这一方针。这个方针是一个促进学术自由的方针，贯彻这一方针，就要允许不同学术观点的存在。不同的学术观点都有平等的自由发表的权利。在学术领域，鼓励不同的观点在和谐的气氛中自由讨论，相互切磋，允许批评，也要允许反批评。不同的学术观点一时难以统一，可以保留，可以继续讨论，最终由实践做出检验，大家自觉地服从真理、修正错误。贯彻这一方针，就要努力营造民主协商、平等讨论的和谐氛围，正确地引导讨论，不对不同学术见解进行硬性的干预。实践证明，“百花齐放，百家争鸣”的方针是一个民主的方针，是增进团结的方针，是服从真理、发展真理的方针。正确贯彻这一方针，就能促进政治学研究的活跃和繁荣。坚持四项基本原则是开展“百家争鸣”的政治前提。不同学术观点要在宪法和法律允许的范围内自由发表，但不能允许违反四项基本原则的言论任意泛滥。我们必须坚决反对僵化，也必须坚持反对资产阶级自由化，对于反对党的基本理论、基本路线、基本方针的错误言论，决不能听之任之，必须有理有据地进行批评，分清是非。对于封建主义、资本主义腐朽的思想文化，必须坚决抵制，防止渗透。同时，要积极吸收和借鉴世界各国各民族一切有益的思想文化成果，为我所用，在学术研究中，不搞“大批判”，也不搞无谓的争论。但是，这并不是不分是非曲直。在涉及党的基本理论和基本路线等重大原则问题上，一定要旗帜鲜明，批评的武器一定不能丢。对一些思想认识问题要慎重对待，要加强正面引导和正确疏导。

政治学的繁荣和发展需要理论创新*

王邦佐**

1979 年 3 月 30 日，邓小平同志在党的理论工作务虚会上指出："政治学、法学、社会学以及世界政治的研究，我们过去多年忽视了，现在也需要赶快补课。" 1980 年 12 月 24 日在北京成立的全国性的中国政治学会，是中国政治学研究得到恢复的重要标志。20 年过去了，中国政治学的补课工作，其中包括对于马克思主义政治学理论体系的探索，对于西方政治学理论成果的介绍，以及对于中国政治发展过程中现实问题的研究等，都取得了很大的成就。从一定的意义上讲，如果没有创新，也就没有 20 年来政治学的发展。如今，人类即将迈进新世纪，我国经济体制改革所带来的社会结构与社会生活的变化以及政治体制改革所提出的现实要求，都为新世纪的中国政治学研究提供了十分广阔的发展空间。展望未来，中国政治学的繁荣和发展，更需要不断开拓、创新。

1995 年，在全国科技大会上，江泽民同志指出：创新是一个民族进步的灵魂，是国家兴旺发达的不竭动力。前不久，胡锦涛同志在中央党校举办的研究班上也强调：创新和发展是马克思主义充满生机和

---

* 本文发表于《政治学研究》2001 年第 1 期。

** 王邦佐，时任中国政治学会副会长。

活力的根本原因，是马克思主义具有强大生命力和战斗力的奥秘所在。同样地，要使我们的政治学研究充满生机和活力，其灵魂和奥秘也在于创新。

那么，目前政治学创新，就我们研究者层面来说，究竟面临哪些问题以及如何创新呢？初步考虑到以下九点：

一、政治学“理论创新”所包含的主要内容

我所讲的政治学研究中的理论创新，主要是指在学术上进行理论体系的创新。而科学的研究方法是理论创新的基本前提之一。“从理论到理论”的方式在目前我们的政治学研究中仍然占据一定成分。我们都知道，从对既有理论的深入思考的过程中产生某种灵感是可能的，但真正的理论创新则需遵循“现有理论—政治现实—理论创新”的研究过程。科学的实证研究是进行理论创新的前提，政治学研究应当在对系统可靠的第一手资料进行整理分析的基础上提出新的认识。社会科学其他学科的研究方法与成果具有借鉴意义，如社会学、人类学对田野调查的重视及其技术手段（访谈、问卷、甚至参与生活）对于获取更真实的原始资料提供了比较有效的途径。为了更进一步地获取现实政治生活的“真相”，还应注意档案文献资料与口述资料的差异所提供的重要信息。

二、要有强烈的“问题”意识

一种成熟的理论体系往往具有一定广度的适用性，但它却难以脱离其产生的社会生活背景。比如，马克思的科学社会主义理论产生于马克思对欧洲资本主义发展过程中种种不合理现象的深刻反思，韦伯的现代化理论则产生于韦伯对其所生活的德国相对落后状态的深切关怀。

我们知道，现代政治学的创立与发展是在美国实现的。第一次世界大战以前，美国的政治学研究秉承欧洲传统（即德国国家学说传统和英、法等国的历史主义方法）；此后，科学主义的研究方法对传统研究的挑战逐渐加强，特别是第二次世界大战以后注重经验研究的行为主义政治学取得迅速发展，出现了系统理论、结构—功能理论、沟通理论和比较政治、政治文化、政治发展等综合性理论，实现了对传统政治学研究的变革。政治学研究在美国的创新性发展是其经济发展、技术进步等诸种因素综合作用的结果，在这一过程中，对于美国国内政治过程中的具体问题及美国在国际事务中的地位的关注，对于形成具有美国特色的现代政治学具有重要意义。

理论的形成需要大脑的深度思考，但它却不可能是凭空思考的产物。任何一种有价值的思想和理论都是思想者对所处现实生活的深切关注并积极思考的结果。因此，实现中国政治学研究的理论创新，必须从中国的国情出发，探索改革中出现的新问题，解释属于中国自己的问题。

为了实现理论创新，政治学研究应当具有强烈的“问题”意识，政治学学者应当积极面对中国政治与社会生活中的真实问题，只有抓住了问题所在，才能在科学的研究方法的帮助下实现理论上的有价值的创新。

三、要关注政治学研究中存在的问题

当前我国政治学研究中应注意解决这样一些问题：

首先是简单套用西方社会科学的理论体系的问题。如国家与社会关系理论的确具有其一定的解释能力，但这种基于欧洲国家与社会发展历史而产生的理论是否能够直接涵盖中国的国家与社会关系的复杂现象呢？中国执政党的特殊地位对这种国家与社会二元分立及相互作用的学说形成了哪些挑战呢？这需要我们进行认真而审慎的思考。

其次是对马克思主义分析方法的运用流于形式的问题。对马克思主义理论本身的内涵研究不够。对生产力与生产关系、经济基础与上层建筑这些马克思主义理论在新形势下如何运用，研究不够。

最后还有对“问题”意识的关注与深入研究不够的问题。

四、要处理好“讲新话”与既有理论传统的关系

在我国政治学研究进行理论创新的过程中，要注意处理好与如下几方面的关系：

首先是与马克思主义理论体系的关系：基本原则不能放弃，“老祖宗不能丢”，但应充分注意到当前世界政治经济格局的新特点与我国政治体制改革中出现的新问题。

其次是与西方政治学理论体系的关系：许多学者主张在研究中将来自西方的理论体系“本土化”。“本土化”研究强调以中国的本土特色来应用和修正西方的理论体系，这是必要的。但中国的政治学学者更应从中国的现实问题出发，创建自己独特的理论体系。

最后是与中国古代政治思想及分析方法的关系：要摈弃其不合理的成分，吸收其有价值的内容。如应研究德治与法治如何“双管齐下”的问题，同时还要关注“德治”思想与“人治”传统的内在关联以及其对制度化建设的阻碍问题，等等。

五、要注重基础理论

任何一门学科的发展，都离不开基础理论的创新和发展，基础理论的突破，会带来该学科或相关学科的繁荣或兴起，这对政治学也不例外。在新的历史、社会和文化条件下，怎样坚持马克思主义，怎样对马克思主义理论的操作层面的东西做出科学的阐析，怎样认识在新

的条件下马克思主义政治理论面对的种种挑战，这些都构成了政治学理论创新的巨大空间。

六、要丰富研究方法

从学科发展来看，研究方法是否合理或完善，直接影响到一门学科是否成熟。从20多年的政治学发展历程来看，我国政治学者在历史唯物主义和辩证唯物主义的指引下，初步借鉴了当代科学研究的各种新方法，增强了研究的活力。所以，今后政治学研究要继续注意多种方法的综合开发和运用。

七、要立足现实实践

政治学发展，无论是外源发展还是内源发展，都离不开政治理论的指引，这是毋庸置疑的，但是，政治学的发展也离不开火热的政治现实。政治生活为政治学的发展提供了丰富的素材，政治学研究如果离开了现实，缺乏对政治现实的回应性就成了“无源之水，无本之木”。就国内层面而言，我国正处在深刻的社会转型期，社会转型的艰难性和复杂性为政治学研究设定了大量的研究课题；就国际层面而言，经济全球化及和平与发展的复杂态势，也向政治学研究提出了一系列新课题，所有这些都构成了政治学发展的新契机，也为政治学的创新提供了不竭的动力。

八、要古为今用，洋为中用

我国的政治学发展，不能割断历史，要对中国的某些传统进行创造性转化；同时也不能盲目排外，要对国外的政治学流派进行批判的借鉴，这些我国政治学界已充分注意到了。但是，“夜郎自大”和“食洋不化”的现象都仍然存在。从20世纪80年代起，政治学界翻译了大量的国外政治学专著，这对了解国外的学术动态，促进国内的政治学繁荣显然起了很大的作用。但同时也在我国政治学界引起了一些值得关注的现象，至少在政治学的话语系统里，充斥着许多玄乎的不知所云的辞藻，有些政治学论文就是这些辞藻的演绎（当然，我在这里不是一概反对运用国外的新术语）。我感到，在对传统进行现代性转换的同时，也有必要对国外的一些概念和理论进行本土性的转化。不仅如此，还要从中国现实问题出发，力求创建出新的理论体系来。我国政治学界有许多学者正在这样做，而且做得颇有成绩。

九、要关注基层现实

政治学不仅仅关注政府、政党等组织的运作，它同样要关注市场和社会；政治学也不仅仅关注社会上层，它同样要关注基层和边缘群体、弱势群体。因为任何政治体制的运作，政治活动的展开，其最终的落脚点都是在基层，基层的政治状况、政治关系和执行能力的强弱直接关涉到政治的大局。近年来，我国政治学研究的一个新的生长点是基层民主政治研究，众多政治学者对基层倾注很多的热情，所取得的成绩也有目共睹。由于政治系统、经济系统等方面的关系都在基层交叉汇合，各种关系盘根错节，各种矛盾也层出不穷，所以，基层的变数很大，问题也非常多，这些都为政治学的创新提供了现实支点。

伟大事业和时代的呼唤*

王一程**

在即将成为过去的20世纪，最为可歌可泣、最值得总结和继承发展的人类进步事业是在马克思主义科学理论指导下进行的伟大社会主义实践。这一伟大实践的艰难性决定了它不可能一帆风顺，道路必然是曲折的。但其正义性决定了它绝不会“终结”，前途必定是光明的。不论还会遭遇多么严重的挫折，这一体现人类最进步理想的实践都将继续存在，并将在新的继续发展中，对人类社会文明和进步做出更伟大的贡献。

在世纪之交，有中国特色的社会主义建设已经取得了举世公认的巨大成就：经过20多年改革开放，我国已初步实现了从计划经济体制向市场经济体制的转变，国民经济翻了两番，综合国力显著增强，人民生活总体上达到了小康水平，社会主义民主法制和精神文明建设有许多重要进展并在逐步加强。从新世纪开始，我国将进入全面建设小康社会，加快推进社会主义现代化的新的发展阶段。

与此同时，有中国特色的社会主义建设面对着国际国内十分复杂的新情况、新矛盾、新挑战，有很多既重大又具体的政治和政治学问

---

* 该文发表于《政治学研究》2000年第4期。

** 王一程，时任中国社会科学院政治学研究所所长、中国政治学会副会长。

题摆在我们面前。思考、研究和为正确解决这些问题做出贡献，不仅是中国政治家和实际工作部门研究人员的职责，也是中国政治学界和政治学科领域研究人员的责任。在21世纪经受住这些新考验，我们才能继续处理好改革、发展、稳定的关系，顺利实现“十五”目标，进而早日建成富强、民主、文明的社会主义现代化国家和完成祖国统一大业。

在我们即将进入21世纪之时，恰逢中国政治学会成立20周年。过去的20年，经老中青三代学者共同努力，我国政治学界取得了不少研究成果，培养了大量专业人才，建立了若干新兴学科，成绩可喜可贺。但毋庸讳言，也存在一些问题和不足，主要表现是：当政治学界以较大精力（这在恢复初期有其必要性）介绍、引进、吸收西方政治学科的理论和方法时，少数研究人员存在着“食洋不化”“盲目崇拜”“生搬硬套”的现象，个别人在这方面的偏执行为造成过恶劣的政治影响。从总体上看，在学习、研究、继承、发展马克思主义政治学理论方面，我们的投入和努力还很不够，已有的成果还不能完全满足伟大事业和时代的需要，特别是指导我们分析解决当前重大现实问题的需要。

基于上述情况，我们应更强烈地意识到：伟大艰巨的事业和时代的挑战在向我们呼唤，在新世纪，中国政治学科建设和政治学研究应在马列主义、毛泽东思想、邓小平理论的指导下，注重古为今用、洋为中用，争取在马克思主义政治科学理论体系的建设方面，取得符合伟大艰巨事业和时代挑战要求的重大进展和创新成果。在此基础上多提供一些实事求是、经得起历史检验、符合“三个代表”要求、对坚持和完善我国社会主义制度确有积极贡献的研究成果。

在21世纪，只要中国政治学科建设和政治学研究沿着正确的方向不断努力，取得新的成绩，中国政治学就一定能迎来繁荣发展的新局面。

从政治学曾多年被忽视而需要赶快补课说起

——为“迈向21世纪的中国政治学”而作*

夏书章**

在1979年3月30日的一次重要讲话中，邓小平同志在谈到思想理论工作的任务时指出：“政治学、法学、社会学以及世界政治的研究，我们过去多年忽视了，现在也需要赶快补课……现在也应该承认社会科学的研究工作（就可比的方面说）比外国落后了。”① 这是中国政治学界公认在学科发展史上具有决定意义的论述，人们至今记忆犹新。

应当肯定，从那个时候以后，各有关方面对改变政治学多年被忽视而需要赶快补课的状况所做的种种积极努力，是历历可数和有目共睹的。如中国政治学会及政治学研究机构的筹备和成立、课程的开设、专业的创办、学位（学士、硕士、博士）的授予、专业刊物及教材和

---

* 本文发表于《政治学研究》1998年第4期。

** 夏书章，中山大学法学院政治学与公共事务管理学院教授，时任中国政治学会副会长。

① 《邓小平文选》第2卷，北京：人民出版社1994年版，第180—181页。

专著的出版、国内外学术交流的开展等。

上述种种，在拙文《当代中国政治和政治学》① 中曾基本提及。那是十多年以前的事了。完稿的当时（1986年国庆节后）中国政治学会只有不到六年的历史，中国社会科学院政治学研究所正式成立刚满一年，高等院校开设政治学课程和设立政治学系或专业的仍寥寥可数。当时愚意以为，对政治学重视的程度有待提高，“补课”的力度有待加强，这不能不说是同仁们对政治和政治学及其区别和联系的认识有关，也表明对本文开头所引邓小平同志一段话理解和领会还不深。

该文所讨论的主要问题共有八个，即：一、当代中国政治的今昔对比；二、对于现实政治和政治生活应有新的观念和正确态度；三、建设社会主义的四个现代化是当前中国最大的政治；四、发扬社会主义民主、加强社会主义法制，提高行政效率和切实做到弊绝风清。(以上为第一部分：关于当代中国政治）五、政治挂帅、政治教育或政治学习、政治课或政治理论课和马克思主义政治学；六、关于政治学是否能为“四化”建设服务的问题；七、从我国宪法看政治学有待努力研究的内容；八、政治学领域的研究工作大有可为。(以上为第二部分：关于当代中国的政治学)②至今时间已过去十年多，上面所列的问题似犹具有现实意义。时代的特点之一，是日益接近百年一遇的世纪之交。作为中国政治学专业性学术刊物的《政治学研究》编辑部提出了“迈向21世纪的中国政治学”问题，要全国同行们各抒所见。应当认为，这虽属有心人出的好题目，却是难以做好的大文章。有可能众说纷纭，“仁者见仁，智者见智。”也有可能在某些方面或某些问题上异口同声，不谋而合。但是可以肯定，只有议论纷纷，才能集思广益。因此，笔者不揣谫陋和冒昧，试就管窥所及，谈点粗浅的看法。

话要说回到政治学曾被多年忽视而需要赶快补课的问题上来。下面我将先进行必要的回顾，再对现状做出切合实际的评估，然后展望

① 参见《政治与法律》1987年第1、2期。

② 同上。

未来，包括近景和远景。因为不了解路是怎样走过来的，便难以判断将如何继续前进。是崎岖曲折、步履艰难，还是已进入坦途、上了康庄大道，情况显然大不一样；是已经很发达，还是尚在发展中，提要求和定标准的依据不同，也就是我们常说的，凡事要从实际出发。

首先，回顾必须认真、冷静和客观，以期达成共识，方能同心协力，大体上或基本上步调一致。问题的焦点，应在于是否真正认为政治学过去曾被多年忽视，是否真正认为需要赶快补课。值得注意的是，曾被多年忽视，若非产生不良、不利影响，便不会有赶快补课的需要。这是运用简单推理的方法就能够理解的。随之而来和与此相联系的，则是对被多年忽视的前因后果的分析，以及回答为什么需要赶快补课、补些什么课和怎样实行补课等问题。

过去讨论过的许多旧话本已不必重提，但有一类成见、偏见或误解，仍须继续加以纠正和澄清。那就是在忽视的主要原因中，有一种“左”的思想，笼而统之地、不分青红皂白地把政治学都看成“资产阶级的伪科学”；在抓紧补课的过程中，有一种右的观点，有意无意地、一厢情愿地认定只有西方政治学才是政治学。二者的心目中，皆没有马克思主义政治学，更不用说有中国特色社会主义政治学了。事实上，马克思主义对政治学的贡献极大，早在19世纪40年代，马克思主义政治学即已产生。中国在俄国十月革命后就开始传播马克思主义政治学观点。有些进步学者便以马克思主义观点讲授政治学，出版了马克思主义政治学著作。比较突出的如担任过中国政治学会名誉会长的邓初民（1889—1981），其主要著作有：《政治科学大纲》《新政治学大纲》（即《政治学》）等，均为20年代末、30、40年代新中国成立以前之作①。那么，被多年忽视而需要赶快补课的，究竟占主导地位的应是什么政治学，岂非不言而喻？

其次，对于现状的评估也必须认真、冷静和客观，还应当审慎从

① 参见《中国大百科全书·政治学》“政治学”辞条，“邓初民”辞条，北京：中国大百科全书出版社1992年版。

事。由于政治学在中国近半个世纪中，经历了一个突告中断（约30年之久）、暂时（对人之一生而言不算短暂）消失、淡焉忘之、不知何物、似信还疑、有所转变，直到缓慢认可、逐步兴起的堪称漫长而又不简单、不平常的过程。即就补课来说，任务是很不轻松的。在不到20年的时间里，能有今天这样的局面，已经可以说很不容易。

具体来看，一般、综合、总体而论，在横的方面，同一些没有中断过教学和研究活动的国家和地区，以及传统的兄弟学科的发展状况相比较，无论是信息资料的积累，还是教研成果的数量和质量等，都还毋庸讳言地存在着明显的差距。但是在纵的方面，自身的成绩和进步应当肯定。尽管起步较晚，物质和精神条件远说不上优越，毕竟打下了相当的基础，实属难能可贵。这正好像有了一定的“根据地”，我们便可以有组织地和有计划地进行经常性的学科建设和学术研讨。当然，要保持清醒，我们还要继续努力。例如，在关于政治学的普及与提高，理论与实际的结合，研究内容中的中与外、古与今、分支学科、相关学科、邻近学科、交叉学科、新兴学科、热门话题、前沿课题、研究方法、专题研究（如政党、选举、民主、人权、民族、宗教、代议制度、民意调查、大众传媒、环保、科技与政治……）等，以及诸如此类，不一而足的方方面面，还有大量工作要做。其中有的是亟待填补的空白，有的是需要加强的薄弱环节。

至于补课，个人体会那原是一种习惯和比方的说法。一方面是学无止境，另一方面是学科要建设和发展。情况是不平衡的和相对的，现在既有刚入门的大学生，也有素养较高和很高的学者。随着专业队伍的逐渐扩大，滚动前进的态势已经形成。讲政治、发扬社会主义民主、进行政治体制改革，都不能不加强政治学的研究，这正是中国政治学界所面对的现实。

最后，展望迈向21世纪的中国政治学，根据整个国家目前发展的势头和已经出现的迹象，我们有充分的理由并满怀信心地期盼着以下的一些项目将不仅成为事实，而且取得更快、更大的进步：（1）最重要也应该是最明显、最突出的，首推有中国特色社会主义政治学以其完整的体系、丰富的内容出现于国际政治学界，使人耳目一新。这是建设有中国特色社会主义事业的一个组成部分。（2）在国际政治学界，将更多地听到中国政治学者所发表的意见，是有理有据有分量的见解，决非拾人牙慧、唾余。学术交流是双向的，留学生、访问学者等也是互派的，而不只是“单线交通”。（3）随着经济的发展，对包括政治学在内的社会科学的投入会加大，使研究成果的出版趋于活跃、图书资料的补充大为改观、计算机国际联网和电子函件的使用更为普遍，以及研究生的适度增长。（4）在高等院校的相关专业如社会学、新闻学等专业的课程设计中，将开设政治学课程。理、工、农、医类专业的学生应具备一定的社会科学知识，政治学亦可能被考虑列入重要选修课程之一。（5）鉴于社会学的实际运用已形成社会工作这门学科，国外不少高校设立社会工作系。中国的政治工作很受重视，也很有特点，可否在政治学领域中作为一门应用学科而建设和发展，似值得研究。

以上只不过是略举数例，有预测，也有建议。赶快补课原是固本培元之计，具备了基础条件，才能得到较好和较快的发展。建设有中国特色社会主义离不开、少不了经济兴旺、政治稳定、科技发达、学术繁荣。世纪伟人、我国美好前景的总设计师既然着重指出政治学等多年被忽视，提出需要赶快补课，我们不能有负其谆谆教导和殷切厚望，愿与全国政治学界的朋友们、同志们共勉。

沿着创建有中国特色的马克思主义政治学科学理论体系的正确轨道继续前进*

丘　晓**

1980年12月成立了以张友渔同志为会长的第一届中国政治学会。它从一开始便是在马列主义、毛泽东思想、特别是邓小平理论的指导下，遵循着党中央和小平同志的解放思想与实事求是相统一的思想路线所指引的正确轨道开展学会工作的。

20年来，中国政治学会也正是坚持遵循了党中央和小平同志所指引的正确轨道，这才经受住了各种风风雨雨以及国际风云变幻的重重磨练和考验，使它在整体运作进程中，即在为持续团聚政治学界老中青三代思想理论工作者加紧对政治学的深入研究，以推进创建有中国特色的政治学科学理论体系所展开的各项工作中都取得了显著的成绩。

在组织建设上，政治学会已成为真正的有其广泛群众性基础及具一定影响力的学术研究团体。从学术研究方面看，学会采取举办各种学术讨论会，开办讲习班和研究班、开展国际学术交流等多种形式，

---

* 该文发表于《政治学研究》2000年第4期。

** 丘晓，苏州大学教授，时任中国政治学会顾问。

推进学科的繁荣和发展，学会组织及在其影响下阶段性地推进政治学学术研究所取得的丰硕成果，不仅可见诸它所编辑出版的通讯资料、内部刊物和论文专集，而且还在许多会员所编撰的专著、教材以及《政治学研究》等刊物发表的论文和《中国大百科全书·政治学卷》中有更为集中的体现。学会在整体运作进程中，迅速地提高了全国广大政治学者的学术研究水平，特别是培育了成批具有一定专业素养和科研能力的年轻政治学理论工作者，和直接参与地方党政机关相关部门乃至中央政策研究系统的工作的实际工作者，为政治学实际应用方面的研究向深层次的发展做出了新贡献。

展望未来，我们必须坚定地遵循党中央和小平同志所指引的正确轨道，及在江泽民同志概括新时期历史实践新鲜经验基础上提出的“三个代表”重要思想原则指导下，不断改进学会的工作以求持续提高政治学研究的水平。也即借此以促使我们能更为认真深入地探讨当今中国与世界发生重大变化的新的政治大局，及在这种新形势下所出现的新情况和新问题，特别是江泽民同志提出的“四个如何认识”的重大课题，并且做出具有指导意义的判断和解答；同时也将积极推进我们更为认真深入地研究政治学的基础理论。这样，就能在这两个方面新的历史性结合进程中，使我们创建有中国特色的马克思主义政治学科学理论体系取得持续的更大进展，从而对我国的改革开放和社会主义现代化建设实践产生越加重大的具有深远意义的影响。

我深信我们政治学会的整体运作必将更加坚定地沿着这条正确轨道继续前进，并在新世纪取得更为重大的成就。当然，这也就是我在纪念中国政治学会成立20周年时对它所寄托的更为殷切的期望。

政治学与和谐社会*

赵宝煦**

一、政治与政治学

人所共知，政治一词，在中国出现很早。在《尚书》《周礼》《论语》① 以及先秦诸子的著述中，屡见不鲜。西方使用政治（Politics）一词，比中国稍晚。始见于柏拉图的《理想国》与亚里士多德的《政治学》。此后2000多年来，中国和西方许多思想家、政治家在治国平天下的理论和策略方面，为我们留下了许多宝贵遗产。但是政治学作为一门集中研究诸种政治现象的独立社会科学，则是晚近的事。自19世纪初开始，历经几个发展阶段②，才有了现代政治学的规模。由于

---

* 本文发表于《北京大学学报》（哲学社会科学版）2005年第42卷，第6期。

** 赵宝煦，北京大学政府管理学院教授，时任中国政治学会副会长。

① 《尚书·毕命》："道洽政治，泽润生民。"《周礼·隧人》："掌其政治禁令。"《论语·颜渊》："政者正也。子帅以正，孰敢不正？"中国古籍中一般把"政"解作正义，"治"是治理。

② 第一阶段，19世纪以来至第一次世界大战之前，强调国家概念；第二阶段为两次世界大战之间，强调权力概念；第三阶段为第二次世界大战之后，强调政策概念。参见台湾易君博：《政治理论与研究方法》，台湾三民书局1990年第6版。

各国学者对“政治现象”的认知不同，所以至今国内、国外还没有一个统一的“政治学”定义。尽管如此，大家对政治学的主要研究对象，却有着一定共识：政治学是以国家政权（或公共权力）为研究对象的一门社会科学。

谈到政权，就有两方面的问题：一是如何夺取政权，也就是革命问题；一是如何巩固政权，也就是如何更好地治理国家的问题。

马克思主义经典作家大多是革命领袖，他们从事理论研究工作时，最关心的问题，是革命的理论和策略问题。而西方政治学者一般说来，最关心的问题是如何更好地治理国家的问题。

试看马克思主义经典作家谈什么是政治：马克思、恩格斯：“一切阶级斗争都是政治斗争。”①

恩格斯：“一切政治斗争都是阶级斗争。”②

列宁：“一切阶级斗争都是政治斗争……马克思主义认为，只有当阶级斗争不仅发展到政治领域，而且还涉及政治中最本质的东西即国家政权的机构时，那才是充分发达的……的阶级斗争。”③

毛泽东：“政治，不论革命的和反革命的，都是阶级对阶级的斗争。”④

然而毛泽东看得更远一些。他说：“但是，在人民有了自己的政权以后，这个政权同人民的关系就基本上是人民内部的关系了，采用的方法不是压服而是说服。这是一种新的政治关系。”⑤

在马克思主义政治学经典著作中，所以少提治理国家的理论和策略，是由于作者所受实践活动的限制。马克思和恩格斯终其一生，没有看见过一个胜利了而能巩固发展的无产阶级政权。列宁领导十月社

---

① 《马克思恩格斯选集》第1卷，北京：人民出版社1995年版，第281页。

② 《马克思恩格斯选集》第4卷，北京：人民出版社1995年版，第251页。

③ 《列宁选集》第2卷，北京：人民出版社1995年版，第322—323页。

④ 《毛泽东选集》第3卷，北京：人民出版社1991年版，第866页。

⑤ 毛泽东：《工作方法六十条（草案）》，载于《毛泽东文集》第7卷，北京：人民出版社1999年版，第53页。

会主义革命成功并掌握了政权，但到他逝世前的短短七年内，内忧外患，他也没有可能总结执政经验。斯大林执政的经验和沉痛教训，至今尚没有得到实事求是的科学总结。毛泽东在新中国成立后发表的两篇光辉著作——《论正确处理人民内部矛盾》和《论十大关系》，确实是在马克思主义理论宝库中在治国方面做出了不可多得的重要贡献。但遗憾的是，在毛泽东有生之年，这两篇著作中阐明的理论并没有付诸实践，而且有时是反其道而行之。

相反，西方学者研究政治时，很少提到阶级斗争和革命。这是他们的一大缺点。革命问题，自然是政治学中一个很重要的组成部分。而在西方所说的“黑暗中世纪”之后，政治学所以蓬勃发展，大家辈出，也都是在资产阶级革命排山倒海而来，工商业急速发展的形势下催生的。如马基雅维里、斯宾诺莎、霍布斯、洛克、孟德斯鸠以及卢梭等大家，都是适应资产阶级革命需要，作为资产阶级的代言人而崭露头角的。我这里丝毫没有贬低他们的意思，因为资产阶级革命是人类历史发展中的一个重要阶段。他们的理论和学说，不只使政治学得到空前发展，并且在推动历史走向文明与进步方面，起了重要作用。

二、政治学是摆平矛盾的艺术

列宁在《共产主义运动中的“左派”幼稚病》中说：“政治是一门科学，是一种艺术。”① 坚持科学性是当前中国政治学发展中的一个重要关键问题，这里且不多谈。政治是一种艺术，是什么艺术呢？我认为政治是一种摆平的艺术。

在阶级社会中，政治主要表现为两个主要对立阶级之间的斗争。这种斗争，从量变到质变，最终导致革命。革命胜利了，“被统治阶

---

① 《列宁选集》第4卷，北京：人民出版社1995年版，第189页。

级”变成“统治阶级”，人民掌握了政权。经过一段发展之后，原有意义的“阶级”消灭了，但社会上不可能从此消灭矛盾。因为不论在任何形态的社会上，都会存在多元的不同利益的集团或群体。他们之间不可能没有差别，有差别就会有矛盾，有斗争。矛盾需要统一，斗争需要解决，国家社会不断有矛盾，矛盾又不断获得解决，因此国家与社会才得以不断向前发展。

矛盾不但是普遍存在的，也是永恒存在的。矛盾的对立和统一，是世界万物发展的规律。从国家社会，到人类历史，都是这样发展过来，而且还将这样向未来发展。这里一个重要的问题是：国家社会的矛盾，并不因阶级消灭而消灭。斯大林在1936年宣称“苏联已经消灭了阶级”。而“工人、农民和知识分子的和谐一致，是社会主义前进的动力”。他用“和谐一致”来偷换了“对立统一规律”，从而在政治实践中酿成恶果。因此毛泽东说：“‘无冲突论’是形而上学的。”① 政治学要研究革命的理论和策略。因为在阶级对立的社会里，革命是最终解决矛盾的唯一办法。因此可以说，政治学的功能是在国家社会中解决矛盾、化解冲突。在和平发展的社会中，政治学的功能应该不变，仍然是解决矛盾化解冲突。由于矛盾的性质不同，所以采取的手段，也应有所不同。这时，不是用激烈的暴力手段，而是调和矛盾，使矛盾的各方均能有所克制，有所妥协，提出大家都可勉强接受的办法，从而化解矛盾。我这里不提“双赢”，因为通常情况下，矛盾对立的双方，解决矛盾的办法，可以达到“双赢”结果的实不多见。而需要提倡的却是妥协精神。在“革命”辞典中，妥协、调和都是坏字眼。“革命”，需要的是“针锋相对，以眼还眼，以牙还牙”。但在和平发展时期，则根本不同。例如朝核问题进行的六方会谈。中国起了很大作用，就是政治的作用。而在会谈中，如果各方都坚持己见，不能有所妥协，会谈不会有正面效果。

---

① 毛泽东：《工作方法六十条（草案）》，载于《毛泽东文集》第7卷，北京：人民出版社1999年版，第352页。

在此意义上，我们是否可以说：政治学是解决矛盾、化解冲突的艺术？

三、“和谐社会”是一个不断克服困难的过程

改革开放以来，随着中国经济、社会的迅速发展，建设中国特色社会主义的总体布局已经明确的由强调经济建设、政治建设和文化建设三位一体，发展为经济建设、政治建设、文化建设和社会建设四位一体。构建社会主义和谐社会，正是目前全面建设小康社会的一项重大任务。①

构建和谐社会这一重要任务之所以提出，是因为中国自改革开放以来，社会飞快发展，特别是经济迅速起飞，这就不能不引起社会上一系列经济、政治、文化等诸多方面发展的不平衡，最主要的是经济利益和政治权力方面的失衡。中国这样一个庞大的国家，在急剧转型的时候，各种各样的矛盾都会凸显出来。这种现代化进程中的“危机”或“阵痛”，在各个发达国家现代化历史上都曾发生过。这种失衡，如果处理不好，极易引起社会动荡和经济倒退。当前提出构建和谐社会的任务是非常及时的。

但是我们不应该把和谐社会看成是一个十全十美而静止不变的社会形态，好像一旦我们把这种社会构建成功，就可以世世代代一劳永逸了。这是古今中外对和谐社会这一概念的共同误解。

“和谐社会”原本是古今中外思想家、政治家普遍追求的一种美好理想。不论是柏拉图的《理想国》还是孔子的“大道之行也，天下为公”；从法国的空想社会主义到康有为的《大同书》，都是在描述这个美好的理想社会。他们把这种“和谐社会”，描述得丰富多彩，美丽诱人。使我们从他们的著作中得到很大启发，并且因之获得丰富的想象空间。

---

① 参看胡锦涛在省部级主要领导干部提高构建社会主义和谐社会能力专题研讨会上的讲话，《光明日报》2005 年 2 月 20 日。

但是在这些著作中，不论中外，都有一个共同的不足之处，就是都把这种和谐社会描述成一种至高无上，但却一成不变的社会形态。即把“和谐社会”描述成静态的，而非动态的。这与客观事物发展规律，与人类历史发展规律，都是不相符的。事实上，随着生产力的发展、科学技术的进步，以及人们认识上的不断更新，“和谐社会”应该是一个不断发展，不断深化的命题，而不可能是一成不变的。因为世界万物都是在不断克服困难中发展前进的，所以世界上也不存在静止的一成不变的“和谐社会”。和谐社会本身是一个过程，是一个不断克服对抗、摆平矛盾的过程。它是运动着的，不是静止不动的。从孔子、康有为所描写的大同世界到圣西门、傅立叶、欧文等人关于社会主义的空想，都不是从事物发展规律这个高度来看问题的。所以他们对未来社会的理想都是形而上学的“无冲突论”。我们追求的和谐社会将是一个充满生机和活力，向前发展的生气勃勃的社会。它不可能平静得如一潭死水。

再一个问题是：和谐社会不可能一次构建成功。构建和谐社会是一个逐渐向前发展的过程。中国经济改革之所以成功，其重要原因之一，是软着陆；政治机制，也是采取渐进性改革。而构建和谐社会，则更是如此。这是因为：

（1）我们追求的和谐社会目标，将会随着科技发展与认识深化而不断发展，原有的矛盾解决了，原有的目标达到了，在社会继续向前发展的时候，又会产生新的矛盾，我们又会提出更高一级的目标。所以说构建和谐社会是一个逐渐发展的过程。在不断向前发展中，中国特色的社会主义将向世人展示它一浪高一浪的美好远景。

（2）我们所要构建的社会主义和谐社会是高水平的，它要求符合马克思、恩格斯提出的公平、正义、自由、民主、法治等社会主义要求。然而，中国并不是像马克思、恩格斯当时所设想的：从一个发达的资本主义社会进入社会主义社会，而是从一个贫穷落后的、有几千年封建历史的半封建国家直接进入社会主义。因此我们缺的课太多，需要在实践过程中慢慢补课。

（3）中国幅员广阔，人口众多。各个地区间，各个民族间，差别极大。各个群体间的利益关系非常复杂。因此在不同人群的思想认识上，自然也就千差万别。在这关键的社会转型期，各种矛盾竞相暴露，只能慢慢梳理。解决矛盾、缓和对抗的问题，不可能一刀切。所以构建和谐社会，自应是一个渐进的过程。

和谐社会是一个摆平对抗、缓和矛盾的过程。政治就是摆平矛盾的艺术。如何摆平？离不开法治与民主。没有法治与民主的社会，不可能是一个稳定的社会，更不可能是一个和谐社会。而法治与民主，则正是政治学研究中的重要课题。构建和谐社会重要任务的提出，为政治学研究提供了更加广阔的天地。

当前，全国13亿人民，正处在你追我赶奔小康的伟大进程中。我们能否牢牢抓住当前的难得机遇，顺利完成振兴中华的大业，“稳定”是一个至关重要的关键条件。中国人民吃够了动乱的苦，“十年动乱”使中国人民在国力上、在物质生活和精神生活上遭受到无法弥补的灾难。“动乱”，是一个时至今日仍然使人心有余悸的噩梦。因此，我们要上下一心千方百计求稳避乱，追求稳定与和谐。但是我们必须把稳定看成一种不断克服困难，维护社会平衡的“过程”。矛盾是普遍存在的。社会上存在着各种不同利益的群体，群众与群众之间、群众与国家社会之间，不可避免的因有各种矛盾而不断失衡。维护稳定就是要把这些矛盾不断摆平，社会也因之而前进。

关于这个问题，毛泽东有一段科学的论述。他说：“不平衡是普遍的客观规律。从不平衡到平衡，又从平衡到不平衡，循环不已，永远如此，但是每一循环都进到高的一级。不平衡是经常的，绝对的；平衡是暂时的，相对的。”①

---

① 毛泽东：《工作方法六十条（草案）》，载于《毛泽东文集》第7卷，北京：人民出版社1999年版，第352页。

建设社会主义政治文明*

王惠岩**

2002年5月31日，江泽民同志在中央党校省部级干部进修班毕业典礼上发表讲话（以下简称"5·31"讲话）指出："发展社会主义民主政治，建设社会主义政治文明，是社会主义现代化建设的重要目标。"贯彻学习江泽民同志的重要论述，正确理解建设社会主义政治文明，对于推动我国社会主义民主政治发展具有重要意义。

政治文明，通常是指人们改造社会所获得的政治成果的总和。具体说，政治文明是指每一种社会形态由生产关系所决定的政治发展的程度或水平。因为一定社会形态的生产关系是人与人的关系，政治是具有全局性的人与人之间的关系，因此，一定社会形态的生产关系决定了一定社会的政治文明的性质和发展水平。而政治文明的性质和发展水平的具体体现，就是政治理念指导下的政治制度的设置和管理（统治）方法的运用。

从人类社会政治文明发展历史来看，在古代奴隶制、封建制生产关系所决定的政治文明，是根据奴隶主阶级、封建地主阶级把奴隶不看作人和把农民看作依附于土地的半自由人的政治理念所设置的专制

---

* 本文发表于《政治学研究》2002年第3期。

** 王惠岩，吉林大学行政学院教授，时任中国政治学会副会长。

的政治制度和人治方法的运用；在近代，由市场经济生产资料私有制的生产关系所决定的政治文明，是根据资产阶级自由、平等、人权等政治理念所设置的资产阶级民主制度和法治方法的运用，即资产阶级反对封建专制而建立的资产阶级民主政治，这是人类政治文明发展的巨大进步。在社会主义，由以公有制为主体、多种所有制经济成分共同发展的基本经济制度所决定的社会主义政治文明，是根据人民是社会主人的政治理念所设置的社会主义政治制度和社会主义法治方法的运用，是比资本主义民主政治更高阶段的社会主义民主政治的完善和发展，是人类历史上最高的政治文明。

江泽民同志在“5·31”讲话中提出建设社会主义政治文明，有三个方面的意义：

一、提出建设社会主义政治文明，更加明确了发展社会主义民主的根本点和正确方向

当代民主政治，主要包括政党、政治制度和法治。社会主义民主政治与西方国家的民主政治的区别也主要体现这三项制度上。

党的“十五大”报告中指出：“建设有中国特色社会主义政治，就是在中国共产党领导下，在人民当家作主的基础上，依法治国，发展社会主义民主政治。”江泽民同志在“5·31”讲话中，深刻揭示了党的领导、人民当家作主和依法治国之间的内在联系，明确指出：“发展社会主义民主政治，最根本的是要坚持党的领导、人民当家作主和依法治国有机结合和辩证统一。”

党的领导，是社会主义民主政治的核心。因为，中国共产党代表中国先进生产力的发展要求，代表中国先进文化的前进方向，代表中国最广大人民的根本利益。这就奠定了党在新的历史时期的执政基础。为了实现社会主义现代化的目标，为了中华民族的伟大复兴，党必须总揽全局协调各方的利益。由于当代民主政治都是政党政治，即执政

党与其他政党、政治团体相互关系的政党制度。这就是说，要总揽全局协调各方利益，必须通过一定的政党制度来实现，在我国就是共产党领导的多党合作与政治协商制度，通过这种政党制度，调动全国各民族人民和各阶层群众的积极性、创造性，有效地进行政治参与，推动社会主义民主政治的发展。我们决不能实行“资产阶级互相倾轧的竞争状态所决定的”（邓小平语）西方国家的两党制和多党制。

人民当家作主，是指社会主义民主性质和实现民主的政权组织形式。我国宪法规定：

“一切权力属于人民，人民行使国家权力的机关是全国人民代表大会和地方各级人民代表大会。”一切权力属于人民，规定了我国民主政治的性质，人民是民主的享有者，是政权的主人，享有管理国家的权力。江泽民同志在党的“十五大”报告中指出：“共产党执政就是领导和支持人民掌握管理国家的权力，实行民主选举、民主决策、民主管理、民主监督，保证人民依法享有广泛的权利和自由，尊重和保障人权。”人民行使权力的政权组织形式是人民代表大会制度。人民代表大会制度是按民主集中制组织原则建立的政治制度。民主是指各级人民代表大会的代表由人民选举产生；集中是指人民代表大会的代表所组成的机关是国家权力机关，国家行政机关、司法机关由它产生并对它负责。从政权组织原则上看，这样的政治制度优越于“三权分立”的西方议会制和总统制。因此，社会主义政治文明建设，要积极稳妥地进行政治体制改革，不断完善人民代表大会制度，而决不能照搬西方国家的议会制和总统制。

依法治国，建设社会主义法治国家，是我们党领导人民治理国家的基本方略。江泽民同志指出：“发展民主必须同健全法制紧密结合，实行依法治国。”这是我们党为适应社会主义市场经济发展所进行领导方式的重大转变。恩格斯在论述国家政权的作用时指出：国家是缓和矛盾冲突的，目的是把冲突控制在秩序范围内。国家缓和矛盾冲突主要有两种方法，一种是人治，一种是法治。人治的主要特点是，把人民群众只作为管理的对象，不管它是为了统治人民群众，还是为人民群众服务，都属于人治。法治的主要特点是，国家管理机关及管理者的活动，要根据反映人民群众意志的法律，目的是保护人民的权利。这表明，法治与民主是不可分的。邓小平曾指出：没有法制的民主，绝不是社会主义民主。因此，依法治国是社会主义政治文明的一项重要内容。应该指出的是，我国的法治同西方国家的法治有本质的区别。我国的法治是社会主义民主的制度化、法律化，实行法治的目的是维护人民的权利；西方国家的法治是资产阶级民主的制度化、法律化，目的是维护资产阶级的权利。因此，我们对西方国家的法治，只能借鉴，而不能照搬。

江泽民同志提出的“三个代表”要求，集中体现了中国共产党的先进性，是立党之本、执政之基、力量之源。我们党通过中国特色的政党制度调动广大人民群众的积极性、创造性，有效地进行政治参与，党通过领导人民不断完善人民代表大会制度实现人民当家作主，把依法治国作为党领导人民治理国家的基本方略，维护人民的权利。这三项制度相互结合，都统一于党的领导。因此，加强党的建设，发扬党内民主是发展社会主义民主，推动社会主义政治文明建设的关键。

二、提出建设社会主义政治文明，能更广泛、更深刻、更具体地推动社会主义民主政治发展

江泽民同志在“5・31”讲话中指出：“要着重加强社会主义民主制度建设，实现民主政治的制度化、规范化、程序化。”这强调了法制、制度对于保证党的领导核心作用、实现人民当家作主的重要意义。当前，进行社会主义政治文明建设，核心就在于推动社会主义民主政治高度发展，这不仅是社会主义市场经济发展的客观需要，也是社会文明进步的重要标志。根据邓小平理论，要实现社会主义民主的制度化、法律化，就必须要把社会主义民主的内容用制度设计安排好，并用规范固定下来。在社会主义条件下，我国广大人民群众在党的领导

下，依照宪法和法律规定，通过各种途径和形式管理国家事务，管理经济、文化事务，管理社会事务，保证国家各项工作都依法进行，逐步实现社会主义民主的制度化、法律化，使这种制度和法律不因领导人的改变而改变，不因领导人看法和注意力的改变而改变。

社会主义民主制度化、规范化界定的是社会主义民主的具体内容，而江泽民同志的“5·31”讲话增加的“民主政治程序化”，则是指把实现社会主义民主内容的方法、手段规范化，这是保障社会主义民主实现的需要。如果只对社会主义民主内容作规定，而对如何实现民主内容缺乏程序化保障，那么社会主义民主就很难实现，因为“发展社会主义民主，制度更带有根本性、全局性、稳定性和长期性”。比如，中央最近颁布的《党政领导干部选拔任用工作条例》，主要内容是围绕如何实现选拔任用好党政领导干部这个目的，建立、健全科学的干部选拔任用机制和监督管理机制，推进干部工作的科学化、民主化、制度化。该条例所规定的内容，如“民主推荐”“考察”“酝酿”“任职”“依法推荐、提名和民主协商”“公开选拔和竞争上岗”等，都是为了保障如何选拔出优秀党政领导干部的程序规定。没有制度化、规范化的程序，或者不能严格履行程序，都是不可能选拔任用好优秀党政领导干部的，也不可能解决好从源头上预防和治理用人上的不正之风的问题。江泽民同志在“5·31”讲话中提出的社会主义民主政治程序化的重要意义就在于，把实现社会主义民主政治内容的程序用规范固定下来，使之成为制度，成为法律，以防止“长官意志”和其他因素对实现民主政治的干扰，切实推动社会主义民主政治的发展。

三、提出建设社会主义政治文明，对推动我国全面建设有中国特色社会主义具有重要意义

党在十一届三中全会后，提出了社会主义物质文明和精神文明建设。人们对改造自然界的物质成果，称之为物质文明；对改造主观世

界的成果称之为精神文明，并且强调“两手抓，两手都要硬”，实现两种文明协调发展。但人们对改造社会的政治成果则没有明确其文明属性，只把这些成果看作是随着物质文明和精神文明发展的表现。随着物质文明和精神文明的长足发展，我们在实际上也在不断进行着政治文明建设。党的“十三大”以后不断进行政治体制改革，依法治国方略不断得到实践。但这些都未被明确提到社会主义政治文明的高度。江泽民同志“5·31”讲话提出建设社会主义政治文明，有加速政治发展的含义，对我国物质文明、精神文明和政治文明的三种文明协调发展具有重要的理论创新和实践指导意义，对全面推进社会主义现代化建设具有重大作用。

首先，政治文明是社会文明结构不可或缺的组成部分。任何一种社会，都是由经济、政治、文化三方面基本结构构成的，其文明结构也表现为物质文明、政治文明和精神文明。相应地，建设有中国特色社会主义，也应是我国经济、政治、文化全面发展的进程，是我国物质文明、政治文明、精神文明全面建设的进程。政治文明与物质文明、精神文明体现的内容不同。政治文明所体现的是人类社会政治生活的进化与发展过程，在人类的全部社会生活中占有不可替代的地位。政治文明是建立在一定的物质文明和精神文明基础之上的，也为物质文明和精神文明的发展提供了方向指导。所以，只有这三种文明相互协调，共同发展，才能全面推动社会的进步。

其次，政治文明为物质文明和精神文明建设提供了良好的政治环境。人类历史发展表明，无论是经济建设，还是文化建设，都离不开一个良好的政治环境。当代中国由计划经济转向社会主义市场经济，而与这个变化相伴随的是利益主体的多元化、思想观念的复杂化、利益要求的多样化等现象的出现。因此，全面加快社会主义政治文明建设，为社会主义物质文明、精神文明提供良好的制度和法制保障，创造一个安定和谐的社会秩序，就显得极其重要。

最后，提出建设社会主义政治文明，是与我国加入世界贸易组织（WTO）后社会主义市场经济建设相适应的。社会主义经济建设的发展必然要促进社会主义民主政治发展。我国加入世界贸易组织，就要按照国际贸易规则进行国际贸易，推动我国社会主义市场经济的发展。我们必须解放思想，加速调整产业结构，完善市场竞争规则，建立公平、有序、统一的市场体系，从而促进我国社会主义市场经济健康发展。与之相适应，社会主义市场经济的发展又必然要促进我国社会主义民主政治的发展。因此，加强社会主义政治文明建设，使社会主义政治文明与社会主义物质文明、社会主义精神文明更加密切地协调发展，对全面推动社会主义现代化建设具有十分深远的意义。

深入、比较、借鉴

——21 世纪西方政治思想史研究发展之我见*

徐大同**

人类社会已经进入新的世纪。政治学作为一门独立学科也完满地度过了“补课”的 20 年。在激情热烈地举办了各种庆典之后，人们正在冷静下来思考下一步：我们的学科在新的世纪里如何适应时代要求而有所进步和发展？

中外政治思想（学说）史是政治学的重要组成部分，是政治学理论的基础学科。它的研究包括对中国、西方和其他各民族的政治思想（学说）的研究。这门学科揭示了各国各族人民在历史上各时期认识政治现象和解决政治问题的各种思想、观点、学说和策略、方法等，体现了政治是什么、为什么、做什么和怎么做等问题。它的核心问题也如政治学理论一样是国家问题。因此，如何认识国家、组织国家、管理国家是政治思想史研究的主要内容。

自从邓小平同志提出“补课”以来，在中国，政治思想史研究，特别是西方政治思想史研究，也和政治学其他学科一样走出了阴霾的

---

* 该文发表于《政治学研究》2001 年第 1 期。

** 徐大同，天津师范大学教授，时任中国政治学会副会长。

季节，见到了明媚春天的阳光。① 20年来人们改变了将西方一切政治思想都作为绝对的对立面的观点，开始准确地运用马克思主义对西方政治思想进行科学的分析，给予准确的评价，从而不仅使中国政治思想史，而且使西方政治思想史的教学与研究都取得了很大的进展和可喜的成果。②

1979年，当邓小平同志提出政治学要“补课”时，就向我们提出了希望和要求。他说：“我们已经承认自然科学比外国落后了，现在也应该承认社会科学的研究工作（就可比的方面说）比外国落后了……我们的思想理论工作者必须下定决心，急起直追，一定要深入专业，深入实际，调查研究，知彼知己，力戒空谈。”③

综观20年的历程，虽然中外政治思想史的研究成绩斐然，但不可否认的是与邓小平同志所提出的希望和要求，与时代所提出的任务还有很大的差距。仅就西方政治思想史研究来说，总的看来，成果主要还是“教材型”“通史型”“描述型”“介绍型”的居多，有分量的专题性的研究，较为深刻的评析专著和文章则为数有限。有的论著或多或少还存在“食洋不化”，甚至“照抄照搬”的现象。所以可以说西方政治思想史的研究还是处于奠定初步发展基础的阶段，在新的世纪中，西方政治思想史应该和整个政治学理论一起，为建立适应我国政治发展、服务于我国政治发展的具有中国特色的完整政治学理论体系

---

① 1952年政治学作为独立学科被“砍掉”，但政治思想史被完整地保留下来。中国政治思想史在史学界依然存留着，进行研究，西方政治思想（学说）史研究在法律体系作为独立科目开设。不过由于受当时大的政治气候影响，该学科并未得到正常发展。因此我以“阴霾”形容。

② 关于政治思想史学科20年的成就、问题和展望可参见2000年7月由世界知识出版社出版的杨海蛟主编的《新中国政治学的回顾与展望》一书中刘瀚、杨海蛟、吴大英、王惠岩等人的文章。特别是丛日云的《西方政治思想史研究50年》，对西方政治思想史50年来的研究状况、取得的成就、存在的问题和发展的方向都有详细的论证。

③ 《邓小平文选》第2卷，北京：人民出版社1983年版，第181页。

做出应有的贡献。

西方政治思想史学科究竟应如何发展呢？对此学者们有不少好的见解。① 我想进一步从学科研究发展的角度，提出三个方面供学者们参考。这就是：在马克思主义指导下深入、比较和借鉴。

新中国成立以来，特别是近20年来，西方政治思想史研究之所以取得一些成绩，主要是坚持了以马克思列宁主义、毛泽东思想和邓小平理论为指导。今后，我们仍然必须坚持这一指导方向和基本原则。这是绝对不能偏离的。当然，我们也必须完整准确地理解和贯彻马克思主义的基本原理，不能"僵化"。同时要努力创建具有中国特色的西方政治思想史的研究体系和方法，这是摆在我们中国学者面前的一大课题。我们研究西方政治思想史的目的是为了推动我国政治科学和政治实践的发展，毫无疑问，西方学者在研究西方问题方面肯定有比我们优越的条件，同时我们也要看到他们的局限性。对西方学者的研究成果我们应该参考和借鉴，但是我们必须摆脱那种依赖于西方学者研究成果和结论的做法，进行独立的研究。无论在材料的掌握和运用上，或观点的评析上都要有自己的特色。这个课题虽然会有许多困难，但却是我国学者必须完成的任务。我认为在马克思主义指导下创建有中国特色的西方政治思想史研究体系，这是我国当代西方政治思想史研究专业人员在新世纪的一大光荣而艰巨的任务。

恩格斯曾经说过："在全部纷繁和复杂的政治斗争中，问题的中心仅仅是社会阶级的社会的和政治的统治，即旧的阶级要保持统治，新兴的阶级要争得统治。"② 我们审视古今中外各个时代，各民族和国家的各种政治思想，不论其思维方式、价值观念有何不同，研究方向、

---

① 关于政治思想史学科20年的成就、问题和展望可参见2000年7月由世界知识出版社出版的杨海蛟主编的《新中国政治学的回顾与展望》一书中刘瀚、杨海蛟、吴大英、王惠岩等人的文章。特别是丛日云的《西方政治思想史研究50年》，对西方政治思想史50年来的研究状况、取得的成就、存在的问题和发展的方向都有详细的论证。

② 《马克思恩格斯选集》第3卷，北京：人民出版社1995年版，第334页。

具体内容有何差异，也不论各种思想表现的形式、当时的作用和对后世的影响如何，其性质无不是反映社会各阶级、阶层或集团的政治理想、政治要求，或设计一套政治方案，或为实现其政治统治出谋献策，总之是为其夺取、维护和发展社会政治统治服务的。我觉得这是我们研究各种政治思想的认识前提。只有这样我们才能在马克思主义指导下科学、准确、客观地研究和评析各种政治思想，包括西方政治思想。

关于西方政治思想史研究进一步“深入”的问题，包括的内容很多。我想除了进一步挖掘、研究历史和现实的具体材料，扩展各时代重要思想派别、人物的研究，包括翻译其著作，整理其思想（这方面还是大有可为的，不论历史人物或当代的派别、人物有许多我们还知之不详，甚至不知）等方面外，更要突出对国别、时代、流派、人物的专题研究，以期对西方政治思想发展的规律、特点、内容和价值有更深刻的认识和理解。另外，各种政治思想无不是时代的产物。它不仅受当地当时的经济、政治、文化的制约，而且思想家具体所处的生活条件、环境等都会对其思想的形成和发展产生影响。我们必须改变研究其思想与其所处背景脱节的现象，而应将二者有机地结合起来。再者，在评价问题上，我们决不能再搞那种“贴标签”“戴帽子”的陈旧做法，也不能只是“浮光掠影”“点到为止”，应该进行深入细致的研究，对各种思想都应给予科学的分析、实事求是的评价，最后得出公允的结论。尤其要努力摆脱“好的一切都好，坏的一切都坏”那种形而上学的思想方法，对各种思想都应进行深入的分析。

关于西方政治思想史研究的“比较”问题。在人类发展的历史长河中，各民族由于所处的条件不同，形成了形式各异的民族文化，于是产生了色彩缤纷的各种文化体系，当然也包括政治文化。各民族政治文化由于受其形成的条件制约，不仅形式不同，而且都各有其存在的根据和理由。① 因此，我们在研究不同民族的政治文化体系时，不

---

① 关于政治文化民族性问题，可参阅徐大同《政治文化民族性的几点思考》，《天津师大学报》1998年第4期。

能褒此贬彼，或贬此褒彼，应该科学地进行比较，探寻其各自存在的理由和利弊得失，以便得出应有的结论，进而推动自己民族政治文化建设的发展。如关于民主问题。西方早在古希腊罗马时代就已存在民主思想和民主制度。近代以来的几百年间更是其主流思想和制度。而我国几千年的封建制度，长期是君主专制制度的国家。正如邓小平同志所说："旧中国留给我们的，封建专制传统比较多，民主法制传统很少。"但我们也还应看到，"民为邦本"的重民思想已成为我国流传几千年的传统思想。① 确实，重民不是民主，在重民思想指导下的政治制度也不是民主制度，但是以"爱民""教民""养民""恤民"等为内容的重民思想，却是任何政治统治、政治制度、政治机制下所不可少的原则。我们就是要在这种比较中看到两者的不同，也找到两者各自的利弊。一方面我们要建设我国的社会主义民主制度，另一方面则应继承我国历史上重民的优良传统，丰富和发展我们党"全心全意为人民服务"的宗旨，爱护人民，为人民办好事、办实事。毛主席曾说过"有比较才有鉴别"。我们只有在比较中才能认识更深刻，才能使政治学这门学科更好地为我国政治发展服务。

关于西方政治思想史研究的"借鉴"问题。由于各民族的历史条件之不同而产生不同的文化体系。但在民族交往过程中必定产生文化的交流。在开放社会如此，封闭社会也不能例外；农业社会、工业社会即已如此，在当今信息社会则更是如此。在文化交流过程中肯定要发生撞击和渗透。这种交流、影响不是单向的而是相互的。只不过是先发展民族的一些成果、经验、教训总会更大程度影响后发展民族。

---

① 以"民为邦本"为代表的我国传统重民思想，学者们一般都称之为民本主义。我国民为邦本思想是要统治者重视"民"的作用。所谓"水可载舟，也可覆舟"。这种思想的主体是统治者"君""皇帝"，是君如何待民的问题。它不是一种制度，而是一种统治者的态度。民主与重民不同，它是一种政治制度，主体是民，民是国家的主人，由人民当家作主。这才是真正的"民为邦本"、民本主义。为了分清二者的区别，我认为应称为民主主义和重民主义，二者都是民本主义。

这里就产生了吸收和“借鉴”的问题。科技如此，经济建设如此，文化建设如此，政治建设何尝不是如此。当然，借鉴的基本原则是从本国国情出发，“为我所用”。我们研究西方政治思想史不仅是求得学科的完整，更重要的是更好地认识西方政治思想的发展规律，总结其经验教训，提高我们认识国家、组织国家、管理国家的水平，为我国的政治发展服务。仍以民主问题为例。西方国家民主思想和制度都有其久远的历史。但是民主思想和制度是没有统一的模式的。由于各民族、国家条件不同，民主思想和制度也都各有其特点。而且随着时代的发展，民主思想和制度的内涵也是有所发展变化的。英、美、法等国的民主思想和制度有很大差异，当今西方民主思想也与19世纪有很大不同。认真深入研究借鉴西方民主思想和制度，对我国社会主义民主建设是大有裨益的。但是，在吸收、借鉴中首先必须区分两种不同性质的社会制度；其次必须从我国的国情出发。因此，吸收借鉴绝对不是“全盘照搬”，我们必须“知己知彼”，紧密结合我国实际，认真细致地分析、筛选，真正做到“为我所用”。如前所述，任何政治思想无不是为夺取、维护某种政权服务的，且具明显的民族色彩。当今，西方国家的某些政治思想有意无意、或多或少地把西方政治制度认为是“最好”的，有人甚至作为“标准”企图推向全球。对此，我们在研究、吸收、借鉴中必须有清醒的认识，绝不应受西方某些人意图使我国“全盘西化”的影响。

以上是我对新世纪我国西方政治思想史研究如何向纵深发展的一些看法，供学界参考。不当之处请多指正。我真诚地希望新世纪里我国不仅造就一批政治思想研究者，而且还能涌现出我国自己的政治思想大家。

论“一国两制”对实现国家统一的战略意义*

许崇德**

一、问题的提出

中华人民共和国是统一的独立主权的社会主义国家。自1951年和平解放西藏以来，中国大陆已出现了历史上空前统一的局面。但是由于我国迄今还存在着香港问题、澳门问题和台湾问题，从全面来看，统一祖国大业尚没有最后完成，我们仍须为此而努力。

香港、澳门是19世纪分别被英国、葡萄牙侵占的中国领土。英、葡必须把被他们占领的中国领土归还给我国。所以，港澳问题是中国同英国、葡萄牙之间的问题，是国际问题。台湾问题的性质则与此不同。台湾本来是中国的一个省，台湾和大陆实现统一，乃是我国的内政问题。尽管港澳问题和台湾问题的性质不同，但是长期以来，中国政府一直在努力争取用和平的方式解决港澳问题与台湾问题。尤其是

* 本文发表于《中国法学》1990年第2期。

** 许崇德，中国人民大学法学院教授，曾任中国政治学会副会长。

20世纪70年代末，中国政府逐步地形成“一个国家，两种制度”的构想之后，更使解决港、澳、台问题的和平方式进一步地有了明确方针和填充了一系列具体内容。

“一国两制”方针是中国共产党对于马克思主义的伟大创造。它是以和平方式完成祖国统一的最佳方针。它的实施将不仅能保证我国领土主权的完整，避免任何因战争而造成的破坏和损失，而且有利于保持和发展港、澳、台社会的稳定与繁荣，有利于保证港、澳、台居民的正当权利和利益，从而有利于祖国的社会主义现代化建设。十多年来，中国人民围绕着“一国两制”这个目标和方针，已经做了大量的工作。虽然“一国两制”还需要一段时日才能真正地成为现实。可是，在这十年多的工作过程中，特别是随着它行将成为现实之时日益逼近，我们已越来越深化地预见到它的生命力和优越性。

“一国两制”是中国共产党关于解决历史遗留的港、澳、台问题的一系列重大方针政策的高度概括。一个统一的社会主义的中华人民共和国的存在和巩固，是“一国两制”的大前提和根本原则；在这个大前提和根本原则下，即在统一的社会主义的中华人民共和国境内，容许香港、澳门、台湾这样的局部地区保持资本主义制度，在一个相当长的时期内不变，这也是“一国两制”的重要原则。如果离开了上述的大前提和大原则，就谈不上什么“一国两制”。如果离开了党对港、澳、台的一系列重大的具体方针政策，那也将会歪曲或者不能清楚地说明“一国两制”。为此，从理论上和实践上系统地加强对“一国两制”优越性的论证，澄清某些错误认识，对于“一国两制”的顺利实施以及对于促进实现国家统一事业的进程，将具有积极的意义。

二、坚定的无产阶级战略方针

有的人怀疑我们提出“一国两制”的方针不过是领导人一时的感情冲动，或者认为“一国两制”是一种暂时的策略，甚至说这只是在政治上玩弄手法，无视这是我党经过长期的认真思考而做出的决策，是在不断总结经验的基础上制定的伟大战略方针。

为了证明“一国两制”战略方针形成的长期性，在这里不妨回顾和研究一下其历史发展过程。新中国成立以来，我们在争取完全实现祖国统一大业的斗争方面大体上经历了三个发展阶段：

第一个阶段，从 1949 年至 1955 年。党和政府在这个阶段里对于国家统一大业的指针主要是继续人民解放战争，直接以武力解决问题。

1949 年 9 月 29 日政协第一届全体会议通过的《共同纲领》规定：“中央人民政府必须负责将人民解放战争进行到底。解放中国全部领土，完成统一中国的事业。”1950 年 6 月 27 日，杜鲁门宣布台湾的地位未定，并下令美国海军第七舰队进入台湾海峡。6 月 28 日，周恩来外长立即发表声明：“我全体人民必须万众一心为从美国侵略者手中解放台湾而奋斗到底。”1950 年 9 月，周恩来总理在政协举行的建国一周年庆祝大会上又强调指出：“人民解放军决心从美国侵略者手中解放台湾。”他又说：“人民解放军也决心去解放西藏人民，保卫中国边防。对于这个为祖国安全所必需的步骤，我们愿以和平谈判的方式求得实现。”后来，西藏果然和平解放。但当时对于台湾，我们则一直坚持以武力解放的方针。这是因为台湾为反动派所盘踞，而且在美国海、空军的控制之下。截至 1955 年 2 月，人民解放军先后解放了一江山岛、大陈岛、渔山列岛和披山岛。后来每逢单日，炮击金门。

第二个阶段，从 1955 年至 1978 年。党和政府决定在不放弃武力的前提下，转而强调采用和平的方式。

1955 年 5 月 13 日，周恩来总理在第一届全国人大常委会第十五次会议上指出：“中国人民解放台湾有两种可能的方式，即战争的方式和和平的方式，中国人民愿意在可能的条件下，争取用和平的方式解放台湾。”翌年，即 1956 年 1 月 30 日，他在政协第二届全国委员会常务委员会工作报告中发出了“为争取和平解放台湾，实现祖国的完全统一而奋斗”的号召。6 月 28 日，周恩来总理在第一届全国人大第三次会议上进一步提到和平解放台湾的政策。1958 年 10 月 6 日，国防部长彭德怀发表《告台湾同胞书》，建议同台湾当局“举行谈判，实行和平解决”。25日，国防部发表《再告台湾同胞书》，指出：“中国人的事只能由我们中国人自己解决”，“我们两党间的事情很好办”。

第二个阶段同前一阶段相比，我们的指导方针有着明显的发展变化。在这个阶段中，虽然我们并没有放弃用武力解放的方式，但更多的是强调和平的方式。这是因为当时的国际形势明显地趋向缓和，美国用武力侵占台湾的行动遭到了全一世界人民的反对。而我们伟大的祖国日益壮大，台湾同胞更加向往祖国，很多人表示了爱国的愿望。所以和平解放的可能性正在增长。在这种形势下，我们强调以和平方式实现祖国统一的方针是顺应民心，合乎时宜的。不过当时的和平方针尚限于发出号召和宣布有关如何处置对方人员的政策。至于祖国统一后，将怎样对待台湾原有的社会制度等问题，还没有形成进一步具体的政策。

第三个阶段，从1978年至今。党和政府逐步形成“一国两制”的构思，并具体地制定了一系列实现“一国两制”的方针政策。

1978年把月16日，中美两国政府发表《联合公报》，宣布1979年1月1日起正式建立外交关系。随着形势的发展，和平实现统一的可能性大大增强了。为了把可能性变为现实性，这就需要我们制定具体的完整的方针和政策。1978年12月22日，中共第十一届三中全会公报宣布“全会欢迎台湾同胞、港澳同胞、海外侨胞，本着爱国一家的精神，共同为祖国的统一和祖国建设的事业继续做出积极贡献”。同年12月26日，第五届全国人大常委会第五次会议通过了《告台湾同胞书》，宣告我们在“解决统一问题时，一定考虑台湾的现实，尊重台湾各界人士的意见，采取合理的政策方法”。《告台湾同胞书》于1979年1月1日发表，它体现了我国当时对台湾的归回和祖国统一的大政方针、基本立场和基本态度。1979年1月30日，邓小平副总理访问美国，他在华盛顿发表讲话时也指出：“只要台湾归回祖国，我们将尊重那里的现实和现行制度。”至此，在多年发展和总结经验的基础上，“一个国家，两种制度”的构思近乎完成了。

1981 年 9 月 30 日，全国人大常委会叶剑英委员长向新华社记者发表谈话，进一步阐明关于台湾回归祖国，实现和平统一的九条方针政策。叶剑英宣布的九条是我们党和政府根据现实情况而提出的合情合理的方针政策。它宣布：国家实现统一后，台湾可作为特别行政区，享有高度自治权；台湾现行社会、经济制度不变，生活方式不变，同外国的经济、文化关系不变。这些规定是“一国两制”思想的明确表述，并在国际上得到了很好的反应，同时也受到不少台湾人士的赞许。

党和政府关于“一国两制”的构思不仅运用来解决台湾问题，而且也被运用来解决香港问题和澳门问题，而且在运用的过程中，使“一国两制”的方针更加丰富和具体起来。

1982 年 1 月，英国鉴于距离新界租约期满的日子愈来愈迫近，故派遣掌玺大臣艾坚斯访问北京，了解中国领导人对香港前途问题的政策性意向。9 月，英国首相撒切尔夫人访问北京。事后即开始了中英两国关于香港问题的外交谈判。经过两年的努力，于 1984 年 12 月正式签署了中英两国政府《关于香港问题的联合声明》。1986 年 6 月底，中国政府代表团又同葡萄牙政府代表团就解决澳门问题开始了会谈，并于 1987 年 4 月 13 日签署了中葡两国政府《关于澳门问题的联合声明》。

由于中英联合声明和中葡联合声明确认了中华人民共和国将在 1997 年收回香港，1999 年收回澳门，同时恢复行使主权；并根据“一国两制”的方针和党中央制定的十二条基本政策，对香港、澳门保持稳定和繁荣做出了相应的安排。这就圆满地解决了中英、中葡之间历史遗留下来的问题，是完全符合包括港澳同胞在内的全体中国人民的根本利益的。

从上述三个历史发展阶段的全过程来看，“一个国家，两种制度”的构思乃是我们党和政府遵循实事求是的思想路线，在尊重历史，照顾现实的基础上提出来的。它绝对不是像有些人说的那样，是什么一时的冲动，或者是什么玩弄政治手法的权宜之计，而是经过长期的决策过程，是我党慎重思考、深思熟虑的结果。它的提出是我党有胆略的表现，是对马克思列宁主义做出的重大贡献。“一个国家，两种制度”是我国实现统一的坚定不移的国策。事实证明，并还将继续证明，它是完全行得通的，是充满生命力的。

三、港澳台稳定繁荣的保证

香港、澳门、台湾都是经济高度发展的地区。这些地区回归祖国的时候，应该没有或者极少震动，完好地保持繁荣发展的状态。这样，对祖国有利，也对当地的人民有利，否则将是莫大的损失。制定“一国两制”的方针，采用和平的方式而竭力避免通过战争来解决历史遗留的港澳台问题，其用意即在于此。

“一国两制”的意义还远不止于和平地、稳定地使香港、澳门、台湾回到祖国的怀抱，它的巨大意义还在于当港澳台回归之后，能够继续保持社会稳定和繁荣。这是因为根据“一国两制”的方针，在港澳台回归之后，将分别成立直辖于中央人民政府的香港特别行政区、澳门特别行政区和台湾特别行政区。在特别行政区内，不实行社会主义的制度和政策，而是贯彻一整套按照“一国两制”原则制定的特殊的方针政策。依靠这样的基本方针政策，便足以达到使港澳台稳定繁荣的目的。

“一国两制”绝不是空洞的名词，而是一系列基本政策的总和。从一定程度上说，“一国两制”之成功与否，实有赖于整套基本政策的适宜性和合理性。兹以香港特别行政区为主要例子，分析一下它是如何具体地保证特别行政区的稳定和繁荣的。

（一）尽量维持原有的制度和生活方式不变

按照“一国两制”的方针，香港特别行政区原有的各种制度和生活方式除具有殖民地色彩者外，尽可能地予以保留。

在政治和法律方面：香港原有法律制度基本不变，原有的法律，包括普通法、衡平法、条例、附属立法和习惯法，除同基本法相抵触或经香港特别行政区的立法机关做出修改者外，予以保留；国际人权公约和国际劳工公约适用于香港的有关规定继续有效；原由香港行政机关设立咨询组织的制度继续保留，原在香港实行的司法体制，除因设立特别行政区终审法院而产生变化外予以保留；原来实行的陪审制度原则以及其他原则予以保留；在香港原有法律下有效的文件、证件、契约和有关的权利义务，在不与《基本法》抵触的前提下，继续有效；特别行政区的国家机关除使用中文外，仍可以把英文作为正式语文；香港特别行政区成立前在政府各部门，包括警察部门任职的公务人员以及法官和其他司法人员均可留用，其年资予以保留；香港原有的关于公务人员为招聘、雇佣、考核、纪律、培训和管理的制度，除有关给予外籍人员特权待遇的规定外，予以保留。

在经济文化方面：香港保持原有的资本主义制度和生活方式 50 年不变。保持香港的自由港的地位和国际金融中心的地位，保持独立关税地区的地位；港元继续流通，自由兑换；继续开放外汇、黄金、证券、期货等市场；保持原在香港实行的航运经营和管理体制，包括有关海员的管理制度；私营航运及与航运有关的企业和私营集装箱码头，可继续自由经营；保持香港的国际区域航空中心的地位，原在香港注册并以香港为主要营业地的航空公司同民用航空有关的行业均可继续经营；香港特别行政区保持原有的教育制度，各类学校可继续从香港以外招聘教职员和选用教材，教会办的学校可继续提供宗教教育，开设宗教课程；保留原有的专业制度，原已取得专业和执业资格者可以保留原有的资格，原已得到承认的专业和专业团体继续得到承认，保持原在香港实行的对教育、文化、社会福利等民间团体的资助政策。

在外事方面：香港特别行政区仍可以在一定领域里，以“中国香港”的名义，单独同世界各国各地区及有关的国际组织保持关系。

中央允许台湾在回归祖国后，仍可保留军队，台湾同外国的经济、文化关系不变。从这方面来看，在政策上当比香港更加宽松。

在政治、经济、法律、文教以及外事等方面，尽可能地保持原来的制度和方式，或者仅作一些极少限度的改变，使港、澳、台在回归祖国之后，保持各方面的延续性，避免由于剧烈的改变而带来的震动，这对于社会的稳定和繁荣是极为有利的。

（二）保护各阶层的权利和利益

按照“一国两制”的方针，全体香港居民享有平等权利，有言论、新闻、出版、集会、结社、游行、示威的自由，有组织和参加工会、罢工的权利和自由，依法享有选举权和被选举权；居民的人身自由不受侵犯，住宅不受侵犯；通讯自由和通讯秘密受法律的保护；居民享有迁徙自由，离境无须特别批准；有信仰自由、选择职业的自由，有进行学术研究、文学艺术创作和其他文化活动的自由，有婚姻自由和自愿生育的权利；有得到秘密法律咨询、提起诉讼、选择律师和获得司法补救的权利。

除了居民普遍享有的权利和自由外，各阶层的特殊权利和利益亦能受到充分保护。例如：（1）保护私有财产权，保护私人和法人财产的取得、使用、处置和继承的权利以及被征用财产的所有人得到补偿的权利（补偿应相当于该财产的实际价值，可以自由兑换，不得无故拖延支付）。（2）当地政府促进和协调制造业、商业、旅游业、房地产业、运输业、公用事业、服务性行业、渔农业等各行各业的发展。（3）劳工的福利待遇当受保护；国家机关留用的公务人员的薪金、津贴、福利待遇和服务条件不低于原来的标准。（4）学生有选择院校和去外国或外地区求学的自由，作家在文艺创作中所获得的成果和合法利益受保护。（5）宗教组织依法享有财产的取得、使用、处置、继承以及接受资助的权利。（6）“新界”原居民的合法传统权益受保护。（7）外籍人士可以担任特别行政区的公务员和法官（法律做出限制性规定者除外）。（8）外来投资受法律保护。

根据“一国两制”方针，在特别行政区成立之后，保护全体居民以及各阶层，包括资产者、劳动者、文化教育界、宗教界、国家机关工作人员、“新界”原居民以及外籍人士等各方面的合法权益，这对于安定人心，使社会繁荣发展十分有利。

（三）成立特别行政区，实行高度自治

香港、澳门、台湾回归祖国后，将按照“一国两制”方针分别成立特别行政区。特别行政区是中华人民共和国的不可分割的部分，直辖于中央人民政府。全国人民代表大会将立法授权特别行政区享有高度的自治权。以香港和澳门为例：除外交和国防事务属中央人民政府管理外，特别行政区享有行政管理权、立法权、独立的司法权和终审权。特别行政区政府由当地人组成，可以自行制定各种管理经济、贸易、财政、房屋、劳工、税务、民航、海事、交通、文教、治安、出入境以及其他等方面的法律和政策。全国性法律除极少数外，均不适用于特别行政区。中央人民政府所属各部门、各省、自治区、直辖市都不得干预特别行政区自行管理事务。特别行政区保持财政独立，收入全部用于自身需要，不上缴中央人民政府，中央人民政府不在特别行政区征税。

中央授予特别行政区以高度的自治权，这对于发挥当地人的主动性和积极性，因地制宜地管理当地的事务，自行排除种种不安定的因素，协调各方面人士维护社会稳定，推动社会发展是极为有利的。

四、有助于祖国的经济建设

我国正在集中力量从事社会主义现代化建设。我们的宏图是：第一，至20世纪末即2000年，人均国民生产总值将从1980年的400美元增长到800至1000美元。预计那时的人均人口为12亿或12.5亿。国民生产总值1万亿或1.2万亿美元，达到小康社会。第二，再过50年即2050年，再翻一番，人均国民生产总值达到4000美元，预计那时人口为15亿，国民生产总值6万亿美元，达到中等发达国家的水

平了。

为了实现这两大宏图，需要政治稳定，调动全国人民和各级地方的积极性。香港、澳门、台湾回归祖国，必将大大有助于社会主义现代化建设，因为这些地区人口虽不多，面积虽不大，可是经济实力非常雄厚。比如说，1988年台湾的外汇储备有610亿美元，1989年有760亿美元。按照我国上述的社会主义建设宏图，全国至2050年才能争取达到人均国民生产总值4000美元。然而，香港目前的人均国民生产总值已经达到6780美元。香港是世界贸易中心，出口（包括转口）贸易额居世界第8位；以价值计算有10种轻工产品的出口量占世界第一；香港是世界金融中心，居亚洲第一，世界第三位；香港共有银行1539家，它又是黄金贸易中心，居亚洲第一，世界第三位；香港又是世界第三位钻石贸易中心，世界第三位最繁忙的集装箱码头；空运量世界第二；居民生活水准居亚洲第二位。

香港回归祖国后，我们能得到的经济利益预计可以从目前英国从香港获益的现状中得到启示。香港作为英国的属地，给英国提供的经济利益主要有：（1）香港政府的许多设施必须购买英国货。例如，法律规定香港的公共汽车公司必须购买英联邦生产的汽车，香港并为英国商品在亚洲的销售提供基地和橱窗。（2）香港的巨额款项存放在伦敦的银行。（3）付给香港企业中的英国股东的红利汇款，以及通过伦敦安排付给保险、航运和其他商业活动的咨询费用，在香港的英籍人员退休回英后所领取的退休金等。（4）国营的英国航空公司利润中，部分来自香港。1997年以前，香港启德机场一直是英国的国内机场，伦敦至香港之间的航线为英国所垄断。而香港是国际重要的中转站，但由于外交权在英国政府手中，所以一切外国航空公司若要使用启德机场，就必须同英国谈判。英国可以乘此提出不少条件，例如逼迫对方同意英航在对方垄断的航空线上飞行作为回报，等等。

1997年中国收回香港后，我们虽然仍要适当照顾英国的既得利益，但是，上述利益的很大部分将要转到祖国手里。事实上，在1997年收回香港之前，我们已经从香港得到相当可观的经济利益。这是由于香港为祖国提供了一个商业接触、金融谈判以及搜集西方技术、商业情报的便利场所，也是通向东南亚国家和台湾等地区开展经济贸易活动的跳板。中国出口到香港的产品（国货公司及代理公司出售）利润创汇，中国控制的银行、仓库、工厂、保险公司、航运公司、旅行社和其他中资机构所得的利润返回大陆，以及在香港的中国公民寄回国内的种种款项，中国从香港得到它全部可兑换外汇的1/3强。香港资本到国内的投资在我国外资总数中比例极大。大陆每年向香港提供越来越多的食品如纺纱、衣服、原料、食用水等。中国对香港的贸易盈余每年在30亿美元以上。日本《每日新闻》1987年3月27日的社论曾经写道："对中国来说，香港是至关重要的创汇源泉，可以毫不夸张地说，是产金蛋的母鸡。"

从以上简单的叙述中可以看出，香港、澳门、台湾回归祖国，对于祖国的四个现代化建设是极其有利的。

五、"一国两制"的宪法依据

1981年9月，叶剑英委员长宣布关于台湾回归祖国实现和平统一的九条方针政策，以及1982年中英两国政府就中华人民共和国政府恢复对香港行使主权的谈判开始以后，我们就已经把"一国两制"的精神写入宪法草案中去了。1982年12月，五届全国人大正式通过《中华人民共和国宪法》时，就有了宪法第三十一条："国家在必要时得建立特别行政区。在特别行政区内实行的制度按照具体情况由全国人民代表大会以法律规定。"这就是"一国两制"的宪法依据，也就是后来起草特别行政区基本法的宪法依据。宪法写得如此明确，一切违背宪法规定的认识都是错误的，下面几种观点是不可取的。

（一）"宪法不在香港适用论"

有人认为宪法的总精神是坚持四项基本原则，香港特别行政区将来既然保持资本主义制度，不实行社会主义制度和政策，那么现行宪法不适用于香港。在这些人的心里只有“两制”，没有“一国”。宪法是国家根本法，是最高法，一个国家，在自己统一的主权下，在自己统一的领土内，哪有宪法不能适用于某个地区的？诚然，宪法以坚持四项基本原则为本，但是，四项基本原则正是“一国两制”的基础，坚持了四项基本原则，才能有“一国两制”。如果没有四项基本原则，哪里还会有什么“一国两制”呢？当然，宪法在特别行政区内的实施方式和宪法在国内其他地方是略有不同的，那就是宪法的许多规范是通过特别行政区基本法而得到实施的。在宪法中已经规定了的东西如果有同特别行政区的实际情况不相符合之处，都可以遵照全国人大通过的特别行政区基本法办事。这是一种特殊的形式，但绝不能说宪法不适用于香港以及其他的特别行政区。

（二）“宪法必须根本修改论”

有人认为，宪法第三十一条规定的“在特别行政区实行的制度按照具体情况由全国人民代表大会以法律规定”，这个法律是不能规定特别行政区实行资本主义制度的，因为宪法第一条规定中华人民共和国是人民民主专政的社会主义国家。宪法第五条又明确要求“一切法律、行政法规和地方性法规都不得同宪法相抵触”。所以，如果全国人大通过的法律允许特别行政区搞资本主义制度，那必将被解释为违宪而被废除。所以必须修改宪法，使其不相抵触以保障特别行政区的资本主义制度。

这些人不懂得宪法第三十一条乃是宪法整体中的特别条款，也是对全国人民代表大会的特别授权。如果说宪法不允许特别行政区保持不同于国内实行的制度的话，那就没有必要授权全国人大制定基本法去规定“特别行政区内实行的制度”了。可见，宪法是把特别行政区实行的制度作为特殊例外来处理的。无论是宪法第一条或是宪法第五条，都不能限制或者否定宪法第三十一条。所以宪法对此没有修改的必要。

（三）“联邦论”

有人说：“海峡两岸应建立联邦，用联邦制来统一中国”，这是错误的。中国自秦汉以来，一直是统一的国家。香港、澳门、台湾自古以来就是中国不可分割的领土，只是由于历史的原因，港、澳被外国所占领，台湾迄今仍被国民党的残余势力盘踞着。

通过“一国两制”以和平的方式使港澳台回归祖国，也就是恢复统一的中华人民共和国的主权和领土的完整。1949 年以前，台湾是中国的一个省。香港、澳门被外国侵占以前，都是广东省属下的行政单位。我们一说起中华人民共和国，指的即是包括大陆和港澳台在内的整体。港、澳、台过去不是，现在也不是什么在世界上独立的政治实体，即享有主权的国家。他们作为过去的一个地方单位，现在决不应当同中华人民共和国中央人民政府平起平坐。那种建立什么联邦的主张正是 1977 年 1 月台湾庄宏达在《联合报》上鼓吹的“一个中国，两个政府”的翻版。众所周知，联邦者，乃邦（国家）的联合。主张海峡两岸建立联邦的人不正是把台湾当成一个国家，从而呼应某些西方的反动人物所呼喊的“两个中国”“一中一台”的谬论了吗？因此，它是极端有害的。

（四）“共同宪法论”

有人说，“统一中国，应制定一部为海峡两岸所能共同接受的宪法”，这也是错误的。现在大陆是社会主义，坚持四项基本原则；台湾搞资本主义，坚持三民主义。我们通过“一国两制”的方针使港澳台同大陆统一起来，你不吃掉我，我不吃掉你，在一个以社会主义为主体的中华人民共和国境内容许局部地区保留资本主义，这是很合情合理的。现行的中华人民共和国宪法肯定了“一国两制”的原则，保证了“一国两制”的实现，如果硬要说“共同宪法”的话，现行的中华人民共和国宪法不正是全国人民包括台湾同胞、港澳同胞在内的共同宪法吗？有人偏偏不要现在这部受到全国人民尊重和拥护的中华人民共和国宪法，企图另外制定什么“为海峡两岸所能共同接受的宪法”。这不是等于说：社会主义是彼岸所不能接受的，共产党领导是彼岸不能接受的，人民民主专政、马列主义、毛泽东思想是彼岸不能接受的，若欲“共同接受”，必须放弃四项基本原则！这是非常错误的，全国人民是不能答应的。

（五）“民主抗共论”

有的人说：特别行政区应享有更大的自治权，政治体制的民主进程要加快，使当地人自己作主，以抵御共产党的干预。他们口头上虽然也承认特别行政区直辖于中央人民政府，但实际上是企图摆脱中央的领导。主张“民主抗共论”的人不仅有言论，而且有行功。他们纠集一批不明真相的群众，在香港成立组织，支援“大陆民主运动”，资助大陆“民运分子”，反对中国的合法政府。他们的言行是同“一国两制”的原则不相容的。按照“一国两制”的原则，香港搞资本主义，大陆搞社会主义。大陆不干扰香港的资本主义，不把社会主义搬到香港去。香港人也应尊重大陆的社会主义制度，不该把香港变成为反对社会主义中国的基地。为此，全国人民，包括港澳同胞、台湾同胞，对于宪法所确认的“一国两制”的精神应当有一个正确的认识。我们希望港澳同胞、台湾同胞和大陆的十一亿同胞团结起来，排除各种错误思想的干扰，沿着“一国两制”方针所指出的正确道路，齐心协力，为最后完成祖国的统一大业而奋斗到底。

关于“社会政治”与“走向社会政治”（上）

——对一个解读中国政治进程基本概念的探索*

刘德厚**

社会政治、走向社会政治作为研究中国政治学的新术语、新范畴，是关于现实的社会主义政治生活实践及其发展的系统理论形态的一种表达。我们提出这两个相关命题来进行探讨，主要是为了科学地说明当代中国政治的时代特征，反映其客观发展进程。

“政治社会”是西方传统政治学理论中一个常用术语。它作为一种系统的政治理论形态出现始见于古希腊柏拉图、亚里士多德所建立的政治哲学。社会政治则指非国家形态社会的政治类型，马克思、恩格斯的唯物主义历史观，为“社会政治”的科学概念奠定了理论基础。

---

* 本文发表于《政治学研究》2002 年第 3 期。

** 刘德厚，武汉大学政治学与行政学院教授，时任中国政治学会副会长。

一、马克思、恩格斯奠定了“社会政治”的方法论基础

马克思、恩格斯不仅用唯物历史观科学地解释了前人提出的“政治社会”的基本概念，革新和发展了政治社会的思想，而且以历史唯物论的整体社会观，解读了摩尔根关于什么是原始社会的“社会政治”思想。从其方法论基础上，将社会政治的思想建立在历史唯物主义科学基石之上。这不能不是对人类社会政治生活做出历史整体性观察而得到的科学结论和新的理论贡献。这一理论和方法大体上包括了以下几点：

第一，人的政治生活始源于人的生存活动（劳动）社会利益关系。人类社会的政治生活，与人类社会的发生、发展有机的同生共存，并由此建立起历史唯物主义的政治历史整体观。马克思、恩格斯认定，人类的政治活动是适应人的基本生存需要和围绕物质资料的生产活动而产生，随之从低级向高级阶段发展而发展的。就是说，人（无论是指个体或者群体的人类）对政治生活的需要，如同对物质和文化的需要一样，是人劳动生存本性的一种内在的必然需求，并通过劳动的创造日益完善起来。亚里士多德说人是天生的政治动物，把政治归结为人的天生本性。马克思指出他的这句话只说对了一半。① 马克思认为，人需要政治，不是由于抽象的天生自然本性所决定，而是由于人在社会的劳动生存活动中所必然发生的、人与人之间的利益关系的组合形态及其调控方式所决定。阶级产生之前，原始社会就自然形成了“氏族性和社会性的”政治。②人类社会的政治生活最早是依氏族、部落社会关系而存在。在社会生产发展到有了剩余、出现了社会分工和私有

---

① 《资本论》第1卷，北京：人民出版社1979年版，第363页。

② ［美］摩尔根：《古代社会》，北京：商务印书馆1982年版，第3页。

制，从而产生了阶级分野之后，经济上占统治地位的阶级、集团依靠经济的力量掌握了国家权力，并运用国家强力机关，实行政治统治，于是特定意义上的阶级性的、国家形态的政治出现了。[①]由此逻辑地认定，人类社会政治生活形式发展到了高级形态，即当社会生产力发展到它的更高级阶段，必然进入消灭剥削、消灭阶级、消亡国家的无阶级社会政治阶段。人类社会的政治生活历史，是由低级向高级发展的整体性历史过程：（低级的）无阶级性的政治——无阶级性政治向阶级性政治的过渡——阶级性的政治——阶级性政治向无阶级性政治的过渡——（高级的）无阶级性的政治。[②] 由此，《共产党宣言》提出的“一切阶级斗争都是政治斗争”的著名论断，[③] 一方面，表明了马克思、恩格斯对阶级对立和对抗条件下的社会关系的本质认识，推向了社会历史的最深处，所创立的关于阶级性的政治的历史唯物主义的科学分析方法，标志他们跨进了前人所没有探索过的阶级政治关系的新领域；另一方面，提出无产阶级专政的新型国家政权，实质上是向无阶级社会政治的过渡形式。马克思、恩格斯的政治观是一种更为宽广的政治历史整体观。[④] 历史唯物主义的科学，是指导人们分析整个人类社会的政治生活和政治实践活动的方法论。人类社会的政治生活可以划分为：阶级性政治和非阶级性（即社会性）政治两大类；历史唯物主义的方法包含着对人类社会的政治进行阶级关系分析和社会关系分析相结合的原理。存在阶级和国家社会的政治为“政治社会”，无阶级、无国家存在社会的政治为“社会政治”。两者既有区别，又彼此有历史的联系。马克思主义政治历史整体观，是政治历史整体性和政治发展阶段性的统一；人类在经历阶级性的政治生活之后，必然

---

① 《马克思恩格斯选集》第 4 卷，北京：人民出版社 1995 版，第 170 页。

② 《马克思恩格斯选集》第 1 卷，北京：人民出版社 1995 版，第 257 页；《马克思恩格斯选集》第 4 卷，北京：人民出版社 1995 年版，第 177—179 页。

③ 《马克思恩格斯选集》第 1 卷，北京：人民出版社 1995 年版，第 281 页。

④ 《马克思恩格斯选集》第 4 卷，北京：人民出版社 1995 年版，第 547 页。

要进入无阶级的社会政治过渡阶段。

第二，马克思、恩格斯历史唯物主义政治关系分析法，是阶级分析同社会分析的统一。恩格斯在《社会主义从空想到科学的发展》一书中说："唯物主义历史观从下述原理出发：生产以及随生产而来的产品交换是一切社会制度的基础；在每个历史地出现的社会中，产品分配以及和它相伴随的社会之划分为阶级或等级，是由生产什么、怎样生产以及怎样交换产品来决定的。所以，一切社会变迁和政治变革的终极原因，不应该到人们的头脑中，到人们对永恒的真理和正义的日益增进的认识中去寻找，而应当从生产方式和交换方式的变革中去寻找；不应当到有关时代的哲学中去寻找，而应当到有关时代的经济中去寻找。"① 在马克思、恩格斯以前的思想家，把社会中的政治、国家等，都归结为观念的东西，或者归为抽象的社会理性。而历史唯物论的科学政治观，则认为一切政治制度和思想观念，属于上层建筑范畴，最终应归结由社会物质关系所决定，和与历史的、具体的社会形态相联系。阶级对立和对抗社会中，政治关系受着阶级利益和阶级关系的直接制约，说到底，都是以私人占有为基础，以剥削制度为前提的阶级对抗的历史产物。但阶级又是社会的生产发展不足的结果，阶级问题实质上也是一个社会经济发展问题。阶级问题的解决，最终要依靠经济社会的高度发展来最终获得解决。因此，人们只有从生产方式和交换方式的矛盾和变革中去寻找政治关系发生、发展的根源，才能科学揭示出人类政治生活和政治活动的发生、发展的本质特征和变革趋势。马克思关于阶级关系的经济分析法，不仅奠定了分析"阶级政治"的方法论基础，而且，也同时奠定了他们关于分析"社会政治"的方法论基础。马克思、恩格斯的政治关于"社会政治"与"走向社会政治"的社会观和社会政治观始终贯穿着政治关系的阶级性分析和社会分析的统一。为了寻求这种方法论的统一，马克思、恩格斯

① 《马克思恩格斯选集》第3卷，北京：人民出版社1995年版，第740—741页。

从历史唯物主义的社会历史整体观的确立，到对政治历史整体观做出最后科学论证，花去了近40年进行艰苦探索。我们知道，1845—1846年，马克思、恩格斯合作撰写的《德意志意识形态》，创立了历史唯物主义的世界观和方法论。这一唯物主义的历史整体观点，尽管如列宁曾经指出的，“是一个第一次使人们有可能以严格的科学态度对待历史问题和社会问题的假设”，但它能否适用于解释非阶级社会（例如史前原始社会和阶级后的共产主义社会）的经济基础与上层建筑的关系（即无阶级社会是否也存在政治上层建筑，并由与之相适应的社会经济结构来决定）？还是一个暂时没有明确答案的问题。然而这又是一个关系到要不要将历史唯物主义基本原理贯穿于人类社会发展始终的重大科学理论问题。对于马克思、恩格斯来说，从他们创立历史唯物主义科学方法论的那一天起，就始终关注这一问题的科学实证答案。我们只要对他们的《德意志意识形态》《共产党宣言》《〈政治经济学批判〉序言》《资本论》《哥达纲领批判》以及《社会主义从空想到科学的发展》这些重要文献进行仔细研读，连贯起来加以思索，就不难发现，他们在论及史前社会或未来共产主义社会的政治上层建筑问题时，总是抱着一种强烈的追求，希望能找到充分可靠的证据，来证实自己的社会经济基础与政治上层建筑的辩证法原理的科学性和彻底性，证实他们的历史唯物主义的政治历史整体观方法论，不仅适于对阶级的政治现象的科学说明，而且也适于对非阶级的社会经济与政治关系的科学说明。阶级性政治是特定社会形态的政治，阶级分析不能脱离社会条件的分析。而非阶级性政治，是社会利益关系的直接转化形式。正因为如此，马克思到了晚年，仍以极大的热情，潜心研究摩尔根《古代社会》一书及其他人类学有关史前社会的知识，抱病搜集资料和撰写大量人类学笔记，寻求对社会政治的科学回答。关于这一点，恩格斯后来说得更为清楚明白：“不是别人，正是卡尔·马克思曾打算联系他的——在某种限度内我可以说是我们俩人的——唯物主义的历史研究所得出的结论来阐明摩尔根研究成果，并且只是这样来阐明这些成果的全部意义。原来，摩尔根在美国，以他自己的方式，重新发现了40年前马克思所发现的唯物主义历史观，并且以此为指导，在把野蛮时代和文明时代加以对比的时候，在主要点上得出了与马克思相同的结果。"① "摩尔根所提供的大量关于史前社会的史实，为全部原始历史找到了一个新的基础。"② 摩尔根关于人类史前社会的实证和发现，证明了40年前马克思历史唯物主义的政治历史整体观的科学预见性和客观实在性。证明人类社会存在阶级性的政治和非阶级性的政治。把握这一点，就等于找到了开启人类科学地认识人类社会的政治生活历史整体观的钥匙。

第三，以科学的发展论，从人类社会发展的最初起点，考察人类社会政治生活历史变迁，揭示社会政治到来的历史必然性。人类在19世纪60年代以前，并没有获得充分而可靠的事实，足以证明史前社会存在的真实。当时的一些历史文献虽然提到了"原始社会"，但对其历史的真实状况并不清楚，多半是一种神话传说。关于阶级关系的政治现象在人类历史上是否为暂时性的问题，也一直因史前社会的不解之谜而无法确定。西方古典的自然法理论中所谓"人类自然状态"说，也都是基于某些假设。那些关于原始血缘家庭、婚姻的论著，正如恩格斯所指出的那样，是零星和不可靠的。《德意志意识形态》中虽然也讲到了人类社会早期的社会生产、分工、部落所有制等③，并据此推断出了历史唯物主义的一般原理，逻辑地确认了人类"原初的历史关系的四个要素"是整个文明社会发展的起点，④但所有这些论断，在马克思、恩格斯当时看来，只不过是一种唯物历史观的猜想，他们并不轻信那些资产阶级的学者们对"史前时期"的种种描述。⑤这

① 《马克思恩格斯选集》第4卷，北京：人民出版社1995年版，第1—2页、第2—3页。

② 同上。

③ 《马克思恩格斯选集》第1卷，第68—69页、第78—81页、第79—80页、第272页。

④ 同上。

⑤ 《马克思恩格斯选集》第1卷，第68—69页、第78—81页、第79—80页、第272页。

种情况，就实际上留下了一个需要论证的理论空白。史前社会的经济基础和政治、上层建筑的关系和状况到底怎样？那时的人们到底过着怎样的“政治生活”？在马克思恩格斯的心目中一直是一个历史之谜和理论疑团。正是由于这个问题在当时没有可能解决，马克思、恩格斯从1846年以后的一个相当长的一段时间，只能把“至今一切社会的历史都是阶级斗争的历史”①，把阶级关系和阶级斗争，当作了分析人类政治生活的起点。马克思、恩格斯观察政治的视野，受到了当时人们对整个人类社会历史的认识水平的局限。即便如此，在19世纪的中期，资本主义社会阶级矛盾、危机日益尖锐化起来，欧洲整个大陆现实革命形势的逼近，欧洲阶级斗争潮流吸引着马克思的革命主要注意力的时候，他们仍然强烈地表现了渴望解开历史疑团的追求。我们可以从那个为大家所熟知的关于历史唯物论的科学定义中②，领悟到马克思关于人类社会形态是一个从低级到高级发展的整体历史过程。他们已经在原则上把资本主义制度看作是人类社会发展史上暂时的、最后的一个剥削形式，资本主义制度后的共产主义社会必然到来等历史整体观点。③马克思就是根据这个总原则，来撰写伟大的《资本论》的。在这部巨著中，曾多处论及到了有关原始社会的问题，尽管如此，马克思在史前社会材料缺乏的情况下，宁愿等待事实的到来，也不愿做出武断的结论。像列宁曾在《国家与革命》中所指出的那样，“马克思的全部理论，就是运用最彻底、最完整、最周密、内容最丰富的发展论去考察现代资本主义。自然，他也就要运用这个理论去考察资本主义的即将到来的崩溃和未来共产主义的未来的发展。”“关于这个未来，马克思并没有陷入空想，他只是较详细地确定了现在所能确定的东西。”④ 直到晚年，只有当他看见摩尔根科学确定原始的母权制氏

---

① 《马克思恩格斯选集》第1卷，第68—69页、第78—81页、第79—80页、第272页。

② 《马克思恩格斯选集》第2卷，北京：人民出版社1995年版，第32—33页。

③ 同上。

④ 《列宁选集》第3卷，北京：人民出版社1995年版，第186页、第193页。

族之后，并且对之确信无疑，他和战友恩格斯，才明确宣布：阶级对立和阶级斗争构成了有文字记载的全部文明史的内容；阶级斗争的历史，只是人类历史发展的一个特定阶段。① 这就是说，事实确认了阶级对立和阶级斗争的历史的暂时性，才使他们关于人类社会历史的发展的整体性观点得以建立起来。只有当人类迎来无阶级、无国家社会的时候，才是非阶级的“社会政治”时代的真正到来。

第四，社会史、政治史承认，人类社会政治的成长和变迁是一个自然历史过程。从阶级的政治到社会的政治，其间需要经历一个从阶级政治向社会政治的过渡。我们称这个过渡形态的政治为“走向社会政治”的历史阶段。从马克思、恩格斯的政治历史整体观和彻底的社会发展观来看，对社会的政治关系进行阶级性分析和社会性分析时，既要根据不同社会历史条件，将两者加以严格的区别，又要从人类社会历史发展的整体上，把握两者内在的联系。他们按照历史唯物主义科学要求，把阶级分析严格地限定在有阶级对立与对抗的历史条件下进行，而把社会分析具体地区分为：以阶级关系为基础的社会分析和以社会关系为基础的社会分析两种情况，即阶级的社会性分析和社会关系的社会性分析。就是说，前者必须以阶级关系为基础；后者，只有无阶级社会到来，社会关系分析才能真正地、直接地实现。这就是马克思、恩格斯社会政治观的方法论基础，也是马克思主义社会关系分析同一切资产阶级的政治社会学的社会分析根本不同之所在。因此，我们把从阶级性的政治（或曰“政治社会”）到达无阶级的“社会政治”的境地，看成是一个历史发展的过程，把阶级分析法与社会分析法看作是研究人类政治历史整体发展基本的方法。在政治社会同社会政治两者之间，必然要关于“社会政治”与“走向社会政治”产生一种过渡形态的政治。实行历史唯物主义的阶级分析与社会分析相结合，是分析这个过渡形态政治的认识工具。马克思在《哥达纲领批判》中

---

① 《马克思恩格斯选集》第1卷，北京：人民出版社1995年版，第272页。

预言似地提到未来共产主义社会的“国家”问题，恩格斯多次提到“非政治国家”，列宁在《国家与革命》第五章中，进一步阐发“非政治国家”即工人阶级的通过半国家走向“共产主义社会的完全意义上的民主”，等等，这些都说明他们是旨在论证“政治社会”结束之后，必然会经过一个过渡性的政治发展历史阶段，作为实现完全的“社会政治”的社会历史前提。社会政治是资本主义制度后社会的产物。人类的这一政治前景，必须建立在实现全面超越资本主义的生产力、造就高度发展的先进文化、彻底消灭阶级统治及其遗留的基础之上。所以，马克思、恩格斯的“社会政治”学说，同西方政治思想家的政治社会学的观点根本不同，马克思主义的社会政治理论包括了如何处理政治与社会的相互关系；在建造社会政治的实践中，有其严格的社会历史实现条件（即坚持消灭阶级统治和消亡“原来意义上的国家”）。因此，工人阶级和广大劳动人民掌握了政权之后，需要有一个很长的社会变革和制度创新的历史过程。我们现在将这一必然性的历史过程，称之为“走向社会政治”。从这个意义上讲，走向社会政治的理论首先应是一种观察新时代的社会政治发展的方法论。

已有的历史经验表明，像中国这样原来经济文化比较落后的国家，实现社会主义、共产主义的目标，理所当然的是一个漫长的自然历史过程。邓小平设想：中国从社会主义初级阶段到共产主义的完全实现，需要十几代、几十代人的不懈努力。中国社会主义政治历史的发展，自然也要有一个漫长的新征程。需要有如列宁和毛泽东所说的，从“旧政治”向新的“经济建设的政治”方面转变的过程。① 邓小平提出的“走向社会政治”新道路，构成了社会主义政治发展史上的一个独特的历史阶段和新的政治景观。

---

① 《列宁选集》第4卷，北京：人民出版社1995年版，第308—310页；《毛泽东著作选读》（下），北京：人民出版社1986年版，第756—798页、第803页、第805页。

二、邓小平“走向社会政治”的思想

关于什么是我国社会主义初级阶段的政治，以及如何推进初级阶段的政治发展？同对什么是社会主义，以及如何建设社会主义一样，在很长的历史时期，人们也并没有真正搞清楚。

邓小平紧紧抓住当代中国社会的主要矛盾和主要任务所发生的历史性变化这一根本点，强调从中国社会的现实条件出发，运用历史唯物主义的社会分析方法，把握整个社会主义初级阶段的政治关系的本质特征，从而为他提出走向社会政治的理论奠定了历史唯物主义方法论坚实基础。邓小平认为，要搞清楚到底什么是社会主义政治？怎样建设社会主义政治？必须从理论上搞清社会政治的历史走向，需要经历“五大转变”，即社会的主要矛盾从阶级矛盾向社会矛盾的转变；阶级关系向社会关系的转变；社会阶级向社会阶层转变；政治革命向社会发展转变；阶级国家向社会国家转变。这些转变，集中地概括了邓小平“走向社会政治”的基本内容。

第一，社会政治关系由社会的主要矛盾所决定，并受其发展、变化的状况所支配。社会主义社会的主要矛盾，以及由之而形成的社会经济结构，决定着其基本的社会政治关系，同时，也决定着现阶段整个中国社会的发展方向。中国从新民主主义转向社会主义，从社会性质和社会矛盾的转变看，不是以1949年中华人民共和国建立为标志的，而是以1956年社会主义改造基本完成为历史转折。这一点也曾为毛泽东所肯定。他在1956年1月党召开的知识分子问题会议上指出：我国“社会主义已经进入，尚未完成”。在《关于正确处理人民内部矛盾问题》的讲话中，进一步指出，我国社会主义制度已经基本建立；全国范围内大规模的急风暴雨式的群众性阶级斗争已经结束；现在全国人民的任务就是向自然开战，发展经济和文化。党的八大就我国社会的主要矛盾问题做出了决议。但后来由于毛泽东以阶级斗争为纲的错误思想路线逐渐占据上风而遭到否定。直到党的十一届三中全会，重新肯定党的八大决议，确定把党的工作重心转移到经济建设方面来；十一届六中全会通过的《建国以来党的若干历史问题的决议》提出，中国在一个相当长的历史时期内，处于社会主义的初级发展阶段。社会的主要矛盾是人民日益增长的物质文化需要同社会生产不足之间的矛盾。这个主要矛盾将贯穿于整个社会生活的各个方面，支配着社会的各种利益关系，并使之日渐社会化。也就是说，中国新时期社会的利益关系主要不再通过阶级和阶级斗争集中表现出来，而是通过以经济建设为中心的各种社会生活的关系来直接表现。这是我国政治关系在社会主义改造基本完成后所发生的一大根本性的深刻历史变化。社会主要矛盾从无产阶级同资产阶级的矛盾，向“人民日益增长的物质文化需要同社会生产不足之间的矛盾”转化，表明我国新型政治关系中的社会性质和社会化程度逐步占到了主导的地位，那种原本意义上的旧的阶级政治关系将日益被缩小为特殊的范围内。以社会经济建设为中心的社会政治生活，自然就成为人们政治生活的主要内容。邓小平关于中国社会的主要矛盾，以及由之所必然形成的走向社会政治理论，为指导我们党总揽全局，把握新时期政治关系的特点和规律，奠定了现实的科学理论基础。

第二，社会主义条件下，政治的最高本质主要不再是阶级关系，而是社会全局性的利益关系。邓小平在论述社会主义的民主、政治权利时，总是牢牢抓住政治利益关系的本质特征，来揭示我国现实政治生活的本质内涵。比如他说：“在社会主义制度下，个人利益要服从集体利益，局部利益要服从整体利益，暂时利益要服从长远利益，或者叫作小局服从大局，小道理服从大道理。我们提倡和实行这些原则，绝不是说可以不注意个人利益，不注意局部利益，不注意暂时利益，而是因为在社会主义制度下，归根到底，个人利益和集体利益是统一的，局部利益和整体利益是统一的，暂时利益和长远利益是统一的。我们必须按照统筹兼顾的原则来调节各种利益的相互关系。如果相反，违反集体利益而追求个人利益，违反整体利益而追求局部利益，违反长远利益而追求暂时利益，结果势必两头受损失。民主和集中的关系，权利和义务的关系，归根到底，就是以上所说的各种利益关系在政治上和法律上的表现。正因为这样，毛泽东同志才说，我们的目标，是想造成一个又有集中又有民主，又有纪律又有自由，又有统一意志、又有个人心情舒畅、生动活泼，那样一种政治局面。这就是社会主义民主的政治局面，这就是我们今天和今后要努力实现的政治局面。"① 如实承认生活在社会主义制度下的人们，仍然是有着不同利益的群体，分属于不同利益集团或阶级、阶层，这是十分重要的。是我们分析政治问题，开展政治工作的立足点。社会主义社会的整体利益、全局利益、长远利益等，都是以每个社会成员，或各个阶层的合理和合法利益为基础而形成的。邓小平关于利用市场机制来合理配置资源（包括劳动资源），促进社会生产力的思想的提出，实际上就是承认，我国社会成员中的绝大多数人，都是社会主义的劳动者，或是为社会主义的服务者，其劳动属性是"商品劳动"（即通过市场为自己生存的关于"社会政治"与"走向社会政治"需要进行劳动交换）范畴。② 劳动者与劳动者之间，社会与为社会主义服务者之间，都是一种遵循市场共同原则，进行平等交换的关系。劳动者既是为私人劳动（即劳动是谋生的手段），又是为社会（即服务社会）而劳动的特殊商品者。社会主义的劳动关系由于公有制及其主导地位已经发生了重大的变化，已经不完全同于私人资本统治下的劳动关系，但是，却没有根本改变

---

① 《邓小平文选》第2卷，北京：人民出版社1989年版，第175—176页。

② 劳动创造了人类，发展了人类，改造了人类，不断提高和完善着人类本性。人类的劳动形态，依其一定社会生产方式的变化而不断由低级形态向高级形态发展。形成了"自然劳动""自给劳动""商品劳动""自由劳动"等由低级向高级阶段的发展。自然劳动与原始氏族制相适应；自足劳动与家庭小生产方式为基础的奴隶制和封建制相适应；商品劳动与社会化大生产的市场经济形态两个文明制度（资本主义制度和社会主义制度）相适应；自由劳动将与共产主义社会高级阶段社会条件相适应。当今世界在相当长的历史时期，将长期处于"商品劳动"的发展阶段上。

“商品劳动”所固有的一般特性。社会主义初级阶段的所有社会劳动，都具有商品的一般性质和特征：人的劳动都要通过物化为商品形式之后进行交换，人们的社会关系中自然也就物化为商品的一般关系。人的劳动一旦进入市场交换之后，就不能不必然显示出商品劳动所固有的二重性质，即具体劳动创造使用价值、抽象劳动创造一般价值的性质。私人劳动、社会劳动两个概念，在社会主义市场经济条件下，自然也就被合法化了。马克思早就承认过，社会主义“按劳分配”原则，体现了劳动是谋生手段的特点。① 所有社会主义国家，以苏联为榜样，实行“计划经济”，取消“劳动市场”，长期采取“高积累，低工资”的政策，对劳动者实际上是“高额剥夺”。这就完全违背了“按劳分配”的原则。把所谓的“社会主义的集体主义”，变成为了否定劳动者个人以按劳分配原则必要获取的合理合法劳动成果。因此，邓小平在总结这一深刻的历史教训时指出，认为搞社会主义的一个根本问题，就是要正确处理好上述那些利益关系，要统筹兼顾。只有真正做到了切实保护好了劳动者必要的、合理合法的个人利益，才能调动千百万劳动者的积极性，激活他们的创造力。在当今人类社会发展客观上仍然需要商品、市场经济阶段上，首先要承认社会的所有劳动者的劳动，仍然具有“商品劳动”的客观性质。从而运用市场经济的客观法则，来管理社会主义的劳动市场，调节劳动者的利益。分析社会主义社会利益关系，除了所有制因素之外，最重要的利益关系，就是社会成员的劳动利益关系了。

现在，我们承认社会主义的“商品劳动”的利益原则，正确对待社会主义市场经济条件下的各种合法社会利益，自然就会进一步承认：现实社会主义的社会成员的个人劳动利益，是造就社会主义社会整体利益的前提，是构成社会主义利益关系的第一基础；同时；社会主义“商品劳动”形成的社会利益多样性统一，也就成为社会主义社会利

---

① 《马克思恩格斯选集》第 3 卷，北京：人民出版社 1995 年版，第 304 页。

益关系的根本特征。因此，社会主义初级阶段政治利益的最高本质，就是对最广大劳动人民多样性的利益关系进行正确而合理的有效调控。要根据社会主义市场经济的客观要求，创造一套稳定的、完善的制度、机制和政策，把全体社会成员的个人利益与社会利益、目前利益与长远利益、私人利益与国家利益有机地结合起来，便成为社会主义社会政治的根本任务。因此，社会主义条件下的这些利益关系，不断发展着的社会化经济、文化多种社会利益的转化形式。这种新型的社会主义多样性的社会化政治利益关系，就是社会主义政治关系的真实含义；把全体人民的劳动利益置于政治的最高地位，是社会主义的政治本质所在。苏联、东欧各社会主义国家所形成的高度集中的政治、经济体制，主要弊端，从根本上说，就在于完全违背了当今社会还必须承认的“商品劳动”这一客观事实及其所固有的内在规律，用超越市场的行政力量直接支配和强力调控“社会劳动”，扼杀了劳动者的积极性和活力，走向了脱离人民根本利益的错误道路。社会主义社会政治利益，说到底就是人民的根本利益，就是对社会主义多样性利益的协调与管理。把人民的利益放在第一位，协调好、治理好就是社会主义的政治。邓小平早在1956年，在党的第八次代表大会上作修改党章程报告时指出：我们党和国家的根本宗旨的出发点，就是一切为了人民，人民的根本利益高于一切。全体党员和国家的全部任务，就是全心全意地为人民群众服务。从治理国家，建设执政党的高度，把社会主义的政治利益的本质定位为最广大人民的利益。①在改革开放和实现社会主义现代化条件下，他又进一步提出，把社会的大局，人民的根本利益，关系国家民族的全局利益关系，看作社会主义政治的本质。② 这不仅是对社会主义政治做出的新概括，而且是对马克思主义的政治观的新发展。

第三，社会经济结构的变化必然引起社会阶级、阶层结构的新变

---

① 《邓小平文选》第1卷，北京：人民出版社1989年版，第217页。

② 《邓小平文选》第2卷，北京：人民出版社1994年版，第4页、第194页。

化。邓小平指出，阶级作为历史的遗留，将随着社会主义因素的成熟，和政治关系的社会化程度的提高而逐步消失。各阶层转到社会分工为基础的社会关系上来。但这是一个很长的自然历史过程。这个过程不能随意超越。这与西方现代社会学的“社会分层”理论有原则的区别。邓小平认为，中国现实社会的各阶层，首先是与社会主义公有制为主体的多种经济成分相连，仍保留有阶级的历史遗留。这是一个不可否认的基本的事实。而西方社会学则完全撇开所有制和阶级存在的基本条件来谈论社会分层，以阶层代替阶级，模糊阶级界限，否定阶级分析。

理解邓小平的阶级走向阶层化理论，关键在于如何正确认识和处理社会主义历史时期阶级的历史遗留仍会长期存在，以及它对社会政治关系发展的影响问题。我们建立社会主义市场经济，鼓励、引导发展个体、私营经济，是历史的客观要求。因为这种经济结构形式，对促进我国社会生产力的发展，还有积极的历史作用，还没有别的形式可以代替。利用财产占有权来无偿占有其他社会成员的一部分劳动成果的现象，在一定的经济活动范围内还不可能避免。中国新生剥削者阶层将以合法的形式为社会主义的发展做出历史性的贡献。因此，他们与旧的剥削阶级存在的社会条件不完全相同，个体和“民营经济”成为我国社会主义市场经济整体结构的一个不可缺少的组成部分。它们对于发展社会生产、增加就业岗位，创造更多的产品，满足人民的需要，都有长期的重要的社会历史作用。对加快整个社会生产力的发展，增强国力也有重大意义。但同时也不容否认，私有制经济形式必然会自发倾向资本主义。新时期发展起来的私营经济和它的所有者，在经济上和政治上具有两重性。面对这个新的现实问题，如何正确估量社会主义初级阶段社会阶级、阶层结构关系，就正如邓小平所说的那样，这里“包含着许多理论上和实践上的复杂和困难”。正确认识我国社会阶级、阶层的特点及其变化规律，正确发挥这些特殊阶层在社会经济、政治生活中的积极作用，是直接关系到能否正确制定和执行党在社会主义初级阶段的路线、政策的一个基本问题。因此，我们既要充分吸取过去斯大林、毛泽东都曾犯过阶级斗争扩大化、布哈林所犯过的“阶级斗争熄灭论”等严重政治错误的经验教训，在估量社会主义初级阶段的阶级关系问题上，一定要坚持实事求是的科学态度，既不能随意夸大，也不能任意缩小；在利用国际资本主义的资金、技术、管理经验，在国内发展非公有制经济的问题上，既要大胆利用，又要避免产生新的、完整意义上资产阶级的产生。①在实行改革开放中，发展不同形式的私有经济，仍然需要有科学的理论和正确的政策引导；要把握好理论上和政策上的合理的尺度；要以有利于社会生产力的发展，不断改善劳动者生活为前提，要从发展社会主义实际需要出发，及时做出政策的调整。这是整个社会主义社会发展阶段上始终需要注意解决好的一个新的问题。只要我们党依据宪法规定，鼓励制度创新，相信能够在实践中逐步解决这个社会历史新课题。

在我国社会主义初级阶段，根本任务是发展社会生产力，阶级矛盾已经不是我国社会的主要矛盾，但正如江泽民所指出的，“阶级矛盾由于国际国内因素还将在一定范围内长期存在”。②这也是我国的一个基本国情。因此，不允许盲目照搬那些发达国家的“社会分层”理关于“社会政治”与“走向社会政治”论。在我国社会主义经济政治力量占主导条件下，一定范围内遗留的特殊阶级关系，在一般的情况下，不必通过旧式的阶级斗争形式来解决，而是要以各种有效方式，促使它与社会主义力量进行多样性相结合，发挥其历史进步性，化消极作用为积极作用，以一种特殊的社会性的政策，引导非社会主义经济形式，为社会主义发展服务。为什么可能这样做？主要有两点。一是就工人阶级具有的解放全人类的品质，能做到阶级性与社会性统一；二是社会主义基本经济政治制度在本质上优于一切非社会主义的因素

① 邓小平认为，在我国要做到避免产生新资产阶级，关键在于坚持共同富裕，不搞两极分化。《邓小平文选》第3卷，北京：人民出版社1993年版，第123—124页、第138—139页、第364页。

② 江泽民在中国共产党第十五次全国代表大会上的报告第4部分。

终究会发挥出来，通过发展最后必将创造出代替其他非社会主义的新制度，使人类达到理想境界。

在20世纪的特殊历史条件下中国已经建立起的社会主义的基本经济结构和社会关系，其社会矛盾、社会关系已经发生了根本变化，社会阶层结构、政治关系已经基本脱离了旧式的阶级关系发展轨道，并逐步向着社会主义的社会关系扩展，新型的社会关系要求以经济社会发展方式，法律的、行政的方式来解决各种社会性矛盾和社会政治问题，而不再主要采用过去那种急风暴雨式的群众性的阶级斗争方式解决问题。这种新式的政治生活方式的出现，标志着我国的政治关系，已经从旧式的阶级关系和阶级斗争方式，向新的社会政治关系方面转变。邓小平在1978年3月30日党的理论工作务虚会上，详细论述了社会主义初级阶段社会的主要矛盾、政治关系、国家性质和职能方面所发生的深刻社会性变革，科学地概括了这种特殊社会政治现象所必然具有的双重性。至于什么是当前时期的主要矛盾，也就是目前时期全党和全国人民所必须解决的主要问题或中心任务的问题，由于我们的生产力发展水平很低，远远不能满足人民和国家的需要。这就是我们目前时期的主要矛盾，解决这个主要矛盾就是我们的中心任务。①但又说："社会主义社会目前和今后的阶级斗争，显然不同于过去历史上阶级社会的阶级斗争，这也是客观的事实，我们不能否认，否认了也要犯严重的错误。"②"我们反对把阶级斗争扩大化，不认为党内有一个资产阶级，也不认为在社会主义制度下，在确已消灭了剥削阶级和剥削条件之后还会产生一个资产阶级或其他剥削阶级。但是我们必须看到，在社会主义社会，仍然有反革命分子，有敌特分子，有各种破坏社会主义秩序的刑事犯罪分子和其他坏分子，有贪污盗窃、投机倒把新剥削分子，并且这种现象在长时期内不可能完全消灭。同他们

① 《邓小平文选》第2卷，北京：人民出版社1994年版，第181—182页。

② 《邓小平文选》第2卷，北京：人民出版社1994年版，第182页、第168—169页、第150页、第162—163页、第168—169页、第187页。

的斗争不同于过去历史上的阶级对阶级的斗争（他们不可能形成一个公开的完整的阶级），但仍然是一种特殊形式的阶级斗争，或者说是历史上的阶级斗争在社会主义条件下的特殊形式的遗留。"①上述重要结论，就是他的阶级走向阶层化的基本思想。

第四，以经济社会发展为动力，用发展经济社会的办法，解决社会政治问题。邓小平总结历史经验，提出"只有社会主义才能发展中国"的新论断，指明了中国实现社会主义的新途径：由政治革命转向经济社会的发展。过去人们常说，"社会主义才能救中国"，这只是就中国社会的前进方向做出了判断，没有解决什么是社会主义和怎样建设社会主义的问题，现在提出"社会主义发展中国"，为解决怎样建设社会主义提供新的思路。社会主义初级阶段标志着中国开始由阶级的政治解放转入"经济的社会解放"新阶段。从最广大人民群众的根本利益和社会主义社会整体关系出发，重新理解什么是社会主义和怎样建设社会主义的这一伟大事业，搞好社会主义的四个现代化，就是最大的政治，把社会主义的本质理解为"是解放生产力，发展生产力，消灭剥削，消除两极分化，最终达到共同富裕"；把"发展才是硬道理"，作为怎样建设社会主义的一条根本途径；把"应该主要看是否有利于发展社会主义社会的生产力，是否有利于增强社会主义国家的综合国力，是否有利于提高人民的生活水平"②作为判断什么是社会主义的政治标准。这样，以社会主义的发展解决中国的社会政治问题，成为邓小平新的社会政治观的核心思想内容。

中国社会中存在的事实上不平等现象，它的最终解决，只能靠社会主义的发展。"大力发展社会生产力，完善和发展社会主义的生产关系和上层建筑，并在这个基础上，逐步消灭一切阶级差别，逐步消灭一切主要由于社会生产力发展不足而造成的重大社会差别和社会不

---

① 《邓小平文选》第2卷，北京：人民出版社1994年版，第182页、第168—169页、第150页、第162—163页、第168—169页、第187页。

② 《邓小平文选》第3卷，北京：人民出版社1993年版，第372—373页。

平等，直到共产主义的实现。”①因为，社会主义社会存在的种种事实上不平等现象，并由之引出的种种政治问题，说到底，都是基于社会的生产力发展不足所造成的。历史唯物主义把革命看作是“历史的火车头”，它为经济社会的发展开辟道路，但是解决社会物质生产之不足，大力持久地发展社会生产力，不能只靠革命的手段来实现。中国进入社会主义初级阶段后的社会的主要矛盾，以及由之所必然形成的社会政治问题，只有通过实现经济社会发展的这一根本途径来解决。整个社会要以社会主义发展为主题，来建立新型社会政治秩序。邓小平说“发展是硬道理”的真谛就在这里。社会主义彻底解决阶级问题，消除现实社会中存在的事实上不平等现象，建立保证社会实现共同富裕的先进制度，都主要靠社会生产力各要素的高度和谐的发展来最终决定。因此，坚持社会主义四个现代化，作为我国社会的全局性利益、国家和民族的最高利益看待。邓小平“四个现代化是最大政治”的观点，是他的新社会政治观的集中表现。

也正因如此，邓小平强调，在我国现阶段，讲社会主义的政治要力戒空谈，而要使政治工作真正落到社会生活各个领域的实处。他提倡党在整个社会主义新时期的主要政治标准，就是用实际行动为人民造福，为发展生产力、为社会主义事业做出积极的实际的贡献。他说：“看一个经济部门的党委善不善于领导，领导得好不好，应该主要看这个经济部门实行了先进的管理方法没有，技术革新进行得怎么样，劳动生产率提高了多少，利润增长了多少，劳动者的个人收入和集体福利增加了多少。各条战线的各级党委的领导，也都要用类似这样的标准来衡量。这就是今后主要的政治。离开了这个主要的内容，政治就是变成空头政治，就离开了党和人民的最大利益。”②“能否实现四个现代化，决定着我们国家的命运。在中国的现实条件下，搞社会主

① 《三中全会以来》，北京：人民出版社 1982 年版，第 845 页。

② 《邓小平文选》第 2 卷，北京：人民出版社 1994 年版，第 182 页、第 168—169 页、第 150 页、第 162—163 页、第 168—169 页、第 187 页。

义的四个现代化，就是坚持马克思主义，就是高举毛泽东思想伟大旗帜。你不抓住四个现代化，不从这个实际出发，这脱离马克思主义，就是空谈马克思主义。社会主义现代化建设是我们当前最大的政治，因为他代表着人民的最大利益、最根本的利益。"①邓小平提出这种新的政治标准，就是要求人们不再简单使用"站哪个阶级一边"来衡量，而是用"三个是否有利于"新标准来衡量，成为他的走向社会政治新政治观的核心思想。②总之，中国人民的最高利益的中心点，已经转化到建设社会主义、发展社会主义、服务于人民方面来了。衡量政治是非也要以之为重要标准。实现社会主义的经济社会发展，由劳动者的政治解放，转化为实现经济的社会解放，成为社会主义初级阶段社会政治的本质。

第五，从工人阶级领导、以工农联盟为基础的国家制度，通过有步骤地实行党和国家的领导制度的改革，扩大社会主义的人民民主，发展人民自治，推进国家对管理科学化、社会化，即实现国家社会化的转变。这也是走向社会政治的重要内容。在社会主义初级阶段，社会政治关系社会化是一种必然的趋势。在现代社会发展中，现代化与社会化是相辅相成、不可分割的两个方面。政治的现代化与政治关系的社会化，自然也就内在地紧密联系在一起关于"社会政治"与"走向社会政治了。对于发展国家来说，政治关系社会化主要地表现在人民民主国家的公共职能的社会化方面。

邓小平指出：没有民主就没有社会主义，就没有社会主义的现代化。社会主义愈发展，民主也愈发展。人民民主专政的国家制度，不仅要有坚强的阶级基础，而且还要有广泛的社会基础，社会主义随着经济、社会的全面发展与进步，其社会基础必将不断地扩大，团结的社会成员越多，所显示的力量就越强大，国家的根本任务和政府管理职能的社会化程度就会日益加强。对极少数反国家、反社会的力量一

---

① 《邓小平文选》第2卷，北京：人民出版社1994年版，第182页、第168—169页、第150页、第162—163页、第168—169页、第187页。

② 《邓小平文选》第3卷，北京：人民出版社1993年版，第372页。

定要进行法律的制裁，但是，这方面已不是我们国家的根本任务。①首先，要坚持以发扬社会主义民主，健全社会主义法制为中心，不断提高人民民主国家社会化的水平。对干部要进行人民是国家的真正主人的权利观教育，使国家置于人民的监督之下、促进社会团结，化解社会矛盾，维护社会稳定；其次，社会主义国家更突出、更重要的历史任务，就是要利用经济、文化、政治结构中社会主义成分的主导和支配地位，采取经济的、法律的、道德的、教育的、行政的、制度的等多种方式和手段，实行政治文明建设与精神文明建设相结合，有效地控制、改造各种非社会主义的政治思想因素，制止其滋长蔓延；不再采用“过去历史上的阶级对阶级的斗争”方法，而是通过说服的和发展社会的新方法，坚持持久的社会化的革新，来解决社会政治问题。最后，根据现实社会主义政治生活中显示出来的新的历史特点，最大限度地吸收那些坚持爱国统一，主张振兴中华为己任的进步阶层、进步人士参与国家的社会化的政治发展进程，组成经济的、文化的和政治的社会大联盟，促进政治关系的社会化。邓小平科学地分析了我国社会阶级关系日益走向阶层化、社会化，②明确提出在全社会范围内建立这种新式的、以“工人阶级领导的、工农联盟为基础的社会主义劳动者和拥护社会主义的爱国者的广泛联盟”，③这种以人民民主国家为核心的、不断扩大的社会联盟的新思想，是邓小平对中国社会阶级状况变动后社会关系进行科学分析而得出的新结论。指出人民民主国家的各种社会条件的成熟，必然会促进将阶级的联盟，逐步转向以社会的人民的联盟为基础，而这个社会联盟中那些还带有阶级关系痕迹遗留，将在统一的国家、民族的范围内，在长期时间内，用经济社会发展的办法解决问题。

（待续）

---

① 《邓小平文选》第2卷，北京：人民出版社1994年版，第182页、第168—169页、第150页、第162—163页、第168—169页、第187页。

② 《邓小平文选》第2卷，北京：人民出版社1994年版，第185—186页。

③ 《邓小平文选》第2卷，北京：人民出版社1994年版，第182页、第168—169页、第150页、第162—163页、第168—169页、第187页。

关于“社会政治”与“走向社会政治”（下）

——对一个解读中国政治进程基本概念的探索*

刘德厚**

三、“社会政治”和“走向社会政治”的本质特征

从上述文字上看，马克思、恩格斯确实没有直接使用过“社会政治”，邓小平也没有用过“走向社会政治”之类的名词。但是，如果我们从他们的政治思想体系的实质看，他们有着丰富的“社会政治”思想，这是确定无疑的事实。马克思、恩格斯根据人类社会历史发展的一般规律，为未来新社会的政治生活勾画图景时，认为在社会生产力高度发展的基础上，在资本主义私有制消灭、阶级消灭和国家消亡的社会条件被创造出来之后，人们将以“自由人联合体”的形式，对社会公共事务和共同利益实施调控与管理。未来政治将会以一种非强力的、公众权威形式而存在。在这种新的社会组织形式下，人类的基

* 本文发表于《政治学研究》2002 年第 4 期。

** 刘德厚，武汉大学政治学与行政学院教授，时任中国政治学会副会长。

本生存方式、劳动方式、管理方式，都将会发生同当今根本不同的革命性的历史变革。人类的政治生活中的强制性将为自由人的高度自觉性所代替，作为“人的自由劳动”的本性，将是这个新社会的存在与发展的基础。一种与之相适应的新的政治生活，就必然地被创造出来了。这种政治生活形态，在性质上曾被恩格斯称为“是古代氏族的自由、平等和博爱——在更高级形式上的复活”。①

可是有一些人常常把马克思、恩格斯关于阶级消灭、国家消亡的思想，简单化地理解为人类社会的政治生活的全部消失。这种理解并不符合马克思、恩格斯的原意。具有阶级和国家特征的政治生活的消失，实际上就是人类对更高级形态的政治生活的追求与创造。马克思1874年在《巴枯宁〈国家制度和无政府状态〉一书摘要》中说：“阶级统治一旦消失，目前政治意义上的国家，也就不存在了。”② 很清楚，马克思强调所谓“目前政治意义上的国家就不存在了”，不就是等于说人类未来社会无国家的新型政治将要被创造出来吗?！马克思、恩格斯丝毫不否定未来社会还会有新的政治生活形式的产生。事实上他们一直是在坚持探求关于未来新社会的政治到底是什么的原则答案。马克思甚至还使用过“未来共产主义社会的国家制度”的提法。③ 认为这种崭新的政治制度，与传统政治学中所称的“政治社会”将在本质上和形式上都会有根本性的区别。列宁曾经称苏维埃国家为过渡性的“半国家”，实际上是一种“走向社会政治”的共同体形式。

现在我们倡导使用“社会政治”“走向社会政治”这样两个新

① 《马克思恩格斯选集》第3卷，北京：人民出版社1995年版，第631页、第289页、第314页、第293—319页。

② 《马克思恩格斯选集》第3卷，北京：人民出版社1995年版，第631页、第289页、第314页、第293—319页。

③ 《马克思恩格斯选集》第3卷，北京：人民出版社1995年版，第631页、第289页、第314页、第293—319页。

的概念，主要目的有两个：一是为了准确地表述社会主义基本政治生活和制度的本质特征。社会主义的政治生活及其发展，无论是在本质上，还是在内容、形式上，都有别于历史上原来意义上的国家形态的旧政治，人民完全自主代替了阶级的统治；自由人民主完全代替了国家形式的民主；社会性质的权威政治代替了强制权力政治，实现政治回归社会；二是为了从政治学学科意义上规范阶级政治与非阶级政治不同内涵，科学说明当代中国政治生活的时代特征和政治进程。

马克思、恩格斯对“社会政治”和“走向社会政治”内涵和特征，曾在实质上作过深刻又富于历史远见的论述。马克思所说的“无产阶级的政治观”，从其广义性上延伸，就必然包括了阶级后社会的新型政治，必然具有其最为广泛的社会性。无产阶级政治是在解决同资产阶级的政治相对立的过程中，实现其自己的阶级性政治向社会性政治逐步转化的，是阶级政治同社会政治历史发展的统一。工人阶级的解放程度最终是以社会解放程度为尺度的。① 无产阶级的政治的发展，也就是社会政治的发展。作为成熟的、完全意义上的“社会主义”一词的原本含义，就是指社会化主义（即彻底排斥了私有制、阶级剥削、阶级统治、唯个体主义等一类东西的社会），是社会生产力和社会发展水平全面达到和超过资本主义的必然结果。那时的人们不再从观念和事实上把劳动作为个人谋生的手段，而是人的“自由劳动”本性的实现。在物质极大丰富，人的素质极大提高的基础上，实行“各尽所能，按需分配”，使社会平等从物质化发展达到文化化。②因此，社会主义制度的根本特征就是社会生产和社会关系的高度社会化、公共化，以及由社会关系高度社会化所必然造成政治关系的高度

---

① 《马克思恩格斯选集》第1卷，北京：人民出版社1995年版，第410页。

② 《马克思恩格斯选集》第3卷，北京：人民出版社1995年版，第631页、第289页、第314页、第293—319页。

社会化。[①] 所以，马克思、恩格斯的科学社会主义政治观不仅包含阶级性的政治，也包含有社会性的政治（即无阶级、无国家的政治）。正因为如此，马克思、恩格斯在他们的早年，曾提出过“社会共和国”的构想，要求工人阶级坚持从政治革命到社会革命。为了不至于使自己陷入“空想的社会主义”，科学社会主义就是要实现“四个达到”。[②] 马克思在评述 1848 年法国二月革命中小资产阶级民主主义者与无产阶级社会主义者实行联合行动时最早使用了如“社会民主党”“社会民主主义的红色共和国”“社会民主派”等词，[③] 到了晚年，他们都曾赞同欧洲新建立起来的工人阶级革命政党在党纲中使用“社会民主党”“社会民主运动”等一类的提法。[④] 认为“社会民主”（即“社会主义民主政治”）是现代无产阶级革命的旗帜。[⑤] 恩格斯多次为德国和法国的工人阶级政党制定和修改纲领时，批判了当时党内“把一般的抽象的政治问题提到首要地位”的错误倾向，并对什么是“社会民主”作了科学社会主义的政治解释，明确地把德国社会民主党的政治纲领，解读为争取实现无产阶级的社会主义民主政治。[⑥] 可见，马克思、恩格斯将“社会”同“民主”连用，就是要说明两者之间存在着内在的必然性联系，两者既是紧密相连的统一整体，又可以在一定条件下分属于功能不同、相对独立的领域，彼此之间形成了相互交

① 在 19 世纪 30 年代欧洲一些空想社会主义者最初使用“社会主义”一词的时候，原本指的是同资本主义相对立的一种兄弟般的、大家平等的社会，即一切社会化的社会，最后将社会从私人领域彻底解放出来。

② 《马克思恩格斯选集》第 1 卷，北京：人民出版社 1995 年版，第 462 页。

③ 《马克思恩格斯选集》第 1 卷，北京：人民出版社 1995 年版，第 429—430 页、第 456 页、第 460 页。

④ 《马克思恩格斯全集》第 22 卷，北京：人民出版社 1965 年版，第 481—482 页、第 265—278 页。

⑤ 《马克思恩格斯全集》第 22 卷，北京：人民出版社 1965 年版，第 477 页。

⑥ 《马克思恩格斯全集》第 22 卷，北京：人民出版社 1965 年版，第 481—482 页、第 265—278 页。

错和渗透的系统。由此可见，马克思、恩格斯的“社会民主”思想同我们所称的“社会政治”，在其基本含义上是完全相通的。“社会政治”和“走向社会政治”两个概念，就是对马克思、恩格斯所说的“政治关系社会化”理论、“社会民主”理论所做出的学科意义上的表达。

对于政治与社会的关系，我们可以从事实和理论两个层面来理解：一是从整个人类社会历史实践看，它们经历了相互依赖和相互转化的发展过程。尽管在不同的历史条件下，两者相依程度不同，但总的说，政治关系总是发生在社会关系中，在一定社会经济基础上形成；而社会关系则又总是离不开一定政治关系的支配和调控。在以私有制为基础、实行阶级分野的社会，经济上占统治地位的阶级、阶层以及利益集团，总是要将其经济利益转化为政治权力而凌驾于社会之上，用它们的阶级私利代替社会的利益，导致政治同社会分离。作为特殊公共权力的国家，构成了代表少数人利益主宰整个社会的特殊强制性力量。历史发展到了资本主义制度，工业化的生产和市场化的经济，在不断现代化的基础上，使整个社会的社会化程度不断提高，即便如此，正如恩格斯所指出的，始终被限制在资本关系的框框内，无法消除资产阶级政治与社会之间在本质上相对立的属性。当社会向前发展了，剥削制度、剥削阶级基础消灭之后，社会的政治关系就或迟或早地要从阶级关系开始向社会关系方面转变。二是从政治思想史上看，从亚里士多德到卢梭，主张政治即社会，即所谓的政治（国家）—社会的“同一说”；黑格尔等主张把政治同社会分开，即所谓国家—社会的“区别说”。后来，马克思、恩格斯根据自己创立的历史唯物主义观点，论证了人类社会生活系统中的政治与社会是对立的统一辩证关系。一切社会中现实存在的社会生活与政治生活，它们一方面属于两个不同的领域，以不同的功能满足人们生存的不同需要；另一方面，它们又一刻不能离开社会有机整体。因此，反映在学科研究上，社会和政治既可成为两个不同学科研究范畴，又可成为相互交叉的综合学科。在人类社会发展的历史长河中，由于社会经济条件不同，其政治与社会的关系内涵和作用也就不同。在阶级存在的条件下，社会的政治关系是以社会各阶级间相互关系为基础，集中体现这种政治关系的是国家权力，统治阶级总是通过国家强制性工具，来支配和控制整个社会，保障统治阶级的根本利益。面对这种特殊的、阶级性的政治关系，我们就不能对政治作抽象的所谓社会分析。如果这样，就会犯恩格斯所说的“把一般的抽象的政治问题提到首要地位”的错误。同样道理，当阶级和阶级斗争的历史条件已经基本消失，在社会的政治关系已经非阶级化的情况下，政治关系已不再通过阶级利益关系和阶级斗争表现出来，而主要寓于社会生活的各种关系之中，并通过社会关系公开地、直接地表现出来。这时，我们只能用社会关系分析法，来对待社会政治生活了。政治的社会分析法，只能在这种社会背景下进行。这就是历史唯物主义政治观的一般结论。

但是，从政治关系的社会化来分析，事情又不那么简单。因为作为社会生活的整体，政治与社会两个领域在一个统一的社会系统中既对立又同一，表现为结构与功能上既相互联系又相对独立。因此，人们在研究政治与社会的关系问题时，需要有历史的、具体的分析。马克思、恩格斯以科学政治历史的整体观，阐明不同社会形态下的社会与政治的关系的特征，揭示现代社会的政治生活现代化—社会化发展趋势，同时，把资本主义的政治现代化—社会化和社会主义的政治现代化—社会化进程，从历史发展的联系中加以严格区别。他们从“社会民主”与“资本民主”的对立关系中，严格地区分了资本主义的政治关系社会化和社会主义的政治关系社会化。强调社会主义、共产主义的政治关系的本质特征，就在于它是在现代社会生产力高度发展、阶级关系消灭之后，一种更高社会历史阶段的政治关系社会化。我们知道，正是马克思最早用现代社会化大生产和社会化市场经济的历史眼光，以及商品交换中的“平等原则”，观察资本主义社会变迁和资产阶级政治民主化进程。认为资本主义所培育起来的市场经济作用的结果，“把一切封建的、宗法的和田园诗般的关系都破坏了。”“一切固定的僵化的关系以及与之相适应的素被尊崇的观念和见解都被消除了，一切新形成的关系等不到固定下来就陈旧了。一切等级的和固定的东西都烟消云散了，一切神圣的东西都被亵渎了。人们终于不得不用冷静的眼光来看他们的生活地位、他们的相互关系。”“资产阶级，由于开拓了世界市场，使一切国家的生产和消费都成为世界性的了。”① 从“商品是天生的平等派”中，看到经济社会化推动政治关系的社会化的同时，揭示出资本主义存在的事实上的不平等，即物化关系掩盖着人对人统治的不平等政治关系。② 资本主义社会现代化过程，从经济关系的社会化到政治关系的社会化，是一种不可避免的客观趋势。③ 但就这种趋势的根本动因和结果说，它又是资本关系内在矛盾的产物。关于这个情况，恩格斯在32年之后，根据资本主义的新变化，在《反杜林论》《社会主义从空想到科学的发展》中，做出了更为详尽、具体的分析：一方面，“猛烈增长着的生产力对它的资本属性的这种反作用力，要求承认生产力的社会本性的这种日益增长的压力，迫使资本家阶级本身在资本关系内部可能的限度内，越来越把生产力当作社会生产力看待。——使大量的生产资料不得不采取像我们在各种股份公司遇见的那种社会化形式”；另一方面，“无论转化为股份公司和托拉斯，还是转化为国家的财产，都没有消除生产力的资本属性。在股份公司和托拉斯的场合，这一点是十分明显的。——现代国家，不管它的形式如何，本质上都是资本主义的机器，资本家的国家，理想的总资本家，越是剥削更多的工人。工人仍然是雇佣劳动者、无产者。资本关系并没有消灭，反而被推到了顶点。”④ 现代化作为一种不可避免的社会发展进程，必然带来现代社会的经济、政治、文化关系的社会化，客观上为社会主义的社会化准备着条件；资本主义关系又成为社会化的阻碍，必将为社会主义政治关系社会化所代替。这

---

① 《马克思恩格斯选集》第1卷，北京：人民出版社1995年版，第274—276页。

② 《资本论》第1卷，北京：人民出版社1975年版，第47—111页、第103页。

③ 《马克思恩格斯选集》第1卷，北京：人民出版社1995年版，第277页。

④ 《马克思恩格斯选集》第3卷，北京：人民出版社1995年版，第751—755页。

就是现代资本主义经济和政治关系社会化的二重性及其发展的规律。由此可见，资本框框内的社会关系有限度地社会化，客观上是社会主义的社会关系的社会化必经的社会前提。

现在，让我们根据马克思、恩格斯的现代化—社会化观点，看当代整体世界各国社会的现代化进程，不难发现，人类从20世纪开始，进入了使社会关系不断现代化和社会化的历史新阶段。这个历史阶段的总体特征，就是现代化和社会化的趋势与日俱增，不可阻挡，即由社会的经济、科技的现代化，走向社会生活整体性的现代化，由经济的社会化带动社会关系整体性的社会化。社会现代化与社会化不可分割地被联系在一起。推动现代化进程中社会关系社会化的动力和机制，是正在世界范围内不断扩大的市场化力量。在这种高度现代化和社会化的情况下，政治同社会两者的关系的相互依存性更加紧密，政治关系社会化成为历史的潮流。面对当今世界不同社会制度、不同历史文化背景下所发生的社会化复杂进程，现代社会的政治关系社会化的问题，由于受到社会的经济、文化影响和社会制度的制约，出现了不同社会类型的政治关系社会化。因此，我们必须对之做出历史的、具体的分析。现存的发达的资本主义和发展中的社会主义两种不同社会制度，它们都各自为了适应其经济基础发展的需要，实现着两种不同的政治关系社会化的道路。现代资本主义基于资本主义私有制和阶级对立的特殊需要，其政治关系社会化是围绕国家领域（或主要通过国家领域）进行的；在社会主义的基本经济、政治制度建立起来的中国，不可逆转地进入了社会主义初级阶段。社会进程的总目标是走向阶级后社会，这是一个新型的政治关系社会化的过程，其主要内容，是政治主要直接通过社会生活领域来实现。如果说在阶级社会是政治关系国家化，即在政治社会范围内进行；那么，阶级后社会则是向着逐步实现真正意义上的政治关系社会化过渡，即在社会政治范围内进行；前者社会化的结果，是以强化资本对劳动的政治统治为目的，实质上是一种以阶级关系为中心的政治关系社会化进程；后者相反，是为着废除旧的阶级压迫，逐步消灭旧的剥削制度为目的，并在大力发展社会生产力的基础上，日益扩大以广大劳动者阶层为社会基础的新型政治关系社会化，这是以社会关系为中心的政治关系社会化进程。

20世纪世界范围内发生的这两种不同社会类型的现代化—社会化，同处一个地球上，两者既彼此对立，又相互依存，形成了一种共存共荣局面。从现代化—社会化的内容和形式看，它们有共同的方面；但从两种不同社会制度及其归属来看，又各有其不同特性、不同的社会要求和不同历史结局。我们作为从事政治学理论研究的工作者，面对当今人类以不同的方式、不同的速度、不同的目的进行着的政治关系社会化的历史进程，需要从政治理论体系和基本概念上，将“政治社会”同“社会政治”两个范畴严格地区分开来。中国的现代化—社会化所具有的时代特性和民族特性，决定着中国政治关系社会化的选择，只能是社会主义政治类型的政治关系社会化。

作为与政治社会相对应的概念，到底什么是“社会政治”？按照马克思、恩格斯在《共产党宣言》中的设想，未来“自由人的联合体”的政治就是属于社会政治范畴。在社会生产力达到极高的发展，阶级和产生阶级的要素彻底消灭，国家消亡的条件都已具备的情况下，政治的核心从人对人的统治状态，转化由自由人共同体对社会进行公共权威性的管理。国家权力完全回归到全体社会成员手中，因而政治自然也就回到了社会。社会成员的基本经济、文化权利在事实上达到完全的平等，全体社会成员的政治平等权利直接通过高度社会化得以体现。我们可以想象得到，那时的社会政治生活，一定会是高度的社会化基础上的群众自治；社会利益关系的调控机制，达到了高度程序化条件下的社会民主；社会自我管理手段将是高度科学化前提下的有效分工，社会政治形式以完全公众化面貌出现；人利用权力来谋求对他人的统治的现象成为多余而完全消失；人们对自觉地养成的共同约章、公共性政治纪律和一致认同的道德原则，形成了习惯性的自觉行动；社会有非常发达的必然性规范，对极少数违规者所采取的“强制性”对应措施，已经完全不需要用现代国家意义上的强制力来执行，将由充分体现“自由人联合体”意志的社会性权威机关代替。这一切标志着人类社会的更高级的新型政治文明形态诞生。所以我们可以把社会政治的本质特征概括为：它要求将表面凌驾于社会之上的政治权力，在阶级消灭、国家消亡的条件下，回到社会之中；在生产力极高发展、社会经济、文化权利达到事实上平等的基础上，实现全体社会成员政治权利的平等、政生活的高度自治和高度社会化；在社会利益关系的调控机制上实行高度程序化、科学化、公众化、制度化。一句话，社会政治的出现，就是社会主义的政治关系社会化的完全成熟条件的到来。尽管社会政治，作为未来社会的政治发展目标，至今还是一个由马克思、恩格斯为我们提供的一种科学预测，但它的本质意义在于明确表达了一个坚定共产主义科学理念。我们决不能因之离我们现实为期遥远而弃之！在处理中国社会主义初级阶段政治关系，一个重要的问题，就是既要实现政治关系的现代化—社会化，又要坚持实现社会主义性质的现代化—社会化。我们把它称为现实主义的社会主义。中国共产党人既要做坚持社会主义发展目标的现实主义者，又要做现实主义的社会主义者。要在社会主义所经历的各个发展阶段上。[①]始终代表整个运动的利益和运动的未来，要在中国的现实政治发展中，寻求始终代表整个运动的未来的结合点。邓小平提出，通过“走向社会政治”的历史道路，一步一步地实现共产党人的最高政治理想。

“走向社会政治”理论的实质，是要从理论和政策上将“社会政治”与“走向社会政治”两者的联系与区别从学科概念上搞清楚。社会政治是依成熟的社会主义的社会关系和社会条件而存在，是关于人类未来理想政治的科学设定目标；而走向社会政治，则是为实现社会政治准备条件，是实现新型政治的过渡形态与发展过程。社会主义初级阶段，是在共产主义低级阶段的最初起点上，现实的经济与社会发展水平，还远未能达到社会政治所要求的必备条件。中国的现阶段还不能直接实现社会政治。邓小平从实际出发，以现实主义的社会主义

① 社会主义发展必然要经历许多历史阶段，如初级阶段、中级阶段、发达阶段等，要经过几代、十几代、几十代人的不懈努力。

态度，实事求是地提出了走向社会政治的理论，即中国在社会主义初级阶段和中级阶段的很长历史时期，国内外的条件，还不能做到完全、彻底地消灭各种形式的私有制和各种阶级关系的历史遗留，还不能完全铲除滋生旧的剥削现象的土壤。社会主义性质的新型社会关系，处在发育成长与逐渐成熟的过程中。走向社会政治，就是承认这个历史过程。如同马克思所曾预言的那样：社会主义“不是在它自身基础上已经发展了的，恰好相反，是刚刚从资本主义社会中产生出来的，因此它在各方面，有经济、道德和精神方面都还带着它脱胎出来的那个旧社会的痕迹。”人们在这个历史阶段上的劳动还仅仅是谋生的手段，人们之间一切“平等的权利总还是被限制在一个资产阶级的框框里”，还会不断产生一些人比另一些人富的现象。事实上的不平等还会普遍存在。[①] 在社会经济、文化发展比较落后的国家，由于特殊的历史条件，工人阶级和劳动人民虽然能够取得政治革命的胜利，并进入社会主义初级、中级发展阶段，但社会的生产力的发展，社会发展水平，以及各种历史遗留，并没有随革命的胜利而在一个早晨创造出一个新社会来。就像马克思曾说过的，“过时的社会关系和政治关系还在苟延残喘”，“死人抓住着活人”的旧东西仍然要使政治上解放了的人们长期“受苦”。[②]

在人类历史上，一种社会形态过渡到另一种新的社会形态，都将要经历一个痛苦的历史过程。中国革命胜利后，不仅要实行由传统社会向现代化社会转型，同时要经历向着社会主义社会的转型。在社会主义的初级阶段，经济结构、社会结构（其中包括社会阶层结构）在一切方面都将长期处于多元化、复合型的状态。社会主义的因素只能是在“自然历史过程”中逐步发展起来。在政治关系中，阶级性的政治与社会性的政治，要长期并存，互相影响。政治关系的社会化进程，要伴随社会主义社会关系的发展、成熟而逐渐成长。

---

① 《马克思恩格斯选集》第3卷，北京：人民出版社1995年版，第304—305页。

② 《资本论》第1卷，北京：人民出版社1975年版，第8—11页。

社会主义的实现是建立在这个必然的客观自然历史过程上，而无法凭空想超越这一客观的政治历史过程。中国社会主义初级阶段以至中级阶段的政治进程，都必然要经历走向社会政治才能达到完全的社会政治的理想境地。走向社会政治是人类社会发展过程中的一种崭新的政治形态，邓小平发现和科学地解读了中国的这种新的政治进程。

总之，从马克思主义彻底的发展观看问题，社会政治的实现，是一个与社会主义、共产主义逐步实现相统一的社会历史过程。所谓“走向社会政治”，就是指伴随我国社会主义初级阶段的历史发展轨迹，实现由阶级政治向非阶级的社会政治逐步转变，有步骤地发展我国政治关系的社会化，不断进行政治制度一体制的持续创新，自觉地、有效地积累“社会政治”的新要素。这就是中国共产党和邓小平同志提出“走向社会政治”的精神实质和基本方策。

四、结束语

当代中国，正处在社会主义的历史发展新阶段，中国人民正在根据新的政治生活实践进行中国式的社会主义政治体制的创新。从以阶级和国家为中心的政治社会，将逐步转型为以全体社会成员和社会公众权威为中心的社会政治，是当代中国政治发展所必经的历史过程，也是人类社会新型政治文明的一种创造。

邓小平走向社会政治的理论，是对当代中国社会这一复杂政治发展进程的特点与趋势的概括。这一个新的政治概念所确立的科学内涵，既区别了历史上完整意义上的阶级和阶级斗争的政治，又区别了未来社会里完全意义上的社会政治；既坚持了我国未来政治的发展目标，又明确规定了坚持一切从现实状况出发，在实现“经济的社会解放”

的历史过程中，逐步走向未来政治的实际步骤。① 这表明在社会主义条件下的政治生活，主要的不再是通过国家化来实现，而是由人民的国家，引导人民用规范的法制化、制度化的办法，政治关系社会化的办法，发展社区的、城乡基层群众的社会政治的民主化的办法；按照工会法和现代企业制度规章，推行职工政治生活自治的办法；扩大国家社会职能的社会化的办法等达到实现依法治国，推进“民主集中制原则”的法制化进程，发展广泛的人民民主，实行充分的人民治理。

如果我们把社会主义社会的政治的本质特征，归属于社会政治类型的新政治，那么，处在社会主义初级阶段的政治，就是走向社会政治的过渡形态。马克思主义的政治历史整体观点，为我们研究社会政治理论奠定了方法论基础；邓小平继承“国际的古典共产主义”② 的创新传统，确立了关于中国走向社会政治的理论新思维。社会政治和走向社会政治等一类政治学新概念，为我们解读建设中国特色的社会主义崭新政治生活实践，提供了重要的分析工具。

---

① 刘德厚：《重视对“广义政治”理论的研究》，《武汉大学学报》》（哲学社会科学）1996年第2期。

② 《邓小平文选》第1卷，北京：人民出版社1994年版，第258页。

当代中国政治制度研究的几个问题*

张永桃**

当代中国社会主义政治制度要不要进行改革和完善？回答是肯定的。问题是，我们的政治制度应当怎样自我改革和发展，怎样逐步完善。这就要求我们重视和加强对当代中国政治制度的研究，并在逐步深入的研究中把握中国政治和政治制度发展的规律性。

一、关于当代中国政治制度的研究对象

当代中国政治制度，作为中国政治学的一个重要研究方面，应有其明确的研究对象和研究内容。在这个问题上，首先涉及对政治制度这一概念的理解。根据马克思主义经典作家的有关论述和中国政治制度的实际情况，我认为政治制度是一个内涵比较宽泛的政治概念，它包括国家政权的阶级实质、国家形式或国家管理形式，以及为保证国

* 本文发表于《江苏社会科学》1991 年第 1 期。

** 张永桃，南京大学政府管理学院教授，时任中国政治学会副会长。

家机器运转的一系列基本制度和具体制度。

国家政权的阶级实质，即社会各阶级在国家中的地位，它确定由哪些阶级来统治和管理国家，反映国家的本质和国家的阶级属性。这就是我们通常所讲的国体问题。当代中国国家政权的阶级实质即国体是人民民主专政。“国家形式”“管理形式”“政治形式”，主要是指国家政权组织形式，即统治阶级采取何种形式组织自己的政权机关。具体地说，就是在国家中占统治地位的阶级，按照本阶级统治的需要，根据一定的原则设置国家机构，规定这些机构之间的权力关系，并确定设置这些机构的基本组织原则和方法。这就是我们通常所讲的政体问题。当代中国的国家政权组织形式即国家政体是人民代表大会制度。政治制度不仅包括国体、政体方面的问题，而且还包括为保证国家机器正常运转和国家政治生活有序进行的其他一系列基本政治制度和具体政治制度，如行政制度、司法制度、监督制度、政党制度、军事制度、人事制度、选举制度等。这些制度，显然不能完全包括在国体、政体的范围内，但它们都是国家政治制度的重要组成部分。

在政治制度中，国体是最本质的东西。一定的国体，就是某个阶级的统治或专政，它决定政体和其他制度。但国体要通过一定的政体实现。任何一个阶级要、实现自己的统治，要运用自己的统治来实现自己的阶级目的，都必须建立与国体相适应的政体。一定的国体和政体，集中反映了某种政治制度的根本特征和标志。我国社会主义政治制度的根本特征和标志是人民民主专政和人民代表大会制度。坚持社会主义政治制度，在我国主要就是坚持人民民主专政和人民代表大会制度。

在我国政治生活中，人们可以从不同角度来使用政治制度这个概念。例如，从国体角度来说，人民民主专政是我国的国家制度或根本政治制度。从政体方面而言，人民代表大会制度是我国的根本政治制度或最基本的政治制度。从整个国家政治生活来分析、共产党领导的多党合作和政治协商制度、民族区域自治制度等、也都是我国的基本政治制度。那种把政治制度仅归结为政体的观点、显然是不符合实际的。

基于上述对政治制度这一概念的理解和分析、当代中国政治制度的研究对象可以确定为：中华人民共和国的国体、政体以及其他基本政治制度和具体政治制度。具体说来，主要包括以下四个方面：

第一，研究当代中国的人民民主专政的社会主义国家制度，以及基本的政治关系。这主要是从国体方面来研究国家政治制度，阐明我国的国家性质以及社会各阶级在国家中的地位和相互关系。我国是工人阶级领导的、以工农联盟为基础的人民民主专政的社会主义国家。这就表明：我国的国家政权是由工人阶级（经过共产党）领导的政权；这个国家政权的阶级基础是工农联盟；这个国家政权是对广大人民实行民主、对极少数敌人实行专政的政权；这个国家政权的根本历史任务是把我国建设成为高度文明、高度民主的社会主义国家。这种由工人阶级领导的、以工农联盟为基础的、对人民实行民主和对敌人实行专政的、以建设社会主义和实现共产主义为根本历史任务的国家政权，体现了我国政治制度的本质和根本特点。我国政治制度的其他方面，都是以此为根本依据的，并都要求与此相适应。

第二，研究当代中国的“国家形式”或“管理形式”，主要是国家政权组织形式。这主要是从政体方面来研究国家政治制度，阐明我国工人阶级和广大人民群众通过采取怎样的国家形式来实现人民民主专政，保证国家的一切权力属于人民，保证人民在国家和社会中的主人翁地位。我国人民民主专政的国体的核心问题，是如何在法律上、制度上和实际生活中保证广大人民享有最广泛的和最真实的管理国家和社会事务的权力，即如何保证“一切权力属于人民”。这在我国首先是通过实行人民代表大会制度这一政体来体现的。我国实行的以民主集中制为根本组织原则和活动原则的人民代表大会制度，就是由人民选举产生的各级人民代表大会为国家权力机关，国家的一切重大问题都由它讨论并做出决定。实行这一制度并充分发挥它作为国家权力机关的作用，是我们国家一切权力属于人民的根本标志。正是在这个意义上，我们说人民代表大会制度是我国的根本政治制度。

第三，研究当代中国一系列基本政治制度和具体政治制度。在当代中国，除了已建立了人民民主专政的社会主义国家政权和实行人民代表大会这一根本政治制度以外，还实行其他一系列基本政治制度和具体政治制度，如共产党领导的多党合作和政治协商制度、国家行政制度、国家人事制度、国家司法制度、国家监督制度、国家军事制度、民族区域自治制度、人民直接参与制度、选举制度等。这些制度作为我国政治制度的重要组成部分，从不同方面而体现人民民主专政的社会主义国家政权的性质，起着维护、巩固社会主义国家政权和实现人民民主专政的重要作用。

第四，研究中国政治制度的自我改革和发展。社会主义制度是在自身基础上不断发展和完善的。社会主义政治制度当然也是这样。新中国成立以来的实践证明，从本质上、总体上说，我国的社会主义政治制度是好的，在保证人民群众当家作主，保护人民群众的根本利益，巩固人民民主专政的国家政权，推进社会主义革命和社会主义现代化建设，实现国家政治、经济、文化、社会生活的民主化等方面，起到了十分显著的作用，取得了初步的但又很实在的成就和进步。但无可否认，在我国政治制度的某些方面或环节上，特别是某些具体的民主制度方面，还确实存在着一些重大缺陷或不完善的地方，阻碍着社会主义优越性的发挥和社会生产力的发展。这就而要通过改革，兴利除弊，使我国政治制度逐步趋于完善。当代中国政治制度的研究，要以改革、发展的思想为指导，探求社会主义政治制度自我改革和发展的道路。

二、关于当代中国政治制度研究的基本立足点和任务

当代中国政治制度研究要以确认两方面的基本事实为前提：一是我国已经建立了社会主义政治制度，并经受了40余年的历史考验，已

经证明并将继续证明它具有强大的历史活力和蓬勃生机；二是我国社会主义政治制度建立的时间还不算长，在许多方面还不很完善，其本身固有的优势和长处还没有充分发挥出来。不承认前一个基本事实，将使我们的研究走向歧路；不肯定后一个基本事实，这种研究本身也就失去了必要性和意义。

同上述的研究前提相适应，当代中国政治制度的研究要坚持两个基本立足点：一个立足点是，坚持和维护社会主义政治制度的根本原则和特征，这主要是坚持人民民主专政、共产党的核心领导地位和人民代表大会制度；另一个立足点是，坚定不移地贯彻改革思想，把改革这根主线贯穿于中国政治制度的各个方面和各个环节。只有坚持这两个基本立足点，并把它们有机结合起来，当代中国政治制度的研究才能沿着正确的方向发展，取得有意义的积极成果。

坚持两个基本立足点，将使我们的研究方向和研究目的十分明确，那就是：运用马克思主义基本理论，特别是它的国家学说，正确认识我国社会主义政治制度的基本特征、历史进步性及其发展趋势，揭示和把握社会主义政治制度自我发展的规律和途径，为我国政治制度的改革和进一步完善提供科学的理论依据和思想材料。基于这样的研究目的，我们现在研究当代中国政治制度的主要任务是：

第一，社会主义政治制度在当代中国确立、巩固和发展，体现了中国现代社会政治发展的客观规律，是中国政治制度史上最伟大、最深刻的变革。以人民民主专政的国家政权和人民代表大会制度为基本特征的我国社会主义政治制度，已经在中国这块土地上和全国人民心中深深扎下了根，是任何力量都动摇和改变不了的。40 年来，中华人民共和国走过了光辉的历程，创造了在过去剥削制度下无论如何也不可能达到的伟大业绩，初步显示了社会主义政治制度巨大的优越性和强大生命力。我们研究当代中国政治制度，就要从理论与实践的结合上揭示和阐明这一历史必然性和历史进步性，更加自觉地坚持四项基本原则，为维护和巩固社会主义政治制度而斗争。

第二，在马克思主义理论指导下，并在比较充分地收集、掌握有关资料和深入调查研究的基础上，对当前我国政治制度的各个方面进行马克思主义的科学分析，总结历史经验，提出进一步改革和完善的基本思路和意见，供有关决策部门参考。无论是从理论还是从实践来看，这方面的研究任务，既极其重要，又相当复杂艰巨。我们研究当代中国政治制度，理应在这方面做出努力和贡献。

第三，社会主义政治制度自我发展和完善的核心问题，就是社会主义民主政治建设问题，就是使人民真正当家作主，真正享有各项公民权利，享有管理国家和企事业的权力。应当说，社会主义政治制度基本建立后，就从根本上确立了广大劳动人民当家作主、行使管理国家和企事业单位的权力和政治地位。中国现阶段社会主义民主政治建设的主要任务，就是要建立和完善社会主义民主政治的各项具体制度，使社会主义民主政治的各个方面，包括它的组织形式、运行程序、活动方式等，都逐步走向制度化、法律化。简言之，就是要建立起一套能够充分体现人民当家作主这一本质的比较完备的具体民主制度。我们研究当代中国政治制度，理应结合中国现阶段社会主义民主政治建设的主要任务来进行，把推进我国一系列具体的民主制度的建立和完善作为一项重要任务。

第四，我国社会主义政治制度自我改革和完善的目的，是为了在党的领导下和社会主义制度下更好地发展社会生产力，充分发挥社会主义的优越性。政治制度作为一种上层建筑，要同经济基础相适应，要为推动经济基础的发展服务。建立在社会主义经济基础上的社会主义政治制度，必然是社会经济发展的强大推动力。社会主义政治制度的自我改革和发展，就是要为社会生产力的更快发展创造良好的政治环境和社会环境，使社会主义优越性更充分地发挥出来。我们研究当代中国政治制度，要体现社会主义政治制度自我改革和完善的目的，要有利于调动各种积极因素和各方面的积极性，促进社会生产力的发展。

三、关于当代中国政治制度的研究方法

研究当代中国政治制度，首先必须要以马克思主义的辩证唯物主义和历史唯物主义为总的理论指导。我们只有以马克思主义哲学的基本理论为指导，才有可能树立无产阶级的立场、观点和方法，才能正确认识、分析我国社会中各种复杂的政治现象、政治关系，在众多的关系、矛盾中抓住本质和根本，在变化无穷的政治发展中始终把握住正确方向，在各种各样的矛盾和困难面前始终保持清醒的头脑，找到正确解决的途径和办法。

研究当代中国政治制度的具体方法有很多，如人们所熟知的理论联系实际的方法、调查研究方法、比较研究方法、系统综合研究方法、案例分析方法、专题研究方法，等等。毫无疑问，研究当代中国政治制度，这些方法都可以运用。这里，我只想强调一种近年来被淡忘的、但又十分重要的方法，即阶级分析方法。所谓阶级分析方法，是用阶级和阶级斗争的观点，观察和研究阶级社会中的社会现象（特别是政治现象）的马克思主义的根本方法。在当代中国，虽然作为阶级的剥削阶级已经消灭，阶级斗争已不再是社会的主要矛盾，敌对阶级之间的政治关系已经不存在了，但“特殊形式的阶级斗争”还存在，这种“阶级斗争”在一定范围内将长期存在，在某种条件下还有可能激化。过去历史上存在过的那种阶级对阶级的对抗性政治关系虽已不存在了，但客观上还存在着特殊形式的对抗性政治关系，如广大人民群众同各种破坏社会主义的敌对分子的关系。在我国现阶段，这种特殊形式的对抗性政治关系虽已处于从属地位或次要地位，但仍将长期存在，且具有复杂性。在这样的社会历史条件下，我们必须坚持人民民主专政国家的专政职能，必须坚持用马克思主义的阶级观点分析和处理当前我国某些带有阶级斗争性质的社会矛盾和社会现象。对当代中国政治制度的各个方面的问题，人们在进行观察、分析时都会有个立场问题。

我们研究当代中国政治制度，必须坚定地站在无产阶级立场上，正确地运用阶级分析方法，观察和分析当代中国的政治现象、政治关系和各个具体的政治制度。一切要体现和符合历史发展的潮流，体现和符合无产阶级和全体人民群众的根本利益，这是我们运用阶级分析方法研究当代中国政治制度的根本出发点和归结点。

发展党内民主，建设充满生机和活力的马克思主义执政党（上）*

李慎明**

胡锦涛同志2006年1月在中央纪委第六次全体会议上明确指出："党内民主是党的生命，是保持党的生机和活力的关键"；要"进一步发展党内民主"。发展党内民主，是马克思主义政党的优良传统和党的先进性建设的本质体现，也是马克思主义政党确保充满生机和活力的根本途径。能否发展党内民主，不仅直接关系我们党能否更好地肩负起领导建设中国特色社会主义的伟大历史使命，同时也更加密切地关系党的生死存亡。各级党组织和每个党员，都应为发展党内民主、建设充满生机和活力的马克思主义执政党做贡献。

一、充分认识在新的历史条件下发展党内民主的重要性和紧迫性

在经济全球化深入发展和大力推进社会主义市场经济的新的历史

---

* 本文发表于《理论前言》2006年第18期。

** 李慎明，中国社会科学院原党组副书记、副院长，中国政治学会会长。

条件下，与时俱进地发展党内民主更具重要性和紧迫性。

（一）发展党内民主是实事求是、与时俱进地加强党的先进性建设的必然要求

党的先进性建设是马克思主义政党自身建设的根本任务，发展党内民主是党的先进性建设的题中应有之义，是推进党的先进性建设的本质内容和根本途径。没有党内民主也就不会有真正的党的先进性。党的先进性建设与发展党内民主密不可分，息息相关，二者统一于党的自身建设的全过程。党的先进性建设体现在各个方面，涉及党的性质、宗旨、指导思想、纲领、路线方针政策、民主集中制、作风、领袖集团、各级组织与干部队伍建设、党员队伍建设，等等。其中，坚持马克思主义政党的性质、宗旨、指导思想和纲领是更具全局性根本性的因素，其他则是贯彻与实现这些根本的保证。我们党从成立到如今，尽管犯过这样那样甚至是严重的错误，但都能够实事求是地认真纠正，并不断适应新的情况，从而更好地坚持了马克思主义政党的性质、宗旨、指导思想和纲领，所以我们党领导全国人民先后取得了革命、建设和改革的巨大成就。同时也应充分看到：在国内，随着改革开放的不断深入与社会主义市场经济的不断发展，社会运行机制和人们的思想观念发生了广泛深刻的变化。就国际而言，西方强国所主导的经济全球化正在深入发展，世界社会主义运动仍然处于低潮。鉴于搞垮苏东社会主义国家的经验，冷战结束后，以美国为首的西方强国愈来愈把用“和平”手段演变我们党作为搞垮我国的重点。在新的历史条件下，我们党在坚持自身性质、宗旨、指导思想和纲领等方面，既有着十分宝贵的经验和难得的有利条件，同时又面临着严峻挑战。正是在这一复杂而又紧迫的现实背景下，为使我们党适应新形势新要求，以胡锦涛同志为总书记的党中央审时度势，及时而又郑重地提出了党的先进性建设这一重大历史性课题，准确规划了党的先进性建设的理论框架，并及时开展了保持共产党员先进性教育活动。党的先进性建设作为党的自身建设的重大历史使命，只有依靠发展党内民主，

动员和组织全体党员充分发挥其积极性主动性创造性，才能承担并完成。只有先进性建设搞好了，我们党更好地代表和坚决地捍卫了最广大人民群众的根本利益，他们才会发自内心地拥护党的路线方针政策，心甘情愿并勇于跟着党战胜征程上的任何风浪。

（二）发展党内民主是正确处理党政关系，紧紧抓住发展机遇，正确应对严峻挑战的必然要求

毫无疑问，党要管党、从严治党，是加强党的领导、推进党的事业的重要前提。党不管党，以党代政，不仅会干扰政务正常运作，而且往往会使党的建设的本身走偏方向，因此党政职能必须分开。但与此同时，也要看到，我们党是执政党，我们党的长期执政地位是人民赋予的，并对国家、人民和民族承载着极其重要的时代责任和极其伟大的历史使命，因此，我们党必须要有坚定而又清醒的执政意识。我们这个执政党与多党竞选、轮流坐庄的西方执政党在性质、宗旨等方面更有着根本的不同。在我国，无论怎样进行改革，都必须有利于巩固和加强我们党在中国特色社会主义事业中的领导核心地位，党政在任何时候都不应截然分开。从一定意义上讲，我们党搞好自身先进性建设，其目的就是为了执好政。如果党仅管自身，不问政事，执政党就必然成为在野党。苏共垮台的殷鉴不远，值得我们高度重视。我们说党要管党，从严治党，说的是只有党自身的先进性建设搞好了，才能代表人民履行好神圣的执政使命，所以我们党在管好党的自身、搞好党自身的先进性建设的同时，也必须执好政。党的十六届四中全会做出的《中共中央关于加强党的执政能力建设的决定》具有十分重大的意义。完成好党的执政使命，充分发挥党内民主是其基本前提。只有通过党内民主，才能确保路线、方针、政策坚持坚定正确的政治方向，从而更加符合全党全国人民的愿望；才能提高决策的科学水平，进而统一思想，使全体党员共同为加强和巩固党的执政地位、提高党的执政水平而奋斗。在新世纪新阶段，无论从国际还是国内来看，我国都面临着难得的发展机遇和十分严峻的挑战。从国际和我国周边安

全环境看，和平与发展依然是时代的主题，但不安全不稳定因素明显增多，霸权主义和强权政治有新的表现，特别是国际敌对势力明里暗里、沆瀣一气地加大对“台独”势力的支持力度，从而使我国神圣领土和疆域海域权益受到新的威胁和挑战。从国内看，我们在各个领域、各个方面都取得了巨大成就，积累了丰厚的经验，但在有效增加就业、搞好三农、缩小收入分配差距、转变粗放型经济增长方式、防范化解金融风险、遏制腐败势头，搞好国企、医疗、教育等项改革，同时在坚持社会主义根本经济政治制度、坚持马克思主义在意识形态领域里的指导地位等方面，都迫切需要紧紧抓住机遇，正确应对挑战。建设充满生机和活力的马克思主义的执政党，只有在充分发展党内民主、抓住机遇应对挑战的实践中才能实现。也只有充分发展党内民主，才能使每一名党员进一步增强机遇意识和忧患意识，从而凝聚全党的智慧，使党更具敏锐观察力，更具应对复杂局面的执政能力。

（三）发展党内民主是坚持和发展人民民主，积极而又稳妥地推进政治体制改革的必然要求

无论党内民主还是人民民主，都属于上层建筑，它们被一定的经济基础所决定，具有相对的独立性，同时又可以极大地反作用于一定的经济基础。我国经济基础的社会主义性质，决定了我国在上层建筑领域必须实行人民民主的政治制度，作为上层建筑的领导核心的共产党也必须实行党内民主，以此来维护和保障我国的社会主义经济基础不受侵害且稳固如山，来维护和保障最广大人民群众根本利益的充分实现并不断发展。人民民主是党内民主得以充分实现的厚土沃壤，党在我国政治生活中的领导核心地位又决定了党内民主是人民民主的领导核心。发展党内民主是发展人民民主的关键，是人民民主赖以健康发展的领导和推动力量。只有发展党内民主，才能引导、示范、带动和促进人民民主的发展，人民民主才能坚持正确的方向，人民的意志才能得到真正体现。在经济全球化和社会主义市场经济条件下，发展人民民主和党内民主都遇到了过去从未有过的新课题。特别是金钱与

权力都在一定程度上侵蚀着党内民主和人民民主。如果党内民主不发达、不健全，人民民主非但不会发展，还会受到制约和破坏，甚至走上歧路。中国共产党党员是中国工人阶级的有共产主义觉悟的先锋战士，党的各级干部是党的事业的骨干。在政治、思想和文化素质等方面，党内成员普遍高于一般社会成员，这就使得发展党内民主具有比发展人民民主更为充分的主客观条件，进而决定了党内民主应该也有可能走在人民民主建设的前面。

（四）发展党内民主是坚持唯物历史观，落实科学发展观和全面建设小康社会的必然要求

能否发展党内民主，绝不仅仅是一般的工作方法和作风问题，而是关系到在新的历史条件下能否坚持马克思主义唯物史观的根本原则。以往的统治阶级都认为历史是少数“英雄豪杰”“帝王将相”创造的，而以唯物史观为指导的共产党人，则认为历史活动是群众的事业，人民群众是推动历史发展的最终决定力量。站在这个立场上，必然认为广大党员的积极性主动性创造性是党的事业的力量源泉，必然要坚持党的事务应该由全体党员平等地、直接或者间接地共同决定和管理。现在有人认为，经济建设在相当长的时期内将是我们党的中心工作，治党治国主要靠党的各级领导特别是各方面的专家就行了。言外之意，党内民主乃至人民民主不像过去那么重要了。这是误解。诚然，我们国家和民族的伟大振兴，无产阶级的最终解放都要求我们必须培养一代代有经验、有崇高威望的党的领袖集团以及党的各级干部和各方面的专家。我们党也历来承认并高度重视杰出人物（包括各方面专家）在历史上和社会发展中的重要作用。各方面的专家学者也确实为改革开放和社会主义现代化建设事业做出了十分重要的贡献。对此，我们必须充分肯定，任何轻视甚至排斥专家的想法与做法都是极其错误的。但个人作用终究代替不了党内民主和人民民主的力量。无论多么杰出的领袖与专家，他们首先是群众的一员；同时，他们也绝不能代替亿万人民群众生机勃勃的创造，离开了人民群众的智慧、信任、拥护与

支持，他们则会一事无成。正如列宁所说："具有优秀精神品质的是少数人，而决定历史结局的却是广大群众。"① 包括七千多万党员在内的亿万人民群众是社会实践的主体。党的所有正确决策都必须依靠广泛的党内民主和人民民主，都必须来自于对包括广大党员在内的广大人民群众丰富实践经验的总结。在党的历史上，我们曾经吃过个人迷信的苦头，在第二次国内革命战争时期，也吃过对"洋专家"个人迷信的苦头。我们纠正了对领袖个人迷信的错误，也排除了对洋专家的盲从和迷信。但在新的历史条件下，我们绝不能重犯迷信专家特别是西方专家的错误。那种认为"历史是由学者，即由有本事从上帝那里窃取隐秘思想的人们创造的"思想，是与唯物史观相对立的唯心史观。我们也应清醒看到，在经济全球化和社会主义市场经济的条件下，已经出现了极少数不是为社会主义服务、为人民服务而是为资本服务的所谓"精英"。列宁明确指出："如果这些少数人不中群众的意，群众有时就会对他们不太客气。"② 改革开放是涉及亿万人民群众的切身利益、造福亿万人民群众的伟大事业。如何巩固改革开放的伟大成果和进一步深化改革开放，人民群众最有发言权。我们在继续重视并充分发挥各方面杰出人物其中包括专家作用的同时，必须牢记人民群众对创造历史的决定性作用。在治党治国其中包括思想理论建设等各方面，我们的"上帝"和基础永远是最广大人民群众。因此，党的群众路线是领导方法和工作作风，更是我们党的根本立场和一切工作的总路线。把群众路线运用到党内生活中，就是要充分发扬党内民主。树立和落实科学发展观，归根到底要做到坚持发展为了人民、发展依靠人民、发展成果由人民共享。人民的支持和拥护是我们党最大最牢靠的执政基础和执政资源。全心全意为人民服务的宗旨不能忘，坚信群众是真正英雄的历史唯物主义观点不能丢。只有发展党内民主，才能调动发挥全体党员的积极性、主动性和创造性，进而团结带领广大人

---

① 《列宁选集》第4卷，北京：人民出版社1995年6月第3版，第679页。

② 同上。

民群众，为实现全面建设小康社会和中国特色社会主义事业的宏伟目标努力奋斗。

二、各级党组织要积极发展党内民主

党内民主涉及党内政治生活的各个方面、各个层次。贯彻十六大精神，发展党内民主，各级党组织应着重做好以下几点：

第一，切实保障党员的民主权利。这是发展党内民主的最基础最根本的环节。各级党组织要充分保证党章规定的党员八项权利得到正确而充分地行使。1980 年 2 月 29 日党的十一届五中全会通过的《关于党内政治生活的若干准则》，是我们党的重要法规，是规范党内政治生活、处理党内关系的基本准则和具体制度，对于加强党内民主建设仍具有重要意义。2004 年颁布的《中国共产党党员权利保障条例》对保障党员权利做出了更明确、更全面的规定，是党中央在新形势下进一步推进党内民主所采取的重大举措，对建立社会主义民主政治具有十分重大的意义。

发扬党内民主，就要保障党员能够按照正常的组织程序，充分发表不同意见。党内对任何问题的讨论，应该是平等的，自由的。只要是从党的利益和工作出发，就要允许充分发表意见，做到知无不言、言无不尽，从而在党内真正形成敢说真话、畅所欲言的良好政治氛围。真话，不一定是真理。让人家讲出心里话，有道理就吸纳以完善决策，没有道理就做好说服工作，只有这样，才能真正实现党内团结，有利于行动的高度一致。那种压制不同意见，搞一言堂的做法，是和我们党的优良传统和作风格格不入的。毛泽东同志曾批评说：“现在有些同志，很怕群众开展讨论，怕他们提出同领导机关、领导者意见不同的意见。一讨论问题，就压抑群众的积极性，不许人家讲话。这种态度非常恶劣。民主集中制是上了我们的党章的，上了我们的宪法的，他们就是不实行。”① 各级党组织和党的领导干部应该具有听取不同意见的气度和胸怀。这就需要进一步肃清封建家长制的思想影响。邓小平同志说：“家长制是历史非常悠久的一种陈旧社会现象，它的影响在党的历史上产生过很大危害。”“不彻底消灭这种家长制作风，就根本谈不上什么党内民主，什么社会主义民主。”② 党内民主的内容和形式要随着历史条件的发展变化而不断发展和完善。一定要以改革的精神，创新和完善保障党员民主权利的活动载体，积极探索畅通党员表达意愿的渠道。要落实党内信访工作责任制；要设置意见箱、电子信箱，开通热线电话、举报电话，利用电子政务系统、互联网等方式，方便党员反映情况、表达意见；要建立和完善监督机关党风廉政巡视员制度、社区党风廉政建设监督员制度；要建立党的领导干部联系党员、定期接待党员制度，直接听取党员意见。同时，要特别注意建立健全并不断创新农村党员、社区党员、非公有制经济组织的党员、流动党员等管理制度和机制，保证他们充分行使党员的民主权利。保障党员民主权利，还应不拘一格，广开言路。要多与普通党员群众交朋友，并建立真正信任的关系，能让他们随时对自己敞开心扉说心里话。要多深入实际调查研究，甚至经常进行“私访”，到现场了解真实情况。要鼓励各类新闻媒体办好内参，从中了解群众意愿；网络不具名，群众顾忌较少，往往能反映真实情况，表达真实想法，要提倡各级领导直接上网了解社情民意。

要允许党员讲错话。由于认识问题而讲错了话，或者写了有错误的文章，不得认为是违反了党纪而给予处分。要严格实行不抓辫子、不扣帽子、不打棍子的“三不主义”。这就是不得任意夸大一个人的错误，罗织成为罪状，并给予政治上、组织上的打击甚至迫害。党的十一届五中全会通过的《关于党内政治生活的若干准则》指出：“必须注意区别：反对某个同志的某个意见，不等于反对这个同志，反对

① 《毛泽东文集》第8卷，北京：人民出版社1999年版，第291页。

② 《邓小平文选》第2卷，第329—330、331页。

某个领导机关的某个同志，不等于反对这个组织，不等于反领导，更不等于反党。”① 一些党的干部，习惯于独断专行，只爱听恭维话，不爱听批评话，利用职权对提出批评意见的同志挟嫌报复、打击陷害，这是违犯党内民主制度和革命道德的行为，应该受到党纪政纪的严肃处理。

第二，努力推进党组织民主决策制度化。决策民主是发展党内民主的中心环节，必须做到民主决策制度化：一是完善党的各级代表大会制度，进一步确立党代会的权威，进一步规范党代会闭会期间发挥代表作用的途径和方式。开会前可把大会有关重要文件提前送到代表手中，使他们有充分时间思考和交换意见。建立和完善党代会向全委会、全委会向常委会授权制度，党代表闭会期间代表巡查制度等。二是凡属重大问题都要由党的委员会集体讨论决定，对重大事项进行充分讨论，让大家畅所欲言，充分发表意见，坚持重大问题进行一人一票的表决制度，绝不能搞个人说了算。三是党的上级组织要经常听取下级党组织和党员群众的意见。对于事关党和国家前途命运的战略性决策，只要不是事关机密，都应当事先组织全党甚至人民群众反复讨论，而不能仅由少数人闭门议论，关门决策。党的代表大会的工作报告、对党章的修订等重大事项，在条件许可的情况下，可以事先交予全党讨论，听取广大党员的意见，体现全党的意志。四是党组织要自觉接受党员的监督。不但要接受纪检监察部门的监督，而且要接受党员以及党外群众的监督。要建立和完善党内情况通报制度、情况反映制度，逐步推进党务公开，增强党组织工作的透明度，使党员更好地了解党内事务，行使民主监督的权利。要建立党的工作评估机制，允许党员对党组织的工作进行评估，提出建议、意见直至批评。

第三，始终坚持用民主的方式处理党内思想理论上的分歧。任何一个政党，其内部成员对一些问题有不同认识、不同看法都是正常的。

---

① 《三中全会以来重要文献汇编》（上），北京：人民出版社 1982 年版，第 512 页。

在当前错综复杂的形势下，在意识形态领域日益显现出多元、多样、多变性特点的情况下，对我们这样一个拥有七千多万党员的大党来说，一些同志在思想理论上有不同看法，是不可避免的，关键是各级党组织如何正确认识和处理。党的思想理论工作的实践证明，对待思想理论上的是非，只能采取摆事实、讲道理、民主讨论的办法求得解决，绝不能采取压服的办法。毛泽东同志说过："我们工作中的是和非的问题，正确和错误的问题，这是属于人民内部矛盾问题。解决人民内部矛盾，不能用咒骂，也不能用拳头，更不能用刀枪，只能用讨论的方法，说理的方法，批评和自我批评的方法，一句话，只能用民主的方法，让群众讲话的方法。"① 他特别强调对理论学术问题，尤其要允许不同意见存在，允许讨论。毛泽东同志的指示，充分体现了我们党对待理论学术问题的优良的民主传统。思想理论问题，有的是通过讨论可以得到解决的，有的则是一时解决不了的，这就要求党组织要有耐心、有气度。除了重大政治性和现实迫切性的问题不能拖延，需要尽快做出决定外，对一般性的理论和认识问题，不必匆忙做出结论，可以留待以后进一步研究和经过实践来解决。需要指出的是，压制不同意见，把思想认识问题任意说成是敌我性质的政治问题，不仅会破坏党内正常的政治生活，造成思想僵化，而且很容易被别有用心的人所利用。要充分相信广大党员能够坚持讲政治、讲党性、讲原则，并能通过认真地批评和自我批评，正确解决分歧意见，从而进一步增强党的团结和活力。在充分保障党员个人权利的同时，也必须严肃指出：对有争议的问题，包括思想理论问题，一旦党组织做出正式结论，任何个人都必须服从组织决定。有不同意见可以保留，并按组织程序进行反映，但不得违背组织原则，搞宗派活动，不得私自向外界散布党内矛盾，制造思想混乱。党员不服从组织决定，无视组织权威，既是对党的纪律的践踏，也是对党内民主的践踏，这同样需要严肃认真

---

① 《毛泽东文集》第8卷，北京：人民出版社1999年版，第291页。

处理。

第四，支持正气，支持敢于发扬民主的同志，打击歪风邪气。1948 年，《中共中央关于召开党的各级代表大会和代表会议的决议》明确指出："党内有不同意见的争论要及时地、真实地向上级报告，其中重要的争论并须报告中央。"①对侵犯党员民主权利，压制党员批评，进行打击报复或诬告陷害的人和事，要认真查处。要坚决反对形式主义，特别是要坚决反对在党内选举、考察使用干部等重要问题上，表面上民主的形式"走"得天衣无缝，而实际上把广大党员当摆设、贯彻的却是个别领导意图的做法。在 2006 年 1 月召开的中纪委第六次全会上，胡锦涛同志明确要求：要严肃查处侵犯党员权利、压制党内民主的行为，为讲真话、讲实话的同志提供支持和保护。

（未完待续）

① 《毛泽东选集》第 4 卷，北京：人民出版社 1991 年版，第 1349 页。

发展党内民主，建设充满生机和活力的马克思主义执政党（下）*

李慎明**

三、发展党内民主，党员人人有责

党是由党员组成的。党员是党的肌体的细胞和行动主体，发展党内民主必须依靠广大党员民主意识的不断增强和民主实践能力的不断提高。因此，发展党内民主，从根本上说，也是靠党员人人负责。

第一，牢固树立党性责任意识和民主意识。搞好党的先进性建设，要靠我们全体党员自身的力量。党内民主的本质要求是，党内的一切事务由全体党员直接或者通过代表来处理。这就要求广大党员必须具备高度的政治责任感、工作的主动性和创造精神，敢于和善于提出问题、发表意见、批评缺点，对党的领导机关和领导干部从爱护角度出发进行监督。每个党员不仅要尽心尽职做好自己的本职工作，同时要

---

* 本文发表于《理论前言》2006年第18期。

** 李慎明，中国社会科学院原党组副书记、副院长，中国政治学会会长。

充分认识发展党内民主对于党、国家和民族至关重要的重大意义，不断增强为发展党内民主做贡献的责任感和自觉性；同时要认真学习党章，熟悉和牢记党员应尽的八项义务和享有的八项权利。党员八项义务是合格党员的必备标准，每名党员都应经常对照检查，严格遵循。与此同时，党员要高度关心党的利益和事业，应该以主人翁的态度，从党的根本利益出发，积极严肃地行使自己的权利，高度关心并积极参加对上至党的大政方针，下至党的具体事务的讨论，认真负责地对党的各项工作提出意见和建议，勇于维护真理，坚持原则，并同不良倾向做斗争，使党的根本利益得到有效维护。这就需要进一步破除中国历史上长期存在的封建残余思想、利己主义思想，破除头脑里或多或少存在的盲从或从众心理的陈腐观念，树立民主平等、独立思考的意识。

第二，全党特别是党的高级干部要提高马克思主义理论水平。我们的党内民主，是以马克思主义为指导的无产阶级性质的民主。发展党内民主，首要的任务就是要努力提高全党特别是党的高级干部的马克思主义理论水平。这是搞好我们党的党内民主建设的根本前提和途径，也是我们党加强党内民主建设的一条基本经验。从一定意义上讲，全党的马克思主义理论水平的程度，决定着我们党内民主的程度。各级领导干部特别是各级领导班子的主要负责人掌握着重要职权，拥有一般组织和普通党员个人所不具有的决策权和影响力，在发展党内民主中负有更大责任，要求有更高的马克思主义理论素养，以增强决策的预见性科学性有效性，增强运用马克思主义理论指导发展党内民主的能力。全党要勇于坚持和创新发展马克思主义关于党内民主的理论，坚持探索和遵循马克思主义政党的本质规律，面对新形势、新任务、新挑战，坚持用发展着的马克思主义分析新情况、研究新问题、指导新的实践，进一步健全我们自己发展党内民主、保证我们党永不变色、永葆生机和活力的一整套科学的理论和政策、制度、机制。只有这样，才能不断增强我们党的凝聚力、战斗力和创造力，才能有效地抵制西方对我党的侵蚀。

第三，自觉改造主观世界，树立“立党为公、执政为民”的思想。广大党员在党内民主生活中，以高度的责任感、使命感，出以公心，尽心尽责，为进一步加强党的先进性建设和建设中国特色社会主义事业积极建言献策。但也有的党员事不关已，高高挂起，对党和国家的大事漠不关心、麻木不仁；有的消极总结“文化大革命”的所谓“经验教训”，认为凡事都听领导的就不会犯错误；有的有私心作怪，怕打击报复，明知不对，少说为佳，尤其在大是大非面前，模棱两可，调和敷衍；有的或一事当先，先替自己打算，再替别人打算，或争名夺利、唯利是图，更有甚者，为了个人一己私利，不惜牺牲党和人民的根本利益。之所以有上述认识和行为，说到底，是世界观出了问题。全心全意为人民服务是我们党始终不渝的宗旨，“立党为公、执政为民”是“三个代表”重要思想的本质，也是我们每一个党员所有工作的立足点和归宿点。每一名共产党员特别是各级领导干部都要坚定地树立马克思主义的世界观、人生观和价值观，树立“立党为公、执政为民”的思想，全面贯彻落实科学发展观，在改造客观世界的同时不断改造自己的主观世界，增强党性观念、民主观念和法制观念，树立责任意识、大局意识和服务意识，决不能在党内民主决策的过程中假公济私、以权谋私，要真正站在党和最广大人民群众根本利益的立场上，正确行使党员的民主权利，为党的事业的顺利发展做出应有的积极贡献。

第四，必须发扬求真务实的精神，敢于讲真话、实话、心里话。求真务实既是辩证唯物主义与历史唯物主义的基本观点和党的思想路线的核心内容，也是我们党的优良传统和共产党人应该具备的政治品格。发展党内民主，保持党的生机与活力，必须在全党大力弘扬求真务实精神、大兴求真务实之风。这就要求每一名共产党员要忠诚坦白，对党组织不隐瞒自己的错误和自己的思想、观点。对人对事要开诚布公，有什么意见，有什么批评，摆在桌面上。不要会上不说，会下乱说；不要当面一套，背面一套；不要口是心非，阳奉阴违。要始终坚持党性原则，敢于发表不同意见，勇于指出和纠正工作中的缺点错误，坚决同消极腐败现象做斗争。党的历史证明，什么时候我们党求真务实坚持得好，广大党员能够畅所欲言、各抒己见，我们党就充满朝气和活力，党和人民的事业就能顺利发展；什么时候求真务实坚持得不好，党员不敢讲真话、实话、心里话，党组织、广大党员和干部队伍就软弱涣散，就缺乏凝聚力、战斗力、朝气和活力，党和人民的事业就会遭受挫折。广大党员特别是党的各级领导干部要发扬勇于坚持真理、实事求是的优良作风，人人争做坚持原则、公正无私、对党的事业和群众的利益高度负责的模范。

四、发展党内民主必须正确处理好几个关系

发展党内民主是一个复杂的系统工程，是一项需要长期努力才能完成的任务，不可能一蹴而就。发展党内民主涉及党的思想建设、组织建设、作风建设和制度建设的方方面面，要坚持科学性、系统性和可行性相统一。总结国际共产主义运动的经验教训，特别是我们党的新鲜实践经验，发展党内民主必须处理好以下几个重大关系：

第一，民主与集中的关系。民主集中制是我们党的根本的组织制度和领导制度，是马克思主义唯物论、历史观和党的群众路线在党内生活和组织建设中的创造性运用。在党内生活中，民主和集中是不可分割的两个方面，它们是对立的，又是统一的，二者是相互依存、相互促进的关系。列宁曾经指出："我们在自己的报刊上一向维护党内民主。但是我们从未反对过党的集中。我们主张民主集中制。"① 我们既要充分发扬党内民主，发挥各级党组织和广大党员的积极性、主动性、创造性，又要实行正确的集中，保证全党行动的一致，保证党的决定得到迅速有效的贯彻执行。集中和行动，必须建立在民主基础上，

① 《列宁全集》第27卷，北京：人民出版社1990年版，第89页。

这样才真正有力量。我们讲全党服从中央是“四个服从”中最重要的一条，归根到底也是因为中央的路线方针政策和决议决定，集中了党内外大多数人的意志、愿望和智慧，代表着最广大人民群众的根本利益。从这个意义上讲，服从中央，就是服从大多数人的利益和愿望。那种认为扩大党内民主会引发党内无休止的争论，影响党的团结和统一，影响社会政治局面的稳定的观点，没有正确理解民主与集中的辩证关系，因而是错误的、有害的。而那种否定和攻击党的民主集中制的论调，更是割裂了民主与集中的关系，将民主与集中抽象地对立起来，其实质就是取消党的领导，企图从根本上改变党的性质。我们要充分发扬党内民主，使各级党组织和党员的意愿得到充分表达，防止个人专断；又要加强在民主基础上的集中，统一思想认识，保持步调一致，防止出现软弱涣散、好人主义和无人负责的局面。

第二，民主与纪律的关系。党的纪律是全党意志的体现，是党的各级组织和全体党员必须遵守的行为准则。只有纪律严明，才能保证党的理论纲领和路线方针政策的贯彻执行，才能维护党的团结统一，保证党的事业取得胜利。发展党内民主与遵守和维护党的纪律是辩证统一的。不发展党内民主，党就会失去生机和活力，就不能发挥各级党组织和广大党员的积极性和创造性；如果没有铁的纪律，党就成为一盘散沙，就无法带领广大人民群众去完成伟大的历史任务。早在改革开放之初，邓小平同志就告诫我们，“一个党如果允许它的党员完全按个人的意愿自由发表言论，自由行动，这个党当然就不可能有统一的意志，不可能有战斗力，党的任务就不可能顺利实现。”① 因此，在宣传民主的时候，一定要把“民主和集中、民主和法制、民主和纪律、民主和党的领导结合起来”。② 我们在保障广大党员民主自由权利的同时，要加强组织性纪律性，做到在党的纪律面前人人平等。只有这样，才能做到既发展党内民主，又不至于走到极端民主化，走到破

① 《邓小平文选》第2卷，第271页。

② 同上，第176页。

坏纪律的自由放任主义，才能造成既有民主又有集中，既有纪律又有自由，既有统一意志又有个人心情舒畅的生动活泼的政治局面。

第三，制度建设与提高觉悟的关系。制度问题更带有根本性，全局性，稳定性和长期性。要把发展党内民主真正落到实处，归根到底要靠制度作保障。也就是说，要将马克思主义关于党内民主的思想，通过制度化途径确立下来，长期坚持下去，实现党内政治生活的规范化。这里的规范化，最重要的就是建立健全党内民主的各种规章制度，形成按制度办事，尊重制度、服从制度的良好风气。党组织的意志、作用，党员的民主权利，都要通过制度的方式得到体现和保障。离开了制度建设，党内民主就会落空。十六大以来，我们党大力推进党内民主制度化建设，先后制定了《中国共产党党员权利保障条例》《侵害党员民主权利责任追究制度》《民主评议党员领导干部制度》等一系列办法、规章和制度。当前最重要的是狠抓落实。领导干部要带头执行和发展党内民主制度，按制度办事，建立责任制，层层抓落实，要建立制度落实的督察机制，要把落实制度的情况作为评价党组织和干部的重要方面。但也要看到，制度是人制定的，也需要人来执行。这就存在着一个提高党员素质和觉悟的问题。尤其是在中国这样一个有着封建家长制长期占统治地位传统、经济文化又比较落后的国家，如果不高度重视对党员的教育，不把思想理论建设置于党的建设的首位，那么，制度化的党内民主就不可能取得真正重要的进步。我们发展党内民主的正确思路和做法是：思想建设先行，用制度建设保障、巩固和加强思想建设的成果。只有这样，我们党的制度建设才会具有坚实的思想保障。

第四，党内民主与人民民主的关系。我国的国体是人民民主专政，其实质是人民当家作主。人民民主是社会主义民主的整体与全部，是社会主义民主政治的最高形态。我们发展党内民主，提高党的执政能力的目的是为了领导、支持和实现人民当家作主。所以党内民主与人民民主的根本目的是完全一致的。发展党内民主对推进人民民主具有重要的示范和带动作用，而人民民主的发展，又可以促进党内民主建设。我们党是执政党，党员干部在党内生活中树立了民主观念、民主作风，通过以身作则、言传身教，就会带动各种工作领域中的民主风气，推动人民民主的发展。同样，党在宪法和法律规定的范围内活动，党员也生活在群众之中，人民民主搞好了，在民主选举、民主决策、民主管理、民主监督中发挥积极作用，就会为党内民主提供良好的社会氛围，从而促进党内民主的发展。我们党历来都将党内民主和人民民主看作是不可分割的整体，强调党内民主对人民民主的示范和带动作用。邓小平同志早在1962年就说过：在我们党内和国家内，必须按照毛泽东同志提出的，要造成又有集中又有民主的生动活泼的政治局面，而且这种局面首先要从党内造成。“如果党内不造成，国家也造不成。我们党一定要造成这样的生动活泼的政治局面，我们党内一定要有充分的民主。”① 各级党组织和广大党员要深刻认识人民民主与党内民主的关系，增强发展党内民主的自觉性和坚定性。

第五，积极发展与循序渐进的关系。在发展党内民主上，目前有两种错误观点：一是盲目乐观或悲观、因循守旧、不思进取。或认为我们党内民主已经搞得很好了，看不到存在的问题，或认为发展党内民主牵涉面太广，难度太大，搞不好甚至会影响稳定，因而对党内民主采取忽视或冷漠的态度。二是无视成就、轻视困难、急躁冒进。误认为我国的经济体制改革越来越深入，而政治体制改革动作不多，甚至是停步不前，下一步发展的所有障碍就在于党内民主和人民民主发展进程缓慢，因此应勇于“闯关”，急速推进。上述两种观点都很值得商榷。党内民主建设是党的建设新的伟大工程中一个至关重要的组成部分，与中国特色社会主义伟大事业紧密相连，是一项系统的复杂工程，与党和国家的其他各项工作既相互促进又相互制约。因此，发展党内民主，必须坚持科学的态度，坚持立足国情，立足我们党的实际，积极稳妥地向前推进。任何民主的发展都是有条件的，都要受到

① 《邓小平文选》第1卷，第306—307页。

经济、政治、文化、历史传统和党员乃至全体公民素质等多方面因素的制约。我国社会主义初级阶段的长期性艰巨性，决定了党内民主必然经历一个长期的、渐进式的发展过程。任何脱离中国具体国情，无视经济社会发展要求，指望在很短时间内毕其功于一役的设想，都是不切实际的。应该说，改革开放以来，特别是党的十三届四中全会以来，我们党在推进经济体制改革的同时，大力推进政治体制改革，特别是在党内民主建设方面，无论是理论上还是实践上都取得了长足进步。党的十六大以来，以胡锦涛同志为总书记的党中央，以改革的精神促进党内民主建设，党的代表大会制度进一步完善，党内选举制度不断规范，党员权利的保障制度逐步健全，党内监督制度建设扎实推进。在具体工作方面，大胆探索发展党内民主的新途径、新方法。但是，也要清醒地看到，在发展党内民主上，我们也还有许许多多不尽如人意的地方。对目前我们党内民主的现状，估计过高，看不到存在问题是错误的。但对我们党内民主的现状估计过低，看不到党内民主建设的成绩和主流，甚至主张不顾后果地“闯关”，也是极其有害的。发展党内民主既要有紧迫感，又不能急于求成，必须在党的坚强领导下，分阶段、分步骤、有计划、有秩序地加以推进。这是发展党内民主，推进人民民主的必由之路。

第六，发展党内民主与抵御西方所谓现代政党民主政治的关系。我们要坚持和发展马克思主义的党内民主理论，牢牢掌握党内民主建设的正确方向。随着国内外敌对势力加大在我国推行西方资产阶级民主思想和制度模式的力度，有人公然鼓吹“中国共产党发展党内民主，应以西方现代政党的民主理念和多党制模式，取代民主集中制、共产党领导的多党合作和政治协商制度”，应“仿效西方政党制度，应允许党组织实行自治、允许建立不同派别进行合法竞争的党内机制和制度。”中国共产党在我国的领导地位和执政地位不是自封的，而是历史的必然选择，也体现了广大人民群众的共同心愿。我们要发展的党内民主，绝不是要搞西方的所谓现代政党民主政治，而是为了推进党内政治生活的制度建设和创新，调整和完善党内权力结构的合理配置，建立起规范有力的党员权利保障机制，民主科学的党委决策机制和党内民主监督机制；是为了进一步巩固党的组织、增强党的团结生机与活力、提高党的执政能力、保持党的先进性，巩固和加强党的领导地位。早在改革开放之初，邓小平同志就指出："继续努力发扬民主，是我们全党今后一个长时期的坚定不移的目标。但是我们在宣传民主的时候，一定要把社会主义民主同资产阶级民主、个人主义民主严格地区别开来"。① 江泽民和胡锦涛同志也多次强调：在充分发扬党内民主的同时，要坚决抵制西方多党制和三权鼎立等政治模式的影响。我们要十分清醒地看到，国内外敌对势力向我们推销的所谓现代政党民主政治，实质是妄图改变我们发展党内民主的正确方向，最终取消我们党的领导，推翻我们的社会主义制度，搞乱我们的国家和民族，与我们所说的发展党内民主在本质上完全是两码事，这是我们在任何时候都坚决不能接受，并在任何时候都必须高度警惕的。当然，发展党内民主，也要大胆汲取西方资产阶级政党发展党内民主方面的所有有益经验和做法。我们深信，在以胡锦涛同志为总书记的党中央的正确领导下，我们的党内民主一定会得到很好的发展，中国共产党有着无比广阔的前景。

① 《邓小平文选》第2卷，第176页。

改革开放30年与当代中国政治学
政治体制改革：历史的经验和现实的选择*

包心鉴**

1978年党的十一届三中全会开启了我国改革开放历史新时期。30年波澜壮阔的改革开放进程，一个巨大的成就，就是使中国人民的面貌、社会主义中国的面貌、中国共产党的面貌发生了历史性的变化；一条宝贵的经验，就是把推动经济基础变革同推动上层建筑改革结合起来，在不断深化经济体制改革、建立和完善社会主义市场经济体制的基础上，积极稳妥地推进政治体制改革、建立和完善中国特色社会主义民主政治体制。30年来，我国政治体制改革走过了不平凡的历程。在隆重纪念我国改革开放30周年的时候，认真总结30年来政治体制改革的历史经验，进一步认识政治体制改革的重要战略地位，科学确立深化政治体制改革的现实任务，具有极其重大的意义。

---

* 本文发表于《山东社会科学》2009年第1期，总第161期“改革开放30年与当代中国政治学”板块。

** 包心鉴，济南大学公共管理学院教授，中国政治学会副会长。

30年政治体制改革的发展阶段和基本经验

20世纪70年代末80年代初，当我们党拉开中国改革开放帷幕的时候，就鲜明地将政治体制改革推向改革舞台。邓小平于1980年8月18日在中共中央政治局扩大会议上所作的《党和国家领导制度的改革》的重要讲话，是推进我国政治体制改革的奠基性和纲领性文件。30年来，我国政治体制改革在困难中果断开拓、在曲折中不断前进、在渐进中逐步深化，在推进和保证经济体制改革和经济社会发展中发挥了显著的政治导向和政治动力作用。30年政治体制改革的历程大体上可划分为四个发展阶段：

第一阶段，1978年至1987年，政治体制改革思想启动和重点推进阶段。

随着经济体制改革逐步展开和不断深化，领导制度、组织制度、干部制度中的弊端日渐暴露，政治体制改革的任务不可回避地提到我们党和人民的面前。顺应改革实践和人民群众的需要，以邓小平为核心的党的第二代中央领导集体果断地把推进政治体制改革提到改革开放的重要位置上来。在这期间，邓小平在许多重要场合专门就政治体制改革问题发表重要讲话，深刻阐明了政治体制改革的地位、目标和任务：（1）政治体制改革是整个改革开放的重要组成部分。“我们提出改革时，就包括政治体制改革。”“不搞政治体制改革不能适应形势。改革，应该包括政治体制改革，而且应该把它作为改革向前推进的一个标志。”①（2）政治体制改革是深化经济体制改革的迫切需要。“现在经济体制改革每前进一步，都深深感到政治体制改革的必要性。不改革政治体制，就不能保障经济体制改革的成果，不能使经济体制

① 《邓小平文选》第3卷，北京：人民出版社1993年版，第176、165页，第176页、第164页，第179—180页，第177页。

改革继续前进，就会阻碍生产力的发展，阻碍四个现代化的实现。”“政治体制改革同经济体制改革应该相互依赖，相互配合。只搞经济体制改革，不搞政治体制改革，经济体制改革也搞不通，因为首先遇到人了障碍。事情要人来做，你提倡放权，他那里收权，你有什么办法？从这个角度来讲，我们所有的改革最终能不能成功，还是决定于政治体制改革。”① （3）政治体制改革的近期目标，总的来讲，一是要使党和国家充满活力，二是克服官僚主义，提高工作效率，三是充分调动人的积极性。“领导层有活力，克服了官僚主义，提高了效率，调动了基层和人民的积极性，四个现代化才真正有希望。”② （4）发展社会主义民主，健全社会主义法制，是政治体制改革的长远目标和关键环节。过去党和国家政治生活出现的问题，“不是说个人没有责任，而是说领导制度、组织制度问题更带有根本性、全局性、稳定性和长期性。”“这些方面的制度好可以使坏人无法任意横行，制度不好可以使好人无法充分做好事，甚至会走向反面。”③ 因此，“必须使民主制度化、法律化，使这种制度和法律不因领导人的改革而改变，不因领导人的看法和注意力的改变而改变。”④ “社会主义民主和社会主义法制是不可分的。不要社会主义法制的民主，不要党的领导的民主，不要纪律和秩序的民主，决不是社会主义民主”。⑤ （5）政治体制改革的主要任务，一是处理好党和政府的关系，实行党政分开；二是处理好中央和地方的关系，实行权力下放；三是处理好法治和人治的关系，发展民主，完善制度，健全法制；四是处理好党政机关和人民的关系，

---

① 《邓小平文选》第3卷，北京：人民出版社1993年版，第176、165页，第176页、第164页，第179—180页，第177页。

② 同上。

③ 《邓小平文选》第2卷，北京：人民出版社1994年版，第333页，第146页，第359页。

④ 同上。

⑤ 同上。

精简机构，克服官僚主义。① 在邓小平这些重要思想的指导和推动下，我国政治体制改革在困难中逐步开拓，在废除干部领导职务终身制、克服官僚主义、解决权力过分集中现象、精简机构以及实现干部队伍革命化、年轻化、知识化、专业化等方面，实现了一系列大的突破，取得了显著成效，有力地保证和推动了经济体制改革和经济社会发展。

第二阶段，1987年至1992年，政治体制改革全面展开和稳步调整阶段。

1987年10月召开的党的十三大，在明确确立社会主义初级阶段理论和党在社会主义初级阶段基本路线的基础上，适应经济体制改革深入发展的形势，对政治体制改革的目标和任务进行了总体构架和战略部署。十三大报告指出：我国政治体制"改革的长远目标，是建立高度民主、法制完善、富有效率、充满活力的社会主义政治体制。""改革的近期目标，是建立有利于提高效率、增强活力和调动各方面积极性的领导体制。"② 围绕这一改革目标，十三大提出了七个方面的改革任务：（1）实行党政分开。党政分开即党政职能分开。党的领导是政治领导，即政治原则、政治方向、重大决策的领导和向国家政权机关推荐重要干部。（2）进一步下放权力。切实解决权力过于集中，领导机关管了许多不该管、管不好、管不了的事，而基层又缺乏自主权和活力的问题。（3）改革政府工作机构。抓住转变政府职能这个关键，切实解决政府机构庞大臃肿、层次过多、职责不清、相互扯皮、官僚主义等弊端。（4）改革干部人事制度。建立国家公务员制度，依法进行科学管理，同时对各类人员进行分类管理，将竞争机制引入干部和人才管理。（5）建立社会协商对话制度。重大情况让人民知道，重大问题经人民讨论，切实发展人民政治参与。（6）完善社会主义民主政治的若干制度。加强人民代表大会制度、政治协商制度、群众团

---

① 《邓小平文选》第3卷，北京：人民出版社1993年版，第176、165页，第176页、第164页，第179—180页，第177页。

② 《十三大以来重要文献选编》（上），北京：人民出版社1991年版，第35页。

体制度、基层民主自治制度以及民族区域自治制度建设。（7）加强社会主义法制建设。通过改革，使社会民主政治一步一步走向制度化、法律化。十三大提出的这些政治体制改革的任务，符合我国社会主义初级阶段的基本国情和发展要求，深刻体现了邓小平关于政治体制改革的思想。在十三大精神指引和推动下，政治体制改革在各个领域、各个层面全面展开。由于政治体制改革的复杂性和艰巨性，加上国际大气候的深刻影响，80年代末出现了资产阶级自由化思潮，严重干扰了政治体制改革的方向。在肃清资产阶级自由化思潮影响的基础上，我国政治体制改革呈稳步调整状态。

第三阶段，1992年至2002年，政治体制改革渐进深化和完善体制阶段。

1992年初邓小平发表南方重要讲话，进一步吹响了解放思想、改革开放号角。南方重要讲话澄清了困扰人们思想的许多模糊认识，纠正了种种背离中国特色社会主义的错误思潮，进一步坚定了改革开放的信心和方向。邓小平深刻指出："不坚持社会主义，不改革开放，不发展经济，不改善人民生活，只能是死路一条。基本路线要管一百年，动摇不得。"① 在邓小平南方讲话指引和推动下，以江泽民为核心的党的第三代中央领导集体继续积极稳妥地推进政治体制改革，领导全党和全国人民在中国特色社会主义政治发展道路上不断前进。1992年10月召开的党的十四大，明确确立了建立社会主义市场经济体制的经济体制改革目标，围绕和适应这一改革目标十四大提出了"积极推进政治体制改革，使社会主义民主和法制建设有一个较大的发展"，"下决心进行行政管理体制和机构改革，切实做到转变职能、理顺关系、精兵简政、提高效率"以及"加强和改进党的建设，努力提高党的执政水平和领导水平"等政治体制改革的实任务，② 把政治体制改

① 《邓小平文选》第3卷，北京：人民出版社1993年版，第370—371页。

② 《十四大以来重要文献选编》（上），北京：人民出版社1996年版，第28—30页、第39页。

革渐进式地向前推进。1997年9月召开的党的十五大，在进一步坚定社会主义市场经济改革方向的基础上，对进一步推进政治体制改革提出了明确目标和任务。十五大报告指出："我国经济体制改革的深入和社会主义现代化建设跨越世纪的发展，要求我们在坚持四项基本原则的前提下，继续推进政治体制改革，进一步扩大社会主义民主，健全社会主义法制，依法治国，建设社会主义法治国家。"① 依法治国方略的提出和推进，标志着我们党和国家在建设社会主义民主政治道路上迈开了重要步伐。

第四阶段，2002年至今，政治体制改革理论创新和全面深化阶段。

2002年11月召开的党的十六大，对政治体制改革的地位、目标和任务做出了进一步系统的阐述，鲜明提出了"社会主义政治文明""党内民主是党的生命"等创新理论，深刻揭示了社会主义民主政治的科学内涵。十六大报告深刻指出："发展社会主义民主政治，建设社会主义政治文明，是全面建设小康社会的重要目标。""发展社会主义民主政治，最根本的是要把坚持党的领导、人民当家作主和依法治国有机统一起来。"为实现这一重要目标，必须进一步推进政治体制改革"政治体制改革是社会主义政治制度的自我完善和发展。推进政治体制改革要有利于增强党和国家的活力，发挥社会主义制度的特点和优势，充分调动人民群众的积极性创造性，维护国家统一、民族团结和社会稳定，促进经济发展和社会全面进步。要坚持从我国国情出发，总结自己的实践经验，同时借鉴人类政治文明的有益成果，绝不照搬西方政治制度的模式。要着重加强制度建设，实现社会主义民主政治的制度化、规范化和程序化。"② 这些重要论述，标志着我们党在过去20多年改革的基础上，对政治体制改革的基本规律和发展趋势的

---

① 《十五大以来重要文献选编》（上），北京：人民出版社2000年版，第30页。

② 《十六大以来重要文献选编》（上），北京：中央文献出版社2005年版，第24—25页。

认识和把握更加走向成熟。党的十六大以来，以胡锦涛为总书记的党中央，把进一步深化政治体制改革坚定不移发展社会主义民主政治作为实现科学发展、和谐发展、全面建设小康社会的重要战略任务，提出了一系列具有创新性、前瞻性的理论观点。党的十七大报告系统地总结和阐发了这些理论创新观点：(1) 关于社会主义民主政治的地位和性质。十七大报告指出："人民民主是社会主义的生命。发展社会主义民主政治是我们党始终不渝的奋斗目标。""社会主义愈发展，民主也愈发展。"(2) 关于中国特色社会主义政治发展道路的本质和内涵。十七大报告指出：坚持中国特色社会主义政治发展道路，就是要"坚持党的领导、人民当家作主、依法治国有机统一，坚持和完善人民代表大会制度、中国共产党领导的多党合作和政治协商制度、民族区域自治制度以及基层自治制度，不断推进社会主义政治制度自我完善和发展。"(3) 关于政治体制改革的重要性和战略地位。十七大报告指出："政治体制改革作为我国全面改革的重要组成部分，必须随着经济社会发展而不断深化，与人民政治参与积极性不断提高相适应。"(4) 关于政治体制改革的向和目标。十七大报告指出："深化政治体制改革，必须坚持正确的政治方向，以保证人民当家作主为根本，以增强党和国家活力、调动人民积极性为目标，扩大社会主义民主，建设社会主义法治国家，发展社会主义政治文明。"(5) 关于进一步推进政治体制改革的任务和重点。十七大报告从扩大人民民主、保证人民当家作主，发展基层民主、保障人民享有更多切实的民主权利，全面落实依法治国基本方略、加快建设社会主义法治国家，加快行政管理体制改革、建设服务型政府，深化干部人事制度改革、着力造就高素质干部队伍和人才队伍，完善制约和监督机制、确保人民赋予的权力始终用来为人民谋利益等方面进行了深刻阐述，提出了一系列创新观点。(6) 关于推进执政党自身改革和建设。十七大报告强调："党要站在时代前列带领人民不断开创事业发展的新局面，必须以改革创新精神加强自身建设，始终成为中国特色社会主义事业的坚强领导核心。"推进党自身改革与建设，重点是"积极推进党内民主建设”。“党内民主是增强党的创新活力、巩固党的团结统一的重要保证。要以扩大党内民主带动人民民主，以增强党内和谐促进社会和谐。”十七大报告中的这些重要观点，既深刻体现了改革开放以来我们党在推进政治体制改革、建设社会主义民主上一以贯之的思想，又密切适应了时代的新变化、实践的新发展和人民的新期待，具有鲜明的时代性、创新性和指导性。正是在这些重要思想理论指导下，我国政治体制改革积极稳妥地向前推进，政治制度和政治体制在改革中不断发展和完善，支撑着中国特色社会主义历经艰险而不衰、历经曲折而愈坚，成为世界上最充满生机和活力的政治制度。

30 年政治体制改革实践积累了丰富的经验，为进一步推进政治体制改革提供了有益的启示：

第一，必须坚持中国共产党的领导，充分发挥党在政治体制改革中总揽全局、协调各方的领导核心作用。中国共产党是中国社会主义事业的领导核心，是凝聚和发挥社会主义政治优势的关键要素。政治体制改革涉及党和国家的政治制度和政治架构，牵一发而动全身，尤其要在党的集中统一领导下积极稳妥地向前推进。加强党的领导必须改善党的领导。以改革创新精神不断加强党的自身建设，不断完善党的领导体制，既是提升党的领导能力的重要环节，也是政治体制改革深入发展的重要任务。

第二，必须坚持社会主义基本政治制度，走中国特色社会主义政治发展道路。政治体制改革是社会主义政治制度的自我完善与发展。人民代表大会制度、中国共产党领导的多党合作和政治协商制度、民族区域自治制度等基本政治制度，经过几十年建设尤其是改革开放的锻炼，基本上反映了人民当家作主的国体本质，是政治体制改革的根本支撑和重要保证。只有在坚持和完善这样一些基本政治制度的基础上，各项政治体制改革才能健康发展、富有成效。

第三，必须坚持渐进式改革方略，有领导、有步骤、有计划地推进。纵观各国政治变革，有两种方略选择：一种是激进式改革方略，或依靠大规模群众运动，或采取“休克疗法”，企图对现行政治制度和政治体制进行根本变革。显然，这是一种风险极大、隐患极多的改革方式，很容易将国家和社会搞乱，把自己推向反面。一种是渐进式改革方略，在坚持和完善基本政治制度的基础上，根据条件的成熟程度、社会承受力的程度和社会成员的期望，不失时机地推进相关领域的政治体制改革，“稳扎稳打”，循序渐进。显然，这是一种风险较小、代价较低的改革方略，适合中国国情。30年来，我国政治体制改革历程雄辩地说明，什么时候坚持渐进性改革方略，改革就顺利进行；什么时候盲目采取激进式改革方略，改革就遭遇曲折，甚至引发社会秩序混乱，对国家和人民利益造成巨大损害。

第四，必须正确处理经济基础变革同上层建筑改革的关系，与经济体制改革不断深化和经济社会不断发展相适应。经济是基础，政治是经济的集中体现。我国新时期改革的一条基本经验是：把推动经济基础变革同推动上层建筑改革结合起来，始终抓住经济体制改革这个首要的基础的环节，同时不失时机地展开相关领域的政治体制改革；政治体制改革的突破口选在经济体制改革的最大障碍之外，并且与经济体制改革的力度、进程相衔接。正是由于我们党比较正确地处理了经济改革和政治改革的关系，确保了新时期政治体制改革顺利推进，并不断取得实效。

第五，必须始终牢牢抓住人民当家作主这一根本，与人民政治参与积极性不断提高相适应。人民是国家和社会的主人，人民的利益和意愿是国家运行及政治发展的根本依据。只有始终坚持以人为本，牢牢把握人民对国家的主体要求和人民的根本利益，以增强党和国家活力、调动人民积极性为目标，把那些有损人民利益、影响人民积极性的陈旧体制和制度作为改革的突破口，使人民群众从改革中得到实惠、看到实效，改革才能深得人民群众的支持、拥护而奋勇推进。随着改革的全面展开和不断深化，人民的主人翁意识会不断觉醒、政治参与积极性会不断提升，这是政治体制改革的宝贵资源，必须倍加珍惜、精心运用，将这种主人翁意识和政治参与积极性转化为推进政治体制改革的强大动力。

政治体制改革在社会主义全面改革中的战略地位

当前我国正处在改革开放和全面建设小康社会的关键阶段，进一步深化政治体制改革的任务再一次历史性地被提到重要位置上来。党的十七大报告明确指出："政治体制改革作为我国全面改革的重要组成部分，必须随着经济社会发展而不断深化，与人民政治参与积极性不断提高相适应。"胡锦涛总书记在党的十七届二中全会讲话中进一步强调："政治体制改革是社会主义政治制度的自我完善和发展，必须深化政治体制改革。""同我国经济社会发展的新形势相比，同保障人民民主权利、维护社会公平正义的新要求相比，我国政治体制还有一些不适应的地方，需要进一步加以完善。"① 从社会主义改革的全面性的高度认识政治体制改革的地位，确定深化政治体制改革的任务，确保政治体制改革沿着正确方向深入推进，是当前关键发展时期的重要战略选择。

社会主义改革是全面的社会变革过程。社会主义改革的全面性，包括多层面意义：从改革的广度来说，不仅要进行经济体制改革，而且要在经济体制改革的基础上推进政治体制改革以及文化、社会等领域的改革，并且要使各项改革相互配套、相互补充；从改革的深度来说，不仅要进行具体体制和运作机制的改革，而且改革的深化必然要求对某些具体制度甚至某些根本制度做出相应的改革，改革不是细枝末节的修补，而是社会主义制度的自我革命；从改革的影响度来说，无论是经济领域的改革，还是政治领域的改革，都内在地要求实行相关领域的对外开放，积极吸纳世界各国先进经验和文明成果，以作为国内改革的重要借鉴，同时使各项体制和制度更加适应走向世界的需

① 转引自2008年2月28日《人民日报》。

要，从这个意义上说，开放也是改革，是更广泛意义的改革。总之，在当代中国，改革是经济社会全面发展的内在要求，改革渗透于经济社会发展的各个层面，不进行全面改革，中国特色社会主义就难以继续推进。

社会主义改革所以是全面的，从根本上说，是因为社会主义社会的基本矛盾运动具有全面性和系统性。生产关系和生产力、上层建筑和经济基础，这两对矛盾关系既各自成为一种矛盾系统，又相互作用构成更高一级的矛盾系统。生产力的发展要求生产关系相应地进行某种调整和改革，而生产关系任何一方面的改革，又一定会程度不同地影响到上层建筑，要求上层建筑进行相应的调整和改革，以为生产关系的调整和改革创造良好的政治保证和政治动力。生产关系和上层建筑的改革，归根到底都是为了解放和发展生产力。社会主义矛盾运动的全面性和由此决定的社会主义改革的全面性，随着改革的深化和在改革过程中矛盾运动的进一步展开，将愈益显明地凸现出来。

在社会主义全面改革系统工程中，政治体制改革具有极其重要的地位，是不可忽视和懈怠的重要环节。邓小平反复强调："我们提出改革时，就包括政治体制改革。"① 没有逐步推进的政治体制改革，社会主义改革很难全面深化并取得胜利，不仅如此，还有可能由于政治体制改革滞后而使整个改革事业困难重重、前功尽弃。这是由于：第一，经济是基础，政治是经济的集中体现。生产力的发展，生产关系的变革，必然深层次地涉及政治领域的若干体制和制度，不可回避地提出政治体制改革任务。假如不能审时度势，适时推进政治体制改革，经济体制改革所遇到的深层障碍就很难排除，改革也就很难在新的层面上解决社会矛盾、推进社会发展，甚至前期改革成果也很难巩固。第二，政治体制改革在社会主义改革系统中担负着双重功能：它既为经济体制改革的深化扫清障碍，提供强有力的政治动力和政治保证，

---

① 《邓小平文选》第3卷，北京：人民出版社1993年版，第176页。

又担负着建设高度民主、实现人民民主权利、调动人民积极性的重任。在社会主义初级阶段，社会主义民主是逐步完善的过程。政治体制改革则是发展社会主义民主的根本动力。在我国现行政治体制中，由于封建主义残余以及计划经济条件下所形成的某些政治体制的影响，还存在着比较严重的弊端，不彻底改革这些弊端，社会主义民主就很难向高层次发展。我们说改革是社会主义制度的自我完善和发展，很大程度上是就政治体制改革而言的。第三，政治是上层建筑的核心组成部分，在经济和社会发展中担负着极其重要的职能和功能。其一，政治决定着国家和社会的发展方向，"政治就是参与国家事务，给国家定方向，确定国家活动的形式、任务和内容"。[①] 其二，"政治是经济的集中表现"，[②] 它对经济和社会的发展具有极其重要的反作用，甚至在一定条件下与经济相比不能不占据首要地位。其三，政治是对社会的协调和管理，政治"是以执行某种社会职能为基础"的，政治也"只有在它执行了它的这种社会职能时才能持续和发展"。[③] 政治的这些重要职能和功能，决定了政治体制改革在社会主义全面改革和经济社会发展中的重要作用。正是从改革的全面性和政治体制改革的重要作用出发，邓小平深刻指出："我们所有的改革最终能不能成功，还是决定于政治体制的改革。""只搞经济体制改革，不搞政治体制改革，经济体制改革也搞不通，因为首先遇到人的障碍。"因此，"政治体制改革同经济体制改革应该相互依赖，相互配合"，全面推进。[④] 邓小平的这些精辟思想，被我国改革开放实践所反复证明。

事实上，在我国新时期改革开放进程中，特别是在改革攻坚阶段和纵深发展时期，若干重大改革，本身就具有经济改革和政治改革的双重性质。例如，当前正在展开的新一轮行政管理体制改革，既是进

---

① 《列宁文稿》第2卷，北京：人民出版社1978年版，第407页。

② 《列宁选集》第4卷，北京：人民出版社1995年版，第411页。

③ 《马克思恩格斯选集》第3卷，北京：人民出版社1995年版，第219页。

④ 《邓小平文选》第3卷，北京：人民出版社1993年版，第164页。

一步推进政治体制改革的重要内容，又是进一步深化经济体制改革的重要任务。深化行政管理体制改革，既要密切适应经济市场化的要求，加快政府职能转变，进一步完善和发挥政府经济调节、市场监管、社会管理、公共服务的职能，又要密切适应政治民主化的趋势，着力建设高效政府、阳光政府和廉价政府，从制度层面革除官僚主义弊端，清除以权谋私现象，确保人民政府的人民性和公共性。只有深入把握行政管理体制改革的这种双重性质，从经济改革与政治改革相互联系、相互作用的角度深化行政管理体制改革，改革才能真正彻底并取得成效。

当前若干重大改革所以会具有这种双重性特点，归根到底是由经济与政治的密切关系决定的。经济是基础，政治是经济的集中体现。传统计划管理体制所强调的经济大一统，以及国家对社会生产和经济生活的直接控制，使经济与政治的关系变得更加密切。许多经济体制，内在地包含着政治体制因素；许多政治体制，又内在地依托着经济体制因素。在改革开放初期，由于改革目标单一、单项突破，因而经济体制方面的改革，往往未能更深入地触动政治体制因素；某些政治体制改革，也由于经济体制改革未能提供更加成熟的时机和条件而使改革很不彻底，未能对经济改革和经济发展发挥能动性推动作用。在当前改革发展关键时期，必须改变以往经济改革和政治改革孤立进行、单项推进的方式，更深入地揭示和把握政治体制改革与经济体制改革的内在联系，在两大改革协调统一的基础上更有力地发挥改革推进中国特色社会主义的重要作用。

转型性发展的特质和政治体制改革的功能

当代中国正处在转型性发展的重要时期。这是深刻认识和把握政治体制改革重要功能的背景和前提。所谓转型性发展，是特指1978年党的十一届三中全会以来改革开放新时期。新时期最鲜明的特点是改革开放，最基本的动力是市场经济，最突出的标志是与时俱进，最根本的价值取向是实现由传统社会向现代社会嬗变，促进当代中国进入以人为本、科学发展、和谐发展的新境界。

当代中国转型性发展包括丰富内涵：（1）由计划经济社会向社会主义市场经济社会转型；（2）由农业化社会向工业化社会转型；（3）由乡村型社会向城镇化社会转型；（4）由传统工业化社会向新型信息化社会转型；（5）由封闭半封闭社会向全方位开放社会转型；（6）由伦理化社会向民主法治化社会转型。这种内涵极为丰富、涉及面极为宽广的转型性发展，是基本实现我国现代化的重要基础和必经阶段。经过30年改革开放和转型性发展，当代中国已进入工业化、信息化、城镇化、市场化、国际化发展的新阶段，中国特色社会主义展现出光辉灿烂的前景。

具有丰富内涵和鲜明特点的转型性发展，把一系列深层矛盾凸现到经济社会发展的显要位置上来。我们面临的机遇和条件前所未有，面临的挑战和矛盾也前所未有。清醒地认识和把握当前的社会矛盾和问题，进一步加大政治体制改革力度，是进一步推进当代中国由“传统”向“现代”转型的迫切要求。

1. 市场机制和政府行为的矛盾。持续30年的经济体制改革的不断推进，使市场运作机制不可遏制地渗透于经济社会各个层面，迫切要求进一步转变政府职能，规范政府行为。总体衡量，政府管理体制和管理模式相对滞后，传统计划经济条件下形成的某些管理体制、机制、方法和习惯还在影响着不少政府部门，机构庞杂、层次繁多、行政效率低的现象还没有完全消除这不啻是影响社会主义市场经济发展的最严重障碍。

2. 权力公共性和权力腐败的矛盾。由于权力监督机制和制约机制还比较薄弱，在发展市场经济过程中，某些政治权力对经济生活进行非正常渗透，导致相当程度的权力商品化行为，造成某些领域的严重不等价交换，既对正在建立之中的社会主义市场经济体制产生着不可估量的破坏作用，又对国家权力的本质产生着极其严重的销蚀作用。

3. 利益分化和社会公平的矛盾。改革开放30年，我国经济快速增长，人民生活显著改善，这是有目共睹的事实。在经济增长过程中，社会成员的利益关系也发生了历史性变化，这种变化在推动社会进步的同时，也带来了一定程度的利益差异乃至分化。利益关系方面的矛盾，不仅直接影响到一部分社会成员对改革的认同度和承受力，而且深刻影响到社会公平乃至政治公平，对政治运行和社会稳定产生巨大的震动波和冲击力。

4. 政治参与和民主程度的矛盾。市场经济迅速发展，极大地激发了社会成员政治参与积极性。大众政治参与，既是推进民主政治的重要手段，又是现代民主程度的重要标志，迫切要求进一步拓宽民主渠道，丰富民主形式。目前我国公民政治参与还受到某些制度、体制和文化习俗的制约，某些政治参与行为也很不规范，有待于进一步提升。如何切实保障人民的政治参与积极性，不断扩大政治参与的广度和深度，将是当代中国政治改革和政治发展长期面临的课题。

5. 价值多元化和共同理想的矛盾。在经济全球化迅猛发展和政治多极化愈益凸显的条件下，各种文化相互交融、相互渗透的程度愈益加大，社会成员的价值选择愈益呈现出多元化趋势。价值取向上的差异和矛盾，尤其深刻地影响到人们对社会变革与发展的认同和参与，对社会共同理想的建构与导向产生严峻挑战。

改革发展关键阶段的深层矛盾和问题，仅仅靠经济改革的深化和经济转型的推进，显然是不可能完全消解的，它迫切要求适应经济社会深度转型的需要，加快政治体制改革步伐，推进我国政治体制及其运行机制走向自我更新与超越，从而充分地发挥政治关系对于转型性发展的特殊的调节与保证作用。

政治是一种特殊的社会现象，在人类文明发展史上，政治占有相当重要的地位。马克思主义政治观揭示，政治在社会发展中的特殊功能主要表现在：其一，“政治是经济的集中表现”。[①] 经济和社会发展中的矛盾和冲突，无不通过政治集中地表现出来。政治的变革和发展，既是经济发展的结果，又是经济发展的前提。其二，政治是对社会的必要协调和管理。政治“是以执行某种社会职能为基础”的，政治也“只有在它执行了它的这种社会职能时才能持续”发展。[②] 其三，政治决定着国家和社会的发展方向。“政治就是参与国家事务，给国家定方向，确定国家活动的形式、任务和内容。”[③]

政治上述三个方面的功能，在转型性发展时期显得更加重要和突出。一方面，经济社会由传统向现代转型，必然内在地要求政治上层建筑以及其他政治关系做出相适应的变革和调整，加快政治现代化步伐，以适应新经济发展的需要。另一方面，寻求解决经济社会转型过程中矛盾和冲突的有效途径，必然内在地要求加大政治改革与发展的力度，发挥政治对于经济社会转型的协调与管理作用。政治社会学认为，政治关系是社会关系中最要害的部位。政治关系的协调，对于整个社会关系的协调起着关键性作用。政治关系代表着和反映着各阶级、阶层和社会集团不同的利益要求。在社会有机体中，职业政治活动家虽是少数，然而与政治活动有着这样或那样联系的，却是社会的大部分成员。从这个意义上说，在现代社会，社会公民都是一定政治关系中的分子。保证社会关系协调和谐，消解社会转型过程中的矛盾和冲突，防止和避免逆反力量对社会变革和发展的干扰，关键就在于政治关系的调整。政治对于社会的协调与管理，实质上也就是政治关系的梳理和调整。

政治关系包含极为丰富的内容。政党之间的关系，执政党与参政党的关系，政党与政府的关系，国家与社会的关系，国家机构与人民的关系，国家机构相互间的关系，以及各社会团体相互间的关系等，

---

① 《列宁选集》第4卷，北京：人民出版社1995年版，第441页。

② 《马克思恩格斯选集》第3卷，北京：人民出版社1995年版，第219页。

③ 《列宁文稿》第2卷，北京：人民出版社1978年版，第407页。

构成复杂的政治关系网络。政治关系的目的不是政治本身而是社会。政治关系在任何时候都面临着不同的社会利益及其引发的矛盾和冲突。政治关系的根本功能在于通过各种方式、途径和措施，统一不同的社会利益及其需求，使社会成员的基本共同点得到满足，增进社会协调发展的共识，从而形成尽可能大的有利于社会转型和现代化发展的合力。显然，这样一种政治功能，不是专制政治体制或比较低级的民主政治体制所能具有的，而必须进行政治现代化变革，建设高度民主的政治关系。这就是以经济市场化和社会现代化为目标的经济社会转型对政治改革和政治发展的紧迫要求。从协调社会关系、促进社会转型来说，这种以政治现代化为目标的政治改革和政治发展不仅必不可少，而且应当适度超前。

中国特色社会主义政治发展的本质特征和政治体制改革的现实任务

中国特色社会主义政治发展道路，是改革开放以来中国共产党依靠人民、带领人民共同开创的。这条政治发展道路的关键在于，我们党既坚持了马克思主义关于政治发展的基本原理和社会主义民主政治的基本原则，又根据我国的实际尤其是社会主义初级阶段的基本国情赋予其鲜明的中国特色。中国特色社会主义政治发展的本质是中国共产党领导、人民当家作主和依法治国的有机统一。这一政治发展的本质，突出地表现为四大基本特征：

——共产党领导是前提。中国共产党是执政党，是建设高度社会主义民主的核心领导者和主要推动者。在中国特色社会主义民主政治进程中，必须坚持党总揽全局、协调各方的领导核心作用，提高科学执政、民主执政、依法执政水平，保证党领导人民有效治理国家。

——人民当家作主是基础。人民当家作主是社会主义民主政治的本质和核心，也是发展社会主义民主政治的根本基础。人民当家作主不仅仅是宪法的规定和国家的原则，而且是一种实际的过程，这就是，健全各种民主制度，丰富各种民主形式，拓宽各种民主渠道，从各个层次、各个领域不断扩大公民有序和有效的政治参与，最广泛地动员和组织人民依法管理国家和社会事务、管理经济和文化事业，使执政党、国家机构、社会生活等各个层面充分反映民愿、尊重民意，体现人民当家作主。

——依法治国是保障。现代民主政治是制度化、法治化的政治形态。中国特色社会主义政治发展，是一种使民主不断走上制度化、法治化的过程。制度化和法治化两者不可或缺、相辅相成，构成民主政治和依法治国的完整内容。中国特色社会主义民主政治发展，不仅要上升到法律的高度，以完备的法律加以保障，一切依法办事，实现依法治国；而且要上升到制度的层面，使政治运行走上制度化、规范化、程序化轨道。制度问题带有根本性、全局性和稳定性，民主政治制度化，是民主政治法律化的重要基础和保证，是依法治国的有机内容。

——以人为本是主线。社会的发展，从根本上说是以何为本的问题；政治的发展，尤其突出在以何为本这一根本问题上。这也是区分一种政治形态是否进步的根本标志。资本主义之前的政治发展，基本上是以神为本，上帝（神灵）主宰政治成为封建专制政治的主要标志，人们主要从虚幻的神灵中获取政治的价值与动力；资本主义商品经济的广泛发展，使社会发展进入以物为本阶段，金钱主宰政治成为资本主义政治无法超越的障碍；只有社会主义和共产主义社会，才能真正进入以人为本即人的自由全面发展的新阶段，以人为本成为社会主义政治发展的本质特征。从这个根本之点上说，我们党提出的坚持以人为本、全面协调可持续发展的科学发展观，不仅具有极其广泛的经济社会意义，而且具有极其深刻的政治意义。以人为本贯穿中国特色社会主义政治发展始终，是不断推进民主政治发展的主线。包括工人、农民、知识分子以及一切中国特色社会主义建设者在内的广大人民，既是我国政治发展的根本出发点，又是根本依靠力量，同时是一切政治变革和政治发展的根本目的。

中国特色社会主义政治发展包括丰富的内涵：（1）以选举民主为主要标志的人民代表大会制度；（2）以协商民主为主要标志的政治协商制度；（3）以直接民主为主要标志的群众自治制度；（4）以党内民主为主要标志的政党政治制度。在我国现阶段进一步深化政治体制改革，既要同经济体制改革和社会主义市场经济发展相适应，同大众政治参与积极性不断提高相适应，同人民对公平正义的新期待新要求相适应，又要同中国特色社会主义政治发展的本质特征和科学内涵相吻合。这两个方面在本质上是一致的，深化政治体制改革，归根到底是要在适应时代新变化、实践新要求和人民新期待的基础上进一步拓展中国特色社会主义政治发展道路。

这样一种改革方向和改革目标，决定了在新的历史起点上进一步推进政治体制改革，必须致力于完成以下现实任务。

第一，以扩大党内民主为目标，进一步深化党的领导体制、执政方式、组织制度和干部制度改革。

现代民主政治是政党政治，关键在于执政党能否改革创新、民主建党。中国特色社会主义政治发展的核心领导力量是中国共产党，能否以改革创新精神加强党的自身建设，不仅直接关系到党自身能否繁荣发展，而且直接关系到中国特色社会主义民主政治能否开拓前进。深刻把握时代的新变化、经济社会的新发展和党的建设面临的新问题，以改革创新精神大力推进党自身改革，是我国政治体制改革长期而又紧迫的任务。

发展和扩大党内民主，是以改革创新精神推进党自身改革的首要内容。我们党的性质和宗旨决定了党内生活必须以民主作为基本政治原则。党内民主是党的生命。对于马克思主义政党来说，党内民主建设的进程和质量，不仅直接影响和决定着整个党的建设进程和质量，而且事关党和人民事业兴衰成败。尤其是，党内民主对人民民主具有重要的示范和带动作用。因此，要以扩大党内民主带动人民民主，以增强党内和谐促进社会和谐，这是中国特色社会主义民主政治不断发展的有效路径。

扩大党内民主的核心是确保党员民主权利，关键是制度创新。要紧紧围绕扩大党内民主，进一步改革和完善这样一些基本制度：一是党内民主选举制度，按照党章规定定期召开党员大会和党员代表大会，一律以无记名投票的方式民主选举党的各级组织机构和领导者，选举必须真正体现选举人的意志；二是党内民主讨论制度，重大问题由全体党员或党员代表进行充分讨论，知无不言，言无不尽，最后以少数服从多数的原则进行民主表决，同时对少数人的不同意见认真考虑并加以尊重；三是党内情况通报制度，重大问题和事务及时在党内通报，使党的各级干部和全体党员及时知晓，增强党内生活透明度；四是党内民主决策制度，充分发扬民主，建立健全领导、专家、群众相结合的决策机制，依靠集体的力量进行科学决策，重大决策实施之前在党内广泛征求意见，以对决策进行及时补充和修正。

第二，以建设服务型公共政府为目标，进一步深化行政管理体制改革。

党的十七大密切适应经济体制改革和经济社会发展的要求，明确提出必须“加快行政管理体制改革，建设服务型政府”。十七届二中全会通过的《关于深化行政管理体制改革的意见》进一步强调：“行政管理体制改革是政治体制改革的重要内容，是上层建筑适应经济基础客观规律的必然要求，贯穿我国改革开放和社会主义现代化建设的全过程。必须通过深化改革，进一步消除体制性障碍，切实解决经济社会发展中的突出矛盾和问题，推动科学发展，促进社会和谐，更好地维护人民群众的利益。”① 深化行政管理体制改革的根本任务和重要目标是进一步改革高度集权的行政管理体制，着力建设服务型公共政府。社会主义市场经济是建立在社会主义公有制基础之上，与社会主义国家政权的命运紧密联系在一起的，必须高度重视政府的宏观调控功能。但这绝不意味着，我们可以运用高度集权的政治体制和行政管

① 引自2008年3月5日《人民日报》。

理体制来领导和建构现代市场经济体制。这是因为，高度集权的决策体制和管理体制，是与市场机制根本对立的。从决策和管理角度来说，市场机制在本质上就是一种分散决策机制，削弱、排斥市场机制作用的最大弊端就是权力过于集中，如果千百万商品生产经营者不能根据市场和成本的变动自主地进行生产、交换和投资决策，也就谈不上由市场来配置资源。从这个本质意义上说，市场经济改革进程，首先是对传统的高度集中的计划经济体制以及与之相适应的高度集权的政治调控体制的冲击，是经济体制改革的必然延伸和必要保证。改革开放以来我国进行了多次行政管理体制改革，在当前改革发展关键阶段所以要更深层次地推进行政管理体制改革，其深层动因正在这里。

同时，随着改革发展的深入，人民群众对社会公平和民生问题的要求进一步凸现，社会建设和社会发展的任务愈益加重，转变政府职能、建设服务型公共政府的任务更加迫切地提到政治体制改革重要位置上来。建设服务型公共政府，要求进一步改革和创新行政管理体制，通过转变职能、理顺关系、优化结构、提高效能，真正把政府的主要职能转变到经济调节、市场监管、社会管理、公共服务上来，把公共服务和社会管理放在更加重要的位置，努力为人民群众提供方便、快捷、优质、高效的公共服务。

深化行政管理体制改革的总体目标是，到2020年建立起比较完善的中国特色社会主义管理体制。通过改革，实现政府职能向创造良好的发展环境、提供优质公共服务、维护社会公平正义的根本转变，实现政府组织机构及人员编制向科学化、规范化、法制化的根本转变，实现行政运行机制和政府管理方式向规范有序、公开透明、便民高效的根本转变，建设人民满意的政府。今后5年，则要加快政府职能转变，深化政府机构改革，加强依法行政和制度建设，为实现深化行政管理体制改革的总体目标打下坚实基础。

第三，以坚决抑制和消除权力腐败现象为目标，进一步深化权力运行体制改革。

在市场经济过程中，政治权力对经济运行进行非正常渗透，从而导致权力商品化行为，造成对公共利益的严重侵蚀，这几乎是当今世界一种共生现象。因此，无论是发达国家，还是发展中国家，都无不把市场经济过程中的反腐败提到政治发展的重要位置上来。在与腐败现象斗争的实践中，人们愈益认识到，经济增长不可能自然而然地解决政治上层建筑方面与经济发展逆方向运行的消极因素；只有顺应现代市场经济规律，不断推进政治体制改革，提高政治上层建筑为经济增长和公共利益服务的素质，才能有效地抑制腐败现象，保证政治和谐和社会和谐发展。

在我国经济市场化进程中，更应当把抑制和消除权力腐败行为作为政治发展的头等大事和长期任务。党的十七大密切适应深化政治体制改革、消除权力腐败现象的需要，把反腐倡廉建设作为党和国家政治生活的一项根本建设。十七大报告明确要求：要“更加注重制度建设，拓展从源头上防治腐败工作领域。”要“坚持深化改革和创新体制，加强廉政文化建设，形成拒腐防变教育长效机制、反腐倡廉制度体系、权力运行监控机制。”

在民主制社会中，权力具有宽泛的内涵和意义。权力是全体人民的意志，这是权力的一般意义。社会主义民主制开拓了实现权力为全体人民共有的光明前景。在社会主义制度中，公民所以享有广泛的民主权利，是由于公民已经成了国家的主人，每个公民都有一份主人的权力。从这个意义上说，凡享有公民权利的人，都有一定的权力。权力是权利的基础，也是权利的保证。

然而这种广义上的权力，在实际生活中却是相当抽象的，普通公民很难具体感觉到自己所拥有的政治权力的存在。现实生活中人们看重的是另外一种权力，这就是只能为少数人所掌握的政治上的强制力量。这可以说是狭义上的权力。这种狭义上的权力，具有两个重要特征：一是权力同国家职位紧密相连。由于国家职位只能为少数人所占有，因而权力这种本来属于全社会公民的意志，在实际运行过程中就变成了少数人手中的神奇力量。利用这种已经特殊化了的权力，少数人既可以叱咤风云地推动社会进步，也可以随心所欲地给社会带来灾难；既可以造福于人民，也可以祸害人民。二是权力与利益紧密相连。社会关系突出地表现为不同的利益关系，因此从社会关系中产生出来的权力，不管掌权者自觉还是不自觉，它总是代表着、反映着特定的利益关系，并为一定的利益实现服务。由此，权力可以依据掌权者的意志造成一定的利益倾斜：它可能给一部分人带来利益，而对另一部分人的利益造成侵扰和损害；它既可以创造利益公平和平等，也有可能促成利益分化和冲突。

政治权力上述两个基本特征，在实行市场经济条件下，在经济结构和利益结构呈多元化环境中，很容易生成一种负面政治效应，这就是，一部分掌权者运用手中权力介入经济生活，以权力为依托进行商品经济活动。政治权力介入的经济活动，必然是不等价交换，交换的主要目的是为掌权者谋求私利，由此必然导致“权力经济化”，造成对市场经济平等交换原则的严重破坏和对社会公共利益的严重侵蚀。因此说，市场经济过程中某些权力腐败现象，根本原因不在于经济方面而在于政治方面，在于某些权力偏离了权力的本质即全体公民的意志，在于掌权者不是代表社会公共利益而是从满足私有利益出发操作手中权力。那种把权力腐败现象归咎于市场经济，认为只要实行市场经济腐败即难免的观点，是缺乏充足的理由和依据的。

市场经济过程中权力腐败现象的消除和抑制，一方面取决于掌权者良好思想道德素质的恒久保持，一方面则取决于权力运行机制和权力制约机制的健全完善，归根到底还是后一个方面起作用。适应社会主义市场经济对平等交换原则和社会公共利益增长的要求，深入改革现行权力运行体制，肃清附着于政治权力结构中的封建主义残余，进一步完善权力运行机制和权力制约机制，是经济市场化改革对政治上层建筑的政治价值期待，是中国特色社会主义政治发展的一项长期战略任务。

第四，以丰富民主形式、发展政治参与为目标，进一步深化政治运行机制改革。

社会主义民主政治，不仅要有特定的民主内容，而且要有丰富的民主形式，并且不断实现民主内容和民主形式的有机统一。所谓民主内容，是民主的质的规定性。任何性质的民主政治，都必须创造出一定的民主形式予以体现和实现。没有有效的民主形式，民主的性质和内容就会流于空谈。资本主义民主政治在长期发展过程中创造了丰富的民主形式，形成了一整套民主程序，有效地增强了资本主义民主制度的生命力。这一点值得我们借鉴。在过去很长时间，我们往往注重民主的内容而轻视民主的形式，甚至认为民主的性质是至关重要的，而民主的形式则微不足道，从而严重影响了民主政治进程，乃至在"社会主义民主就是人民当家作主"这样笼统的口号下掩藏着许多专制政治弊端。历史深刻说明，建设中国特色社会主义民主政治，必须大胆借鉴人类社会的政治文明成果包括资本主义民主政治的有益成果，着力创造丰富的民主形式，从而使民主政治真正走上制度化、规范化、程序化轨道。

丰富民主形式，拓宽民主渠道，一个重要的现实任务是适应人民政治参与积极性不断提高的需要，不断拓展政治参与的广度和深度。发展政治参与，既是推进民主政治发展的重要手段，又是现代民主制度的重要标志。在我国现阶段，公民政治参与还受到某些制度、体制和文化习俗的障碍而很不普遍、很不深入，某些政治参与行为也很不规范，甚至还存在着种种背离社会主义民主性质和要求的政治参与行为。现实状况提醒我们，不断扩大公民的政治参与，必须在有序化和有效性上下功夫。一是要进一步建立健全政治参与机制，畅通参与渠道；二是要进一步营造政治参与舆论氛围，提高公民参与政治的积极性；三是要进一步提升政治参与质量，把政治参与纳入社会主义民主的大方向和大趋势；四是要严厉处理压制民主、打击报复的官僚主义和以权谋私行为，切实保护公民政治参与的权利和积极性。总之，要把公民政治参与的广度和深度实际地作为深化政治运行机制改革的重要突破口，作为中国特色社会主义民主政治完善和发展程度的重要标志。

发展协商民主，凝聚社会各界力量，形成民主政治建设的宏大生力军，是在我国现阶段进一步丰富民主形式、发展政治参与的重要环节，是深化政治运行机制改革的一项重要任务。改革开放所产生的最重大的社会效应就是多元化。经济成分多元化、利益分配多元化、就业方式多元化，直接带来了社会结构和阶级阶层多元化，社会成员在多元化的经济社会变革中产生着多元化的政治价值诉求。在我国现28阶段，不仅产生了一大批包括个体户、私营企业主、民营企业家、外资合资企业的管理者、社会中介组织成员以及自由职业者等新的社会阶层，而且工人阶级、农民阶层以及知识分子队伍也发生了许多新的变化和分化。社会结构多元化，既为中国特色社会主义政治发展增添了巨大的动力和活力，也为进一步改革政治体制提出了新的更高的要求，迫切要求民主政治建设更加拓宽视野，更加面向社会，彻底超越阶级和阶级斗争的思维定式，凝聚起宏大的民主政治建设大军。新生的经济社会组织及其主要成员，不仅同工人、农民、知识分子一样，是中国特色社会主义的经济建设者，而且也是中国特色社会主义政治建设的重要推动力量。通过人民政协等多种组织和渠道加强同新生的社会群体和建设力量进行政治协商和政治沟通，是中国特色社会主义民主政治的重要生长点。

第五，以规范社会成员政治行为、促进人的全面发展为目标，进一步改造小生产社会政治心理。

民主政治发展过程，同时是提升社会成员民主素质、促进人的全面发展的过程。深化政治体制改革，离不开对人自身非民主素质的改造和政治道德的完善。我国社会主义制度之前的社会是小生产如汪洋大海、小生产心理积淀极为浓厚的社会，小生产心理的久远影响，不仅直接渗透于经济、文化领域，而且极为顽固而复杂地影响到政治上层建筑。由小生产社会心理长久积淀而成的某些政治行为，是经济市场化进程中最广泛也是最严重的政治障碍。我国现阶段的小生产意识残余主要包括两种：一种是小农经济意识，一种是小商品经济意识。不论是小农经济意识还是小商品经济意识，由于它们所赖以产生和依托的生产方式决定，它们都是专制政治的社会基础，由它们外化的政治行为，都构成对社会现代化的逆反甚至破坏。小农的“生产方式不是使他们互相交往，而是使他们互相隔离”。因此，“他们不能代表自己，一定要别人来代表他们。他们的代表一定要同时是他们的主宰，是高高站在他们上面的权威，是不受限制的政府权力，这种权力保护他们不受其他阶级侵犯，并从上面赐给他们雨水和阳光。所以，归根到底，小农的政治影响表现为行政权力支配社会。”① 小商品生产者政治要求的中心内容则是对私有利益的维护，由此，小商品生产者自发的平等、自由要求很容易脱离社会整体利益，导致极端个人主义和无政府主义，最终又陷入对权力的崇拜和对专制政治的追求。

这两种小生产社会政治心理，相互影响，相互作用，在商品经济大潮中便会滋生一些特有的社会问题。权钱交易、以权谋私等腐败现象，从根本上说正是根深蒂固的小生产意识在商品经济大潮中沉渣泛起的结果。一方面，小生产者在商品交换过程中为了获得更大私利，必然要借助于政治权力的庇护，为此，他们势必采取人情拉拢和金钱贿赂等手段腐蚀、利用一部分掌权者。另一方面，那些以权谋私者，本身就具有严重的小生产意识，或小生产意识没有得到彻底改造，少数人甚至还顽固地保留着“捞一把”的小生产心态。这种人一有合适机会，就会滥用手中权力谋取私利，成为在更大范围为小生产者所利用，对社会主义市场经济造成严重破坏的政治行为。由上述分析可见，我国现阶段小生产社会政治心理与政治体制中的弊端复杂纠缠、胶着，对政治运行和社会发展带来消极影响和严重障碍。因此，改造小生产社会政治心理，提升社会成员的现代民主素质，适应经济市场化、政治民主化和社会现代化的趋势规范社会成员政治行为，也就内在地成为深化政治体制改革的一项重要现实任务。

① 《马克思恩格斯选集》第1卷，北京：人民出版社1995年版，第639页。

政府创新与政府自觉*

乔耀章　芮国强**

几个概念

何为国情、政府、创新，在研讨“中国国情与政府创新”这个主题时，为了防止和避免议论的混乱，很有必要而且首先应该关注的是对“中国国情”“政府”“创新”这几个基本概念有一准确的理解和认识。何为中国国情呢？在万象纷呈、林林总总的中国国情中，我们以为最大的带有根本性质的国情莫过于目前中国还将长期处于社会主义初级阶段。正如中国国家主席江泽民在庆祝中国共产党成立80周年大会上的讲话中所指出的那样：“我国现在处于并将长期处于社会主义初级阶段。社会主义初级阶段，是整个建设有中国特色社会主义的很长历史过程中的初始阶段。随着经济发展和社会全面进步，将来条件具备时，我国社会主义建设会进入更高的发展阶段。”应该说，对我国国情及其社会主义发展目标的过程性、长期性、阶段性阐明得如此透彻，这还是第一次。这就要求我们做一切事情，都要进一步强化一

* 本文发表于《学术界》2002年第4期。

** 乔耀章、芮国强，苏州大学教授。

切从中国特色社会主义初级阶段这一最大的实际、最大的国情出发的意识，而不能淡化这种意识。社会主义初级阶段是指中国的社会主义还是初步的、不发达的、不完全的、不完善的或“不够格”的社会主义。其现实的历史进程很难说比现实的资本主义历史进程要高。这说明，中国社会主义的不成熟性和非社会主义因素的存在和发展的合理、合法性。这种“二重性”进一步证明中国现处在由传统社会向现代社会转型时期，具有“多质性”。这种多质性主要表现在：社会生产力发展水平及状况参差不齐的多层次性；多种所有制经济并存且相互作用；人对人的依赖关系、人对物的依赖关系与人的自主性全面发展关系要素并存且相互作用；自给自足的自然经济、一定程度社会化的商品经济、市场经济与一定程度社会化产品经济要素并存且相互作用；农业社会的技术形态、工业社会的技术形态、与信息社会的技术形态要素并存且相互作用，等等。对此，我们曾把现阶段的中国比喻为一座大“熔炉”或活的“博物馆”，几乎人类社会形态的不同阶段、不同领域的各种要素都共存于中国现实的社会之中。这种多质性的社会，它既含有作为过去遗迹的前资本主义的因素、又包含作为现实基础的社会主义的因素和非社会主义因素，还包括未来社会主义的因素。在这些因素当中，现实的社会主义因素与非社会主义的因素相比，前者应当占主导面，这是由中国社会发展的质的规定性决定的。正是从这个意义上，我们把中国国情的质理解为“社会主义定向性”①。这种作为定向的社会主义同非社会主义的成分或因素长期共存与竞争、互动与互补，在整个社会主义初级阶段共存共荣，达成“命运共同体”。正因为如此，中国国情与政府创新存在着内在的本质的关联性。政府创新是由中国特色社会主义初始阶段政治、经济、文化的“多质性”发展规律使然，中国特色社会主义初始阶段的政治、经济、文化不能不决定着、制约着、影响着中国的政府创新。从“应然”层面说，中

① 乔耀章：《中国社会主义特色纵横谈》，苏州大学出版社1996年版，第245—246页；《略论作为社会主义定向的政治发展》，《江苏社会科学》2002年第2期。

国的政府创新应该是社会主义的或社会主义定向的政府创新；从“实然”层面说，中国的政府创新只能是社会主义初始阶段的政府创新。

何为政府、何为中国政府呢？中外学者对这个问题进行了多方面的研究与讨论。中国学者一般从广义和狭义上理解和使用政府概念。如中国改革开放恢复重建政治学以后，由赵宝煦先生主编的第一本政治学教科书《政治学概论》中就明确地指出：“政府一词，历来就有广义和狭义两种不同的解释。在资本主义世界，实行总统制的国家，政府通常是指中央和地方政府全部的立法、行政和司法机关。这就是所谓广义的解释；在实行议会内阁制的国家，政府通常是指中央和地方的行政机关。这就是所谓狭义的解释。”① 赵先生关于政府的这个界定在中国政治学界产生了比较广泛的共识和影响。但同时也提出一个值得商讨的问题，即政府是否只同国家相联系？我们带着这个问题，在广泛阅读学习借鉴中外学者研究政府问题所取得的成果的基础上，提出和初步论证了“非国家机构的政府”问题②。在国内，关于中国政府的法定含义有两种：一是新中国成立初年《共同纲领》规定的集立法、行政、军事、司法于一体的广义的政府，一是始于1954年宪法规定的狭义的政府，即指国家权力机关的执行机关，或国家行政机关。③ 值得一提的是，国内学者关于中国政府的狭义解释几乎没有大的分歧，而对于广义政府的解释则存在着较大分歧，主要表现在：一些学者将对政府概念的界定从国家机关的立法、司法、行政机关扩大到所有国家机关，包括军队、警察等暴力机构，如芮明春主编的《政府学》，高民政主编的《中国政府与政治》等就是持这种解释；另一些学者则将对政府的概念界定从国家机关扩大到国家机构以外的社会领域，这里又有三种情形：一种是把政府=国家+社团+民间组织+社

① 赵宝煦：《政治学概念》，北京大学出版社1982年版，第103页。

② 乔耀章：《政府理论》，苏州大学出版社2000年版，第5—12页。

③ 陈红太：《当代中国政府体系与政治研究法》，北京：经济日报出版社2002年版，第16页。

区政治机构，如辛向阳在其著《红墙决策：中国政府机构改革深层起因》一书中关于政府的五级定义的前两级定义就是如此；另一种是把中国共产党纳入中国政府定义之中，如王敬松著《中华人民共和国政府与政治》一书中就基于中国政府的特殊结构，把中国共产党放在了广义的政府之中；胡伟著《政府过程》一书认为，共产党组织是当代中国政府机构的核心，无论就广义的政府还是狭义的政府都是如此；朱光磊著《当代中国政府过程》一书主张政府等于国家机构的总体与执政党之和，认为这反映了当代中国的实质；第三种是提出更大的政府概念，它超越了国家机构的总体与执政党之和，而提出“政府体系”概念，并主张用“政府体系”概念等同或取代政府概念，如由曹沛霖、林尚立教授等编著的《当代中国政府理论研究丛书》在总论中就使用了“政府体系”概念，作者把政府体系优化的基本组成概括为10个方面；陈红太研究员认为“政府体系”这一概念是一个非常宽泛的概念，它是对当代中国政治组织及其相互关系，或制度、体制的极高度的逻辑概括，认为应该用“政府体系”的概念替代“政府”概念①。

以上对政府概念所作出的“超国家”机构的解释不同于我们提出的“非国家机构的政府”概念，把政党等纳入政府的研究对象虽有事实根据，但是值得商榷。我们既不能简单地认为将政府概念的解释限定国家机构范围内就是受西方学者的影响而不能自拔，也不能简单地认为如果不把中国共产党作为执政党纳入政府概念就是无视当代中国政府的实质，就是不可想象的。事实上，“政府”与“政府体系”是既有联系又有区别的概念，不能简单等同。非国家机构的执政党、政协和“单位”也不能同政府相提并论，它们只构成政府的生态环境和履行职能的工作对象，虽然过去和现在仍然在一定范围和程度上还存在着“党政不分”“政企不分”“政事不分”等现象，但是随着改革开

① 陈红太：《当代中国政府体系》，北京：华文出版社2001年版；《当代中国政府体系与政治研究法》，北京：经济日报出版社2002年版。

放和社会主义市场经济向纵深发展，这些现象会逐步淡出政府，做到各自相对独立，各就各位，各司其职，各务正业，逐步理顺党政关系。通过政府创新逐步达到“解放政府”，这也应是政府创新的内容和基本走势之一。由此可见，作为政府创新中的“政府”，应当是指同国家机构相联系的政府，首先和主要的是指狭义的政府。

创新，是人类智慧之树上最为璀璨的花朵，也是当今知识经济时代人们大力弘扬的理念。然而，“创新”是一个很严肃的大字眼，人们不要轻易言“创新”。因为创新是很不容易的，它对创新者的素质提出了很高的要求。那么，何为创新呢？在这里，我们有必要对“发现”（discovery）、“发明”（invention）、“创造”（creation）、“创新”（innovation）等几个概念进行辨析。

有学者研究证明，如果没有发现，便不会有人类的发明。人类的每项发明都是建立在发明者对某种特定自然规律的发现性认识的基础之上的。发现可以分为自发性发现与自觉性发现。前者是人类对自然规律现象外在性的首次感性认识，后者亦即通常所说的科学发现，是人类对自然规律内在性的首次理性认识。如果溯人类文明之河而上，就会发现古代社会时期的发明大都是在自发发现的基础上获得的，而近代的发明则多是自觉的发现。然而我们也应看到，对于理性的科学发现来说，发明起着极其重要的决定性作用，科学发展史也同样证明发明亦为发现之母。从这个意义上说，发现与发现是互相促进、互相发展、紧密联系的两种过程。发现引发新的发明，发明同时导致新的科学发现。发明是科学发现的基础①。至于创造与创新，学者们有两种不同看法，一种看法是，创造和创新在本质上没有什么区别，都是指通过革新、发明、产生新的思想、技术和产品，另一种看法是，创造的意思是原来没有的，通过创造，产生出新的可称为“无中生有”；而创新则是指对现有的东西进行变革，使其更新，成为新的东西，可

① 郭成安：《发明与发现》，《新华文摘》2001年第9期。

称为“有中生新”。创造与创新的联系在于，创造性最重要的表征是创新，亦即创造概念包含着创新。既然创造具备了新颖、独特的属性，那么，表征创造核心价值的创新，就更应该表现出“首创”和“前所未有”的特点，这是不言而喻的。与创造的词源不同，创新是一个外来词，创新的含义有两点：引入新的概念、新东西和革新，亦即“革故鼎新”（前所未有）与“此入”（并非前所未有）都属于创新。熊彼德曾给创新下过定义，他把“新的或重新组合的或再次发现的知识被引入经济系统的过程”称之为创新。这种定义要比“首创”“前所未有”的创造指称更宽泛，它包容了前所未有，也包容着对原有的重新组合和再次发现。并且把新知识“引入经济系统”才算完成，才能使发明者成为创新者①。我们可以对“发现”“发明”“创造”“创新”这些概念不作严格的区分，而只需注重它们的共性：非教条性、非守旧性、非封闭性、非片面性和狭隘性。我们认为创新的基本内涵可包括：其一，创新应当表征出自觉地合规律性，以免创新主体的自发性、盲目性和随意性；其二，创意虽无穷，资源则有限，创新应当拥有原创性或首创性即前所未有，这是创新的原义或本义；其三，与合规律性和原创性相适应，创新应当努力站在前人的肩上，具有文明、健康、进步和发展性或不可逆性、传承文明与开拓进取的统一性，不可庸俗地将任何“新”都赋予“创新”字眼；其四，创新应当立足在梯度发展的现实基础上有条件地将已有的创新进行重组或再现，万事不必另起炉灶，从头做起，这是合规律性的一种具体体现，对于后来者来说也是一种创新，但不等于简单的“拿来主义”；其五，创新应当将创新精神与创新能力有机地结合起来，使任何一种创新都能够进入可操作性的过程，并使之转化为现实的社会生产力。这五个方面是我们对创新的初步理解。

---

① 叶平：《“创新教育”解析》，《新华文摘》2000第3期。

政府“综合创新”浅析

政府创新是政府改革、政府发展的题中应有之义或是政府改革、政府发展的合历史逻辑的引申。根据上文对中国国情、政府和创新的理解，我们认为政府创新是一项艰巨的系统工程，无论是从狭义的或广义的抑或是“政府体系”的角度看，政府都需要辩证的“综合创新”，而不能孤军奋战，搞“单一创新”，也不能“毕其功于一役”。本文所指的政府综合创新至少包括以下三方面的内容：

第一，历史性与共时性相统一的政府综合创新。

历时性与共时性相统一的政府综合创新同上文论及的中国国情的“二重性”“多质性”相关联。一方面，历时性的政府创新是一种综合性、纵向整体性的政府创新。从生产关系角度或“五种社会形态”角度看，就是要处理好作为社会主义定向性的政府创新与资本主义的政府传统（在中国还有封建社会，半封建半殖民地社会即旧中国的政府传统）和未来中国特色社会主义更高发展阶段政府创新的关系。从生产力角度或“三大社会形态”角度看，我国社会发展基本上还处于第一大社会形态，即人对人依赖关系的社会向第二大社会形态即人对物依赖关系的社会转变过程之中，商品经济、市场经济仍然是我们这个时代的主旋律。我国的政府创新就是要建立在这一历史发展的真实进程基础之上，处理好社会主义市场经济的政府创新与继承计划经济的政府传统的关系。这种历时性政府创新具有宽广深厚的历史基础的优点，基本属于“重组”性、“引入”性、“有中生新”性创新，但这一优点也可能蜕化为一种惰性力量从而成为制约政府新的创新的阻力。另一方面，共时性的政府创新，是一种综合性、横向整体性的政府创新，其实质就在于开创未来，创造新的“传统”，从而把社会历史推向前进。也就是说社会主义市场经济条件下的政府创新既不能教条主义地对待计划经济条件下的政府传统，也不能教条主义地对待资本主义市场经济条件下的政府传统，而只能是“革故鼎新”的“无中生有”的原创性创新。共时性政府创新涉及中外政府创新之综合，国内不同层次如中央政府与地方政府，不同区域如东部、中部、西部等，不同领域如经济、政治、文化等领域的政府创新之综合。无论是历时性的政府创新，还是共时性政府创新，都不能孤立地进行，只有把历时性政府创新与共时性政府创新相结合，才能实现政府综合创新。通过历时态和共时态的政府综合创新，逐步形成古今中外优势互补的政府创新机制，以保障政府不竭的生机与活力。

第二，广义与狭义及“政府体系”的综合创新。

为了叙述的方便起见，我们把这个问题分为三个层次。首先，作为狭义政府的综合创新。如上文所述，对于狭义的政府，学术界没有大的争议，一般是指各级人民政府。狭义政府的综合创新可以从多方面来论证，大体上可分为纵横“十字”型创新和政治与行政统一性创新这两个方面。纵横“十字”型创新，主要是指纵向的政府层级及其行政区划方面的创新，如改革开放以来，随着社会经济文化的发展，我国设立特别行政区，建立海南省和重庆直辖市，地市合并，撤县建市，撤乡建镇，以及调整中央和地方关系等就属于这方面的创新；横向的各级政府部门的机构设置、改革和调整，转变政府职能，改革政府人事制度等就属于这方面的创新。纵横“十字”型创新是政府创新统一过程的两个方面。政治与行政统一性创新，主要是指随着社会和政府的发展、扩延，政府的“双重性”日益凸现出来。一是政府的政治性，一是政府的行政性，即政府是政治性和行政性的统一。如西方的政务类公务员和业务类公务员；我国的领导职务和非领导职务公务员从一个侧面反映出政治与行政的统一。有必要指出的是，自伍德罗·威尔逊创立现代行政学以后，特别是古德诺提出著名的政治与行政“二分法”以后，似乎政府只与行政相关，而与政治无关，这是一种有着广泛而且深远影响的误解。事实上政府中的政治与行政是不可分割的。中国政府的政治与行政不分由来已久。“政府”的政治表现为是非、善恶，而行政则表现为效率、优劣。随着现代化的进程，在政府中政治和行政之间的联系更为密切，它们日益显现出相互支持的趋势①。既然如此，中国政府的创新就不能局限于政治创新（计划经济时代）或行政创新（市场经济时代），而只能将政府的政治创新与政府的行政创新并举，显示政府综合创新特征。如目前中国政府贯彻落实江泽民主席的“三个代表”重要思想，引进新公共管理、治理理念等就是政府综合创新的重要举措。其次，作为广义政府的综合创新。广义的政府一般是指所有国家机关，主要包括国家的立法机关，司法机关和行政机关。所谓广义政府的综合创新从理论上讲是指政府立法创新、政府司法创新和政府行政创新（狭义政府创新）三者之间的“同步”创新，三者之间相互作用，相互促进。但是，广义政府的诸方面发展是不平衡的，它们的改革和创新将分轻、重、缓、急进行。实践证明，随着经济体制改革的深入和社会主义市场经济体制的初步建立，首先对政府改革和创新的呼声最大的是作为狭义政府的改革和创新，正因为如此，人们往往对政府改革、创新问题最为关注的就是狭义政府的改革和创新，很少联想到广义政府的改革和创新，这是带有片面性的。事实上，如果没有广义政府的配套改革和创新，狭义政府的改革和创新就很难顺利进行并卓有成效。在中国，人大的创新、司法的创新与政府的创新同等重要，一个都不能或缺。再次，作为“政府体系”的综合创新。前文已述及，学界提出“政府体系”概念，这也是一种创新，并有学者主张用“政府体系”替换“政府”概念，这是值得商榷的。不过，使用“政府体系”概念，旨在将“政府”概念扩大到国家机构以外，把政党，尤其是执政党，把企业，把社团、群众自治组织等，也包括在“政府”之内，这在一定程度上反映了当下的中国国情。目前，被学者们列入“政府体系”的各主体无一不面临改革创新的历史性选择，尤其是政党、执政党、企业等的改革和创新，其中，执政党的改革和创新最为核心和关键。通过它们的创新，

① 陈红太：《当代中国政府体系与政治研究法》，北京：经济时报出版社 2002 年版，第 259—260 页。

一方面，借此理顺它们同国家、政府的关系，另一方面，也作为政府（狭义和广义的）创新的生态环境创新来同政府（狭义和广义的）创新产生互动效应，将政府综合创新推向新阶段。以上三个层次的政府综合创新，自然形成三个同心圆，最中心的圆是狭义政府综合创新，其他两个圆都是它的生态环境的综合创新。这三者之间互动互补，任何一方面的创新都不可或缺，由此构成当代中国政府综合创新体系的全景式画面。

第三，政府理论、制度、技术、实践的综合创新。

中国国家主席江泽民2000年6月在宁夏、甘肃考察工作时，提出了“体制创新”“科技创新”“理论创新”的概念。6月30日，江泽民在为美国《科学》杂志撰写的社论中提出要“推进知识创新、技术创新和体制创新，提高全社会创新意识和国家创新能力，这是中国实现跨世纪发展的必由之路。”2001年在庆祝中国共产党成立80周年大会上的讲话中，他又用“制度创新”替换了“体制创新”的提法。时任国家副主席胡锦涛在有关讲话中，还与理论创新相适应，提出了“实践创新”的概念，要求各级领导干部充分发挥历史主动性和革命创造性，不断研究新情况、解决新问题、创造新经验，努力推进党的理论创新和实践创新。根据国家领导人的讲话精神，我们拟把政府综合创新的具体内容概括为：政府理论创新、政府制度创新、政府技术创新和政府实践创新。只有将这四方面创新有机地结合起来，才能较完整地构成政府综合创新。其中，政府理论创新，主要是关于政府起源、政府性质、政府目的、政府规范、政府环境、政府结构、政府功能以及政府发展等方面的知识、观念的创新；政府制度创新，主要是关于政府民主制度、政府法律制度、政府经济制度、政府文化制度以及政府体制、政府运行机制等方面的创新；政府技术创新，主要是关于政府现代化的工具、技术、网络、手段、方式、方法方面的创新；政府实践创新，主要是关于政府公共管理活动中对国家事务、社会事务以及自身内部事务进行治理，解决公共问题、提供公共服务、取得公共收益最大化的行为创新。这四个方面的政府创新是一个有机的整体，缺一不可。相对于政府理论创新来说，政府的制度创新、技术创新和实践创新可归结为实践创新范畴。政府理论创新源于政府实践创新，而政府实践创新又有赖于政府理论创新先行，政府实践创新检验政府理论创新，推动和发展政府理论创新。政府理论创新的实现程度，取决于政府实践对于政府理论创新的需要程度。既然政府制度创新和政府技术创新属于政府实践创新范畴，那么，为什么又将它们从政府实践创新中突显出来呢？这是因为相对于政府理论创新和实践创新而言，政府制度创新和政府技术创新是介乎其中的桥梁或纽带。一方面，政府理论创新不能直接作用于政府实践创新，而只能通过政府制度和技术创新的中介间接地作用于政府实践创新。同样的政府理论创新可以作用于各种不同的政府制度创新和政府技术创新，进而作用于不同的政府实践创新。另一方面，政府制度和技术及其创新的缺失或不完善（体制性障碍）可能误导或反向作用于政府的实践及其创新，产生消极的负面影响，导致偏离政府公共管理实践的价值取向。因此，一旦政府理论创新问题解决之后，能否有政府制度，政府技术创新及时跟上去就是起决定性的因素，也就是说，我们不能仅仅停留在倡导和尽可能实现政府理论创新层面，还要努力通过政府制度和技术创新将政府理论创新贯彻到政府实践中去，进而实现政府实践创新。除了政府理论创新和政府实践创新的关系、政府制度和技术创新中介于政府理论和实践创新的关系外，还有政府制度创新和政府技术创新之间的关系。简言之，政府制度创新（选择）不能超越政府技术创新、变迁内在规律，政府技术创新依赖于政府制度创新。总之，一方面政府理论创新不能超越政府制度创新内在规律，政府制度创新不能超越政府技术创新内在规律，政府技术创新不能超越政府实践创新内在规律，这体现着唯物论；另一方面，政府实践及其创新依赖于政府技术创新，政府技术创新依赖于政府制度创新，政府制度创新依赖于政府理论创新，这体现着辩证法。政府理论创新、政府制度创新、政府技术创新的出发点和归宿点都在于政府实践创新。政府理论创新领先，政府实践创新第一，做唯物论和辩证法的统一论者，这是我们研讨政府创新问题必须确立的一个基本理念。

政府创新有赖于“政府自觉”

在中国，政府综合创新势在必行，但是，政府综合创新是不可能自然而然地实现的，而只能有赖于“政府自觉”。如果我们不刻意思考一下“政府创新”与“创新政府”这两个汉语词汇有什么不同，还以为这两个词义很相近或相同，其实不然。“创新政府”属于被动态概念，它置政府于被创新客体地位，谁来创新政府，创新主体不一定是政府；而“政府创新”则属于主动态概念，它置政府于创新的主体地位，内含政府自创，发挥政府自觉的主观能动性。事实上，政府创新动力来自内外两方面。外部动力有政党特别是执政党、有国家、有社会、有公众等，内部动力则主要来自政府主体能动作用的发挥，来自政府自觉，这是具有决定性意义的。政府创新的外动力只有通过政府创新内部动力才能发挥作用。如果没有政府主体能动作用的正确发挥，如果没有政府自觉，政府综合创新就难以实现。

费孝通先生在《经济全球化和中国“三级两跳”中的文化思考》一文中明确提出“文化自觉”概念。费老认为“文化自觉”是当今时代的要求，它指的是生活在一定文化中的人对其文化有自知之明，并对其发展历程和未来有充分的认识。也许可以说，文化自觉就是在全球范围内提供“和而不同”的文化观的一种具体体现①。费老的“文化自觉”概念对我们思考政府创新问题，进而引申并提出“政府自觉”具有重要的启迪作用。在坚持中国共产党领导下的政府创新，代表着当代中华民族对于自身的创造性潜能的一种深度发展和自觉运用，古老的中华民族正在创新中逐步找回自信，酝酿着伟大的复兴。自政

① 费孝通：《经济全球化和中国“三级两跳”中的文化思考》，《光明日报》2000年11月7日。

府被创造发明以后，创造力、创新力就是政府特有的能力，它直接地是以潜能的方式存在的，必经通过政府的自觉开发和积极运用才能发挥作用，政府在开发和运用自身创造、创新能力的自觉程度、广泛程度和深刻程度与政府的创造性潜能的实现程度之间呈正比递进关系。是因循守旧，还是锐意创新，对政府来说，则表明其自觉性水平，特别表明其公共精神和对于未来的责任和态度。

政府创新本质上是对社会、国情认知的结果，必须基于对社会、国情发展规律的认识和再认识。社会、国情发展规律决定着政府创新的基本性质。有什么样的社会，国情发展规律就产生什么样性质的政府创新。社会、国情发展规律作用的好坏，决定着政府创新效能的高低。但这并不等于说政府创新总是消极被动地适应社会、国情发展规律。事实上，政府创新具有相对独立性，它对社会、国情发展规律能够起到巨大的能动作用，这种能动作用的大小及其作用力的方向，取决于政府创新是自发还是自觉的及其自发性和自觉性的程度。所谓“自发”是同“自觉”相对的，原指人们未认识、未掌握客观规律的一种活动，在这种活动中，人们无远大目的，盲目地为客观必然过程所支配，往往不能预见其活动的后果；而“自觉”则是指人们认识并掌握一定客观规律时的一种活动，这是人们有计划的有远大目的的活动，在这种活动中，人们一般能预见其活动的后果。同理，政府创新也可分为“自发的政府创新”和“自觉的政府创新”。前者是指政府在未认识和掌握社会、国情发展规律时的一种创新活动，其创新成本往往比较高；后者则是指政府在已经认识并掌握了社会、国情发展规律时的一种创新活动，其创新成本往往比较低。前者或迟或早必然向后者发展，后者则必须以前者为历史前提和基础。因为政府创新也必然是一个不断从自发走向自觉的自然历史过程，从“自发”的政府走向“自觉”的政府，从“自在”的政府走向“自为”的政府。一般说来，与公有制社会相联系的政府创新比私有制社会的政府创新更具有自觉性，因为政府有领先的理论指导，通晓历史发展规律。但是在中国，由于特殊的历史条件，选择了以社会主义为定向的发展道路，由于缺乏其成长发展的自然历史前提和基础，从而使这种“自觉”大打折扣。如何使“政府自觉”立足于现实的科学的基础之上并发挥得适度，这是摆在我们理论工作者和实践工作者面前的一项重大课程①。

在现代社会、国家和市场经济条件下，现代政府的主体能动性有不断增长上升的趋势，这是必然的，也是十分必要的。中国政府的一个突出特点就在于它特别强调政府的主体能动性。这是由多方面的原因决定的，如有亚细亚生产方式及历史传统的影响，有人民革命方式的影响，有苏联模式的影响，还有因为落后而追赶发达国家的后发需要，等等。在中国人民革命胜利后，由于落后，急于改变“一穷二白”的面貌，自然就诉诸政府主体能动作用，运用国家政权的力量，选择了政府主导型发展模式，以高度组织化方式进行社会动员和管理社会生产，实现国民经济超常规的跳跃式发展，尽快消灭贫穷，逐步实现共同富裕，这正是社会主义制度优越性的生动体现，本无可指责，人们应当历史地公正地评价中国计划经济时代的政府主导作用，不应当全盘否定。从历史的角度看，这也是一种有历史责任感的自发的“自觉性”。但是，问题在于当时政府的主体能动性作用或自发的“自觉性”发挥得失度，产生了影响广泛又深远的负面效应。随着经济全球化、产业微软化、IT化的逐步发展，政府主导型发展模式注定会渐显极限，中国不可能永远超然自得地维持旧的发展模式。目前中国正在进行的政府改革，就是在调适政府主体能动性作用的力度，规范政府主体能动性作用的方向和价值坐标，实现由政府推动型向社会自主型转变，由“自发政府”到“自觉政府”、积极政府的转变②。

在既定的历史条件下，提倡“政府自觉”对于实现政府综合创新非常重要，它意味着对于政府创造、创新本性的深度发掘和自觉运用，

---

① 乔耀章：《公共行政与公共哲学》，《江海学刊》1999年第3期，第49—53页。在该文中作者提出并初步论证了“自发的公共行政”与“自觉的公共行政”问题。

② 乔耀章：《政府理论》，苏州：苏州大学出版社2000年版；乔耀章、孙枝俏：《论积极政府——市场经济条件下政府模式比较研究》，《江南社会学院学报》2001年第3期。

将对中国产生极为现实和深刻的积极影响。要使可能的“政府自觉”成为现实的“政府自觉”，我们以为有许多工作要做。其中，最为紧要的是要积极处理好政府与政党、政府与社会、政府与国家、政府与市场、政府与企业、政府与公民的关系；确立政府“独立人格”，即政府必须从某种依附性的从属性的地位中解放出来，独立依法行使属于自己的职能和行政权力，做到政府“自立”和“自治”；弘扬政府“公共精神”——相对于传统意义上的效率观念和价值目标的一种多元化的“公共精神”：民主行政的精神，公平、公正、正义的精神，为最广大人民利益和公共利益服务的精神；增强政府责任感、使命感，积极回应社会，包括对执政党负政治责任，对国家权力机关负执行责任，对司法机关负法律责任，对自身系统负行政责任，对公民和社会负公仆责任；提升政府能力，主要表现为政府能否制定切合实际的现代化公共政策，能否有效地推行和贯彻这种公共政策，以及能否持续稳定地将这种公共政策引向深入的能力①。限于篇幅，这些问题不在此赘述。

---

① 乔耀章：《政府理论》，苏州：苏州大学出版社2000年版；《政府职能转变滞后的表现和成因》，《社会科学战线》1996年第6期。张成福：《论公共行政的“公共精神”》，《中国行政管理》1995年第5期。施雪华：《政府权能理论》，杭州：浙江人民出版社1998年版。

政治文明：含义、特征与战略目标*

郑　慧**

政治文明是社会文明的重要组成部分，是社会政治建设和发展的重要目标。社会主义政治文明是社会主义现代化建设的重要内容和特征。因此，对政治文明进行全面、系统的论述，无疑具有重大的理论价值和现实意义。

人类社会自进入阶级社会以来便是特定时期一定的经济、政治与文化的有机整体，它的发展、变化与更替，正是经济、政治与文化互动的过程。物质文明、精神文明与政治文明作为文明社会不可或缺的内容，各自具有不同的地位，发挥着独特的作用。江泽民同志2002年5月31日在中央党校省部级干部进修班毕业典礼上提出了建设社会主义政治文明的问题。这是他继在党的“十五大”提出依法治国是社会文明进步的标志，在2001年1月全国宣传部长会议上提出“法治属于政治建设，属于政治文明”之后，又一次更加明确地提出了政治文明的问题，并将建设社会主义政治文明同发展社会主义民主政治联系起

* 本文发表于《政治学研究》2002年第3期。

** 郑慧，中国社会科学院政治研究所研究员。

来。提出，“发展社会主义民主政治，建设社会主义政治文明，是社会主义现代化建设的重要目标。必须适应经济发展和社会全面进步的要求，在坚持四项基本原则的前提下，继续积极稳妥地推进政治体制改革，发展有中国特色社会主义民主政治，巩固民主团结、生动活泼、安定和谐的政治局面。党的领导、人民当家作主和依法治国的统一性，是社会主义民主政治的重要优势。发展社会主义民主政治，最根本的是要坚持党的领导、人民当家作主和依法治国的有机结合和辩证统一。推进政治体制改革，要从我国国情出发，坚定不移地走自己的政治发展道路，坚持社会主义政治制度的自我完善和发展，我们要发展的是有中国特色社会主义民主政治，决不照搬西方政治制度模式，要着重加强社会主义民主政治建设，实现社会主义民主政治的制度化、规范化、程序化。”① 这一重要论述，不仅确立了社会主义民主的政治文明属性，而且科学地提出了社会主义政治文明建设的目标、原则、内容和途径等，对于通过社会主义政治文明建设，推进有中国特色社会主义政治发展具有重要的指导意义。

一

要对政治文明从理论上予以科学、全面的把握，必须首先界定文明的含义。关于文明的含义，学术界可谓见仁见智，莫衷一是。在马克思主义经典著作中，文明一词也曾在多处使用，并被赋予多种含义。一般而言，对于文明，主要应从三个方面予以理解和把握。第一个层面是人类社会发展的历史阶段。这种意义上的文明是与野蛮、未开化、原始、兽性相对的，往往与文化、教育、艺术等的发达相联系，这种文明有先进与落后之分，优劣之别。有关这方面的论述，主要体现在

① 《江泽民“5·13”重要讲话学习读本》，北京：中共中央党校出版社2002年版，第5—6页。

马克思主义经典作家对摩尔根的社会发展阶段划分的肯定上，即人类社会从低级向高级发展的历史划分为三个时期：蒙昧、野蛮、文明三个时期。恩格斯曾这样指出："从铁矿的冶炼开始，由于文字的发明及其应用了文献记录即过渡到文明时代。"① "文明时代是社会发展的一个阶段，在这个阶段上分工，由分工而产生的个人之间的交换，以及把这两个过程结合起来的商品生产，得到了充分的发展，完全改变了先前的社会。"② 恩格斯还专门在对空想社会主义者傅立叶把社会历史划分为：蒙昧、宗法、野蛮和文明四个发展阶段进行评论时，虽然将三种奴役制度均纳入"文明时代"，但认为文明并不是私有制度的专利和独特现象，在认真剖析了资本主义制度的矛盾性、反动性与虚伪性的基础上，认为随着文明的发展，将会有比私有制更高级的文明形态，他在《家庭、私有制和国家的起源》中专门引用了摩尔根《古代社会》中的一句话，即"管理上的民主，社会中的博爱，权利的平等，普及的教育，将揭开社会的下一个更高的阶段，经验、理智和科学正在不断向这个阶段努力。"③ 第二个层面是人类改造自然和改造社会的积极成果。这种文明表示着人类社会物质、精神等的不断发展和进步状态。马克思曾把文化的发展、海上贸易的扩大、农业和手工业的发展、劳动的分工和结合，等等，都视为文明的应有之义。恩格斯也曾把人类社会所出现的一切物质财富、精神财富看作文明的内容。他在《家庭、私有制和国家的起源》一文中指出，人类创造的物质财富和精神财富的社会形式同文明直接联系，三大奴役形式与三大文明时期相适应。④ 党的"十二大"报告对物质文明和精神文明的概括就是从这个意义上讲的。改造自然界的物质成果就是物质文明，它表现为人们物质生产的进步和物质生活的改善。在改造客观世界的同时，

① 《马克思恩格斯选集》第4卷，第21页。

② 同上，第170页。

③ 同上，第175页。

④ 同上，第176页。

人们的主观世界也得到改造，社会的精神生产和精神生活得到发展，这方面的成果就是精神文明，它表现为教育、科学、文化知识的发展和人的思想、政治、道德水平的提高。当然物质文明和精神文明还不能包括人类文明的全部。第三个层面是指一个民族、一个国家、一个地域或具有共同精神信仰的群体的文化遗产、精神财富和物质财富的总和。毛泽东曾提出“世界文明”的概念，并把中国看作是“世界文明发展最早的国家之一”。实际上是把文明作为总体状态，视为社会形态在特定时期、地区的表现，是“一个民族应付他们环境的总成绩”。① 在“古希腊文明”“两河流域文明”“中华文明”“伊斯兰文明”“西方文明”等用语中，文明既可以指特定历史阶段的某一社会，也可以指该社会的特定历史延续。既可以是地域性概念，也可以是跨地域、民族、国家的宗教概念。② 这个层面上的文明与文化是相通的，有时互为替代。

从上述三个层面文明的含义来看，对于政治文明，更多地应从第二个层面的含义上去理解和把握。当然这也不是绝对的。政治文明，不仅是社会一定历史阶段的特有现象，具有时空的特定意义，同时也是普遍性与特殊性的辩证统一，不同的民族和国家有不同的指义。对文明三个层面的理解不能陷入非此即彼的简单判断之中，对政治文明含义的界定应当避免片面性。不过，无论从哪个意义上去考察和分析，文明都是人类认识、改造自然和社会，提高和完善自身的积极成果和进步状态。社会的进步和发展状态即为社会文明，人类自身的进化和提高即为人类文明，人们改造社会及自身所获得的积极的政治成果和进步状态便是政治文明。

对政治文明这一范畴，我国学术界有不同的认识，形成了诸多不同的观点，有代表性的主要有以下几种：

---

① 胡适：《现代评论》（1926 年）第 4 卷，第 38 页。

② 贺全瑞：《全球化与交往实践》，北京：中国广播出版社 2002 年版，第 203 页。

（一）“民主、自由、平等、解放的实现程度说”。这种观点认为，人们改造社会所获得的政治成果便是政治文明，它一般表现为人们在一定的社会形态中关于民主、自由、平等、解放的实现程度。政治文明的内容包括国家政治制度、法律制度和民主制度等多方面。政治、法律、民主制度三者彼此联系，相互沟通，协调发展，构成政治文明的统一体。其中国家政治制度是政治文明的核心。政治文明具体表现为：1. 在最大程度上发挥人们的政治积极性，使更多的人能够参与国家政治生活；2. 为实现共同的政治目标，人们有充分的机会表达自己的意见，畅所欲言，使一切有利于社会进步的意见和倡议都能发挥作用；3. 在维护公共社会秩序中，最大限度地保护人们的正当权利，使绝大多数人都能精神愉快，心情舒畅；4. 在政治生活中，人们尤其是政治领导者表现出良好的政治品德，自觉维护人民的利益，严格遵守公共道德和规范，具有舍己为人的奉献精神；等等。这种观点还认为，政治文明是社会文明的重要组成部分。它在很大程度上反映了整个社会、国家的文明水平，也是人类社会文明的重要标志。政治文明是一个历史的过程，随着人类社会的发展，它的程度不断提高。鲜明的阶级性是政治文明的主要特征。①

（二）“政治成果总和说”。这种观点认为，所谓政治文明是指人类改造社会的政治成果的总和，是人类政治活动的进步状态和发展程度的标志。在人类社会的政治文明中，自由、平等、民主、法治是其核心部分。②

（三）“静态、动态说”。这种观点认为，所谓政治文明，是指人类社会政治生活的进步状态。从静态的角度看，它是人类社会政治进程中取得的全部成果；从动态的角度看，它是人类社会政治进化发展

① 《中国大百科全书·政治学卷》，北京：中国大百科全书出版社1992年版，第504—505页。

② 李良栋：《21世纪的社会主义与人类的政治文明》，《科学社会主义》2001年第1期。

的具体过程，政治文明包括政治意识文明、政治制度文明和政治行为文明三个组成部分，是由三个组成部分构成的有机整体。①

（四）“政治进步说”。这种观点认为，政治文明是整个社会文明的有机组成部分。政治进步的状态和成果就是政治文明，包括政治制度进步、政治活动的进步、政治思想的进步和政治管理技术的进步等。政治进步的目标从比较抽象的意义上讲，是政治科学化、政治民主化、政治社会化、政治公开化和政治现代化。政治文明除政治制度的进步外，还包括其他非制度性的政治现象（如政治组织、政治活动、政治关系、政治心理、政治思想和道德，以及管理技术等）的进步。大体上说，政治文明的结构是：1. 适应经济发展的政治制度（主要指国家政权）；2. 推动社会前进的政治组织和政治活动（包括政治斗争）；3. 良好的政治关系和政治局面；4. 进步的政治意识（包括政治心理、政治观念、政治道德、政治学说）；5. 先进的政治管理技术（手段、装备等）。②

（五）“政治制度进步说”。这种观点认为，政治制度的进步即为政治文明③，是新的生产关系和社会政治制度的建立和发展。政治文明包括政治制度（国家制度）、政治体制、法律制度等方面的内容。④持这种观点者，在政治文明的内容上意见也并非完全一致，其中有的学者认为政治制度仅是政治文明的一部分，政治文明除政治制度以外，还包括其他非制度性的政治现象。⑤

---

① 虞崇胜：《浅议政治文明建设》，《武汉大学学报》2000 年第 1 期。

② 冯举等主编：《社会主义政治文明》，成都：西南财经学院出版社 1990 年版，第 10—12 页。

③ 张永强：《论社会主义政治文明及其与社会主义精神文明的关系》，《青海社会科学》1997 年第 5 期。

④ 范英主编：《精神文明学论纲》，北京：中共中央党校出版社 1990 年版，第 266—267 页。

⑤ 张永强：《论社会主义政治文明及其与社会主义精神文明的关系》，《青海社会科学》1997 年第 5 期。

（六）“政治社会形态说”。这种观点认为，政治文明是指人们在改造社会的实践活动中，依据一定的经济社会形态并为一定的经济社会形态服务所创造的政治社会形态。它包括国家政权的性质、形式（即国体与政体）；政党制度；国家管理体制；军事体制；干部人事制度；法律制度等。①这种观点实际上与前一种观点十分相似，其所说的政治社会形态以及所包括的内容均属于政治制度的范畴。

（七）“狭义广义说”。这种观点将政治文明区分为广义的政治文明与狭义的政治文明。认为，狭义的政治文明概念同制度文明概念可以说是重合的；广义的政治文明是包括政治制度文明、政治思想文明和政治活动文明在内的含义更加广泛的概念。②

上述七种观点，既有共同之处，诸如政治文明是一种复合形式，即认为政治文明并非单一结构，蕴含着诸多要素，有丰富的内容；但它们也有差异性，强调的侧重点有所不同，有的集中于政治制度，有的集中于人类政治权利的实现和解放程度。如此等等。就分析的方法而言，有的观点侧重于制度分析法，有的运用动静观察法，有的从广义狭义两个视角予以说明。不容否认的是，这些观点都有一定的合理性，为我们科学地界定政治文明的含义奠定了一定的理论基础，提供了不少方法。然而，仍有进一步探讨的必要性。

其中，“民主、自由、平等、解放的实现程度说”从人们在一定社会形态中关于民主、自由、平等、解放的实现程度来分析、界定政治文明，并揭示了政治文明与社会文明的关系，从多方面论述了政治文明的具体表现，高度概括了政治文明的核心及其阶级性和动态性特征，无疑抓住了政治文明的本质。政治文明说到底是要有利于人的各种权利的实现和全面发展，政治制度的文明是政治文明的重要形式和根本保证，国家政治制度是政治文明的核心。也正是由于国家政治制

① 范英主编：《精神文明学论纲》，北京：中共中央党校出版社1990年版，第266—267页。

② 刘李胜：《制度文明论》，北京：中共中央党校出版社1998年版，第38页。

度的不同，使得政治文明显示出不同的属性和类型。然而由于政治的复杂性，决定了政治文明具有复杂的内容。也就是说，政治文明所蕴含的内容不仅仅是人们的各种权利实现和解放程度，也不仅仅限于政治制度。除此以外的政治现象，如政治关系、政治行为、政治意识的文明等，都是政治文明家族的成员，而且在一定的历史条件下，在一定的历史时期，这些政治现象的文明显得相当重要，并影响政治文明整体的实现程度和传承，以及政治文明内容与形式的统一，更为主要的是还制约着其他方面政治文明发展的方向，决定着政治文明以至整个社会文明是否有足够的资源与条件。

"静态、动态说"从静态和动态两个视角和侧面分析政治文明，这较之很长时期以来人们习惯于用静态的方法分析、考察政治现象而言，是一个进步。这种观点不仅将人类社会的全部成果而且将政治意识文明、政治制度文明、政治行为文明都视为政治文明整体的组成部分，拓展了政治文明的内涵。无论是从历史发展纵向的视角，还是从横向的内在结构概括政治文明的内涵，较之"民主、自由、平等、解放的实现程度说"在内容上有所丰富。然而不容忽视的是，对政治文明的观察、概括，静态与动态只是诸多方法中的一种。用不同的方法透析，政治文明就会有不同的内容，诸如用宏观与微观的角度分析，就会揭示出政治文明的不同内容和表现形式，国家制度的文明与公民个人政治心理和政治行为的文明就是用宏观与微观两个方面区分和概括的。再如，从隐性与显性的角度分析，就会发现，能够看得见、摸得着的政治文明与隐藏在人们心理深处、历史积淀而来的政治文明有不同的属性、功能和表现形式。

"政治进步说"从发展的角度界定政治文明，将政治文明界定为政治进步的状态和成果，将政治文明概括为政治制度、政治关系、政治组织、政治活动、政治思想和政治管理技术的进步，并将政治进步的目标确定为政治科学化、政治民主化、政治社会化、政治公开化和政治现代化等。这种界定表面上较为全面、周密。这里值得思考的问题是，如何理解和把握政治进步？在这个问题上，有两个方面必须论述清楚，那就是政治进步本身的标准是什么，政治进步同社会其他方面相适应的程度如何判定。进步是相对于落后而言的，先进与落后究竟如何区分，标准是什么，那么就有一个政治本身的相互比较，以及政治在多大程度上与社会生产力乃至对整个社会相适应，并能保证、促进其发展的问题。“文化大革命”期间脱离开经济、社会的发展谈政治形式的变换，导致灾难性后果，其教训是极为深刻的。此外，一个社会的政治文明程度，从根本上讲，依赖于这个社会政治主体的素质与能力，政治主体是政治文明的基础、前提和根本保证，因而政治文明不能缺少政治主体的进步。

“政治制度进步说”和“政治社会形态说”似乎受制度分析方法的影响，将政治文明等同于政治制度文明，或者说把政治制度文明视为政治文明的主要内容。从表述方法上看，“政治社会形态说”将政治文明判定为人们在改造社会实践中依据一定的经济社会形态并为一定的经济社会形态服务所创造的政治社会形态，但是从其所包括的内容分析，实际上是政治制度。政治制度作为社会政治规范体系的总和，也有其内在的结构，如根本政治制度、具体政治制度和专门（特殊）政治制度，但政治制度本身无论如何复杂，在社会政治现象当中多么关键，对其他现象有多么重要的作用，政治制度并不是政治现象的全部。政治制度的形成、运作以及实现，不仅离不开其他政治现象的支撑和相互配合以及相互之间的互动，而且如果没有其他政治现象的文明，政治制度的文明不仅是一个空壳，而且难以实现，终将蜕变为其他属性的政治制度。此外，“政治社会形态说”还运用经济决定政治、政治服从经济的观点分析政治文明，忽略了政治与经济辩证关系的具体运用。最有力的例证是，社会主义的政治文明与经济社会形态的实际关系，就是先建立了社会主义的政治文明，然后在这一政治文明的保护下，改造旧的经济形态和经济关系以及社会关系，进而建立起社会的其他文明的。

我们认为，政治文明作为整个社会文明的有机组成部分，是人类自进入文明社会以来，改造社会、实现自身完善和提高过程中创造和积累的所有积极的政治成果和与社会生产力发展需要相适应的政治进步状态。

这一定义的意义和价值在于：

其一，政治文明既然是改造社会、实现人类自身完善和提高的所有积极的政治成果和适应生产力需要的政治进步状态，那么它就应当将政治现象的方方面面都囊括于政治文明之中，政治主体、政治关系、政治意识、政治行为、政治制度等政治现象的文明均构成政治文明的不可分割的部分。特别是这一定义强调了人类自身进化的积极政治成果，就不仅要将人或者说人的政治文明化程度考虑在内，而且不能简单地将人们作为一个权利的享有者，将他们的权利实现程度和解放程度作为政治文明的一个标志，更为重要的是应强调人——政治权力主体（从本原上讲）在社会政治生活中的地位和作用以及他们的文明程度。

其二，这一定义指出，政治文明包括所有的积极政治成果。这不仅强调政治文明的历史继承性，更为主要的是强调了人类以及人类社会演进过程中出现的成果有积极与消极之分。事实上，在人类社会的演变和人类自身的进化过程中，所有成果并不都是与历史前进的方向相一致的，野蛮、消极、反动的东西总是沉渣泛起，有的还沉积为一种无形的落后愚昧的东西，长时期毒害人类。如将这种成果视为政治文明，当然既不合理，也不科学。

其三，这一定义揭示了政治文明与社会生产力发展的关系，为衡量、判断、把握政治文明提供了一个客观的依据，也使较为抽象的政治文明这样一个概念成为可验性的、具体性的、有判别标准的范畴。

二

为了真正把握政治文明的含义，揭示政治文明的特点是十分必要的。全面、深刻地认识政治文明的特点，有利于真正理解政治文明的本质属性，深化对政治文明理论的认识，并为加强政治文明建设提供理论支持。

较之物质文明与精神文明，政治文明主要有如下基本特征：

（一）阶级性

政治文明作为阶级社会特有的现象，阶级性是它的本质属性。政治是阶级的政治。在经济上占统治地位的阶级，必然在政治上占统治地位，任何形态的政治都是统治阶级所主导的政治，其政治文明体现和维护统治阶级的利益。统治阶级无论采取什么样的统治形式，建立什么样的政治运作机制，倡导什么样的主导价值观念，构建何种政治制度，其宗旨是使自己的统治合法化、固定化。超阶级的政治文明是根本不存在的。人类历史上曾经出现过几种政治文明类型。然而无论哪一种政治文明，都严重地带有那个社会占统治地位的阶级的色彩。任何复杂的政治文明都可以通过阶级的分析方法予以剖析和说明，抹杀了政治文明的阶级性，也就等于舍弃了政治文明本身，使政治文明成为无法认识、难以科学说明的现象。古希腊的雅典创造了为后人所传颂的政治文明，雅典的奴隶制民主，无论就其根本制度、组织机构，还是具体规范、运行机制，都曾在人类政治文明史上留下了自己的辉煌，然而就是这种政治文明，从根本上来说，它仅属于奴隶主阶级所享有，占人口多数的奴隶，不仅难以享有政治文明的成果，连做人的起码权力都没有。因此，这种政治文明是经济上占统治地位的奴隶主阶级的政治文明，是为维护奴隶主阶级的政治统治和经济利益服务的。

资本主义的政治文明，是在反对封建专制制度的基础上建立起来的。这种政治文明不仅在反对神学的过程中，创立了一系列的政治理念和政治思想。“主权在民”“人人生而平等、自由”等学说，曾鼓舞多少仁人志士为摆脱封建枷锁而斗争。资产阶级掌握国家政权之后，曾建立了包括选举制、议会制、两党或多党制等一系列政治制度，公民在形式上享有民主和自由权利，较之古希腊雅典的政治文明，大大前进了一步。从表面上看，这种政治文明体现了“公民意志和利益”，西方学者也鼓吹它的超阶级性，但这种政治文明实质上只体现资产阶级的意志和利益，从来也没有给工人和广大人民群众带来有任何实质性意义的福音。因为建立在生产资料私有制基础上的政治文明，必然以保证私有制不受侵犯为宗旨。尽管它在法律上规定了公民享有平等的广泛的民主权利，在形式上表现出高度的分权和自由化，但它真正确立的是享有经济特权和资本特权的所有者的各种政治特权，金钱政治从根本上将广大的工人阶级和人民群众排斥在享有政治文明的大门之外。当然，不容否认，随着人类社会的发展和工人阶级的觉醒以及不断为争取自身权利进行的斗争的深入，资本主义国家政治文明的一些具体形式、机制发生了变化，政治关系也在不断地进行调整，但并未发生根本性变化。也就是说它的阶级内容仍未改变，资本主义政治文明始终围绕一个轴心运转，这个轴心就是资产阶级的利益和统治。正是这种轴心所致，资本主义的政治文明，往往与野蛮的镇压、专制、霸权主义联系在一起，一旦谁触及了资产阶级的经济利益和政治利益，便会被资产阶级毫不留情地镇压、干预，显示出资产阶级的真实面目，“把共和国的‘自由、平等、博爱’这句格言代之以毫不含糊的‘步兵、骑兵、炮兵’”①。

经过无产阶级革命建立起来的社会主义政治文明，建立在人民群众享有不同形式的生产资料所有权和支配权的基础之上，公民通过各种形式和途径享有管理国家和社会事务的一切权利，人民当家作主。经济上政治上的平等决定了各种政治关系的和谐。一切政治机器的设置、运转，所有政治制度的建立、运行，所有政治集团、政治组织以及所从事的活动，包括所有的政治规范和准则，体现和维护最广大人民群众的根本利益，以人民群众的根本利益的实现为出发点和归宿。因而社会主义政治文明，尽管还有许多需要通过加强政治文明建设予以解决的问题，但它的内在要求和本质特征十分明确，那就是广泛的

---

① 《马克思恩格斯选集》第1卷，第639—640页。

人民性。离开了这一本质特征，社会主义政治文明便不复存在。当然社会主义政治文明也需要，同时也必须有专政，这种专政是针对破坏社会主义政治文明的行为和势力的，是巩固、发展社会主义政治文明的重要保障。

由此可见，阶级性是政治文明的重要特征。不同类型的政治文明，具有不同的阶级内容。这也是建设社会主义政治文明必须牢记和坚持的重要原则。

诚然，不容否认，政治文明具有历史的继承性。但是这种继承性，无论具有多么顽强的惯性，在更替后的社会里，总是要进行一定的改造，赋予新社会特有的阶级内容。即使一些形式化的政治设施、政治工具之类的政治文明，表面上看是任何社会都适用的，带有普适性，但是，这种带有普遍性的形式，一旦与特定社会政治文明的内容相结合，所反映出来的内容必然要鲜明地体现出占统治地位的阶级性质、阶级内容和阶级要求。资本主义社会与社会主义社会都强调要实现政治民主化和法制化，都建立有各种政治制度和政治设施，都有自己占主导地位的价值体系，政治运作过程中都形成一些运作方式。这些形式似乎是超阶级的，然而事实上它们都有很大的差异性，有的大相径庭，其根本原因就在于政治文明具有不同的阶级内容。同样是政治民主化，但民主化的阶级内容，民主建设的途径、方法、道路截然不同。当然政治文明中的有些形式是可以相互借鉴的，甚至可以说是相通的，但这种相同性不带有本质的性质，它与阶级性不是一个层次，而是非本质的现象。

（二）复杂性，或者说是结构性

政治文明并非单一结构，而是有极为丰富的内容，具有结构性。这种复杂性不仅表现在自进入文明社会以来有多种政治文明形态，而且表现在政治文明的内在结构呈现出多元性。这种多元结构表现为政治主体文明、政治关系文明、政治意识文明、政治行为文明、政治制度文明，等等。这些内容的政治文明有一定的逻辑关系。处于不同层次的政治文明，具有不同的表现形式，发挥不同的作用。

1. 政治主体文明。政治文明说到底是人类所创造的积极成果，因而政治主体文明是政治文明的核心和关键。离开政治主体的文明，政治文明将成为无源之水，无本之木。政治主体是相对于政治客体而言的，它包括本源意义和派生意义两个组成部分。在社会政治生活中，政治主体在政治意识的驱动下，从事政治活动，维护和追逐根本性利益。政治主体的性质决定政治文明的性质，政治主体的文明程度在很大程度上决定政治文明的状况。政治主体既可以是一个具有政治意识和独立人格的个体，也可以是以共同的政治理想、政治纪律而组成的政治组织、政治团体，还可以是基于共同的根本利益而形成的政治群体。这种多元的政治主体在不同的国家和社会发展的不同阶段具有不同的表现形式，在社会政治生活中处于不同的地位，扮演不同的角色。随着人类社会的发展，政治主体的地位通过法律程序予以确认和肯定。无论何种形式的政治主体，它的理性化程度如何，以什么样的动机和方法从事政治活动和介入政治过程，代表、维护什么人的利益，这些都是检验其文明程度的重要标志。因而，分析、考察一个社会的政治文明，首先应当分析其政治主体的文明程度，尤其是应当观察、分析这个社会国家政权的性质、作用、结构和活动方式，在多大范围、多大程度上代表了劳动群众的利益；它的占主导地位的政治组织是否具有合法性基础，能否得到社会绝大多数社会成员的支持和拥戴，其活动方式、组织化程度、从事政治活动的能力如何；以群众形式出现的政治主体的权利义务观念、法治、道德观念、参政议政的意识和能力究竟怎样；代表公民从事政治管理、政治统治活动的各种管理者如何产生，其行为、后果是否受到有效的制约；整个社会政治规范是否健全、完善，各种政治主体能否有效地遵守各种政治规范，等等。这些便构成了评价政治主体是否文明的标准体系。

2. 政治关系文明。马克思主义认为，一个社会政治的本质内容就是各政治主体在获取和维护各自利益或所代表的利益而进行的各种活动中，形成的彼此之间的复杂关系。政治关系实际上集中地反映利益关系。能否合理地理顺、妥善处理好各种政治关系，不仅关系到政治主体的合理定位和潜能的发挥，而且关系到各自利益的满足程度和政局的稳定。各种政治主体越位、错位、职责不清，势必导致政治关系混乱或颠倒，激化社会矛盾，影响政治稳定。如果各种关系能够较为合理地予以协调，便会调动各政治主体的积极性，形成生动活泼、政治稳定的局面。除此之外，政治关系还全面地反映其他社会关系。政治关系的多元性和复杂性，决定了政治关系的复杂性，在不同的国家和社会，有多少个政治主体，就会有多少种政治关系。社会生活中的其他关系，在特定的条件下超越具体问题之上的带普遍性和实质性的矛盾，都有可能通过政治主体演变为政治关系。从阶级社会的历史来看，调整政治关系的方法和手段有多种形式，无论是以强制力为后盾的行政、法律手段，通过意识形态，特别是道德教化，还是通过组织的设置、调整，机构的变化，功能的转换，都能在一定程度上协调政治关系。当然能够达到预期目的，不仅在于这些方法是否有效，而且主要在于这些手段和方法多大程度上反映生产力发展的要求，代表广大社会成员的根本利益。因而，政治文明与否，文明的程度如何，更多地要看社会的政治关系是否和谐，各政治主体之间有无根本利害冲突，矛盾与冲突的调解的自觉程度如何；协调各种政治关系的手段和方法是否科学、有效；缓解矛盾、化解冲突、消除张力的机制和体制是否健全和完善，等等。

3. 政治意识文明。有政治主体，就会有政治意识。政治意识作为政治领域的精神现象，是政治生活和政治活动的心理反应，是人们在特定的社会条件下形成的政治态度、政治情态、政治认识、政治信念、政治习惯和政治价值的复合存在形式，它构成政治系统的基础和环境，是政治的隐性结构。作为一种无形的精神力量，政治意识左右政治主体的行为，影响社会的政治面貌，促进或制约政治发展。政治意识有不同的内容和表现形式。既有不为任何人所垄断的、人们在政治生活和政治活动中直接形成的、不自觉的、不系统的、不定型的、较为零碎的、粗糙和自发的社会政治心理，也包括人们在社会政治实践中，通过对各种直观的、零散的和杂乱的感性认识进行抽象加工和整理而形成的较为系统的、深刻的、在政治意识中居于核心和主导地位的、集中反映阶级和集团根本利益的理性思维的政治思想，当然也包括以政治思想为基础，对政治行为予以规范的政治道德和规范、褒扬、鞭笞政治行为的政治舆论，约束、激励政治行为的政治信仰，等等。政治意识在一定社会历史条件下形成和发展，随着历史条件的变化，它的内容和形式都会发生相应改变。不同历史时期，同一社会形态的不同发展阶段，具有不同的社会意识和发展变化的轨迹。阶级性是政治意识最本质的特征。在每一个具体社会制度，由于经济关系、阶级关系的多元性和异质性，政治意识往往呈现出复杂性。当然，政治意识是一个民族在长期历史过程中形成的，一定的民族是政治意识依存的载体，因而政治意识作为维系一个民族的牢固纽带，带有其民族性的特征。政治意识的特性以及政治意识的功能决定了政治文明理应包括政治意识文明，也即公民的政治心理是否健康；占主导地位的政治思想、政治信仰能否反映政治现象的本质要求，是否符合人类社会发展的规律，是否与时俱进，不断地予以丰富和发展；全民族对政治体系有无普遍的认同感，全社会是否具有较为一致的政治信仰、政治理想，形成共同的价值取向、规范体系和行为准则以及价值评判标准；公民的政治兴趣和参政议政能力达到什么样的水准。如果没有政治意识的文明，整个政治文明将会失去精神动力。

4. 政治行为文明。政治主体在政治意识的驱动之下，在社会的政治生活和政治活动中往往有诸多外在表现，即政治行为，正是通过一系列政治行为，政治才得以实现。政治行为作为社会行为的一种，它以各种方式渗透于社会生活的各个领域，对社会生活产生一定的影响，力图使整个社会的运行有利于统治阶级的统治，一旦出现有损于统治阶级利益的现象，统治阶级便会利用各种手段予以干预，以便使其合乎自己的要求。政治行为是实现阶级统治的重要途径和方法。作为社会成员，尽管存在自然的和社会的重大差异，但都自觉不自觉地通过各种各样的政治行为表达自己的意愿和要求。由于社会成员及社会成员的利益和要求千差万别，使得政治行为不可能千篇一律。随着社会的发展和政治社会化进程的加快，社会生活的方方面面日益与政治联系在一起，许多重大问题的解决，都必须借助于政治行为，通过政治行为。人们通过政治行为介入政治过程，对政治生活施加影响。不同的政治行为，其作用和效果是不同的。从发展的眼光观察问题，凡是能够推动政治发展、政治文明和政治现代化进程的政治行为，无论是否合乎当时的法律，是否对当时的政治带来波动和混乱，都可认为这种政治行为的作用是积极的；反之，有些政治行为即使维护了当时的政治稳定，合乎当时的法律，也不见得具有积极意义。判断政治行为是否具有积极意义，关键要看政治行为是否代表了社会中绝大多数人的利益。对待政治行为的判断，不可绝对化，有些政治行为反映了历史发展的方面，吸引和凝聚了社会力量，能够推动社会发展；有些政治行为缺乏组织性，缺乏理性，以极不规范的方式表达政治主体的意志，破坏社会秩序，搅乱稳定局面，妨碍国家机器的正常运转，阻碍社会的发展和政治的昌明，甚至有可能威胁现有政权的存在；有的政治行为反映一部分人的局部利益，维护腐朽没落的统治，实质上也是一种反动；还有的政治行为同时产生几种效应。正因为政治行为会产生不同的作用，因而每个国家都十分重视对政治行为的规范和管理。政治行为文明应是政治文明的重要内容。从某种意义上讲，政治文明更多地表现为政治行为文明，通过政治行为文明体现。政治行为主要是围绕特定的利益展开的，政治行为的理性化程度如何；政治行为是否具有良好的心理环境、政治价值和政治行为准则；政治行为是否纳入规范化、程序化、制度化的轨道；政治行为的效能如何，与预期的效果、宗旨是否相统一，这些综合性指标便成为政治行为文明乃至政治文明不可缺少的要素。

5. 政治制度文明。政治制度文明是政治文明的核心。政治主体在社会政治关系领域所进行的政治实践活动，都是围绕政治制度这一核心问题展开的，建立和巩固政治制度是一切政治活动和政治斗争的出发点和最终目的。政治制度作为特定社会占统治地位的政治主体通过组织政权以实现其政治统治的原则和方式的总和，是一个社会阶级本质的内在规定，反映一个社会的阶级关系，直接或间接地反映社会各阶级的地位以及社会实际生活中各种政治力量的对比关系，而且它对阶级利益的调和作用，主要不是缩小利益差别，而是使差别固定化，把冲突纳入制度化的轨道和置于一个可控的范围。政治制度由国家正式颁布和强制执行，极具强制性。政治制度在具体运行过程中，以国家机器为后盾，实现统治阶级的意志，对全社会具有普遍的约束力。政治制度对整个社会的影响和作用，无论在广度、深度和强度上，都是其他规范所无法比拟的。其他社会制度与社会规范必须服从和服务于政治制度的内在要求，在政治制度允许的范围发挥自己的作用。政治制度以其特有的结构形式和功能影响、制约社会其他社会制度发挥作用的程度和范围，以其特有的权威，引导和保证社会发展方向。政治制度的功能发挥得如何，取决于政治制度是否适应社会发展的需要。政治制度的文明决定和影响着政治文明的存续，而政治制度是否具有广泛的阶级基础，集中体现和维护什么人的利益，是否与其他社会制度体系的功能相适应，可否容纳、代表社会各方面的利益要求，并根据社会发展的要求，进行及时有效的变革和调整，这些无疑是政治制度文明、也是政治文明的主要内容和表现形式。①

（三）动态性

政治文明并不是永恒不变的，而是处在不断发展变化之中。它总是随着社会的发展和社会形态的更替不断地改变着其内容和形式。这种动态性从变化的程度来看，有质变和量变两种形式。质变就是政治文明的阶级内容和性质发生变化。这种变化的最根本的原因和推动力量在于，社会生产力发展所引发的社会经济关系的变化，经济关系的变化导致阶级关系的变化，占统治地位的阶级的更替最终带来政治文

① 洋龙、韩旭：《重构政治学理论体系的设想》，《政治学研究》1999 年第 3 期。

明的阶级内容、阶级本质的变化。与人类社会发展进程中出现的社会形态的更替相联系，相应地出现了几种形态的政治文明，它们具有不同的阶级内容和不同的表现形式。当然，这是从最终意义上而言的，这一规律的具体运用会有具体的形式。

政治文明的变革，是一个由低级到高级的发展过程和最后消亡的过程，是同人类社会的社会形态的变革相一致的。人类社会发展至今，政治文明变革一般都通过革命的形式实现的。任何一种新的政治文明的诞生，都是革命的必然结果。

政治文明的动态性，还表现在阶级内容不发生根本性质变化的前提下，政治文明的具体表现形式和机制的调整、健全和完善，诸如政治主体理性化程度的提高，政治组织合法性基础的巩固和扩大，政治规范的进一步完备、严密、具体，便于操作，权威性不断强化；协调政治关系的途径和方法更加科学有效，各种政治关系进一步合理，趋于和谐；社会政治心理不断趋于健康，占主导地位的政治意识不断创新，社会的政治价值取向、规范体系更加科学，公民的参与意识和参与能力日益增强；政治行为逐步规范化、程序化和制度化，不断提高效益和质量；政治制度更加完善、健全，经过适时调整，与其他社会制度体系的功能不断相适应，更好地实现所代表的社会成员的根本利益，使政治文明的量变不断适应自身发展的内在要求，适应由相关因素变化所产生的客观要求。

此外，政治文明还具有民族性的特点。政治文明尽管具有相对独立性，但并不是绝对孤立的，政治文明受特定民族和国家的历史传统、民族特征的影响，深深地带有民族的鲜明特色。

三

政治文明的阶级性决定，研究政治文明问题，必须十分清楚地把握不同政治文明类型之间最根本、最本质的差异在于它们的阶级内容，尽管政治文明的一些具体形式、运作机制或者称谓有很大的相似性，政治文明也有其历史继承性，政治文明的形式或许也有普适性的东西，然而这一切都是非本质的，都是服从、服务于阶级性的。任何政治文明一旦不从阶级性上去分析和把握，就很难从本质上予以说明，揭示其真正的实质。

在政治文明建设过程中，在注意其形式变更、机制完善的同时，更为主要的是要把政治文明建设的注意力集中于巩固政治文明的阶级基础上，舍本求末所带来的是与初衷相悖的后果。一种政治文明，它所代表、所体现的阶级利益如何维护、如何实现，是政治文明建设的核心和关键。政治文明的形式、机制的健全、完善固然重要，有时处于举足轻重的地位，但这方面的建设只有始终围绕巩固阶级基础这一轴心展开，寻求形式与内容的完美结合，这种建设才会有实质性的意义。

政治文明的复杂性告诉我们，政治文明是一个多元的复合结构，在政治文明大家庭有诸多成员，而且相互联系、相互作用，构成政治文明的任何要素的地位和作用都是不可替代的，因而观察和评价政治文明，应努力避免片面性。

既然政治文明并不仅仅是单一的结构，因而在加强政治文明建设的过程中，就必须既重视政治主体的理性化程度的提高、组织结构的完善，又要重视各种政治关系的协调，注重社会意识体系的构造和政治意识的创新，并逐步使政治行为规范化、程度化，不断推动政治制度的健全和完善，使政治文明的建设更加系统和全面，以此推动政治发展和社会全面进步。

政治文明的动态性告诉我们，政治文明无论是自身的变化，还是其他相关因素所引起的变化，都是一个过程，不可能死水一潭，也不可能一蹴而就。政治文明的产生、巩固和发展以及制约政治文明的诸因素均需要不断地去积累，因而政治文明的建设也不可能操之过急，应当根据各种条件变化所提供的可能性，循序渐进地进行。同时，政治文明是一个积累的过程，除政治文明的阶级内容外，有些形式和机制具有一定的继承性，具有自身内在的沿革和发展的规律，一些具体规范、程序、形式对于不同性质的政治文明是可以借鉴的，当然决非照抄照搬，政治文明并不是不分国家、无国界的。这种继承性仅仅是意味着它作为一种政治文化、社会进步的标志，是人类文明的政治财富，丝毫不排除也不掩盖其实质性差别。

政治文明的民族性告诉我们，由于影响、制约政治文明的因素很多，因而在不同的社会形态、不同的国家、不同的民族，具有不同类型的政治文明。就同一阶级内容的政治文明，在不同的国家或地区也会有不同的表现形式和运行机制，各个国家因历史传统、民族特性、经济文化水平不同，其政治文明也会显示出不同的具体形式。因而各个国家的政治文明建设必须根据本国国情，寻找自己的模式、途径、道路，决不可东施效颦。

在新的历史时期，加强有中国特色社会主义政治文明的建设，并通过政治文明的建设，推动中国的政治现代化和政治发展，除了要不断促进中国社会的经济社会发展，为政治文明建设创造良好的社会环境和社会条件外，还应该在以下几个方面不懈努力，实现政治文明建设的战略目标。

政治民主化。政治民主化，就是要使政治日益为人民群众所享有和运用，人民群众真正成为国家的、社会的主人，通过各种途径和方法参与对国家事务、经济、文化和社会事务的管理，依法逐步扩大政治参与。邓小平曾经指出：“没有民主就没有社会主义，就没有社会主义现代化。”①民主作为社会主义的本质要求、内在属性和重要特征，建设高度的社会主义民主是我们的根本目标和战略任务，也是政治文明建设的重要内容。可以这样讲，没有社会主义民主，也就没有社会主义的政治文明。要建设社会主义民主，必须从中国国情出发，坚持走自己的路，逐步实现民主的制度化和法律化，不断完善我国的

① 《邓小平文选》第2卷，第168页。

各项民主制度和运行机制，在共产党的领导下，真正支持人民群众当家作主，实现民主选举、民主决策、民主管理、民主监督，保证人民依法享有广泛的权利和自由。

政治公开化。就是要增强政治生活的清晰度和透明度，彻底消解政治的封闭性和神秘色彩。除涉及国家机密和国防机密外，大量的政治活动，都应尽可能地公开，消除因政治过程中程序上、技术上和地域上的限制，使广大人民群众能够更好地了解政治过程，更好地知政议政和参政。没有政治的公开化，就很难保证政治民主化，政治清廉也会受到影响，社会主义的政治文明也就不从谈起。

政治法治化。法治是现代化社会的组织形式和治理国家的方略，是人类社会进步和文明的标志，是衡量一个社会是否现代化的重要参数。实现政治的法治化，就是要真正根据法治精神和法治原则，构筑建立在尊重人的人格、尊严、自由、进取精神和合理要求基础上的法律体系，明确定位政治主体的法律地位和作用，规定各种政治关系，规范各种政治行为，保证各种政治制度依法运行，不断强化政治主体的法律意识，形成良好的法治社会环境。

政治科学化。人类政治文明发展的历史已经说明，政治民主化与政治科学化是相辅相成、相得益彰的。没有政治的民主化，就不会有政治的科学化，同样，没有政治的科学化，政治的民主化也会走向邪路。政治民主化解决人民当家作主的问题，解决少数服从多数的问题，但多数并不意味着就绝对合理和正确，因而必须使政治科学化，科学政治决策，科学管理，建立科学的政治决策机构、程序和方法。要吸收和运用现代科学技术成果，科学计算成本和收益，尽量避免随意性和主观性。

政治高效化。就是政治主体，特别是国家、政府和政党等政治主体有较高的能力、能量，政治活动要有高效率和高效益，从时效、适效、实效等几个方面能够适应瞬息万变的国内外形势，能够把握和利用每一个时机进行调整和创新。政治的高效化能够促使广大社会成员政治效能感的增强，进而介入政治过程，促进政治民主化的进程。政治清廉化。就是建立、健全政治权力的制约、监督机制，通过阳光工程，对政治权力实行严密有效的监控和制约，遏制和消除一切政治权力异化和腐败现象，实现政治权力主体（派生意义上的）清正廉洁，从而树立其在全社会的良好形象，增强社会公众对政治体系的认同和支持，提高全民族的凝聚力和向心力，巩固政治制度的阶级基础，从而使社会主义国家长治久安。

政治文化世俗化。政治文化世俗化有广义和狭义两种理解。狭义论者认为，它是砸碎神学枷锁的精神解放，是政治文化非圣灵化和尘世化；广义论者则认为，它是指包括反神学精神在内的一个宽泛概念，即它是在扬弃传统政治文化的基础上建构民主化和法理化的政治文化。世俗化意味着政治文化具备了科学性、参与性、开放性、共识性和进步性。为了保证中国政治文化始终具有健康的趋势，应当建构政治意识的核心价值体系，并通过政治社会化，形成共同的价值取向、规范体系和行为准则，渗透到社会各个领域，真正发挥导向、规范作用，使政治文明具有重要的精神支柱和核心灵魂。①

① 杨海蛟：《政治文明的层面》，《学习时报》2002年第149期。

从管制转向服务：中国政府的管理革命

——中国行政管理改革30年*

周光辉**

改革开放以来，中国正经历一场广泛而又深刻的历史性变革，这场变革涉及社会的方方面面、各个领域。其中，中国政府的管理模式也正经历着历史性转型。审视中国30年行政管理改革的历史进程，就会发现在这一历史进程中，体现了一个方向和双重使命。一个方向就是要实现政府管理从管制到服务的现代转型，建立服务型政府；双重使命表现为，行政管理改革既是一场管理革命，又是政府与市场关系、政府与公民关系、国内治理与全球治理关系的深刻调整。本文试图站在学术的立场，从观察的视角，对过去30年中国行政管理改革进程做一评论性的分析。

一、“简政放权”，破除中央高度集权的管理体制

中国行政管理改革涉及的内容十分广泛，包括各级政府的法定地

---

* 本文发表于《吉林大学社会科学学报》2008年第3期。

** 周光辉，吉林大学行政学院教授，中国政治学会副会长。

位、权限、职能、管理方式，以及机构设置、人员编制、财政预算等方面，既有观念层面的更新，也有制度、机制层面的变革，既有宏观结构的重新设置，也有微观方面的更新调整；既有中央层面的改革，也有地方层面多样化的探索和创新。限于篇幅，本文重点围绕中央层面的行政管理改革进行讨论。

从历史发展的纵向来看，中国的行政管理改革呈现出一个过程三个阶段的特点。即从总体上看，行政管理改革是一个连续的，既相互衔接、又不断深化的过程；在这个连续的过程中，不同的时期行政管理改革的重点又有不同，形成了三个主要阶段。第一阶段行政管理改革旨在突破政治、经济一体化的中央高度集权的体制束缚，重点是“简政放权”；第二阶段行政管理改革是适应计划经济向市场经济体制转轨要求，重点是转变政府职能；第三阶段是推进政府管理模式转变，建设服务型政府。

改革开放前，中国在加强“党的绝对一元化领导”的口号下，国家权力不断集中，逐渐形成了高度集中的计划经济体制和政治、行政一体化的中央高度集权的一元化领导的管理体制。与中央高度集权的管理体制相适应，形成了一种以中央权力为中心、以行政命令为主导的自上而下单向式的管理模式。这种管理体制最大的弊端是权力过于集中，党政不分、政企不分和管理过死，使经济和社会生活缺少活力。它所产生的危害集中表现在两个方面：一是“集中过多，计划搞得过死……使地方、企业和职工个人的积极性、主动性和创造性，受到了很大的限制和束缚”①；二是“我们的各级领导机关，都管了很多不该管，管不好、管不了的事，”② 导致政府机构臃肿重叠、政出多门、职责不清、办事效率低、官僚主义严重等弊病。如果从因果关系的角度分析这两种弊端，就会发现，官僚主义现象严重是问题的表象，根源

---

① 《三中全会以来重要文献选编》，北京：人民出版社1982年版，第140页。

② 《邓小平文选》（一九七五——一九八三年），北京：人民出版社1983年版，第286页。

是权力的高度集中。因为高度集权的管理体制势必造成政府机构和干部队伍过于庞大。邓小平曾尖锐地指出，权力过分集中“这可以说是目前我们所特有的官僚主义的一个总病根。”① 这种政治、经济一体化的中央高度集权的管理体制已经严重地制约了社会经济的发展，成为推进中国现代化建设的最大的体制性障碍。为了调动地方、基层和企事业的积极性，“搞活经济”，就必须对传统的中央高度集权的管理体制实行改革。从公共行政学的角度说，权力是行政管理的核心要素，所谓行政管理实际上就是权力按照一定目的的运用和行使。在这个意义上讲，行政管理改革的中心内容是对权力进行重新配置。针对传统的中央高度集权的管理体制，行政管理改革从一开始就把重点确定在“简政放权”上。1978年12月召开的中国共产党十一届三中全会《公报》明确指出：“现在我国经济管理体制的一个严重缺点是权力过分集中，应该有领导地大胆下放，让地方和企业在国家统一计划的指导下有更多的经营管理自主权。”② 在《公报》精神的指导下，20世纪70年代末到80年代末所进行的行政管理改革主要围绕“简政放权”这一中心展开。首先是针对政治、经济一体化的权力高度集中的管理体制，实行“放权”改革。而要做到有效的放权，其前提是实行党政分开、政社分开、政企分开。从1979年开始，首先撤销了地方各级革命委员会，设立人民政府，同年，各级党委和政府分署办公，并明确地对党政机构的职责做了分工，党不再代替政府作为直接的行政管理机关。党的领导主要是思想政治和重大方针政策的领导，国家行政工作主要由国务院和各级人民政府负责；在农村，废止政社合一的人民公社体制，建立乡政权，实行政社分开；在城市，为了“搞活企业”，实行政企职责分开，所有权和经营权“两权分离”，各级政府部门不再直接经营管理企业，撤销行政性公司，企业实行经营承包责任制。为了进一步消除权力过分集中的弊病，在实行权力分开的同时，又进

---

① 《邓小平文选》第2卷，第328页。

② 《三中全会以来重要文献选编》，北京：人民出版社1982年版，第7页。

行行政管理权限放权式改革。中央向地方下放的管理权限主要涉及：经济管理权限、人事管理权限和财政管理权限。学术界也把这种权限下放称之为“放权让利”。放权主要在三个层次进行：一是中央向地方放权，上一级政府向下一级政府放权；二是政府综合部门向企业主管部门放权；三是政府企业主管部门向企业放权。① 为了调动地方和企业的积极性，在放权的同时在财政体制上实行了“让利”式改革。如实行中央与地方“分灶吃饭”的财政管理体制，财政支出由中央下达改为地方统筹使用。对企业实行“利改税”制度，税后利润完全归企业安排使用。

组织机构是权力运行的载体，权力的重新配置必然涉及组织机构的重新调整。所以，与政府逐渐下放权力同时进行的是机构改革。机构改革是中国30年行政管理改革的基本内容之一。20世纪80年代初期（1982—1983年），中国进行了一次较大规模的行政机构改革，主要是针对国家机关机构臃肿、层次重叠、政出多门、职责不清、人浮于事、效率低下的问题，这次机构改革的主题是“精兵简政”。所谓“精兵”，是指在精减人员、实行机关工作岗位责任制的同时，针对中国干部队伍存在的年龄偏大、文化偏低、缺乏专业知识的问题，确定了提拔和任用干部的“四化”（革命化、年轻化、知识化、专业化）标准，并废止了实际上存在的领导职务终身制。所谓“简政”，是根据分工合理、职责分明、机构精干、提高工作效率的要求，撤销重叠机构、合并业务相近的机构。随后，各省、自治区、直辖市也相应进行了“精兵简政”的机构改革。

中国在20世纪70年代末到80年代末所进行的行政管理改革取得了明显进展，在许多方面打破了过去政治—经济一体化中央高度集权体制的束缚，特别是采取了一系列改革措施，对过去不合时宜的党政关系进行了重新调整，打破了“党的绝对一元化领导”模式。这一阶

① 参见张国庆：《当代中国行政管理体制改革论》，长春：吉林大学出版社1994年版，第89页。

段，通过中央政府向地方政府和企业逐级下放权力，从经济利益、权力责任方面大大调动了地方政府和企业的积极性，从而极大地释放了经济活力和潜能，促进了经济的发展。但由于当时的行政管理改革仍然是在未从根本上触动计划经济体制，许多方面未进行配套改革，尤其是政府主要是通过行政手段管理经济的方式没有改变的情况下进行的，所以，当时的以“简政放权”为重点的行政管理改革，从总体上说还属于行政管理系统内部中央与地方政府之间权力的重新分配。这种改革思路实际上依然没有超越过去的在行政体制内集权—分权和机构数量的增减和机构之间的分合（合并—分开）的传统做法。因此，“简政放权”式改革不久就出现反弹，如机构和编制又逐渐膨胀起来；中央政府应下放给企业的经营自主权，也被各级政府层层截留。另外，在行政权力下放过程中，忽视了宏观管理，造成了资源浪费、产业结构失衡、“诸侯经济”等现象的发生。要走出政府管理经济生活“一统就死，一放就乱”的怪圈，改变机构“精简—膨胀—再精简—再膨胀”的恶性循环现象，行政管理改革就必须突破行政权力在中央与地方之间上下移动和机构的简单撤并、编制的裁减的传统思路和做法。

二、“转变政府职能”，构建与社会主义市场经济相适应的行政管理体制

从1988年新一轮国务院机构改革开始，到90年代末的行政管理改革，在总结以往政府机构改革的经验教训的基础上，明确把转变政府职能作为行政管理改革的重点和关键。所谓政府职能，也就是政府在管理国家和社会公共事务方面的基本功用和效能，涉及行使行政权力的范围、程度和方式。转变政府职能，说到底是解决政府应该管什么、管到什么程度和怎么管的问题。政府机构是政府职能的载体，只有适应国家经济体制改革的要求，正确界定政府职能，政府机构的设置才能做到合理和有的放矢，才可能正确地发挥政府管理的作用，有

效地开展各项管理活动。这一阶段改革与上一阶段行政管理改革最大的不同点，就是实现了改革思路的重大转变。这种转变表现在：要发展生产力，提高经济效率，搞活企业，关键不在于将行政权力的集中在中央还是下放到地方，也不在于建立“大政府”还是“小政府”，而是要转变政府的职能。转变政府职能的中心任务是政企分开，把生产经营的权力真正交给企业。而要真正做到这一点，关键是改变过去用行政权力配置资源的方式，让市场发挥配置资源的基础性作用。如果配置资源不从过去由政府为主转变为以市场为主，企业就不会根据市场的需求来组织生产，只能按照政府的指挥棒运转，这样，企业也无法做到自主经营，政企不分的状况就不可能得到改变。

1988年开始的国务院机构改革，按照“转变职能、精干机构、提高行政效率”① 的要求，根据“定职能、定机构、定编制”的三定原则，对国务院机构设置进行了改革。这次机构改革取得了一定的成效，特别是把转变政府职能作为政府机构改革的重点，对突破传统的行政管理模式迈出了具有决定意义的一步。但由于当时进行的政府机构改革受到了经济体制改革进程的制约，所以，这次改革政府职能转变并不明显。主要表现在：一方面，政府对企业的微观管理和直接管理仍然过多，企业缺乏自主权；另一方面，政府的宏观调控能力不强。

进入20世纪90年代后，随着中国经济体制由计划经济体制向社会主义市场经济体制的转型，中国逐渐加大了转变政府职能改革的力度。第九届全国人民代表大会第一次会议明确提出，要“按照发展社会主义市场经济的要求，转变政府职能，实现政企分开。要把政府职能切实转变到宏观调控、社会管理和公共服务方面来，把生产经营的权力真正交给企业。”② 政府职能要实现四个转变。一是从微观管理向

① 夏骥、芮明春等主编：《机构编制管理手册》，北京：中国人事出版社1989年版，第271页。

② 九届全国人民代表大会第一次会议《关于国务院机构改革方案的说明》，1998年3月6日。

宏观管理转变；二是从直接指挥企业生产经营向统筹规划、政策引导的间接管理转变；三是从只管部门所属企业向全行业管理转变；四是从对社会的管制向组织协调、提供服务和检查监督转变。①

90年代的行政管理改革与80年代的行政管理改革相比较，其主要特点是：为了保证企业成为自主经营、自我管理、自负盈亏和自我发展的市场主体，行政管理改革的重点是围绕着转变政府职能这个关键环节展开的。具体表现在两个基本方面：从行政管理改革的目标看，是把适应社会主义市场经济发展的要求作为行政管理改革目标，通过转变政府职能，从一个适应于计划经济的政府管理转变为适应社会主义市场经济的政府管理。这意味着90年代的行政管理改革与经济体制改革更加紧密地联系在一起。从行政管理改革的范围看，90年代的行政管理改革是将政府其他方面的改革与转变政府职能相配套，通过配套式改革，使行政管理改革从过去的“政府机构改革”拓展为“行政管理体制改革”。即是以转变政府职能为重点，按照政企分开和精简、统一、效能原则，合理划分中央与地方的管理权限，理顺国务院各部门的关系，调整机构设置，精简机构和人员，全面推行公务员制度和工资制度改革，将机构编制管理与经费预算管理、工资基金管理紧密结合起来，初步建立起一个适应社会主义市场经济体制需要的行政管理体制。

三、转变政府管理模式，建设服务型政府

进入21世纪后，随着各项改革的全面展开和不断深入，中国的现代化建设进入了新的历史阶段，也出现了一些新矛盾和新问题，特别是随着经济、社会的发展和公民民主意识的提高，行政管理改革过程

① 参见郭济：《中国行政改革的现状和趋势》，《中国行政管理》2000年第9期。

中的一些深层次的问题也显现出来。从公共行政的角度看，这些新矛盾和新问题主要表现在两个方面：一是经济快速增长与发展不平衡的矛盾日益突出。改革开放以来，中国在保持经济持续快速增长、人民生活水平不断提高的同时，城乡之间、东西部之间、社会成员之间的利益差别也呈逐渐扩大的趋势，尤其是城乡之间发展不平衡、社会成员之间贫富差距问题相当突出。二是全社会公共需求的快速增长与公共物品和公共服务短缺的矛盾也日益凸显。随着中国工业化、市场化、城市化进程的加快，人口流动性不断扩大的同时，社会风险也在增加，特别是公民的主体意识、权利意识、参与意识的日益增强，导致公众对公共物品和公共服务的需求不断增长。然而，中国的公共物品和公共服务（如公共卫生、基础教育、失业养老保障、住房保障、公共安全、环境保护等）投入的增长速度落后于总体财政的支出增长速度；公共物品和公共服务发展速度滞后于经济增长速度；公共物品和公共服务供给的数量和质量明显不能满足公众日益增长的需求。

形成上述问题的原因固然是多方面的，从公共行政的角度看存在以下几方面的原因。第一，对发展的认识上有片面性，把经济总量的增长等同于发展。表现在政府在过去的现代化建设实践中偏重于经济建设，过多地注重GDP的增长，忽视了社会建设。第二，政府管理理念落后。一些政府部门和公务人员习惯于计划经济条件下形成的管制观念，缺乏服务精神。第三，政府职能转变不到位导致其公共服务职能出现缺位。如政府在基础教育、公共卫生、公共安全、社会养老和住房保障、生态环境等基本公共服务方面的投入严重不足。第四，政府以管制为核心的管理模式没有根本改变，无法满足公众日益增长的公共需求，更有少数政府部门以管理为名谋取部门利益，乱收费、乱罚款、乱摊派，加重企业和公民负担，严重损害了政府的形象。因此，进一步深化行政管理体制改革是解决上述问题，消除经济社会发展过程中的体制性障碍，不断提高人民对政府行政管理满意度的客观要求。但问题的关键并不在于是否需要进一步深化行政管理改革，而在于如何深化行政管理改革，如何确定新阶段行政管理改革的目标。

以往的行政管理改革十分重视与市场经济体制的适应性，注重回应经济体制改革对行政管理体制改革的要求。在改革实践中，也把注意力放在调整政府与市场、政府与企业的关系上。这样做是有其历史合理性的。但以往的改革忽视了行政体制改革与政治体制改革的关系，对从政治体制改革，特别是民主政治建设的大背景下审视行政管理改革问题重视得不够。从政治学角度说，行政管理改革是政治体制改革的重要组成部分，如果仅从经济发展的角度思考和设计行政管理改革难免具有片面性和简单化，更无法解决行政管理改革所面临的深层次问题。可以说，中国经过了二十多年的改革，已经打破了传统的中央高度集权的管理体制，计划经济体制下政府对经济社会事务管制过多、过死的状况已有较大改变，初步建立起一个适应社会主义市场经济体制的行政管理体制，但在传统体制下形成的“管制”式思维方式和管理方式还没有根本改变，这也是转变政府职能多年来，政府越位或缺位现象仍很严重的重要原因之一。面对中国经济社会发展的阶段性特征和日益突出的新矛盾和新问题，传统的以管制为主要特征的行政管理模式已经无法适应新的情况了。正是在这样的历史条件下，中国政府根据现代化建设进入新阶段的客观要求，做出了构建社会主义和谐社会的重大战略抉择。构建社会主义和谐社会的历史任务，对行政管理改革和政府自身建设提出了新的更高要求，也为继续深化行政管理改革指明了方向。如果说过去的市场化导向的行政管理改革的目标，注重的是与建立社会主义市场经济体制相适应，那么，以建立和谐社会为目标的行政管理改革，更要注重与民主政治建设相配套。与民主政治建设相配套的行政管理改革，其本质要求，就是坚持一切从人民的根本利益和现实需求出发，要以保障民权（公民的知情权、表达权、参与权和监督权）和改善民生为根本着眼点和目的。这便客观上要求改变过去那种以“管制”为核心的行政管理模式，从根本上推进政府管理模式由以管制为主导向以服务为主导的方向转变。

自党的十六大对政府职能明确定位为四项：经济调节、市场监管、社会管理和公共服务，特别是 2003 年党的十六届三中全会决议中进一步强调“切实把政府经济管理职能转到主要为市场主体服务和创造良好发展环境上来”① 以来，中国围绕强化政府公共服务职能进行了一系列改革。如进一步推进了政府职能向公共服务方面的转变；推动政府法治建设，国务院制定了《全面推进依法行政实施纲要》，修订了《国务院工作规则》，全国人大通过了《中华人民共和国公务员法》；加快了行政审批制度改革，通过了《中华人民共和国行政许可法》；加强了行政决策的科学化、民主化建设，建立和完善了重大问题集体决策、专家咨询、社会公示和社会听证制度；制定了《中华人民共和国政府信息公开条例》，并采取多种方式和渠道推动政务信息公开，提高政府工作和权力运行的透明度；建立了《国家突发公共事件预案体系》，提高了政府保障公共安全和处置突发公共事件的能力。上述改革对推动政府管理模式的转变打下了坚实的基础。

为了明确政府管理模式转变的目标，2004 年 12 月 21 日，温家宝总理在中央党校省部级主要领导干部“树立和落实科学发展观”专题研究班结业式上，首次公开提出了“努力建设服务型政府”② 这一政府建设的目标。之后，在 2005 年 3 月的十届全国人民代表大会第三次会议的政府工作报告中，再次明确提出“努力建设服务型政府”，并得到了全国人民代表大会批准。这意味着“建设服务型政府”作为政府管理模式转变的目标已上升为国家意志。2006 年 10 月在党的十六届六中全会通过的《中共中央关于构建社会主义和谐社会若干重大问题的决定》中，对建设服务型政府的内涵、重点、基本内容做了详尽

---

① 《中共中央关于完善社会主义市场经济体制若干问题的决定》，2003 年 10 月 14 日中国共产党第十六届中央委员会第三次全体会议通过。

② 见《十六大以来重要文献选编》（上），北京：中央文献出版社 2005 年出版，第 773 页。

的阐述，并明确提出了要“逐步形成惠及全民的基本公共服务体系。”① 党的十七大的政治报告把加快行政管理体制改革、建设服务型政府，作为坚定不移发展社会主义民主政治的基本任务提出来，并重点强调：“健全政府职责体系，完善公共服务体系。”从建设服务型政府这一目标的提出，到强调建立和完善公共服务体系，这标志着以建设服务型政府为核心内涵的政府管理模式转变的整体框架已经确立，并成为引领行政管理改革的目标模式。正如胡锦涛同志所指出的：“建设服务型政府，首先要创新行政管理体制。要着力转变职能、理顺关系、优化结构、提高效能，把政府主要职能转变到经济调节、市场监管、社会管理、公共服务上来，把公共服务和社会管理放在更加重要的位置，努力为人民群众提供方便、快捷、优质、高效的公共服务。”② 把以建设服务型政府为目标的行政管理改革概括为政府管理模式的转变，是因为21世纪初期的改革与前两个阶段的行政管理改革相比，除了在某些方面继续强化以往的改革内容外，还在政府管理理念、政府职能结构重心和施政方式等方面有了新的重大转变。这种转变不是局部的，而是一种整体的转变，不仅是政府结构形式上的转变，而且是包括政府管理价值取向的深层转变。在一定意义上讲，这种转变是政府的一次深刻的管理革命，目的是通过政府自身的重塑，以实现政府管理从管制向服务的现代转型。政府管理模式的转变涉及的内容是多方面的，但主要可概括为三个基本方面。

第一，政府管理模式的转变是政府管理理念的深刻变革。管理理念是指导政府处理公共事务的基本原则和观念。政府的管理理念关系到建设一个什么样的政府这一根本性的问题。因为，政府行为本质上是一定理念指导下的产物，政府管理理念在某种程度上规范着政府的

---

① 《中共中央关于构建社会主义和谐社会若干重大问题的决定》，2006年10月11日中国共产党第十六届中央委员会第六次全体会议通过。

② 胡锦涛：《扎扎实实推进服务型政府建设 全面提高为人民服务能力和水平》，在中共中央政治局第四次集体学习时的讲话。《中国行政管理》2008年第3期，第7页。

行为取向，决定并构建着政府的职能与结构，影响着政府公共政策的制定。建设服务型政府，就是要推进政府管理理念从管制向服务的转变。改革开放以来，伴随着“简政放权”和“转变政府职能”为重点的行政管理改革，那种行政权力渗透到社会生活的各个领域、社会生活的各个方面都处于行政权力的严格管制之下，企业和公民缺乏自主行动空间的状况已经有了明显改变。但长期社会生活行政化所形成的“官本位”观念，由计划管理所形成的直接管人、管财、管物的管制思维方式和过多采用行政审批手段所形成的限制管理的行为习惯，在一些政府部门和一些公务员身上还不同程度地存在，重权力轻责任、重管理轻服务，“门难进，脸难看，事难办”的现象依然严重，“权力部门化，部门利益化”已成为影响经济发展的突出问题。甚至还有一些政府公务员违法违规，滥用权力，贪污腐败，严重损害了政府在公众中的形象。与管制型政府“重权力、重限制、重支配”的管理理念不同，服务型政府则秉承“重权利、重责任、重服务”的管理理念。建设服务型政府说到底是要把人民的主权地位落到实处，即人民是公共权力的合法拥有者，政府是公共权力的受托者和代理者。尊重和保障公民的合法权利、维护和增进公民的正当利益是政府不可推卸的责任。一个受人民之托的政府，只有从人民的根本利益和现实需求出发治国理政，努力为公众提供方便、快捷、优质、高效的公共服务，才能获得合法性和正当性。

第二，政府管理模式的转变是政府职能结构重心的转变。自从国家工作重心从阶级斗争转到经济建设上以来，政府工作的重点长期放在经济领域。政府职能的转变也主要是经济职能的转变，如“从计划调节到市场调节，从微观管理到宏观管理，从直接管理到间接管理”等。在某种程度上政府管理已经过于偏重经济职能。这不是说政府重视经济工作不对，而是说，现代政府作为公共权力的受托者，不应成为一个经济主体，而应成为体现公共精神、履行公共职能、保障公共秩序、维护公共利益、促进社会公平正义的公共性主体。政府不同于企业，企业作为一个经济主体以追求经济效益最大化为目的，政府则不能仅追求经济增长，更不能追求部门利益，而要以追求经济与社会协调、均衡发展，实现公共利益最大化为目的。建设服务型政府，促进政府从偏重经济方面向体现公共精神的方向转变，是要通过政府职能结构的重新安排来实现的。近年来，特别是自开展建设服务型政府以来，中国明确提出在全面履行政府职能的基础上，“把公共服务和社会管理职能放在更加突出的位置”，并采取一系列措施逐渐强化政府社会管理和公共服务的职能。这意味着政府职能结构的重心要从经济职能为主转变到服务职能为主上来。通过政府职能结构重心的转变，推进政府职能的进一步转变。需要强调的是，强化社会管理和公共服务职能并不是国家工作重心的再次转变，而是要改变过去政府过于注重经济职能，忽视社会职能的做法。通过强化社会管理和公共服务职能，实现政府职能结构的合理平衡，从而有效解决中国经济发展与社会发展一条腿长、一条腿短的问题。

第三，政府管理模式的转变也是政府施政方式的变革。管理理念的更新，只有落实到政府职能的转变上才具有可操作性，只有通过政府施政方式的创新才能真正地实现。否则，新的管理理念就会成为一个有名无实的口号。如果说，管理理念、政府职能回答的是政府“应该做什么，不应该做什么”的问题，那么，政府施政方式则是解决“怎样做”的问题。进入21世纪以来，伴随着政府管理理念的更新和政府职能的转变，各级政府在实践中不断探索适应建设服务型政府要求的施政方式，推进了政府施政方式的变革和创新。这主要表现在以下几个方面：一是由过去那种以行政命令为核心的自上而下单向式的施政方式，逐渐向政府与公民对话沟通双向互动式的施政方式转变；二是由过去封闭式办公的方式向政务公开透明转变；三是改变过去行政审批内容复杂、审批层级多、程序烦琐、审批时间不确定的做法，向减少和规范行政许可和行政审批，简化行政审批层级和程序，方便、快捷、高效转变；四是由过去施政注重上级满意向注重人民群众是否满意转变；五是大力推进政府信息化、电子政务建设，实现资源共享，降低行政成本，提高政府公共服务质量，等等。

四、对30年行政管理改革的总结分析

改革开放的30年，对当代中国来说，是一个巨大变革的时代，也是一个充满问题和挑战的时代，更是一个充满希望的时代。为了更深入地理解中国行政管理改革的历史性意义，把握行政管理改革不可逆转的历史趋势，有必要对中国的行政管理改革做一总结分析。

（一）中国行政管理改革秉承一个目的、应对三个挑战

中国的行政管理改革不是自发开始的，更不是孤立进行的，而是在中国改革开放这一大的历史背景下展开的，是在现代化和全球化的推动下进行的，是以中国社会、经济、政治的整体变迁为基础的。1978年，中国政府宣布实行对内改革、对外开放的政策，这标志着中国正式全面地走上现代化道路和融入全球化的历史进程。所谓现代化，是指一个国家的社会、经济、政治体制向现代类型变迁的过程。所谓全球化，是指“在经济一体化基础上，世界范围内产生一种内在的、不可分离的和日益加强的相互联系。”① 从时间的角度说，现代化是人类在追求经济繁荣、政治文明不断超越自己的奋斗中引发的社会变迁的历史过程，尽管这一过程在不同阶段和不同空间会有不同的表现形式，但现代化代表了人类整体发展的价值取向和理性追求。从空间的角度说，全球化就是现代化在全球范围内扩展的集中表现。现代化与全球化是人类历史的一个整体性变迁过程。改革是为了实现现代化，开放是为了参与全球化，而参与全球化也是为了全面推进现代化。正如现代化与全球化是不可分的一样，改革与开放也是不能分开的。没有改革，开放就无法应对新的形势；没有开放，改革就没有参照的标

① 俞可平：《现代化和全球化双重变奏下的中国文化发展逻辑》，《学术月刊》2006年4月号，第14页。

准，改革也就不会有真正意义上的成功。如何认识中国的改革开放，有两种看法具有片面性。一种看法认为，中国的改革仅仅是一种经济改革，没有政治改革，或者认为中国的政治改革是没有民主的政治改革。这种观点既不符合中国的改革实践，也无法解释中国已经发生了的巨大变化。当代中国所发生的变化不仅仅表现在经济的增长指标上、人们的富裕程度上，更重要的是发生在社会结构深层的变化上，发生在政府管理模式的转变和公民权利的享有上。从理论上说，“如果一个国家没有在社会、政治和经济制度方面采取相应变化，则政治和社会的发展通常是不可能的。”① 只不过是这种深层次变化特别是政治领域的变革不像经济变化那样明显罢了。另一种看法认为，中国的开放、融入全球化的进程，仅仅局限在经济层面上，这种观点把全球化完全理解成是经济全球化，而没有认识到，经济全球化，势必对包括政治生活在内的全部社会生活都将产生深刻而广泛的影响。因为，凡是参与全球化进程的国家，不仅要求经济运行规则要与国际规则相一致，而且，政府与市场的关系也要与这一规则相协调。如世界贸易组织的条款形式上是在规范成员国之间的经济运行，实质上却是在规范各成员国的政府行为。现代化和全球化不仅是促进中国行政管理改革的动因，也是推动行政管理改革不断深化的不竭动力。

从世界现代化的历史看，在现代化的进程中，无论是哪个国家，在经济和社会发生剧烈变迁时期，都试图通过改革政府管理模式以有效地应对由变迁而形成的挑战。根据学者的分析，发展中国家的现代化有两个普遍特点：一是政治上的变革往往成为经济社会变革的先导；二是由于现代化起步时已经落后于发达国家，因此发展中国家的现代化都带有“追赶”的特征。② 中国的现代化也不例外。自从20世纪70年代末，中国为了改变贫穷落后的面貌，提出了实现“四个现代化”

① ［美］迈克尔·P. 托罗达：《经济发展与第三世界》（印金强、赵荣美等译），北京：中国经济出版社1992年版，第30页。

② 参见任晓：《中国行政改革：目标与趋势》，《社会科学》1994年第4期，第19页。

的目标，从此全面启动了由农业社会向工业化社会转型的历史进程。正是要改变贫穷落后面貌的强烈愿望和对过去几十年忽视经济工作的深刻反省，决定了中国实行改革开放政策最初是以要“搞活经济”，实现国家富强为目的的。然而，由于长期以来中国的经济过程是在行政权力以严格的指令性计划绝对支配和全面干预下运行的，所以，“搞活经济”的最大阻力不是来自于别处，恰恰来自于现行的行政管理体制和管理方式。改革传统的高度集权的行政管理体制已成为“搞活经济”、推进现代化进程的客观要求。换句话说，要实现中国的现代化，行政管理也必须现代化，没有行政管理的现代化，中国的现代化目标是不可能实现的。正是在这样的历史条件下，中国政府顺应世界历史的现代化潮流和亿万人民改善生活的良好愿望，开启了行政管理改革的历史进程。正如世界现代史所表明的，并不是所有国家在面临经济和社会的迅速变迁的过程中都成功地实现了政府管理模式的转型，并保持了社会的稳定。改革开放30年，中国不仅实现了经济的持续快速增长，社会生活的各个领域、各个方面都发生了深刻的历史性变化，而且，在经历了这样一种广泛而深刻的变化过程中，又基本保持了社会的稳定。不管人们站在何种立场、从何种角度来评价这一“奇迹”，也不管人们怎样解释和总结中国成功的经验和原因，有一点是值得充分肯定的，就是在中国社会向现代转型的过程中，中国政府能够根据形势的新变化、新要求，适时地推进和深化自身的改革，不断地推进行政管理体制和政府管理的现代转型，从而保证政府比较有效地应对了经济、社会变迁带来的各种挑战。无论人们如何评价中国的行政管理改革，有一点是必须承认的，经过30年的改革，中国初步实现了由适应计划经济的行政管理体制向适应市场经济体制的行政管理体制的转型。正是在这个意义上讲，中国的行政管理改革既是面临现代化与全球化双重压力下的一种应对，也是中国政府为推进中国现代化建设所做出的历史选择。

改革开放以来，中国在推进现代化建设的过程中，始终面临着来自三个方面的严峻考验：一是市场化方向的经济体制改革所带来的挑战；二是政治民主化发展所带来的挑战；三是全球化进程加快带来的挑战。行政管理改革在一定程度上是对这些挑战做出的一种应对。从应对市场化挑战方面看，市场经济作为一种以价格信号为主导的市场机制来配置生产要素和资源的经济形式，在本质上排斥行政命令对经济运行具体过程的干预。30年行政管理改革的重要使命之一，就是伴随着计划经济向社会主义市场经济的转变，不断地调整政府与市场的关系，通过建立完善的市场机制和完备的宏观调控机制，使政府和市场能够有效克服自身的缺陷，发挥彼此难以相互替代的功能，实现政府与市场功能的良性互动。政府与市场关系的深刻调整表现在两个主要方面：一是在促进由政府主导的经济向以市场主导的经济转变过程中，不断推动政府职能的转变和管理方式的变革，使市场在社会资源配置过程中的基础性作用逐渐增强。二是市场经济作为一种自由经济，它的无序性和市场运行结果所产生的分配差距的扩大，要求政府加强宏观调控和市场的监管，不断提高驾驭市场经济的能力；同时通过强化社会管理和公共服务职能、提供均等化的基本服务及公共财政的转移支付等方式，来减少市场经济的负面效应，促进社会公平的实现。

从应对政治民主化挑战方面看。改革开放以来，随着市场经济的发展、公民社会的形成，民主政治建设的步伐也在加快，特别是基础民主实践从农村向城市的拓展，公民的民主意识不断增强。如果说，市场经济对社会发展的根本作用在于激活了每个社会成员在经济上的自主性与追求利益的主动性，那么就可以说，民主政治的发展则把社会成员对利益的追求和维护转化成权利的要求和主张，从而为公民维护和争取自身利益提供了正当性和合法性。公民的自主意识、平等意识、权利意识不断增强突出表现在两个方面：一方面，人们在政治、经济、文化和其他社会生活中企盼有更多的选择自由，要求机会均等、平等竞争并在法律面前能受到平等对待和保护的呼声日益强烈。另一方面，随着利益和价值的多元化及多元利益主体的形成，公民对于公共事务，特别是关系到自身利益的公共事务要求享有充分的知情权、表达权、参与权和监督权的政治参与意识日益增强。面对着多元社会结构的形成及日益高涨的公民政治参与要求，那种传统的依靠强制性力量和单方面自上而下的管理方式已经难以为继了。政府要维持政治的合法性，只有通过自身的民主化改革来应对这一挑战。行政管理民主化改革的核心是重新调整政府与公民的关系。这种重新调整主要表现在两个方面：一方面，重构政府与公民的关系，从过去主张“为民做主”到主张“执政为民”；从把政府看作是权威主体、管理主体到强调政府是责任政府、服务政府；从强调公民对政府管理的服从义务，到强调尊重和保护人权；另一方面，逐渐扩大公民参与对公共事务的管理权利。如果说前者是观念的改变，后者则是制度的改革。因为没有适当的制度安排和有效的参与途径，扩大公民参与就是一个口号，没有任何实质意义。近些年来，各级政府在扩大公民有效参与方面做出了一些有益的探索和创新，如实行政务公开，保障公民的知情权；建立重大事项的协商制度、重大决策的咨询制度、公共政策的听证制度、各级政府接待日制度、公民参与政府绩效评估制度等保证公民的表达权和参与权。政府理念的更新和公民政治参与的扩大，对于形成政府和公民之间对话、协商和合作的良性互动关系，有效应对公民“参与爆炸”，起到了十分重要的作用。

从应对全球化挑战方面看。中国实行对外开放政策，全面融入全球化进程，不仅有力地促进了中国经济的快速发展，而且，也使中国的国际地位和在国际事务中的影响力日益提高和增强。正如任何事物都有两面性一样，全球化在推动中国经济融入世界经济的同时，也给中国的行政管理带来了新的困难和矛盾，孕育着新的安全风险。全球化对中国行政管理的挑战，核心是如何协调国内治理与全球治理①的

① 俞可平教授在《全球治理引论》一文中对全球治理解释为：“全球治理是各国政府、国际组织、各国公民为最大限度地增加共同利益而进行的民主协商与合作，其核心内容应当是健全和发展一整套维护全人类安全、和平、发展、福利、平等和人权的新的国际政治经济秩序，包括处理国际政治经济问题的全球规则和制度。”《马克思主义与现实》2002年第1期。

关系问题。主要表现为：一方面，在一个日益相互依存的世界上，原来一些属于国内事务的问题已经上升为关系全人类共同利益的全球性问题，如生态环境保护、资源短缺、毒品走私、流行病防治、人权保护、打击恐怖主义、太空开发与海洋利用等，这些全球问题都需要国际组织和各国之间的跨国合作来共同解决。中国作为一个正在和平崛起的大国，作为一个负责任的国家，应当积极参与全球治理和国际合作。另一方面中国又是一个发展中国家，重返国际社会的时间不长，对国际社会一些领域的机制、规则都有一个适应的过程。如全球化要求开放市场与中国作为发展中国家只能有条件、有步骤开放之间如何保持平衡的问题，全球治理形成的国际规则和机制与中国行政管理现行的规则之间如何协调和平衡的问题，等等。这些问题如果处理不当，都可能对中国社会带来经济波动和不稳定。改革开放以来，特别是加入世界贸易组织之后，中国在维护国家利益基础上，通过国际组织，如联合国、世界贸易组织、亚太经合组织等，积极参与全球性、地区性经济技术合作；同时，在环境保护、艾滋病防治和戒毒领域积极开展与政府间国际组织及国际非政府组织的合作也取得了成效。在此基础上，为适应全球治理的规范，中国行政管理改革在这方面也加大了力度。如深化涉外经济体制改革，进一步开放国内市场，放宽市场准入限制，放开外贸经营权，大幅度降低关税，取消进口配额、许可证等非关税措施；推进金融、财税体制改革，实施人民币汇率形成机制改革；推进行政审批制度改革，近五年国务院各部门取消和调整行政审批项目692项；根据世界贸易组织的透明度原则，积极推进政务公开，等等。具有更深远意义的是，在积极参与全球化的进程中，全球意识、全球价值、人类共同利益等先进理念不仅开始在政府的施政中有所体现，而且也日益深入人心，逐渐成为广泛的社会共识，应该说，这是一个国家和民族开始走向成熟的重要标志。

（二）中国行政管理改革的内在逻辑和发展方向

持续30年的行政管理改革，尽管涉及领域很多、内容十分广泛，有些改革措施出台是根据长远规划，有些改革措施则是临时应对，属于“头痛医头，脚痛医脚”，显得有些杂乱无章，但站在30年后的今天，以一种理性、务实的眼光重新审视这30年中国行政管理改革所走过的道路时，就会从中发现，在这纷繁复杂的改革措施背后体现了一种内在逻辑，这种内在逻辑表征着中国行政管理改革的基本线路和未来走向，并昭示着中国政府管理正经历着一场革命性变革。

如果用简洁的语言来揭示中国行政管理改革演变的内在逻辑，可以概括为：行政管理改革经历着政府管理从注重管制向注重服务的转变。在改革开放前，传统的政府管理方式是以行政权力为主体构成的自上而下的单方面的社会管制体制。其基本特征是：政府是公共管理的唯一主体，并以行政权力作为社会管制的基本手段，行政权力支配一切、控制一切，人民在公共管理中处于消极被动的地位。具体表现为：从社会结构看，整个社会是按照国家行政层次、行政区划建立的具有等级关系的结构；从管理手段看，行政手段是基本的管理手段；从行政权力的适用范围看，行政权力的行使没有明确的边界范围，可以干预社会生活的各个领域和各个方面。经过30年的行政管理改革，期间经历了简政放权、转变政府职能、政府管理模式创新等阶段的改革，那种传统的以行政管制为主体的政府管理方式已经发生了根本性改变，开始向构建以服务型政府为核心内涵的政府管理模式转变。从注重管制向注重服务的转变，不仅涉及政府理念的更新、政府行为取向的重新定位、政府施政规则的重建，也包括政府职能和结构、政府施政方式、方法和运行机制的改变。主要表现为：从“以政府为中心”向“以公民为中心”转变；从“权力主体”向“责任主体”转变；从无限政府向有限政府转变；从自上而下的单方面的行政管理向以政府为主导的协商、对话、合作多元主体共同治理的方向转变；从依靠“长官”意志行政向依法行政转变；从以行政手段为主向以法律手段、经济手段为主，行政手段为辅的方向转变；从注重经济增长向注重社会公平转变；从封闭式管理向公开透明管理转变。从根本上说，服务型政府是由人民政府的性质所决定的。在一个民主社会，人民是公共权力的唯一合法拥有者，政府是作为公共权力的受托者，代表人民行使权力。政府的性质决定了政府所做的一切，必须也只能是为人民谋利益，为人民服务。建设服务型政府主要不是表现在增设几个服务大厅上，而是表现在政府与公民关系的改善上，在涉及公民利益的重大事项上，要充分尊重和保障公民的知情权、表达权、参与权和监督权，保证公民有正当渠道和合法的方式参与公共事务的管理；建设服务型政府也不是表现为政府为公众做了几件好事、实事，当然做好事、实事是服务型政府的内容，重要的是，政府作为制度的供给者，服务型政府要求政府创建公平、合理的制度，从而为公民追求幸福生活提供一个公平的环境。建设服务型政府不是否认政府的权威，而是强调政府的权威不是来自于它的强制力，而是来自于政府为公民提供了优良的公共服务，来自于政府对社会正义的坚守和维护。正是由于政府向人民提供满意的公共服务，政府的工作才显得崇高和神圣。

需要强调的是，建设服务型政府，实现政府管理从管制向服务的转变，并不是完全放弃必要的管理和管制，而是要实现管理与服务的有机结合，服务是目的，管理是手段，要在服务中实施管理，在管理中体现服务。尽管，这种转变还刚刚开始，服务型政府的建设还远不尽如人意，但对于一个有着几千年封建传统，又深受“官贵民贱”意识影响，习惯于以“官”为“本位”来思考问题和采取行动的民族而言，这种转变无疑具有深远的历史意义。正是在这个意义上讲，政府管理从注重管制向注重服务的转变，是中国政府管理的一场革命性变革。

政府管理从注重管制向注重服务的转变，不是领导人的主观意志，也不是某些人的主张，而是一种具有必然性的发展逻辑，这种发展逻辑是市场化改革、民主化潮流、全球化进程推动的结果，是政府与市场、政府与公民、国内治理与全球治理相互作用的结果。

总之，持续30年的行政管理改革，不仅为改善中国人民的人权状况，促进经济发展和社会进步起到了不可替代的作用，而且，一个新型的政府管理模式正在改革的实践中孕育和生成。行政管理改革并没有完结，建设服务型政府还需要继续深化改革，这既是人民的期待，也是中国的希望。

农民理性的扩张：“中国奇迹”的创造主体分析

——对既有理论的挑战及新的分析进路的提出*

徐　勇**

随着中国经济的高速发展和政治相对稳定，一个崛起的中国正在为世人所关注，“中国奇迹”及其延伸的“中国模式”“中国经验”“中国道路”等“中国性”成为热门论题，各种看法和观点纷纷纭纭，但认识视角主要是制度主义。早在 1994 年，现任世界银行副行长的学者林毅夫就与他人合著了《中国奇迹：发展战略与经济改革》一书，从新制度主义的角度，提出了著名的比较优势理论。① 进入 21 世纪以后，特别是近年来，有关讨论更多。② 但这些讨论大多限于现象的描

* 本文受到教育部“长江学者奖励计划”科研资金支持。原文发表于《中国社会科学》2010 年第 1 期，《中国社会科学》（英文版）2011 年第 1 期。

** 徐勇，华中师范大学政治学研究院教授，中国政治学会副会长。

① 林毅夫、蔡昉、李周：《中国的奇迹：发展战略与经济改革》，上海：格致出版社、上海三联书店、上海人民出版社 1994 年版。

② 2009 年 7 月 1 日创刊的《中国社会科学报》在头版，并用了四个版面讨论相关主题。参见童力：《中国道路：全球视野与历史维度》《十学者纵论中国道路》，《中国社会科学报》2009 年 7 月 1 日，第 1 版。《中国社会科学》2009 年第 5 期发表了题为《全球视野下的中国道路：1949—2009》的系列论文。

述，认识视角仍然是制度主义的。这些认识毫无疑问有相当高的价值，但也有其局限，这就是“见物不见人”“见事不见人”。本文认为，有关“中国奇迹”及其“中国模式”“中国经验”“中国道路”等“中国性”的观点，与其说是展示了一个不可思议的社会经济现象，不如说是提出了一个未曾预料的重大问题：“中国奇迹”是中国人创造的，而中国人的主体是农民，那么，为什么在一个充满传统主义的农民国度里，能够在短时间创造出一个“中国奇迹”？我们不能离开中国人讲“中国奇迹”，也不可离开“农民性”谈“中国性”。本文试图透过社会历史表象，从“人”这一创造主体的角度对“中国奇迹”的发生与发展加以分析。

一、对传统经典理论的挑战及其新的解释框架

无论是什么观点，对于这一基本事实大体都是认可的。这就是改革开放以后，中国经济持续高速发展，不仅摆脱了长期历史以来贫穷和饥饿梦魇的缠绕，在20世纪下半叶世界“向贫穷宣战”的大背景下脱颖而出，而且一跃成为世界最重要的经济体之一，① 其经济影响力正在向世界扩散，甚至有人将中国视为在金融危机下苦苦挣扎的世界“救星”！正因为如此，惊呼“中国奇迹”，讨论“中国模式”，总结“中国经验”，提出“中国道路”的越来越多，相关的论述也非常之多。中国的迅速发展，中国的和平崛起，正在为世人所关注。连西方学界也认为中国的发展是对西方世界“三百年来未有之挑战”。而这一挑战必然涉及多年流行的经典理论。

无论是什么观点，从学术研究的角度看，要解释“中国奇迹”，必须要回答两个问题：它是何人创造，又是何时创造？这两大问题对

---

① 至2008年，中国经济总量位居世界第三，外汇储备居世界第一。参见张玉玲等《梦想与光荣：60年强国之路》，《光明日报》2009年8月10日，第1版。

传统经典理论构成强大挑战，是传统经典理论难以回答的。

毫无疑问，当今中国的发展及其"中国奇迹"是在传统农业社会向现代工业社会转变中发生的。传统与现代的二分法长期以来是社会科学界流行的经典理论。这一理论主要来源于西方工业社会的建立时期，为20世纪初社会科学大师韦伯所奠基。从社会科学发展来看，韦伯是一个分类学大师，特别是他将社会分为传统社会与现代理性社会，它们之间的魅力型社会只是一个过渡的非常规类型。① 至此之后，传统被视之为落后，现代被视之为进步，便成为社会科学的定论，甚至成为不容置疑和挑战的意识形态。传统社会是农业社会，作为传统社会因子的农民，自然是落后的传统社会因子，在他们身上没有任何进步的动力，只是固守传统的消极力量。因此，在整个20世纪上半叶，被作为传统保守力量的农民基本上没有进入社会科学研究的视野。但为世界社会科学完全没有预料到的是，正是"保守"的农民促成了一个个新兴国家的崛起；而新兴国家面临的主要问题也仍然是贫困的农民问题。于是，自20世纪六七十年代，传统农民纳入社会科学研究的视野，"出现了所谓'农民学辉煌的十年'。有人甚至说这一时期农民研究领域取得的划时代进展可以与物理学领域中牛顿定律的发现相比拟"。② 尽管农民成就了革命，但是，社会科学界对农民的作用仍然估计很不充分。美国学者亨廷顿是研究传统社会向现代社会转变的政治学大师。与前人相比，他对农民的历史地位和作用给予了较为积极的评价，但他也只是将农民视之为一种稳定性力量，认为："在现代化政治中农村扮演着关键性的'钟摆'角色。""农村的作用是个变数：

① 这种社会分类学在西方社会科学界十分流行，如涂尔干的"机械团结"与"有机团结"的分类，梅因的"身份社会"与"契约社会"的分类，腾尼斯的"礼俗社会"与"法理社会"的分类，莱德费尔德的"民俗社会"与"都市社会"的分类等，大体都是传统社会与现代社会分类的延展。

② 《农民学丛书》总序。转引自J. 米格代尔《农民、政治与革命——第三世界政治与社会变革的压力》。北京：中央编译出版社1996年班，第2页。

它不是稳定的根源，就是革命的根源。”① 至于农民在革命后的经济发展中的作用却语焉不详。摩尔可以说是西方社会科学界最重视农民作用的大师。他突破了西方固有的传统与现代二分法的理论模式，特别是发现，“在两大文明形态起承转合的历史关节点上，分崩离析的传统社会所遗留下来的大量阶级因子，会对未来历史的造型发生强烈作用。”② 因此他将其代表作《民主和专制的社会起源》一书的副标题定为“现代世界诞生时的贵族与农民”。摩尔充分估计到农民的革命性作用，强调：“现代化进程以失败的农民革命为起点，在20世纪，它却经由成功的农民革命而进入高潮。那种认为农民只是历史客体，是一种社会生存状态，是历史变化的被动承受者，而与历史变革的动力无缘的观点，已经站不住脚了。”但他对革命后的农民建设作用却持极端否定态度，认为“农民为摧毁旧建筑提供了动力，然而在以后的再建设工作中却毫无贡献。”③

以上传统经典理论自然无法解释“中国奇迹”的产生。这是因为，“中国奇迹”是在一个十分“传统”的国度里产生的。中国是一个世界上农业文明最为悠久的国家，形成了强大的农业文明传统。中国也是一个世界上农村人口占多数的国家，一直到20世纪90年代，中国的农村人口仍然占世界农村人口的五分之二。中国还是一个典型的以家庭为基本单位的农民国家，即农民主要是生产经营规模较小，相对独立的农业生产者，农民个体的力量相对薄弱。在一般理论看来，在这样的国家，由于强大的政治动员，可以兴起一场轰轰烈烈、改天换地的革命，却会由于农民先天的惰性或者说保守性而难以创造出经济发展的奇迹。事实却恰恰相反，正是在这样的国度里，产生了一个

① ［美］塞缪尔·P. 亨廷顿：《变化社会中的政治秩序》，北京：生活·读书·新知三联书店1989年版，第266—267页。

② ［美］巴林顿·摩尔：《民主和专制的社会起源》，北京：华夏出版社1987年版，第2页。

③ 同上，第368、389页。

令世人所瞩目的"中国奇迹"。中国直到1978年改革开放时，80%以上的人口为农村人口，或者是纯粹的农民。这是创造"中国奇迹"的主体。如果离开了农民谈"中国奇迹"只能给人以如此的结论：好像"中国奇迹"是从天而降，是某个神灵的恩赐。因此，我们不能离开人这一世界主体谈经济社会发展，离开农民谈论中国。"农民性"与"中国性"密切相关。要理解"中国奇迹"，必须理解中国农民；要理解中国农民，就必须突破以往传统与现代二元对立的经典思维模式，寻求新的解释框架。

尽管摩尔对革命后农民的作用评价过低，但他对两大文明形态起承转合的历史关节点上的农民的注意，还是十分有启迪意义的。如果我们将"中国奇迹"与农民联系起来，就需要研究农民及其行为活动。为此，本文试图建立在文明形态起承转合的历史关节点上农民理性扩张的分析进路。

如果要将农民与"中国奇迹"联系起来，首先必须问"谁是农民"？所谓农民，一般是指从事农业生产活动的人。但是，中国是一个有着漫长农业文明和短暂工业文明的国家。从事非农业产业的人群主要来自于农村。在中国，三代从事非农产业的人群占极少数。因此，即使未从事农业产业的人群也深深浸淫和具有深厚的农民"意识"或者"农民性"。这种农民意识深深影响着中国人，直至中国领袖。所以，本文所说的农民主要是指从事农业生产活动的人，同时也包括具有农民意识的人。

农民作为主体，必然有其理性。当然，关于农民是否有理性，也是20世纪六七十年代"农民学"讨论的一个热点问题，由此出现了所谓"理性小农""道义小农"等尖锐对立的观点。[①] 产生争论的原因，也是在于传统经典理论对"理性"的界定。古典经济学家亚当·斯密提出了"经济人理性"的假说。根据这一假说，只有那些以最小

① 参见《农民学丛书》总序。转引自J. 米格代尔《农民、政治与革命——第三世界政治与社会变革的压力》。北京：中央编译出版社1996年版。

的代价获得收益的人才符合经济理性。韦伯在其基础上，又将“算计”作为衡量是否具有经济理性的尺度。后来关于农民理性的争论都源自于此。“经济理性”是一个重要的分析概念，但也有其限度。这是因为，理性是一个历史性概念。理性作为一种主观意识，来自于特定的生产方式和环境，是客观环境的主观反映。马克思认为：“人们是自己的观念、思想等的生产者，但这里所说的人们是现实的、从事活动的人们，他们受自己的生产力和与之相适应的交往的一定发展——直到交往的最遥远的形态——所制约。”① 古典经济学的“经济人理性”也只是资本主义市场经济环境的产物，并不是先天就有，也不是永恒不变的。从人的主体性、历史性看，农民也是具有理性的。农民在长期的农业生产活动中会形成特有的意识、态度和看法，它们在特定的环境下是合理的，也是有效的。② 理性除了是客观环境的反映以外，它一旦形成还会形成自主性，即思维惯性。虽然环境发生了变化，但深深植根于社会心理结构中的意识，作为一种文化基因，继续支配着人的行为。这就是近些年文化人类学所重视的“惯习”。历史愈长，惯习愈牢固。即所谓的过去告诉未来，经验支配选择。对于中国来说，数千年的农业文明传统的积淀，深深影响着农民，直至每个中国人的行为。因此，所谓农民理性，是指农民在长期农业生产活动中形成的意识、态度和看法，它们不仅来自于本人感性经验，还是长期传统的积淀。

理性支配着人的行为。理性的作用范围和功效则有所不同。理性受制于环境，一旦环境改变了，人们仍然会按自己惯有的理性行动，从而有可能产生理性在原有环境下所不可能有的巨大能量。这就是理

---

① 《马克思恩格斯选集》第1卷，北京：人民出版社1995年版，第72页。

② 一般来说，合理性和有效性是理性的两大要素。参见胡荣：《理性选择与制度实施——中国农村村民委员会选举的个案研究》，上海：上海远东出版社2001年版，第29页。从广义看，理性不过是人类选择自己行为的能力，这种选择是受制于特定历史条件，换言之，在特定条件下对自己行为做出合理的选择，以获得最大收益，就是理性的。

性扩张。理性扩张是指在特定场域内形成的理性扩展到其他场域，从而使自己的功效得以扩展。这是因为，任何理性都是在特定的社会中发生的。而社会的发展都会伴随兴起、成长、发展、衰退的生命周期。这种生命周期受制社会成本的支配①。愈是成熟的社会，支配社会运转的社会成本愈高，生命活力会衰减。这就是为什么新兴社会往往是生命活力最为旺盛的社会，成熟社会往往是生命活力下降的社会。当在一种社会环境下形成的理性惯性进入到其他社会时，不仅可能激活原有的潜力，而且可能产生一种其他社会场域所不具有的特有功效，形成所谓的"叠加优势"和爆炸性的"突变"②，实现理性的扩张。这在两种文明形态起承转合的历史关节点上，表现得尤其突出。产生于西方世界的商人资本和工业资本如果不是走向世界，进行殖民扩张，就不可能实现其资本理性，或者说早期城市商人伦理的扩张。商人伦理在西方社会更替时发挥了巨大能量，形成了后来韦伯所说的资本主义精神。如果说是商人改变了西方，那么，农民则改变了中国。③ 农民不仅成就了中国革命，而且促使了中国改革，也创造了经济发展的"中国奇迹"。

在我们回答何人创造了"中国奇迹"的同时，还必须回答是何时创造的？同样的农民，同样的农民理性，为什么在长期历史上只能产生十分有限的能量，而近30年来则产生出巨大的功效？这取决于环境的改变。在国内而言，是改革开放促使传统农业社会向现代工业社会的大转变；就世界而言，是发达国家的社会成本日益高昂，生命活力

---

① 社会成本是指维持社会正常运转所需要或者所支付的费用或代价。

② 任何一种文明形态都有其内在的优质因素，即通常所说的"精华"。这些优质因素在原有文明形态框架下所产生的作用是相对有限的。但在两种文明形态转换中，不同文明形态中的优质因素可能会重合，而形成叠加优势，产生为原有文明形态框架所局限的巨大能量。

③ 参见徐勇：《农民改变中国：基层社会与创造性政治——对农民政治行为经典模式的超越》，《学术月刊》2009年第5期。

相对衰减，欠发达的新兴国家迅速崛起的大变革的交替时期。中国的改革开放不仅适应了国内社会转变的要求，也适应了世界格局的变革。改革开放前，中国主要是农业社会。农民理性与农业社会是相匹配的，其作用也是有限的，主要适应于生存的需要，或者说是生存理性。“在一元经济条件下，假如不存在土地所有权的集中，那么农户间的收入差距即使存在也不会很显著，即表现为一种‘大众贫困’”。①改革开放后，中国走向工商业社会，二元经济结构不仅更为明显，更重要的是处于结构性开放状态，农民可以自由跨越经济结构，向非农领域流动。农民面对的工商业社会是一个全新的世界。在别国已成熟的工商业社会及其理性原则，对于农民则十分陌生。而农民闯入或者卷入这一陌生世界之时，仍然会按照农业社会形成的理性行事。农民理性的优质因素与现代工商业社会的优质因素的有机结合，会释放出传统农业社会和现代工商业社会都未有的巨大能量，产生“叠加优势”②。农民理性正是在这一起承转合的历史关节点上得以扩张，由生存理性扩展为发展理性，从而成就了“中国奇迹”。

二、农民理性扩张怎样造就“中国奇迹”？

农民理性是农民在长期的农业生产环境中形成的意识、态度和看

① 沈红等：《边缘地带的小农——中国贫困化的微观理解》，北京：人民出版社1992年版，第25页。

② 事实上，中国共产党在对改革开放以来的中国特色社会主义道路的总结中，已注意人类文明的优质因素相互结合的问题。如党的十五大报告提出：“把社会主义同市场经济结合起来，是一个伟大的创举。”参见江泽民：《高举邓小平理论伟大旗帜，把建设中国特色社会主义事业全面推向二十一世纪》。中共中央文献研究室：《中共十三届四中全会以来历次全国代表大会中央全会重要文件选编》。北京：中央文献出版社2002年版，第423页。胡锦涛总书记在中共十七大报告的基础上，进一步提出了“十个结合”。

法，它们不是来自于经典文献，而是来自于日复一日的日常生产和生活。由于中国的文化经典主要是记录和提供国家治理的学说，来自于下层的农民的思想和行为模式并没有较多见诸经典文献。相对文化经典而言，农民习以为常的日常生活哲理对他们的影响更大，也更为持久。本文所说的农民理性主要便是农民通过自身及其前辈的活动经验形成的意识、态度和看法，它们更多见诸谚语等常用话语之中。为此，本文将以农民理性中的关键性词语来说明农民理性扩张是如何造就"中国奇迹"的。

（一）勤劳

勤劳是指辛勤地劳动，将劳动视之为生活的源泉，也是人生最重要的价值，它是农民理性的最基本要素。这是由农业生产特点和方式决定的。农业生产高度依赖于自然，受大自然支配，是自然环境的依附者。传统农业主要依靠两大生产要素，一是土地，一是劳动。生产的增长主要依靠劳动投入。有所劳才有所得，多一分劳动多一分收获。"要想吃饱饭，须用汗水换。"劳动不仅是生存的目的，而且是一种人生态度，是人的一项"天职"。特别是在人多地少的中国，"强劲的体力多于良田"，① 更需要通过不断的劳动投入才能得以生存或者积累财富。而中国的农民在人身上是自由的，他们与农奴不同，能够将劳动与收入联系起来，有劳动积极性。中国农民可以说是世界最为勤劳的群体，没有劳动时间限制和劳动条件要求。"勤扒苦做""起早贪黑"是高尚的，为人称道的行为，"休息是不符合道德要求的"，②"游手好闲""好吃懒做""偷懒耍滑"更为农民所鄙视。如果在上层士绅看来是"万恶淫为首"，那么，在农民看来则是"万恶懒为先"。毛泽东指

① ［美］费正清：《美国与中国》，北京：商务印书馆 1987 年版，第 12 页。

② ［法］H. 孟德拉斯：《农民的终结》，北京：社会科学文献出版社 2005 年版，第 186 页。

出："中国人从来就是一个伟大的勇敢的勤劳的民族"，① 又说："中华民族不但以刻苦耐劳著称于世，同时又是酷爱自由、富于革命传统的民族"。② 韦伯也认为："中国人的勤奋与劳动能力一直被认为无与伦比。"③ 还有人则将中国人视之为"勤劳的蚂蚁"。

但在传统农业社会，农民勤劳难以致富。首先是自然条件限制。农业生产受自然约束，其收获受季节的限制。一年至多有三到四季的收获。劳动产品的增长是有限的。直至改革开放前，我们还可以经常看到，由于没有化肥，农民只有通过不断的松土，增加劳动投入，以获得多一点点，甚至微不足道的产品。这种劳动投入愈来愈多，收益却不能相应增长，甚至为负收益的现象，在黄宗智看来属于"经济内卷化"。④ 其次，农业文明时代主要是人与土地的关系。土地资源总是有限的，产品总量难以增长。在人多地少的条件下，土地平均占有至多也只能是勉强度日。如果要获得比他人更好的生活，必然占有更多的土地，由此就会造成土地兼并，即利己必损人。当土地兼并严重，就会产生战乱，用暴力的方式重新分配土地，将富人变穷，即"富不出三代"。所以，传统农业社会是一个贫穷而平均的社会，勤劳并不能致富，勤劳的功效是十分有限的，表现为"勤劳的贫穷"，或者说是"有效率的贫穷"。

进入工商业社会，勤劳则会产生巨大的能量。工商业社会的生产可以超自然约束，财富增长总量是无限的。人可以更多地征服自然、改造自然，在实现财富增长的同时扩大需求并不断满足扩大了的需求，从而达致"勤劳革命"。⑤ 由于产品总量增长的空间增大，人们有可能

---

① 《毛泽东选集》第5卷，北京：人民出版社1977年版，第5页。

② 《毛泽东选集》第2卷，北京：人民出版社1991年版，第623页。

③ ［德］马克斯·韦伯：《儒教与道教》，北京：商务印书馆1995年版，第115页。

④ ［美］黄宗智：《华北的小农经济与社会变迁》，北京：中华书局1986年版。

⑤ 参见［美］彭慕兰：《大分流——欧洲、中国及现代世界经济的发展》，南京：江苏人民出版社2004年版，第88页。

在本人财富增长的同时也使他人的财富并不减少。这就是在工商业时代，资本收益的同时，也能使劳动的绝对收益增长。在这种条件下，社会并不一定要以暴力战乱的方式重新分配财富。财富的积累有了可能。但在一个成熟的工商业社会，财富积累速度是有限度的。这是因为工商业社会是人为建构起来的社会，出于种种原因，人们对于劳动时间和劳动条件加以各种约束。如“八小时工作制”“双休日工作制”“未成年人劳动保护制”、工作条件保护规定等。这就是所谓的现代性，或者说工业劳动理性的建构。而这种现代性意味着生产成果的时间受到限制，或者需要支付愈来愈多的社会成本。

对于刚进入工商业社会的农民来说，他主观上并不知晓这些现代性，而仍然用他们千百年形成的勤劳习惯行事。这种农民式的勤劳可以在工商业社会产生着巨大的能量。改革开放以来，中国最有活力或者说在世界上最有竞争力的经济，是世界新华人经济、沿海外资经济和民营经济。这三大经济体的主体都是农民。他们的劳动时间在世界上是较长的，他们的劳动条件在世界上的要求是较低的。① 由此生产出世界上最廉价的商品，并占领世界市场，形成对成熟工商业社会的巨大冲击，甚至出现所谓“中国威胁论”。一些外国人认为中国人开厂经商不讲规则，没有时间和条件限制。其实他们不知道，这些中国人主要是农民，在农民劳动心理习惯中，是没有白天黑夜，没有星期六星期天的意识的。

改革开放后兴起的企业的员工主体是农民工，主要从事的是制造加工业等初级产业，普遍采用的是做多少得多少的计件工资制，而不是通行的计时工资制。计件工资表现比较直观，管理简单。计件工资制与农业劳动报酬相类似，也是做多少得多少。马克思认为：“‘计件工资’促进了工人个性的发展，从而促进了自由精神，独立性和自我

① 根据相关统计数据，仅仅是在可以进行比较的2001—2006年间，中国人的工作时间平均高出西方发达七国平均工作时间每年达708小时。而对于从事非农产业的农民来说，工作时间会更长。

监督能力的发展”。[1] 为了获得更多的劳动收入，劳动者会自动投入更多的时间，生产更多的产品。在工商业社会，“时间就是金钱”。多投入劳动时间就有可能获得更多的收入，这是传统农业社会所不可能有的。所以，在新兴企业里并没有因为劳动时间长、劳动条件差而出现员工“闹事”，“闹事”的主要原因是付出了劳动而没有获得收入。相反，在相当多的农民工看来，有事做，能够加班，可以有更多收获。在一双具有“现代性”眼睛看来，农民工做的是最脏、最苦、最累、最危险的工作，但在农民工则是“自由选择”：一则可以比农业生产有更多收获，近二十年农民普遍盖了新房，其主要经济来源就是打工。农民现金收入中，外出务工经商的收入比例不断上升，已远远超出农业劳动收入。农民事实上早已开始自我的“以工补农”。沈红等人以实地调查说明“二元经济中劳动力的再配置……产生了‘双重效益’，一方面曾经属于剩余或者说不尽其用的劳动力现在处于充分就业的状态；另一方面仍留在农业领域的劳动力的边际产品和平均产品也相应获得了增加，其结果农户总体经济状况有了改善。”[2] 诺贝尔经济学奖获得者刘易斯对传统部门通过现代部门获益给予了精当的评价，认为：“传统部门通过该部门的人口随缘转入现代部门挣钱并给家里汇款而分享现代部门的利益。”[3] 二则农民刚进入工商业领域时并没有劳动时间和劳动条件的意识和要求，挣钱或者通过劳动挣到更多的钱是最高目的，也是人生的价值所在。尽管他们在外务工辛苦，但当他们一年一度回到家乡能够带回在家乡不可能获得的收入，他们内心会油然生起自豪感和满足感，而那些不外出打工的人却为人所瞧不起。中国能在短短二十多年内成为世界上外汇储备最多的国家，不能不归功于不

---

① 马克思：《资本论》第1卷，北京：人民出版社1975年版，第605页。

② 沈红等：《边缘地带的小农——中国贫困化的微观理解》，北京：人民出版社1992年版，第29页。

③ ［美］阿瑟·刘易斯：《二元经济论》，北京：北京经济学院出版社1991年版，第151页。

知疲倦的农民工这样一群"勤劳的蚂蚁"。是勤劳而不是技术扩张了中国经济的竞争力。农民的勤劳理性与工商业社会提供的致富空间形成"叠加优势"成就了"中国奇迹"。

（二）勤俭

生产和消费是日常生活中的主要内容。如果说农民理性在生产方面表现为勤劳的话，那么，在消费方面则表现为勤俭，即努力节约，将消费支出降低到最低限度。这是因为，农业生产收益有限，没有更多的财富可以消费。而农民的生产与消费是一体的，节支就意味着增收。同时，农业生产受自然天气影响很大，有丰年也有歉年，而外界不能提供相应的生活保障，农民只能依靠自己的积累进行自我保障。为此形成农民日常生活的节俭理性。一是量入为出，有多少能力做多大事情，没有什么也不可能有"超前消费"；二是紧缩消费，以省吃俭用来积累财富。如改革开放前流行的"新三年旧三年，缝缝补补又三年"；三是强调储蓄，以应对灾年。追求安全和避免风险是生活的主要原则。在农民看来，勤俭可贵，消费可惜，浪费可耻。古谚说"成由勤俭破由奢""由俭入奢易，由奢入俭难""养儿防老，积谷防饥"。但是在农业社会里，农民的节俭能够度日却无法致富。因为生产水平和财富总量有限，无论怎么节约，压缩消费，仅依靠个人的节省来致富是十分困难的。

早期西方商业社会，为了积累财富，将节俭作为重要的生活理念。在亚当·斯密看来，社会中的资本存量是靠制造业中的工业企业家的"过度节俭"积累起来的。① 只是这种节俭理念后来为日益扩张的社会消费主义所淹没。成熟的工商业社会是以市场为中心的，一方面生产能力无限扩大，另一方面，消费欲望也迅速扩张，消费不仅是生产的被动物，反而是生产的动力，即"消费拉动""超前消费"。因此，在

① 参见［日］速水佑次郎：《发展经济学——从贫困到富裕》（李周译，蔡昉、张东伟校核），北京：社会科学文献出版社 2003 年版，第 119 页。

工商业社会里，人们的生活水平大大提高。今天一个普通平民的生活可能比一百多年前的皇帝还要好。但是，在成熟工商业社会，经济也是波动的，而且呈周期性波动。人们可以过上好日子，特别是在经济繁荣时期超前过上好日子，但却难以应对危机。因为，人们的需求是刚性的，即“由奢入俭难”。特别是发达国家的社会福利保障制度比较健全，促使人们愿意消费，甚至“超前消费”，用明天的钱办今天的事。加上各种营利机构以各种方式诱导、鼓励、刺激人们消费。这使得人们超出自己的能力，甚至超出自己的必要需求消费。由此就可能造成生产与消费、能力与欲望的脱节。发达国家近年出现的金融危机与国民的超前消费无不相关。

改革开放以来，中国步入以市场为中心的工商业社会，人们的生活水平大大提高，这是无可争议的。另一方面，农民的节俭理性继续发挥着作用。这是因为，中国在进入工业社会初期，尚没有建立起成本很高的社会保障体系，特别是农民基本上没有多少保障。他们必须停靠自身的力量寻求正常生活的保障，将消费限制在自己能力的范围内。量入为主，适度消费，储蓄优先，防范风险仍然是消费生活的重要原则。正因为如此，改革开放以后，中国成为外汇储备最多、民众储蓄率很高的国家。尽管政府一再强调拉动消费，但民众仍然十分谨慎地消费。将资金投入再生产，以钱生钱，或者更多地储蓄以应对不测，仍然是民众的主要选择。与“高工资、高消费、低储蓄”的西方发达国家相比，中国则表现为“低工资、中消费、高储蓄”的经济类型。2008年，中国的储蓄率为46%，而美国则为-0.5%。

节俭理性在经济波动剧烈的当今发挥了极其重要的作用。一方面，中国可以通过资本的滚动不断扩大再生产，由一个资本短缺的国家进入到一个资本剩余的国家，国家“不差钱”。另一方面，高储蓄率使国家和民众都有足够的能力应对经济危机。在国际金融大危机中，西方国家只能利用历史遗留的金融垄断地位和成本高昂的保障体系来度日，中国则可以充分利用高储蓄而从容应对。

在相当长时间里，人们总是会提到“美国老太太和中国老太太”

的故事，将超前消费的美国老太太视为进步，将节约的中国老太太视为保守和落后。其实在不同境况下，各自的优势不同。美国老太太"超前消费"可以拉动生产，但过度消费，"寅吃卯粮"，造成"虚拟经济"超出"实体经济"能够容纳的范围，就会发生由房贷引起的金融危机。中国老太太省吃俭用，有一分钱办一分钱的事，特别是将钱用于投资，用于储蓄，虽然不能超前过上好日子，但能够一步步改善生活，特别是能够从容应对危机，渡过难关。中国能够率先走出世界金融危机的冲击与中国的适度消费和高储蓄相关。中国能够在短短二十多年里实现外汇储备世界第一，也深受农民的勤俭理性影响。谨慎度日的农民勤俭理性与工商业社会经济不断增长结合形成的"叠加优势"成就了"中国奇迹"。

（三）算计

一般认为，商人是精于算计的。在韦伯看来，西方国家之所以能够率先进入资本主义，就在于算计。其实，农民也是会算计的。由于资源和财富有限，使农民不能不考虑如何使自己的损失最小化或收益最大化，以满足自己和整个家庭正常生活的需要。这就是农民日常生活中所说的，"吃不穷，穿不穷，不会算计一辈子穷"，"会过日子"。诺贝尔经济学奖获得者舒尔茨在西方学界以独到的眼光认为，"农民在他们的经济活动中一般是精明的、讲究实效的和善于盘算的。"① 但是，与商人的算计不同的是，在农业社会，农民的算计是缺乏交换的算计，是如何对仅有的"存量财富"进行精打细算的算计，主要是基于生存，遵循"安全第一"，是一种"过日子经济"。这种理性在传统农业社会只能平安度日，难以致富。

在西方国家，随着工商业社会的成长，在资本逻辑的推动下，以交换生钱的商人算计发挥到极致，资本形式从商业资本向产业资本转

---

① ［美］西奥多·舒尔茨：《经济增长与农业》，北京：北京经济学院出版社 1991 年版，第 13 页。

换，进一步向金融资本扩展。金融资本追逐的是以钱赚钱，以小钱赚大钱，短时间获得暴利。特别是随着经济全球化和信息技术的发展，居世界金融主导地位的国家可以利用其金融优势地位，过度发行货币，造成金融流动性过剩，“虚拟经济”严重脱离“实体经济”，出现一个个“经济泡沫”，也留下了一个个巨大的赚钱空间。正当西方商人理性醉心于“以钱生钱”之时，中国的老实巴交的农民登上了历史舞台，参与到世界经济过程中。而当农民进入工商业社会以后，他们不在乎赚那些钱，只在乎有没有钱赚。只要赚钱，做什么都行。中国出口主要是日常生活用品，虽然利润薄，但保证有钱赚。因为，人们可以不坐飞机，不开奔驰汽车，但不可以不穿衣家用。中国民营经济，或者说以农民为主体的工商业经济的崛起，主要背景是原有国有计划经济体系不完善缺活力出现了大量的日常生活用品需求，而民营经济满足了这一需要。即便是有极其微薄的利润，农民商人也会做。这种算计已超出了“过日子经济”的限制，财富效应大大扩展。当民营经济走向世界之后，获得的赚钱空间更大。它们所经营的日常生活用品是发达国家不屑于制造和经营的，也是其他发展中国家未能进入世界市场的。在农民出身的中国民营企业家看来，哪怕赚一分钱，甚至几厘钱也是钱，只要有钱赚就是值得做的。中国短时间创造的巨大外汇储备正是在一分钱一分钱的迅速积累上形成的。正是农民的算计理性与世界大市场赚钱空间的“叠加优势”成就了“中国奇迹”。

浙江省义乌国际小商品城的崛起，便是这一“叠加优势”的缩影。义乌（现为县级市）位于浙江省中部，是一个典型的农业地区。由于人多地少，浙江在历史上便有外出经商务工的传统，即使在20世纪50—70年代，这一传统虽然转入“地下”，但也没有消失。改革开放以后，随着政策放宽，农民经商做工逐渐合法化，义乌率先成为区域性小商品市场，主要生产经营针头线脑等国有企业不屑一顾而人民生活又急需的小商品。随着国内统一大市场的形成，义乌成为辐射全国的小商品市场。而伴随着开放的扩大，浙江省农民走向世界开办企业和商店，经营国内的小商品，义乌也由此一跃成为国际小商品城，所经营的小商品流向全世界，产生着巨大的国际影响力。义乌的小商品生产和经营者主要是农民，他们生产和经营利润率极其低，创造的价值却十分巨大。有钱就赚的农民理性与世界市场需求结合形成的"叠加优势"成就了义乌，使它成为"中国奇迹"的缩影。

（四）互惠

有人说中国农民天生"善分不善合"，其实"分"与"合"都存在。农民互助合作由来已久。因为一家一户无法完成生产和生活全过程，特别是在农忙时期，农民都会以换工等形式互帮互助，实现的是互相均衡收益，即互惠。农民在日常生活中的互助互惠行为就更多。如"患难相恤，守望相助"，婚丧嫁娶等生活大事的邻里之间互相帮忙，资金互惠的"抬会"等。"帮帮忙"成为传统中国人的口头语，也是人生的价值所在。斯科特通过观察，认为："互惠这条道德原则渗透于农民生活乃至整个社会生活之中。""它意味着被接受下来的礼品或服务为接受者带来了相应的义务——有朝一日要以相当的价值给以回报。"① 而"建立和维持互惠关系主要取决于信任、公平和相互尊重的性质。"② "乡土社会里从熟悉得到信任。"③ 但在农业社会里，这种互惠只是为了顺利度日，是同质要素的叠加，难以使财富得到增长。

商业社会是一种由于交换和竞争引起的互不信任的分立性社会。这种社会分立在西方源远流长，由古希腊罗马时期的奴隶制，到中世纪的封建农奴制，再到近世的庄园黑奴制。特别是早期的西方商人是在封建社会的夹缝中生长出来的，充满着不是你输就是我赢的尔虞我诈，并随着财富增长出现了社会分化和社会冲突。工业革命后整个社

① ［美］詹姆斯·C. 斯科特：《农民的道义经济学：东南亚的反叛与生存》，南京：译林出版社 2001 年版，第 215—216 页。

② V. 奥斯特罗妮姆、D. 菲尼、H. 皮希特：《制度分析与发展的反思——问题与抉择》。北京：商务印书馆 1996 年版，第 110 页。

③ 费孝通：《乡土中国　生育制度》，北京：北京大学出版社 1998 年版，第 10 页。

会又裂变为利益尖锐对立的资产阶级和劳动阶级，劳资尖锐对立和冲突。这一传统一直沿袭下来。① 为了缓和矛盾，20世纪以后，西方发达国家实行“高工资、高福利、高消费”的社会制度。但这种制度需要支付高昂的社会总成本，从而降低在世界市场上的竞争力。如美国通用汽车制造公司的工人年收入（包括福利）达10万美元，不仅大大超出日本等发达国家工人的水平，也超出了本国一般中产阶级水平，成为贵族工人。这必然会大大削弱其产品的竞争力。

中国农民进入工商业社会时，没有形成西方意义上的阶级，也没有阶级的自我意识②，更没有界线分明（如奴隶制）的两大阶级对立和冲突。阶级利益冲突和对立为温情脉脉的宗族乡亲人情伦理关系所稀释。这就是梁漱溟先生所说的“中国人缺乏阶级意识（阶级自觉），尤不习于阶级观点（本于阶级眼光分析事物）”。③ 当历史上长期形成的农民式互惠理性进入工商业日常生活之中，使劳资合作有了可能。当地人出地，外来资本出钱，外来农民打工，实现三方受益。尽管老板赚了钱，农民没有什么反感，因为他们也从中获得了比在家务农多得多的收益。改革开放以后，沿海地区的许多工厂被称之为“血汗工厂”，资本在中国获得的利润率大大高于其他地方（这也是外资纷纷进入中国的重要原因之一），但劳资之间的冲突频率和烈度却远远低于其他国家，甚至是远比中国落后的非洲国家。为此，社会才有可能在经济尚不发展的条件下不需支付高昂的社会成本，建立社会保障制度。中国的经济发展也从互惠理性中获得了巨大的活力和竞争力。中国的商品之所以能够行遍世界，连有着悠久工商传统的老牌西方国家也只能祭起贸易保护主义大旗，道理很简单——“一个便宜十个爱”。

---

① 从某种意义说这也是“博弈理论”及类似思想在西方特别盛行的重要原因之一。

② 马克思对此有过精辟的分析，认为小农缺乏阶级的自我意识，因而“又不是一个阶级”。《马克思恩格斯选集》第1卷，北京：人民出版社1995年版，第677页。

③ 引自善峰：《梁漱溟社会改造构想研究》，济南：山东大学出版社1996年版，第209页。

中国依靠廉价的商品叱咤世界市场风云，而廉价的商品来自于廉价的劳动力，廉价的劳动力又来自于劳资合作，劳资合作的源泉则是农民的互惠理性。这种合作互惠是异质要素的相加，可以形成增量财富。因此，农民的互惠理性与低廉的竞争成本结合形成的"叠加优势"成就了"中国奇迹"。

这种农民式的互惠理性提升到国家层面，就是改革开放后国家倡导的合作主义对外关系，形成国家间的合作模式。合作而不是冲突，对话而不是对立，互惠而不是互损，不仅为中国的国际形象大大添彩，而且增强了中国经济的总竞争力。

（五）人情

传统农业社会是一个"亲缘社会"和"熟人社会"。人们在村落里生于斯、长于斯、死于斯，长期的紧密交往形成亲情关系，因此农业社会又是一个"人情社会"，情感甚至大于王法。因为人情可以给人带来信任、依托、互助等各种好处。农民遇到本人无法解决的问题和面临陌生环境时，首先想到的是可以信任、依托和互助的亲戚乡邻这些"自己人"。但在传统农业社会，这种人情只是正常生活的需要，对于财富的增长和个人的发展没有多少作用。

现代西方世界是以商人的崛起而起步的。经常流动的商人面对的是一个"业缘社会"和"陌生人社会"，经济交往主要依靠契约等中介形式维系，有了纷争也是找专门的律师解决。但是中介机构并不直接创造财富，它们的存在是需要支付成本的。因此，工商业社会日益成熟的过程，也是社会交往成本日益高昂的过程。

中国农民闯入工商业社会时，没有多少商业理性的准备，更多的是农民的人情理性。在金耀基看来，"人情是一'制度性规范'，也即一个人在与他人往来时，他会自觉与不自觉遵从人情的规范而行事。”① 农民外出打工的起始阶段，尚被视之为应该加以限制的“盲流”，外部社会根本没有职业介绍性机构。即使后来有了职业中介等机构，也大多属于营利性质，甚至存在欺诈行为。在这一背景下，农民主要是依靠老乡、亲友介绍和带路。中国上亿农民工基本上都是依靠亲带亲、邻带邻的方式外出的。亲邻是熟人，也是信得过的人。亲邻之间长期建立的人情因素，保障了相互之间依赖和依存关系。如果亲邻之间发生欺诈，就将面临长期积累的人情资本的流失，甚至本人及家族在乡里乡亲中间抬不起头来。以农民为主体的民营企业也主要依靠本家族的人共同经营。面临陌生而竞争激烈的外部性工商业社会，只有长期交往过的本家亲戚朋友老乡才是信得过的“自己人”，其他人是靠不住的“外人”。有好处时“自己人”共同享有，有了难处“自己人”共同度过。一般情况下，不需要外部性的中介机构介入自己的经济生活。这种人情理性可以大大降低交往成本，扩展致富效应。新制度主义创立者诺思对诸如人情这类非正式制度给予了合理评价，认为：“过去解决交换问题的非正规方式又带到现在，使这些非正规约束成为社会长期连续变迁的重要源泉。”② 中国的上亿农民工如果依靠职业介绍机构介绍职业，不知需要多少机构，更不知这些机构所需要支付多少成本。如果中国的农民工和民营企业遇到什么事都要寻求法律解决，也不知需要支付多少法律成本。而中介机构的成本最终会进入社会总成本之中，从而降低社会的总竞争力。人情可以说是农民进入陌生的工商业社会最重要的交往理性：依靠亲邻外出务工经商，既可以减少和避免外部性风险，降低外部性成本，获得更多收益，又可以进一步增进人情往来。人情可以说是改革开放后中国经济运行的助推剂和润滑剂。我们可以一般说人情是“传统的”“落后的”，但改革开放后中国经济的高速发展过程中却大量存在甚至依靠人情因素。由此我们可以看到：改革开放以来，一方面是现代工商业社会的迅速

① 金耀基：《中国社会与文化》，香港：牛津大学出版社1992年版，第33页。

② 诺思：《制度、制度变迁与经济绩效》，上海：上海三联书店1994年版，第51页。

发展，一方面是"同学、同乡、同宗"这类传统人情因素的扩张。这是经济环境所然，也是农民的一种理性选择：在外部性风险和成本高昂的环境下，农民以人情来扩大交往，规避风险，降低成本，获得更高收益。农民能够降低成本和风险的人情理性与工商业社会提供的交往和赚钱空间形成的"叠加优势"成就了"中国奇迹"。

（六）好学

农业社会也是一个学习型社会。只是这种学习主要是经验式学习，学习内容是世代相传的农业经验，例如如何观测天气，掌握季节，学习方式也是耳濡目染。不学习就无法承继家业，正常生产。更重要的是，传统农业社会的发展空间不多，要出人头地就只能做官，要做官就必须努力学习。因此，"耕读结合"、勤奋好学也是中国农民理性的重要内容。家里再穷也要让子女读书，或者家族共养一个有可能出人头地的学生。《论语》的第一句话就是学习，"学而时习之，不亦乐乎。"但是，传统农业社会的好学是不断地模仿和重复前代人的经验和知识，难以创造财富，即使是读书做官也是更多地占有财富而不是创造财富。所以，在古代世界，虽然中国是世界上"知识分子"最多的国家，但却没有与之相应的创造发明，仅有的"四大发明"也没有更多地应用于日常生产，创造财富。

工商业社会的最大成就是将知识转化为现实生产力，知识生产与物质生产同步发展。知识生产不仅大大促进了物质财富的增长，使当今社会的一般平民也能够过上宽裕生活，更重要的是知识生产成为一个产业部门，不断适应社会，甚至追逐社会的需求。发达工商业社会几乎是与知识创新同步发展的。但是，受经济影响，知识部门有时也可能脱离经济部门。如美国进入金融资本时代后，高端学校教育和尖端人才纷纷由生产技术领域介入金融领域，教育部门也与实体经济相脱节。特别是发达国家的发达使这些国家形成一种"文明的傲慢"，不愿承认或者学习其他国家的优异之处，从而形成自我的封闭。

进入工商业社会以后，对于农民来说，是一个全新的世界。他们只有学习才能掌握生存发展的本领。因此，他们以全方位开放的心态去接受新鲜事物。同时，他们的学习又充满着农民的理性，是根据自己的需要来安排学习的内容和方式，具有典型的经世致用的实用性特点。首先是模仿式学习，虽然不懂，但可以“照葫芦画瓢”，不需要支付多少学习成本就可以将他人花费甚大的东西学到手。其次是选择式学习。学习是经世致用而不是虚无缥缈的幻想，学习什么、不学什么，先学什么，后学什么，都根据自己的需要。学习他人的东西是为了自己更好的生活，而不是简单的照抄照搬。再次是创造式学习，在学习的同时根据自己的需要和社会发展趋势进行加工、提高，以创造出新的东西，而不是一般的“拿来主义”，由此就可以做到“青出于蓝而胜于蓝”。当中国人走向世界，能够在举目无亲的异国他邦站住脚，并能出人头地，主要依靠的是中国农民式的勤奋和好学。优秀华裔美国人占美国总人口的比例大大超出其他族裔。改革开放后的中国农民能够行遍世界，除了勤奋以外，重要的因素也是学习。大量农民进城或到外地务工经商，对陌生世界一窍不通，主要依靠学习。那些成功的农民企业家，更是出类拔萃的学习典范。近30年的主动的全方位开放，使农民的好学理性的能量发挥到极致。林毅夫等人认为，中国经济高速增长的重要因素是技术进步的“后发优势”，其实现方式是向其他国家学习、模仿，由此大大节约自己投资开发研究的成本。① 经世致用的农民学习理性与工商业社会知识创造财富结合的“叠加优势”成就了“中国奇迹”。

农民式的学习理性已提升为国家理性。改革开放以来，中国共产党人提出全面开放，建设学习型社会、学习型政党，成为“学习国家”，同时又反复强调不能照搬照抄，要结合中国实际，为我所用，由此才有了社会主义与市场经济结合这样的伟大创举。

---

① 林毅夫、蔡昉、李周：《中国的奇迹：发展战略与经济改革》，上海：格致出版社、上海三联书店、上海人民出版社1999年版，第16页。

（七）求稳

在传统农业社会，农民面对着一个不可预知的自然世界，他们最大的愿望和幸福是平安，求稳怕变，小富即安，"平安是福"，不折腾。同时他们也十分知足，能够娶妻生子，养家糊口，已是万福，他们没有太多不切实的幻想，也没有多少资本供他们折腾。"没有选择是整个农民生活的特点。"① 因此，农业社会是一个追求安宁而不是变革的社会，是一个稳定机制强动力机制弱的社会。农业文明只能以十分缓慢的速度发展，农民也只能日复一日地"重复昨天的故事"。

工商业社会是一个不断变革的社会，人们的物质欲望极速扩大，供给始终难以满足需求。为此，工商业社会的迅速发展也伴随着动荡不安。马克思在《共产党宣言》中写道："生产的不断变革，一切社会状况不停地动荡，永远的不安定和变动，这就是资产阶级时代不同于过去一切时代的地方。"② 20世纪，一方面是物质极大地丰富，另一方面人类也付出了惨重的代价。工商业社会可以说是一个发展动力充足而稳定性较弱、平衡性较差的社会。这也是20世纪下半叶许多新兴国家充满着政治动荡的重要原因。即使是韩国这样浸淫儒家文化的国家也经历了一个动荡不安的时期。

近30年，中国的经济高速发展，政治社会相对稳定，创造了所谓的"中国奇迹"。这是外国人评价"中国模式"的核心内容，也是外国人无法理解为什么能够做到这一点的"中国之谜"。其实，重要的谜底就在于求稳怕变的农民理性。新中国建立后的前30年，农民经历了土地改革的大变革之后渴求稳定过上安逸的生活，但是政策的多变也使他们饱尝了折腾的苦头。改革开放以后，农村政策符合农民愿意，但农民也强烈需要政策的稳定性。邓小平在20世纪80年代就多次表

① ［法］H. 孟德拉斯：《农民的终结》，北京：社会科学文献出版社2005年版，第179页。

② 《马克思恩格斯选集》第1卷，北京：人民出版社1995年版，第275页。

示，中国的基本政策不能变，农民最担心和最害怕的就是政策多变。“1989 年政治风波”刚平息，邓小平就强调政策不能变。1992 年，他又深有感触地指出：“为什么‘六·四’以后我们的国家能够很稳定？就是因为我们搞了改革开放、促进了经济发展，人民生活得到了改善。”① 80 年代，农民因为有好的政策而获得温饱，从而期盼稳定。90 年代，由于负担沉重，农村出现不稳定因素。但是在深化改革和扩大开放中的工业发展吸收了大量农民，使得农民能够“以工补农”，有了新的生存机会。他们仍然期盼着稳定，有更多的赚钱机会。这正是虽然 90 年代农民负担沉重但总体上农村稳定，没有出现挑战基本制度的危机的重要原因，也是西方世界多次预言“中国崩溃”而未能兑现的基本因素。因为，农民稳，中国就可以稳。改革开放以来，一方面推动变革，使人们获得财富，另一方面“小富即安”的农民理性促使国家能够在变革时代保持稳定。胡锦涛总书记在纪念改革开放 30 周年讲话中用了“三个不”（“不动摇、不懈怠、不折腾”），就是最好的概括。通过稳定促进发展的政策来稳定农村、通过提供发展机会来稳定农民进而稳定国家，已成为改革开放后的一项基本国策。追求稳定踏实的农民理性与工商业社会发展动力结合形成的“叠加优势”成就了“中国奇迹”。

（八）忍耐

中国农业社会里的农民是一家一户生产的小农，要在不可驾驭的自然环境下获得生存，必须具有高度的韧性，能够忍受一切艰难困苦。正如费正清所说：“在广阔的平原上，耐性的中国农民听任天气的摆布，依靠天赐的阳光和雨露。他们不得不接受世代不绝的水、旱、饥、疫等天灾。这同生活在地形多样化土地上的欧洲人的命运成鲜明对比。”② 同时，为了应对艰苦的环境，必须寻求社会支持，形成良好的

---

① 《邓小平文选》第 3 卷，北京：人民出版社 1993 年版，第 371 页。

② ［美］费正清：《美国与中国》，北京：商务印书馆 1987 年版，第 13 页。

人际关系。农民在日常生活交往中非常注重人伦关系的和谐，为人处事尽可能避免纷争与矛盾，以和为贵，以"忍"为上。即使是对待官府的强迫一般也是极度的忍耐，只有到了生存也难以维持时才反抗，即"该出手时才出手"。中国农民的忍耐力是世界上独一无二的，由此也形成了世界上特有的"东方式隐忍"。但在农业社会里，农民的忍耐只是出于生存的需要，并不能根本改变其环境和命运。

西方列强是在商人和海盗主导下崛起的，在资本扩张的诱导下，信奉强权，张扬个性，它们只会为一个自己所心爱的目标不断地进攻，而绝不会忍耐。这也是进入20世纪以后产生两次世界大战的重要原因。战争无疑会使人类支付巨大的成本。

中国进入世界时，已是一个强权的世界，但农民的忍耐理性帮助了中国。在抗日战争环境极度恶劣的条件下，毛泽东提出了"持久战"。国家总体落后使中国不可能获得战争的速胜，但中国也不会因此而灭亡，因为中国是正义的一方，特别是中国人有着无与伦比的忍耐精神。20世纪50年代末和60年代初的三年经济严重困难时期，中国得以平稳度过，也与农民忍耐理性相关。改革开放以后，农民进入或卷入到一个全新的工商世界，他们面临着不可预知的命运，也处于难以想象的艰苦条件下，但是农民以其坚忍不拔的忍耐精神克服着各种困难，不仅在未知和陌生的世界立足，而且改变着自己的环境和命运。有人认为，中国的改革是一种"渐进式改革"。事实上，就体制改革与人的关系而言，中国的改革力度是相当大的。如80年代的"百万大裁军"，90年代国企改革中上千万工人下岗或者转换身份等。这在那些所谓"激进式改革"国家是不可想象的。中国得以顺利度过"改革大关"与农民式的忍耐理性密切相关。邓小平在80年代实施大裁军时多次强调为了经济建设军队要忍耐。这种农民式的忍耐理性已上升为国家理性。改革开放以后，特别是世界社会主义制度遭到重大挫折时，邓小平提出了"韬光养晦""不出头"的战略。"不出头"就可以埋头搞建设，积累实力，可以不成为他人攻击的对象。尽管局部、个别事件可能受到一些伤害，甚至屈辱，但从大局看就得忍耐。实力强大了，局部性个别事件也会减少。为此，中国提出了“和平崛起”的理念。这一理念希望在国家的崛起过程中尽量以和平方式处理与外部世界的冲突和矛盾，以减少崛起和发展的成本。富于忍耐的农民理性与工商业社会的扩张式发展结合的“叠加优势”成就了中国奇迹！

三、农民理性的嬗变：“中国奇迹”的限度与持续

在起承转合的历史关节点上，特定的农民理性与工商业社会的优势结合，得以扩张，产生两种成熟社会都不具有的巨大功效。但是，理性是特定环境的产物，其内容、形式及其功效十分复杂。这种复杂性也使“中国奇迹”表现出其特有的限度并制约着其持续性。

农民理性具有特殊性。“中国奇迹”是事实，这是举世公认的。但是为什么这一奇迹发生于中国而不是其他国家，或者为什么当今其他国家没有出现经济高速增长和政治相对稳定的“奇迹”？重要原因之一，是数千年农业文明传承下来的农民理性。这种农民理性是中国特有的，是无法移植和难以模仿的。印度近年来经济发展迅速，但与中国还存在相当距离。其中的原因之一在于农民理性的功效。中国和印度的发展格局与农民相关的命题，摩尔早有论述，迄今仍然有相当启示性意义。由特定的农民理性，或者说民情所决定的“中国奇迹”及其之后的“中国模式”“中国经验”“中国道路”因此更多的具有“中国性”，是“中国特色”的具体体现。正如我们不可轻易模仿西方模式、西方经验和西方道路一样，“中国模式”“中国经验”和“中国道路”的影响和作用也是有其限度的，不可轻易推及，其他国家不可也难以照抄照搬。当然，由“中国奇迹”导出的“中国模式”“中国经验”“中国道路”倒是非常值得总结和分析的：为什么中国这样一个传统农业文明十分悠久的国度里能够崛起一个世人关注的“中国奇迹”。而这本身就是一个世界性命题：每个国家都需要根据自己的国

情民意选择最适合自己发展的道路！

当然，在我们高度评价农民理性扩张对于创造"中国奇迹"的作用的同时，也必须意识到这种理性的扩张所付出的代价。这种代价可能短时间不明显，但随着时间的推移，其个人代价和社会成本会逐渐显现。农业生产是一种简单劳动，处于自然状态，可以不需要时间、条件的要求。工业生产是一种复杂劳动，伴随着各种不可预知的风险。如工业生产可能出现一般农业生产不会出现的工伤、有害物质等。永不停息和反复运转的机器生产将人变成机器的一部分，劳动强度大和单一性强。特别是中国农民工从事的加工业、采掘业、建筑业等，劳动强度高，人身风险大。勤劳的农民进入这些生产领域以后，虽然没有考虑劳动时间和劳动条件的要求，但也可能导致他们的健康受到损害，特别是这种伤害因为没有事先的合约而得不到必要的补偿，不仅给当事人造成痛苦，也会使社会付出成本。如沿海地区的工厂被称之为"血汗工厂"，山西等地不断出现煤矿安全事故等。

农民理性的扩张是在农业文明向工业文明转换的起承转合关节点上发挥的巨大作用，这种作用并不是永恒不变的。人的理性最终是环境的产物，环境在变，人的理性也会变。当农民进入工商业社会以后，他最终会随着环境的改变而改变自己的理念、态度和看法。这样，两种文明形态中的"精华"要素交互形成的"叠加优势"就会慢慢失去，进入到社会常轨，农民理性也会由扩张而转化为收缩状态。从勤劳看，第二代农民工（主要指 80 年代及其以后出生的人）基本没有经历农耕生活，他们更多接受的是工业理性，对劳动时间和劳动条件的要求大大高于其前辈。国际金融危机造成大量农民工回乡，政府前所未有地想法扩大农民工就业，但第二代农民工除了仍然要求工资待遇外，还附带着更多条件，如工作时间、工作条件和工作地点。政府对劳动者的保护措施正在得到加强，由农民理性扩张产生的低成本劳动已很难再有。近年来，中国国民生产总值由高增长进入到中度增长，甚至需要保增长，与劳动成本的不断提升相关。从勤俭看，新一代农民的消费更多的市民化，加上政府为农民提供的保障愈来愈多，农民愿意消费，也敢于消费，储蓄意愿和储蓄率开始下降。那种依靠国民的“低工资、高储蓄”来保持经济高速增长已很难延续。从算计看，民营企业仍然习惯于赚小钱，而依靠廉价劳动生产廉价商品保持出口增长的空间已不大。正因为如此，一些沿海地区的领导人近年倡导企业结构转型，从依靠廉价劳动和消耗资源的经济增长方式向依靠知识技术创新的经济增长方式转变。但这一转变过程却相当艰难，尤其是需要将传统的模仿式学习转变为创造式学习。而目前，中国的知识生产仍然局限于模仿式学习。中国现在是世界上博士数量最多，科技论文数量名列第二的国家，但原创性的科技发明却微乎其微。市场经济强化了人的自利意识，农民的互惠理性因为进入开放和变化的市场社会以后而转变，他们遇到问题愈来愈多地寻求社会中介机构，社会成本因此增大。农业社会依赖于“向后看”而获得的稳定意识正在为市场经济的“横向比较”而产生的不稳定性所替代，人们对相对不利的环境愈来愈缺乏耐心，即近些年出现的“端起碗吃肉，放下筷子骂娘”的社会心理。为此，政府不得不支付更多的社会成本来维护社会稳定。自21世纪以来，群体性事件不断增长，解决群体性事件的成本也在迅速增长。不断增长的社会总成本最终会降低经济总竞争力。这说明，“中国奇迹”也会随着时代的变化而变化。“奇迹”是相对而言的，如果“奇迹”是常态，就不再是“奇迹”了。

如果说农民理性由扩张到收缩是必然趋势，甚至反映了社会的进步，那么，需要注意的是农民理性扩张有可能形成的“叠加劣势”。前文提到，农民理性与工商业社会的优质要素结合可以形成“叠加优势”，与此同时，它们二者中的劣质要素的结合也可能产生“叠加劣势”。这是因为，农民的理性也会变化，甚至畸变，当它与工商业社会固有的不良要素相结合，就有可能产生“叠加劣势”①。农民理性扩

① 正如一种文明形态都有其内在的优质因素，即通常所说的“精华”一样，任何文明形态也有其内在的劣质因素，即所谓的“糟粕”。这些劣质因素在两种文明形态转换中也可能重合，从而形成所谓“叠加劣势”。

张不仅增加了国家财富，也使少数农民富裕起来了。这些富裕起来的农民（通常被称之为"富一代"）在传统农民理性的惯性作用下，仍然保持勤劳、勤俭的特性，而他们的后代（通常被称之为"富二代"）的一些人不仅不具有勤劳、勤俭的特性，而且重享受轻劳动、重消费轻节俭，甚至在工商业社会消费价值的刺激下，"斗富比阔"。如近年来浙江省不断发生"飙车案"，主要成员便是"富二代"。中国历史上所说的"富不出三代"正在新的形势下发生。从学习看，小富之后的骄傲自满，甚至狂妄自大，开始抬头。从人情看，人情日趋淡薄，并为利益所替代，为了钱可以，甚至首先"杀熟"，如"传销"。为了人情而支付的社会成本高企，如政商勾结的腐败。从互惠看，一部分"暴富"之人缺乏当富人的修养，"富而不贵"，不仅不尊重劳动和作为劳动者的平民，甚至"为富不仁"，从而造成社会撕裂和对立，滋生"仇富心理"的民粹主义，有可能出现社会冲突，甚至激烈的社会对立。近几年出现的部分群体性事件并没有特定的指向，主要是社会不满情绪的发泄。如果社会不满得不到有效化解，日积月累就有可能发生"社会爆炸"。而这最终会葬送"中国奇迹"的成果，削弱"中国模式""中国经验"和"中国道路"的影响力。

传统农业社会向现代工商业过渡期，农民理性得以扩张。但随着社会的变化，农民理性也会由扩张、到收缩，再到衰减直至蜕变。改革开放 30 年，是农民理性的扩张期。"三十年河东，三十年河西"，现在正进入收缩期。一方面农民理性扩张未完全消失，另一方面，农民理性的能量在减小，并步入衰减时期。而随着农民逐步市民化，农民理性将最终为市民理性所替代。但长达数千年的农民理性不会简单地或迅速失去，它还会以新的形式展现在世界上。

四、小结

本文以农民理性为切入点解释"中国奇迹"的发生及其可能的变

化，主要试图说明以下观点：

其一，走出传统与现代二元对立的思维定式。20世纪以来，中国正处于传统农业社会与现代工业社会的交替之中，现代性一直是社会追求的目标。出于改变现实的目的，现代性目标成为神圣、崇高、先进的化身，传统则被视之为落后、退步、弃之不及的东西，由此形成了传统与现代二元对立的思维定式。而伟大的革命，特别是历史上最彻底的土地革命恰恰发生于传统最为深厚的中国；伟大的发展，特别是在世界上少见的经济发展奇迹，恰恰也发生于农民人口占多数的中国。这一历史进程要求我们走出传统与现代二元对立的思维定式。否则我们无法解释在一个农民国度里为什么会突然发生一个“中国奇迹”！近年来，随着中国经济的发展和独特道路，兴起了传统文化热、国学热。人们又试图将中国的成功归之于东方特有的儒家文化，即传统主义取向。这种取向的重大缺陷是无法解释为什么在二千多年的儒家文明或者是农业文明时代，中国并没有腾飞而只能极其缓慢的发展（毛泽东语）。这种取向与现代主义取向一样，仍然局限在传统与现代对立的二元框架内。如果要对中国发展道路做出科学合理的解释和预测，必须走出传统与现代二元对立、非此即彼的思维定式。

其二，重视文明形态起承转合的历史关节点上的因素及其影响。20世纪以来，中国正处于文明形态的转换之中。这一历史转换是亘古以来从未有过的大事件。而在起承转合的历史关节点上，某种因素会发生重要，甚至关键性作用。以往，我们比较多地重视领袖人物的作用，这无疑是正确的。因为在一个小农占绝大多数人口的国度里，以领袖个人为代表的政治集团的感召、动员和组织作用是至关重要的。所以，邓小平认为，没有毛泽东，中国可能还要在黑夜里继续摸索一段时间。而邓小平在改革开放中的关键性作用也是举世公认的。但在肯定历史关节点上的领袖作用的同时，我们却往往忽视了人民大众的作用。没有亿万人民大众，领袖无论多么伟大都无法完成扭转乾坤的使命。那么，在中国，人民大众是谁呢？主体是农民。在中国，要成就任何伟业，都不可忽视农民的作用。本文的要旨就是要说明"中国奇迹"不是某一个神圣人物的作用，而与历史上从来都处于默默无闻状态的"泥腿子"——农民有关。但在现有关于"中国奇迹""中国模式""中国经验"和"中国道路"的研究中，几乎看不到作为中国人的主体——农民的影子，而离开了人这一主体，遑论什么"奇迹""模式""经验"和"道路"？

其三，重视社会变迁中的文化和民性民情民意因素。以往忽视农民的作用，重要原因是强调制度的功能。只要在少数领袖人物领导下改变了制度，就会带来所需要的一切。事实并不这样简单。制度是形式外壳，其内核则是文化。再好的制度如果没有相应的文化内核，就难以发挥其作用而沦为形式和空壳。多年来我们强调中国的发展必须符合中国国情，但没有将文化和民性民情民意视之为国情的组成部分。事实上，文化和民性民情民意是活的国情，是软国情，它比地理、经济状况等硬国情更能发挥其主动性作用。正是从中国的民性民情民意出发，又适应农业社会向工业社会转变的要求，中国才能走出一条独特而有成效的道路，创造出举世瞩目的"中国奇迹"。本文的价值不仅是要说明农民理性扩张是如何成就"中国奇迹"的，更重要的是要说明长期历史形成的文化和民性民情民意在历史转换中的关键性作用。

其四，对于历史制度主义的分析框架给予足够重视。20 世纪以来，由于中国的制度革命和改革成为主题，制度主义分析框架大行其道。在这种理论看来，只有改变了制度，一切会随之而变，因此它往往忽视了制度变迁中的历史因素。在马克思主义看来，"世界不是既成事物的集合体，而是过程的集合体。"① 世界是一个历史过程，且是一个由人创造的能动过程。"历史不过是追求着自己目的的人的活动而已。"② 历史制度主义注重制度变革是一个历史过程，这一过程是由

① 《马克思恩格斯选集》第 1 卷，北京：人民出版社 1995 年版，第 244 页。

② 《马克思恩格斯全集》第 2 卷，北京：人民出版社 1957 年版，第 118—119 页。

人这一历史主体所创造的，制度变革能否有成效，与特定的历史时期人的因素分不开。现有分析“中国奇迹”“中国模式”“中国经验”和“中国道路”的论著恰恰缺乏对人这一创造历史的主体给予足够的关照。这也正是写作本文的目的之一。

和谐理念与族际政治整合*

常士訚**

冷战结束后，随着苏联解体，东欧剧变，族际冲突在世界范围内蔓延开来，不同程度地威胁着多民族国家的政治整合，其中族际政治整合也不例外。面对新挑战，如何才能有效地缓和不同民族之间的关系，实现民族的和睦相处与民族间的政治整合，不仅构成了当今世界不少多民族国家所面临的问题，也构成了当代中国所面临的问题。本文试图从目前民族政治发展的价值取向入手，对当代中国的族际政治整合问题提出一些自己的看法。

一、当代族际政治整合上的两种代表性取向

现代世界的大多数国家是多民族国家。多民族国家内的民族与民族、民族与国家，特别是与国家权力的关系不仅构成了这些国家内部政治关系的重要内容，也构成了这些国家保持或实现政治稳定与政治整合的关键。在历史上，不少多民族国家的统治集团为了统治民族的

---

* 本文原发表于《政治学研究》2009 年 4 期。

** 常士訚，天津师范大学政治与行政学院教授。

利益，曾经采用驱逐、清洗、镇压和强制同化的方式对待少数民族，结果并没有带来国家的稳定和民族的团结，反而是使民族关系趋于紧张，甚至走向暴力冲突。随着世界各国人权和公民权意识与保护的发展，随着各个国家和联合国对少数人群体权利保护的加强，这些极端的、甚至是卑鄙处理民族关系的方式日益受到人们的鄙视和批判。面对日益复杂的族际关系和人类对更加文明生活的向往，各个国家都在努力探索采用更加文明的方式处理民族关系和民族矛盾，促进族际政治整合的进步与巩固。在此探索中，最具有代表性的取向有两种：一种是族群权利取向；另一种是族际政治民主取向。

就族群权利取向而言，其所强调的是族群所具有的集体性权利。这种权利实际上是现代国家给予少数民族群体的一种可以行为或不可以行为的自由。因为国家是一个整体，国家实现整合的关键是将一定的自由权利下放到具体的个人或群体上。而国家赋予或承认这些群体权利，实际上也就承认了这些民族群体的族格和少数民族的人格尊严，使其在社会和政治生活中，自主地管理自己和实现自己的利益，同时也使少数民族在宪法和法律上成为社会与政治生活的参与者，与其他民族一道共同分享国家发展带来的利益与幸福。显然少数民族群体权利的确立，意味着其民族的政治解放，民族群体对国家的认同和国家或政府合法性基础的扩大，从这种意义上说，少数民族群体权利的确立对国家的政治整合以及整个民族国家的政治凝聚力的形成具有十分重大的价值和意义。

像任何的现实的东西一样，族群权利本身也有局限性的方面。权利是以一定的法律边界为特点的，也即是一定的权利设立意味着法律确立了权利主体的自由边界。权利主体在这一边界内成为当然的主人，他可以是自主的，自决的，自治的。同时，权利主体和另一个权利主体之间有了明确的界分。从积极意义上说，权利的设立保护了权利主体的积极性和人格或族格尊严；从消极自由的意义上看，又意味着权利主体具有了保持自己的自由和抵制他者（个人、群体或国家）的自由。在这种意义上说，族群权利的确立是国家对族群自主利益和文化差异的承认。一般说来，合理的“界分”是必要的。亚里士多德指出：“划清了各人所有利益的范围，人们相互争吵的根源就会消除；各人注意自己范围以内的事业，各家的境况也就可以改进了。”① 然而也不能不看到，权利的设立又可能在不同的权利主体间形成一个“篱笆”，不同权利主体在自己范围内筑就了各自的身份认同。当代加拿大、澳大利亚等国家所形成的一个又一个族群“社区”，在保留各自文化差异和享有“族群权利”的同时，在事实上形成了一个又一个现代“部落”，此其一；设立权利本来是防止纷争，但并不能因此认为，建立了权利就一定取消了冲突。有的学者指出：“以人权为基础的法制，固然在保障个人权益方面有很多可取之处，但在西方社会，这种制度的负面作用也很明显，如法律诉讼导致大量的资源和时间的浪费以及社会矛盾的激化”②，此其二；权利从来不是抽象存在的，它永远不能离开一定的社会文化条件限制，权利与权利实现所需要的条件并不一定吻合。这些条件可以是客观条件，如一个族群资源占有状况不同，影响着一个族群的权利运用。有的学者指出：“市场使主导市场的少数族群富裕，而民主给受挫的多数族群壮大了政治声势。”③ 如20世纪90年代在印尼、菲律宾国家的华人是所在国家的富有者，而控制政权的当地族群运用政权的力量对华裔进行了迫害，此其三；最后，一定的族群权利需要一定的保障机制。然而在实践中，往往出现制度和保障机制上的空位。结果造成要不族群权利不能起到应有的自我调控作用，要不因为一定的族群权利要求得不到满足而与政府发生冲突。

承认一定的族群权利设立具有局限性，并不是说现代国家在宪

---

① ［古希腊］亚里士多德：《政治学》，北京：商务印书馆1981年版，第54页。

② ［美］唐：《中国民意与公民社会》（胡赣栋、张东铎译），中山：中山大学出版社2008年版，第173页。

③ 蔡爱眉：《起火的世界——输出自由市场民主酿成种族仇恨和全球动荡》，北京：中国大百科全书出版社2005年版，第132页。

法和法律上要取消族群的权利，相反要通过一定制度和其他机制将这种局限性可能带来的不利控制在一定的范围内，以保证族际政治整合得到合理的实现。当代主张族际权利理论的一些学者将族群权利的实现视为是实现族际政治整合的决定力量，显然片面的。

就族际政治民主取向而言，其核心内容是，在承认所有民族都是国家权力主体、拥有平等政治权利的前提下，针对多民族存在的情况进行特殊的政治设计。“它通过各民族对政府权力的直接、间接控制和对政治决策过程的直接、间接参与，把某一特殊民族对权力的垄断转变为各民族对权力的共享，从而造成一种万众一心的政治局面，保证‘多元社会’的“政治一体’。”① 不可否认，这种侧重于通过族际政治民主机制建设促进族际政治整合的设计以及它在实践中的运用，确实在一些国家起到了良好的效果，如在当代的新加坡、马来西亚等国家，通过政治生活中代表席位的变革，以及政府机构中公职人员对少数民族代表的开放，确实缓和了多族群之间的冲突。但问题依然存在：一是族际政治民主是否必然带来族际政治整合，从实践中看，未必那么理想。当代族际政治民主取向中的一个内容是承认“差异”，并在差异基础上的对话。加拿大多元文化主义代表人物塔利指出：“文化歧异社会的人民主权显然要求人民进行跨越文化藩篱的对话，互相承认对方带有独特文化性格的语言与行事风格，并且依据这样的程序达成宪法上的协议。”② 然而这种以“差异 ”为规定性的文化权利，实际上宣布的是自己不同于别人的差异或特性。在一个多民族聚居并有多民族语言的国家中，在强烈的民族认同感驱使下的民族认异又容易成为“不能容忍、仇恨和灭绝其他人群的借口。许多人还利用

---

① 王建娥：《族际政治民主化：多民族国家建设和谐社会的重要课题》，《民族研究》2006年第5期。

② ［加拿大］詹姆斯·塔利：《陌生的多样性：歧义时代的宪政主义》（黄俊龙译），上海：上海世纪出版集团2005年版，第29页。

'差异'作为暴力政治斗争的借口"。① 当代不少国家的右翼组织，为了在选举中获胜，往往以保护本民族的利益和文化为名，鼓动本民族的成员，排斥其他民族成员，由此导致了大规模的民族冲突。丹尼尔·A. 贝尔指出："在民族团体（groups）间存在深仇和互不信任的社会中，主流民族不愿意将自己的利益置于到用来保护少数民族的宪政制度下。在最糟糕的情况下，只有军队作为第三方进行干预时才能维持和平和保护少数民族的利益。"② 显然，在族际矛盾冲突的和紧张的条件下，推行族际政治民主化，往往换来的不是"民主"，而是强权的统治。

族际政治民族化对"差异"的维护，本质上和利益联系在一起。而任何一个族群的利益在相当程度上并不一定是平等的，尤其在市场经济影响下，由族群利益差距拉大而导致的矛盾在不少国家总是在所难免的。对于那些经济上或文化上占主导地位的族群，往往因自己的优势地位，而不肯将自己置于到于己不利的制度或规则下。而那些在经济上处于不利地位的民族往往为了生存和发展，往往利用族群民族主义进行政治动员和抗争。美籍华裔学者蔡爱眉指出："民主化在全球的扩展反映了西方政策上和知识界的一个强大的假设，即市场和民主是齐头并进的。但在世界很多存在着少数族群的国家里，现实却与这一假设背道而驰。在市场中加入民主的成分酿造的是动荡、纷争和种族仇恨的大火。"③

---

① ［墨西哥］洛德斯·阿里斯佩：《文化的多样性、冲突与多元共存》，联合国教科文组织编：《世界文化报告：文化的多样性、冲突与多元共存》，北京：北京大学出版社 2002 年版，第 22 页。

② Daniel A. Bel, Is Democracy the "Least Bad" System for Minority Groups? See Edited by Susan J. Henders, *Democrazation and Identity, Regimes and Ethnicity in East and Southeast Asia*, Lexington Books, United States of America, 2004, p. 25.

③ 蔡爱华：《起火的世界：输出自由市场民主酿成种族仇恨和全球动荡》，北京：中国大百科全书出版社 2005 年版，第 132 页。

此外，族际政治民主化所强调的制度建设是否必然带来族际政治整合。从实际上看也并非如此。苏联和南斯拉夫国家在宪法上都给予了民族地方以极大的自治权力，甚至采用西方的“民主制度”实现族际政治民主，然而实践效果却出乎意料。一定制度从来和一定的文化联系在一起。一定制度的效力来源于一定的文化的支持，两者结合紧密时才能对族际政治整合产生重要的影响，然而不少民族由于经济文化上的落后，甚至根本没有采取过任何民主实践的国家，一旦仓促推进族际政治民主，结局只能导致国家权威的丧失和民族分裂。在此，南斯拉夫曾经存在过的“民族共和国”实践即为例证。在这种共和国中，表面上实现了“民族共治”，然而不能不看到，这种以族群集体为主体的“民族共和国”并没有实现政治整合，相反导致了国家的分崩离析。

由上述两个问题可以看出，无论是以族群权利取向还是以族际政治民主取向都存在着一定的局限。政治整合是一个复杂的问题，族群权利与族际政治民主设立不过是实现族际政治整合的一个方面，但不是族际政治整合的全局安排，因此，在对族际政治整合问题的思考和设计上，还需要跳出局部思考，以一种全局的眼光来认识当代国家的族际政治整合。

二、和谐：当代族际政治整合的战略之思

什么是族际政治整合？在回答这一问题前首先要对“整合”概念作一简单解释。所谓“整合（integration）”在英文中表示的是将两个或多个独立存在的个体通过某种方式合并到一起，形成一个整体。整合有多种表现：1. 国家整合，即指两个或两个以上的独立的政治体系结合成一个整体，即指在文化和社会文化方面分离的集团结合成一个单一领土单位和建立民族特性的过程；2. 领土完整，是指对附属的政治单位或地区确立国家中央权力；3. 精英群众整合，是把政府同被统

治者联系在一起；4. 政治整合还可以指维护社会秩序所必需的最低限度的价值一致，即一个民族共同的神话、象征、信仰和共同参与的历史；5. 政治整合也指一个民族为某个共同的目的组织起来的能力。①由上所述，可见政治整合可有不同的解释。不过本文认为，政治整合是一个复杂的组织或聚合的过程，它可能来自于社会下层的运动，也可以处于国家和政治精英的作为，或者是两者的结合。不过由于政治整合的关键是国家，因此政治整合可以视为是国家把处于分离、分散、分裂状态中的多元利益与文化集团合并进一个统一政治体系的过程、机制和状态。显然，政治整合自然要涉及政治权威、政治制度、价值体系、法律规范、参与机制与利益分配机制等诸多内容。政治整合的核心是一体和多元按照一定的价值和规则形成一定的关系，即要维护一体的权威，又要承认多元的存在。

族际政治整合是政治整合中的一个重要方面，特别是近代以来民族国家建构的一个重要内容。族际政治整合的含义本质上依然是一定国家中的不同族群通过一定的文化价值体系、权威结构、关联纽带、规范制度等结合成一个整体的过程和体系状态。在这种状态中，构成整体中的各个部分依然保留了它的民族个性和特色，同时又形成了一个共同的权威机构、规范体系和文化价值体系。

族际政治整合离不开国家，但从近代以来的历史考察，由分散的民族最终结合成一个国家曾有过不同的表现形式。哈贝马斯谈到近代民族国家形成问题时指出：“在民族国家形成过程中，或国家在先，或有民族在先。”② 国家在先的样板主要是英法等国家，这些国家的君主先完成了统一国家的任务以后，资产阶级通过民主革命建立了近代国家，并凭借国家的力量进行同质化建设，从而实现了族际政治整合；

---

① L. W. Pye, *Aspects of Political Development*, Boston Little Brown Company, 1968, pp. 63-67.

② ［德］尤尔根·哈贝马斯：《包容他者》（曹卫东译），上海：上海人民出版社 2002 年版，第 125 页。

后者是通过民族精英的推动和影响，建立了主权国家，其主要代表是德国。西方国家无论是通过先有国家后有民族的模式还是先有民族后有国家的模式，最终都实现了国家和民族的合二而一。也就是民族国家只有借助于公民身份为基础时，才能实现广泛的国家认同。同时也只有实现广泛的国家认同，国族认同才能建立起来。国家才具有更为深厚的文化基础。然而不能不看到，随着经济全球化的发展，西方国家在将自己的触角深入到世界的过程，同时也是更多的民族成员进入到这些国家的过程，当代西方国家出现的“逆向殖民化 ”浪潮，日益使这些老牌的“民族国家”处在多元文化的包围之中。

与西方近代国家形成方式不同。发展中国家多是在国家没有得到发展，民族也没有得到充分整合的两个先天不足条件下独立的。在这些国家中，国家理念的发展更多受到了西方政治观念的影响。这些国家虽然形式上建立了国家权力机构，但与近代国家相应的制度形式和法律规范尚未建立起来。由于经济一体化程度低下，很多地区还停留在自给自足的状态下，从而导致社会内部呈现出“多极”状态，松散的社会结构加上多民族、多宗教、多语言社会现实存在，极大地削弱了国家的政治整合能力。即使20世纪60年代以后的现代化建设促进了这些国家经济和一体化，但多元文化的格局不会因为突飞猛进的现代化发展而短期发生深刻变化，这些国家的国家建构与政治整合建设任务依然任重而道远。

西方政治发展理论认为，发展中国家的政治发展核心是政治民主化。实际上，这种认识是片面的。发展中国家的族际政治整合应该在政治发展中占有重要地位。也就是只有族际政治整合获得长足的进展，各个族群的国家认同意识都获得了普遍提高，发展中国家的政治民主化才会大有希望。

人要生存和发展，必然要与他人结成一定的关系，由此也就形成了不同的群体，产生了族群与国家。可以说，人类历史上的很多国家都是由不同的族群组成的。这就为多民族的国家提出了一个不同族群如何共同生活的问题。尤其自近代以来，随着民族交往的日益扩大，不同文化相互影响日益加强，不同民族由于利益和文化上的差异，矛盾和冲突也凸显出来。为了解决这种冲突，无论是西方发达国家，还是发展中国家，都为此进行了各种尝试。其中较有代表性的有两种，一种是以同一性为理念而消除多元文化和差异，这在历史上确实大有案例：希特勒的种族屠杀，南非的种族隔离，保加利亚的“马其顿化”等政策可以说都是在追求某种同质化中进行的。另一种以和谐理念为内容的取向，在这种取向中，尊重差异，包容多元，民族和睦，构成了其中的精髓。

和谐作为一种理念一直是人类的一种文明理念。中外思想文化中都把这一理念作为了重要的内容。尽管这一理念有不同的含义和内容，但总体上都承认了差异的存在及其多元的相互配合，由此发展出的“和而不同”与“求同存异”构成了处理民族与民族、民族与国家关系的战略理念，不仅在传统社会中具有价值，在当今充满矛盾纷争的多民族国家中大放光彩。在加拿大，多元文化主义政策自 20 世纪 70 年代问世以来，经过近 40 年的发展，已经逐渐从原来对族群权利的承认和保护转向到对族群之间和谐的关注。在 2009 年 7 月在昆明举办的世界人类学与民族学大会大会上，笔者见到加拿大政策研究机构人员骆静（Jean Lock Kunz）女士，她给了我一份已经递交给加拿大政府的政策建议报告，并讲，加拿大政府目前正在采纳报告上提出的政策建议，修改运行了近四十年的多元文化主义政策。报告题目是《从马塞克到和谐：21 世纪的加拿大多元文化》。该报告介绍最近几年中，加拿大政策研究组织与加拿大文化遗产部，加拿大社会与人文科学研究协会以及城市计划协会联合举行了有蒙特利尔等八个城市参与的圆桌会议。该会议主要讨论了两个问题：1. 如何构筑一个没有分离（divisivenness）的多样性；2. 是否有必要在今天社会的与地缘政治的现实的基础上重新审视加拿大多元文化主义政策。报告提到，进入 21 世纪以后，加拿大多元文化主义将继续坚持平等，尊重差异，人权和充分参与的族际关系原则。加拿大承认差异，但不是以牺牲加拿大的共同价值来促进文化差异①。显然这一报告修正了早期多元文化主义的不足，从对多元差异的尊重转向到对多元和谐的关注。在新加坡这一多元文化国家，“和谐”同样成为处理族际关系，实现族际政治整合的一种重要理念。1991年新加坡国会通过的《共同价值观》，明确将“协商共识，避免冲突，种族和谐，宗教宽容②”作为了重要原则，其中“种族和谐”更具有时代价值。

和谐理念之所具有这种特质，从历时角度看，人类社会只有在和谐环境中才能发展。过度的同质化，扼杀了创新精神，导致了社会僵化，纵容了绝对权力，产生了绝对腐败和残酷的削足适履，它必然是国家和民族、统治的民族和非统治民族，多数民族与少数人民族处在交恶状态。伯恩斯在谈到罗马帝国给人类文明带来的悲剧时指出：“罗马人不能欣然接受的外来思想蜂拥而入，对此，帝国主义也当负其咎。认为罗马变成一个有教养的民族是由于它的征伐的，这种见解无意是荒谬的，恰恰相反，它那接二连三的胜利使其统治变得更加贪得无厌、更加飞扬跋扈。诚然，它征服了远东之后，占有了大量希腊文化，但是，这种文明的真正有价值的东西，实际上不管怎样，通过扩大正常贸易均可得到，而以武力统治了广大地区的罪恶后果是可以避免的。”③ 相反，中国的大唐盛世，在包容多元文化中带来了文化的进步与发展。同样从差异的角度看，强调多元，否定彼此之间的联合，导致部落主义的产生。以过度的“差异”，筑就了族群之间容异的下降；排斥他者带来了种族间的对立和战争。人类社会中无论对同质性

---

① Jean Lock Kunz, *From Mosic to Harmony*: *Multicultural Canada in the 21st century*: *Results of Regional Roundtables*, Government of Canada, Policy Research Initiative, See www. policyresearch. gc. ca.

② 吕元礼：《新加坡为什么能》下卷，南昌：江西出版集团江西人民出版社2007年版，第89页。

③ ［美］爱德华·麦克诺尔·伯恩斯等：《世界文明史》第2卷（赵丰等译），北京：商务印书馆1995年版，第329—330页。

的追求，还是以同排异，都对人类社会的发展带来不利。今天的新加坡，独立后曾步履艰难，然而在东亚创造出发展奇迹，其中之一就是以和谐的理念对待不同民族，从而营造出一个发展的氛围。

从有机结构的角度看，和谐的理念在处理内外各种复杂的关系上，从来不持极端。它在多元共存中，既承认了差异，也确立了“和”的地位。既承认了多元也承认了统一的合理性；既有整体，也有局部的存在，可以说和谐理念集中体现了辩证法所强调了事物有机联系的观点。在这种观念影响下，它营造了一个宽松有度的社会与政治环境，建立了民族与民族、民族与国家间的和谐关系，促进了社会凝聚力的形成和巩固。因此，和谐理念是一个更具有全局性，更有助于族际政治整合的理念。

三、和谐理念与当代中国族际政治整合

多元一体格局是中华民族的基本格局，也是中国多民族国家存在的社会基础。它形成于古代社会，并在近现代社会的变革中得到不断提升和变革。不过在新中国建立前的相当时期中，这种多元一体的格局是建立在剥削制度基础上的。新中国成立以后，中国各族人民在中国共产党领导下，推翻了剥削制度，使处于不同阶段的少数民族实现了社会发展阶段上的伟大跨越，从而在新的制度基础上形成了新的多元一体格局。不过由于户籍制度、单位制度、公社制度、国际压力等诸多因素影响，这一格局主要是一种政治的、封闭的格局。改革开放以来，随着中国从传统的以政治为中心的时代转向到了以经济建设为中心时代。市场经济的发展和渗透，促进了整个社会的对内和对外的开放，也促进了少数民族地区的开放。民族地区不再封闭，已越来越多、越来越深地进入到了社会与经济的一体化进程中。基于市场基础上的人口大流动，促使不同民族之间形成了一个汉族离不开少数民族，少数民族离不开汉族，少数民族离不开少数民族的开放的、流动的社

会状态，一个以市场经济为基础的开放的、流动的多元一体格局建立起来。

然而不能不看到，当代中国的这种格局是建立在社会主义初级阶段的多元一体格局。多元一体格局中的民族关系尽管是社会主义的民族关系，但由于所处阶段的局限，当前的民族关系中依然存在着不和谐因素。就民族关系而言，尽管中国废除了民族压迫和歧视制度，实现了各个民族政治上的平等，但各个民族在经济文化等方面的事实上不平等依然存在；中国的各个民族关系总体上是融洽的，但是主客观因素的限制，以及社会发展程度上的差异，民族关系中的不和谐、不团结因素依然存在；中国的不同民族在社会主义制度下一定程度上实现了共同繁荣，但不同民族繁荣发展的程度存在很大差别，甚至这种差别还在加大；各个民族总体上承认了自己是中华民族的成员，民族之间也形成了相互承认与互助的局面，但由于宗教、文化、习俗，特别是利益倾向的不同，各少数民族对自身的认同以及由此而来的排异现象依然程度不同地存在；从国家和民族的关系层面而言，中国国家和少数民族之间的关系总体上是融洽的，但国家具体机关和人员在具体执行政策中，往往存在着侵犯少数民族群众利益的事情。上级国家机关与民族地方之间存在着不同程度的矛盾。上述这些因素在西部大开发以后大量涌现出来，影响着当代中国的族际关系，进而影响着中国的族际政治整合巩固。

针对当代中国族际政治整合中出现的种种问题，学界从不同方面给予了讨论，其中从政治学层面上的讨论文章与著作更是不绝于耳。如有的学者比较注重制度的改革和完善，也有的学者主张推进族际政治民主建设，这些认识都属于族际政治整合的重要内容。但从目前中国族际政治整合的基本格局看，族际关系的原则，族际政治整合的基本制度架构，实现和保障族际政治整合的核心权力等方面都适合中国国情，并能充分保障当代中国族际政治整合健康发展的。目前的问题不是用来实现族际政治整合的制度变革和革新发展问题，而是如何使当代中国的族际政治整合变得更好更完善的问题。

实际上，在改革开放运行了相当时期后，我们党已经充分认识到，中国在进行了又快又好的发展后，应该转向到又好又快的发展上来。也就是前者的发展重在进步和效率，后一阶段的发展重在科学和质量。没有前者的发展，就没有中国实力的大幅度提升和实现发展的基础的巩固，没有后者的转变，前者的发展将出现畸形，甚至带来发展的衰退。从这样一个战略角度出发，我党适时地把“和谐”作为了新时期社会主义现代化建设的基本理念，同时，也成为中国处理族际关系的重要原则。2005 年，胡锦涛总书记在中央民族工作会议上指出：“巩固全国各族人民的大团结，是党和人民事业顺利发展的重要保证。民族关系是多民族国家中至关重要的社会关系。正确处理民族问题，使各族人民和睦相处、和衷共济、和谐发展，对于我们建设社会主义物质文明、政治文明、精神文明与和谐社会，具有十分重要的意义。”① 同时，原来在讲到处理民族关系的原则时，主要提到三个原则，即平等、团结、互助。而自此之后在处理民族关系的原则上，加上了“和谐”，可见“和谐”具有了更为重要价值。

首先，和谐理念是处理民族关系的重要原则。一定的族际政治整合需要一定的族际关系结构。在当代世界，由于历史和文化等方面的原因，各个国家存在着不同的族际关系格局。如种族隔离的结构，将被统治的民族和统治民族通过强制性的政策分割开，并对被统治民族采取歧视和镇压的政策，如南非白人统治时期；种族对抗结构，如非洲卢旺达胡图族与图西族关系，印度的穆斯林群体与印度教群体之间的关系，长期以来处于的对抗状态不同，严重地影响着国家的政治整合和政治稳定；也有多元共存格局。在这种格局中，由于各个族群获得了法律上的平等地位，各个民族都具有平等地参与社会的机会，因而促进了国家的政治整合。在此加拿大、澳大利亚等移民国家即为代表；与此不同的是，当代中国的民族格局是多元一体格局，各个民族

① 胡锦涛：《在中央民族工作会议上的讲话》，htp：//news. xinhuanet. com/misc/2005-05/07/content-3012553. htm。

在平等原则的基础上结成了族际关系。这种关系有力地维护了各个民族之间的团结和族际政治整合的实现。然而，在现代化建设过程中，由于市场经济发展带来的利益分化和社会分层的发展，民族之间事实上的不平等依然存在，甚至有不断拉大的趋势。因此，在社会主义现代化进程中，必须要以和谐的理念为指导，通过强有力的措施抑制不平等的发展，缩小不同民族之间存在的差别，保障民族平等得到更充分的实现。有鉴于此，中央出台各种扶贫、贷款和互助支持性政策，积极促进民族地区的发展。

其次，和谐理念将有效地促进中华民族凝聚力的巩固和发展。一定的族际政治整合需要一定的民族凝聚力。这种凝聚力的建构需要民族共性方面与族群个性方面的有机结合。英国学者史密斯指出：在现代世界中，任何一个国家的成功，都依赖于族裔的和公民的两种要素之间的和谐共存。“这种社会力量一个能够控制国家机构，另一个能动员人民的力量，它们的结合在公民的与族裔的两种要素的趋同共存中反映出来，这时人民既被看作是公民，又被看成是族裔的成员。当这种共生关系趋于完美时，当公民与族裔两种成分之间不存在缝隙时，文化和公民彼此相互加强，国家的作用得到充分实现。”① 然而不能不看到，在近代社会发展的一定时期，二者往往处在矛盾之中，公民身份的发展趋于极端时，发展了高度的同质性。在这种条件下，公民的国家认同高于一切，一切与公民认同的异己的文化都在弱化或取消之列，由此发展了强制性同化甚至种族屠杀；另一种是族群归属压倒国家认同时，导致国内种族之间的冲突和社会的失序。显然上述两种极端的情况都不利于民族凝聚力形成与实现。

当代中国民族凝聚力形成和巩固中也面临着同样矛盾。一方面，现代化的发展促进了多民族之间的相互往来，增进的中华民族的认同的形成；现代化发展带来的社会同质性的加强，促进了民族之间的相

---

① ［英］安东尼·D. 史密斯：《全球化时代的民族与民族主义》，北京：中央编译出版社2002年版，第118—119页。

互理解和融合；另一方面，利益的分化，经济全球化的影响，竞争的加剧，促进了族群主体意识的成长，族群身份认同与“内卷化”，导致族群意识与中华民族认同之间的矛盾。在此条件下，如果采取不适当的方式强行对待不同民族的文化认同，势必造成国家认同和族群身份认同之间的矛盾冲突，进而影响民族与国家之间、民族与民族之间关系的和谐。如果完全放任族群意识自发发展，必将影响国家认同的政治基础。和谐理念的提出，对正确解决二者之间的关系提供了方向。《中共中央关于构建社会主义和谐社会若干重大问题的决定》对此提出了明确的方向，即“坚持以社会主义核心价值体系引领社会思潮，尊重差异、包容多样，最大限度地形成社会思想共识”①。这是中国共产党人在新的历史条件下遵循人类社会发展的客观规律确立的新的政治整合观，对正确处理族际关系具有重要意义。在这一表述中，一方面确立了社会主义核心价值的重要地位，主张通过“引领”的方式促进社会思想共识，这是民族凝聚力形成的关键。另一方面，对于长期形成的思想文化，应该采取“尊重”和“包容”的心态，而不应采取排斥和消除差异的方式。

再次，和谐理念对进一步完善族际政治整合的制度基础具有指导意义。当代中国族际政治整合的制度体现是民族区域自治制度。这一制度明确了民族自治地方的自治机关的权力和上级国家机关的职责，从宏观上解决了国家和自治机关的权力关系。同时，按照目前我国《民族区域自治法》的规定，民族自治地方设立了人民代表大会和政府产生的机制，从而为民族地方的群众参与国家公共事务，实现不同民族之间的民主沟通和协商奠定了基础。从这种意义看，我国的民族区域自治制度体现了民族和谐的要求，保障了各个民族的民主参与，有效地保障了当代中国的族际政治整合。然而不能不看到，目前我国民族区域自治制度中还有很多不完善之处，甚至在很多方面存在着不

---

① 《中共中央关于构建社会主义和谐社会若干重大问题的决定》，新华网，2006 年 10 月 18 日，htp：//news. xinhuanet. com/pol-itics/2006-10/18/content5218639. htm。

平衡之处。

当代中国的民族区域自治制度是实现中国族际政治整合的基础，在新中国建立后的几十年发展过程中发挥了重要的作用，当目前我国的民族区域自治制度中存在着一定的局限，对此一些人以“政治发展”为名，主张建立像美国的“联邦制”或“民族共和国”。但事实证明，在中国这样一个各地发展差异巨大的国家，采取这种制度只能使中国步苏联后尘。而正是由于中国采取了这种民族区域自治制度既维护了国家统一，也保障了各个民族的自治权力。因此，当代中国的民族区域自治制度具有其合理性和生命力。

最后，和谐理念有利于促进当代中国核心权力的建设，进而有效地保证了不同民族之间的团结合作。中国共产党是全国人民的领导核心，当然也是当代中国各民族实现团结的保证。改革开放后，党不断调整自己的执政方式，2005年，中国共产党从和谐社会建设的高度审视了思想文化领域中的多样性。明确提出了“坚持以社会主义核心价值体系引领社会思潮，尊重差异、包容多样，最大限度地形成社会思想共识”原则①。显然这一原则同样也可以用到对待民族文化的态度上。

和谐离不开差异和多样性，差异和多样是和谐存在的重要条件，差异之间的有机配合产生和谐，因而和谐是差异的提升和配合。改革开放进程中，中国共产党以宽阔的胸怀正确处理了党的统一性与现实文化多样性的矛盾。一方面，坚持了社会主义基本价值在文化多样性中的核心地位，从而保证社会的“多”而有“中心”，保证在多元的社会中，中国共产党在思想、文化进而在政治上的领导地位。这正是当代中国民族能够保持团结的关键。苏联和东欧国家，在西方多元化冲击面前放弃了社会主义的价值观，因而也使民族出现了分裂足以引以为戒；另一方面尊重差异、包容多元，以和谐而不是以斗争的方式

---

① 《中共中央关于构建社会主义和谐社会若干重大问题的决定》，新华网，2006年10月18日，htp：//news. xinhuanet. com/poli-tics/2006-10/18/content5218639. htm。

对待多样和差异，并通过引导的方式增进共识，从而最大限度地增进领导基础，将一切可以团结的力量团结在党的周围，这对于维护和巩固了当代中国的族际政治整合同样具有重要意义。

总之，在当代社会发生巨大变革，社会发展速度加剧，社会内部的各种矛盾，其中不同族群矛盾凸显的条件下，以和谐作为理念反思过去的经验教训，平衡不同民族之间的关系，对于发展和巩固族际之间的整合具有重要战略意义。从这种意义上看，在解决或巩固当代族际政治整合问题上，国家主义方式、族际政治民主化方式等具有一定的局限性，以和谐理念为指导，对巩固和发展当代中国的族际政治观具有着重大的战略意义。

应把社会性别理论纳入我国公共管理的研究与实践*

鲍　静**

一、社会性别理论：一个建构中的认识框架

（一）社会性别是常识还是新知

女权主义（feminism）运动从19世纪的近代西方社会兴起以来，以倡导和追求男女平等和社会公正为出发点，其社会行动和女权主义理论对西方社会产生了深刻而广泛的影响。发端于美国20世纪60年代的社会性别（gender）理论，是在女权主义运动的实践中发展起来、并对这一运动起着重要指导作用的核心观念体系，并已逐渐发展成为西方学术研究中的一个重要分析范畴。①

gender本来是一个语法概念，表示词的阴阳性，美国的女权主义

---

* 本文发表于《中国行政管理》2006年第8期。

** 鲍静，时任中国行政管理学会副秘书长，中国行政管理杂志社社长兼主编。

① 王政：《"女性意识"、"社会性别意识"辨异》，《妇女研究论丛》1997年第1期。

者为反击"生物决定论"，创造性地借用了 gender 一词来表示社会性别，并以此与生理性别（sex）相区分。在西方女权主义理论研究中，人的性别有两种：一是生理性别，一是社会性别。生理性别是指男女在生理结构方面的差异，在英文中对应 sex 一词。社会性别是指基于生理性别的男女两性在社会文化的建构下形成的性别特征和差异，即社会文化形成的对男女两性差异的理解，以及在社会文化中形成的属于男性或女性的群体特征和行为方式，表现为社会对男女在婚姻、文化、教育、经济、政治等领域所扮演的角色的固定期待，在英文中对应 gender 一词。① 例如，在我们成长的过程中，父母、老师、朋友或强制或潜移默化地告诉我们：男孩子应该坚强、勇敢，女孩子应该温柔、娇弱、善解人意，等等。

生理性别是人与生俱来的性特征，不因人的种族、民族、地域或国别而有所差别，而社会性别则是后天形成的，是社会变迁及社会的政治、经济和文化等因素相互作用的结果，不同历史时期，不同政治制度、经济制度以及不同社会文化传统，会产生不同的社会性别关系。因此，社会性别是一个动态发展的概念，具有历史阶段性、社会性和共塑性等特征。② 社会性别的历史阶段性是指不同历史时期对男女两性期待不同而导致的男女性别角色模式的不同；社会性是指不同社会中，政治、经济、文化等多种因素相互作用形成的对社会性别的建构，即不同的社会有不同的社会性别制度；共塑性表明社会性别的形成不是某一特殊群体自发或有意识培养的，而是处于同一社会中的男女两性相互塑造的结果。

但是，随着研究的进展，以上有关社会性别的描述却越来越不能令人满意：有关社会性别的叙述不能揭示社会性别观念之所以被接受的根源。换句话说，社会性别理论有关性别、性别关系和性别制度的

① 郑新荣、杜芳琴：《社会性别与妇女发展》，西安：陕西人民教育出版社 2000 年版，第 12 页。

② 何萍：《性别理论与社会发展》，《探索》2001 年第 6 期。

描述只表达了明显的社会学“常识”。问题的关键不在于存在不存在社会性别、性别意识和性别关系，而在于社会性别、性别意识和性别关系是如何被构建起来的？正是从这个关键性的质疑开始，西方社会性别理论通过不断审视现实存在的两性世界，得以逐渐找到了自己的逻辑出发点，提出一系列概念和范畴，形成了关于性别问题的新知识系统，并致力于揭示两个方面的核心问题：一是在各个国家、各个民族漫长的发展史上，性别意识、性别观念究竟是更多地建立在生物学和生理学知识上的科学，还是由历史形成的社会关系所决定的文化叙述和制度建构的结果？二是即使两性在生物学和生理学上的确存在着差别，但是这种差别是否被有意识地夸大了？

这些深刻的诘问，引领着西方女权主义理论家反思人类的两性关系史，在解构两性传统历史叙事的同时，建构着新的社会性别理论和知识。人们的反思和理论发现表明：第一，社会性别意识和观念与其说是生物学和生理学基础上的客观认知，毋宁说是一种由历史过程建构出来的叙述，关于“男子气概”和“女人味”的种种描述和界定，是由大量的偏见和功能性的假设构成的；第二，关于社会性别和两性关系的历史叙述是由男性主导的，是按照男性世界的需要和为了维系男性地位而建构起来的；第三，社会性别和社会性别关系反映的是一种两性之间的不平等关系，其实质是一种权力关系，它深刻地贯穿在人类的政治、经济、文化、社会生活和家庭等一切领域；第四，社会性别理论的一大任务就是解构男性话语，以及由男性话语统治着的历史叙述，对男性话语主导的政治重新进行审视和界定，从而解构现实中不平等的两性关系，重建整个社会关系和社会制度。

可见，在社会性别理论的关照下，社会性别并不像人们通常认为的那样简单，与其说社会性别是一般人熟悉的常识，毋宁说它是一个需要不断发展的概念，社会性别理论和知识系统的建立和丰富是一个不断解构和建构的过程。

（二）作为分析工具的社会性别理论

社会性别理论把两性关系作为最基本的社会关系，认为它是社会关系的本质反映，从分析两性关系入手可以发现社会关系和社会制度的根源和本质，从而将社会性别理论变成强有力的政治、经济和社会文化的分析工具。

首先，社会性别理论揭示了两性关系的经济本质，认为作为基本社会关系的两性关系实质上是生产关系的反映。就像阶级、民族、国家这些概念一样，社会性别关系是经济生活中两性在占有生产资料和劳动成果方面的不平等关系。这种不平等关系由于与阶级、民族、国家等诸种关系相交叉重叠而长期沉默在人们的视线之外。女性在生产、再生产（生育）领域中的贡献，只是被当作是男权社会中的附属价值而不被承认，这导致女性自身价值长期被贬抑、被排斥。同时，在经济领域，由于社会分工的存在，妇女长期被束缚在家庭领域（私人生产领域），而父权制社会分工的制度化，也迫使妇女放弃外出工作的权利，即使在法律和名义上获得这种权利，但在激烈的职场竞争中，由男权控制下的社会梯级分工结构，也使得女性鲜能与男性一较高下，只能屈就于低级、下层的工作。这种经济生活中制度化的不平等，反过来从文化上强调了女性在智力和体力方面的劣势，又成为强化父权制的借口。就像马克思、恩格斯早就十分清楚地看到的那样，女性社会平等的获得只能伴随着整个人类解放的到来而到来，只有在消灭了私有制和社会分工的情况下才有可能。妇女解放的开始一步，就是要从私人领域走向公共领域："只要妇女仍然被排除于社会生产劳动之外而只限于从事家庭的私人劳动，那么妇女的解放、妇女同男子的平等，现在和将来都是不可能的。妇女的解放，只有在妇女可以大量地、社会规模地参加生产，而家务劳动只占她们极少的工夫的时候，才有可能。"① 社会分工导致的经济上的不平等是两性关系其他方面不平等的深刻根源，这是马克思主义女权主义的共识。

其次，社会性别理论作为一种分析工具深入揭示了两性关系的政治本质，即“性的政治”或“性别政治”。西方政治思想的一大特点是源于柏拉图和亚里士多德的“二元论”和“两分法”。在社会性别理论看来，西方政治理论绵延至今的“二元论”和“两分法”，不但制造了私人领域与公共领域的对立、自然和文化的对立，而且制造了男人世界与女人世界的对立。在私人领域与公共领域的二元对立中，公共领域表现的是理性、克制、秩序与和谐，而私人领域则代表了伦理、情感、无序与混乱，因而公共领域在本质上优越于私人领域，并制约私人领域。同样，在自然与文化的对立中，文化表现的是对自然的征服力，文明的进化就表现为科学技术等人类智慧对自然王国的征服。男人世界与女人世界的对立，只不过是前两种对立关系在社会生活中的反映，因而，女人世界对应的是私人领域，是自然领域，而男人世界对应的是公共领域，是文化领域。女人天然是伦理、情感、无序和混乱者，而与理性、克制、勇敢和秩序无关，因而与私人生活、情感和伦理联系着的女性是不适合过公共生活的，换句话说，是应该被政治所排斥的。正如学者们所观察到的那样，“把女性和男性在私人领域和公共领域中区分开来，并把他们分别置于私人生活与公共世界中，这种分离的方式是一个复杂的问题，但是，形成这一复杂现实的基础是人们相信女性的本质属性就是恰当地从属于男性，她们合适的位置是在私人的家庭领域。男人则适当地存在于两个领域中，并统治着两个领域。"② 激进女权主义的代表人物米利特据此断言，除了种族、等级制度或阶级之外，性别也是西方社会中的一种基本政治形式。政治是利用一切可能的形式来运用权力，而父权制是所有其他权力形

---

① 《马克思恩格斯选集》第4卷，北京：人民出版社1995年版，第162页。

② Pateman, Carole, *The Disorder of Women*, Stanford, CA: Stanford University Press. 1989, p. 120.

式的根源，我们的社会和其他所有的历史文明一样，都是父权制社会。①

最后，社会性别理论还是一种新的社会文化分析工具，其独特之处在于从两性的角度看待社会性别关系是怎样在历史中被不断叙述和塑造的。社会性别理论的深刻之处就在于不断深入追问，在人类文明中，对女性观念特征和行为模式的期待，也即不同文化的共同的性别意识和性别观念是怎样形成的？社会性别理论提出的一个令人震惊的结论就是，现实存在的性别关系是由历史过程中某一特定阶段形成的男性霸权得以持续巩固的结果。这种男性霸权的巩固有赖于一套话语和符号的灌输，其根本是因为男性在政治经济上占据了优势地位，从而把自己的价值观和意识形态作为了整个社会必须信奉的价值和观念。并且，这样的性别意识形态，不但会通过文化演化，而且还通过法律和政治制度不断地强化，使得人们理所当然地把既存性别差异当作一种宿命来接受。② 这种深刻的社会文化分析，使社会性别理论在承认性别的生物性基础上，更加注重与此相伴生的社会性。

也许作为分析工具的社会性别理论过多地显示了自己的批判锋芒，但是这样的批判和解构却使我们深入认识了社会性别的本质，从而准确界定了男性与女性问题的关键。

二、社会性别理论与公共管理

（一）社会性别理论对于公共管理的方法论意义

由于社会性别理论关注的问题极具现实性和针对性——它的理论

---

① Kate Millet, *Sexual Politics*, New York: Double day and Co, Inc., 1970, pp. 23-25.

② Judith Butler, *Gender Trouble: Feminism and the Subversion of Identity*, New York: Routledge, 1990, p. 8.

视角无时不在触及社会关系、社会制度和社会治理，又由于它观察问题的视角迥异于其他社会理论，因此这一理论对于公共管理来说有着巨大的方法论意义。

从总体上讲，社会性别理论要求：（1）用变化发展的眼光看待社会性别。人的社会性别是在对家庭环境和父母与子女关系的反应中形成的，并在社会文化的变化中不断改变。人的社会性别不仅因时间而异，而且因民族地域而异，是一种特定的社会构成。社会性别理论打破了性别不可改变的宿命观，对传统的性别观念提出了挑战。（2）将女性视为发展的主体。社会性别理论认为，在社会发展中，女性与男性处于平等的主体地位。因此，在精神上，女性应该独立自主，摆脱依赖男性的软弱心理；在处理与男性的关系上，应当与男性结成彼此尊重平等相处的伙伴关系；在对待国家和组织的态度上，应该主动争取自己的权益，不能成为一种工具。（3）反对孤立地研究女性和女性问题。社会性别理论认为，考察女性问题，应该将其放在男女两性共同塑造的社会角色和权力结构中，不能将妇女孤立地割裂开来。社会性别制度和性别结构中，不仅包括男女两性之间不平等的权利关系，同时也有对男女两性发展的不同限制和制约。（4）注重不同政策或项目中对男女两性影响的分析。社会性别理论注重分析哪些政策和项目能真正使男女不平等的社会性别关系有所改善，哪些反而强化了传统的社会性别角色，加剧了男女两性之间的不平等关系，从而旨在消除性别不平等或性别歧视。

由此可见，社会性别理论在解构传统性别关系和性别观念的同时，也在努力建构新的社会性别关系和社会性别观念。[①] 这种理论说到底是要从探寻两性关系的奥秘开始，认识人的本性，又在深入了解人的本性的基础上，寻找构建良善社会关系、提高社会整体福祉的新途径，并由此形成社会性别分析范畴。因此，社会性别理论对一系列社会问

---

① 王毅平：《社会性别理论：男女平等新视角》，《东岳论丛》2001年第7期。

题的本质和根源的回答，对于我们更加全面了解公共管理的价值、手段和目标有着极大的启发意义。它提出的一系列问题，譬如，社会性别不平等的根源——经济生活、社会关系、社会制度、权力关系——都可能依靠自身的分析范畴找到答案，从而帮助提醒人们在制定公共政策、从事公共管理的活动中，必须深入理解问题的本质，把正义、平等、公正的价值观纳入到性别构成的现实实践之中。

（二）以社会性别理论的视角审视公共管理

社会性别理论起源于20世纪60年代以后的西方女权运动，之后，这一概念引发的社会性别理论建设，成为西方女性研究的一个重要理论成果，促进了学术领域的繁荣和丰富，引导了妇女运动的深入发展，并对公共管理的研究和实践产生了深远的影响。

在学术领域，社会性别理论为女权主义学术研究开辟了新的视野。据不完全统计，在美国，有250多个研究所、700多所高等院校有女性学系和中心，每年向学生开设3万多门同社会性别相关的课程，培养跨学科的社会性别学的专家，① 其中就包括公共管理学科。同时，社会性别理论在发展过程中积极地参与了学术思潮的交融，女性学学者将社会性别理论的分析视角引入历史学、文学、人类学、心理学、社会学、教育学、政治学和行政管理学等一系列社会科学领域，创立了跨学科的社会性别教学机构，深化了众多学科领域对人类社会的认识和阐释。社会性别理论逐渐成为社会科学领域中一个不可或缺的分析范畴。该理论也逐渐影响了公共管理学科的研究和发展，越来越多的公共管理学者把社会性别理论运用到了自己的研究中。

面对社会现实，社会性别理论向人们展示了这样一个观点：社会

---

① 杜芳琴、王向贤：《妇女与社会性别研究在中国》（19872003），天津：天津人民出版社2003年版，第19—41页。

性别是在社会制度和文化中形成的，可以通过政治和宣传的影响进行重构，因此，政府应该注重妇女在社会性别发展中的作用，有责任也有可能在决策中引入社会性别意识。目前各国政府在公共决策和实践中对社会性别问题分别采取了五种态度：（1）性别歧视。持这种态度的政府决策层，往往以现有社会中的性别分工为依据，巩固和强化男女不平等的社会性别制度，并通过强制措施进一步剥夺女性权益。（2）性别平等。每个人，无论男女，都拥有人的基本权利，政府的基本职责是确保每个人得到平等对待的政策保障。这种态度很容易抹杀男女两性之间存在的差异，政府往往以男性的标准来要求女性，从而加重女性的社会负担。（3）积极差别对待。政府正视男女在实际生活中存在的生理和社会差别，对妇女所处的不利环境采取积极的纠正和保护措施。但是基于这种态度的行动只是一种治标不治本的补救措施。（4）性别中性。政府没有意识到整体社会利益格局中男女两性的差异，将其视为无差别的利益群体，政府政策可以无差别地对待，既不需要采取任何保障妇女权益的措施，也不需要有意识地强化性别政策。性别中性是世界许多政府公共管理行为中的普遍问题。（5）社会性别意识。政府意识到男女性别的差异，认识到这些差异与社会的性别制度密切相关，政府的职责不仅仅是帮助妇女解决具体的权益受损问题，而是要积极改变根深蒂固的社会性别结构，从而改变社会性别秩序。这一态度强调男女两性共同参与公共管理，共同发展，是性别平等的高境界。① 目前国际社会和越来越多的国家逐渐认识了在两性关系上诸多以前为人忽视的理论和现实问题的盲点，并积极采取措施，推动社会性别意识进入公共决策，努力使社会性别意识主流化。

① 李慧英：《社会性别与公共政策》，北京：当代中国出版社2002年版。

三、社会性别理论与我国的公共管理

（一）社会性别理论在我国的传播与影响

20世纪90年代前后，西方社会性别理论逐渐进入中国学者的视野。对这一新兴的理论，我国学者表现出极大的热情。社会性别理论在我国的传播和发展大致经历了启蒙、传播和发展三个阶段。① 目前，我国女性学学者已将社会性别视角引入我国的历史和现实领域，开始用社会性别视角分析研究我国的社会问题和女性问题，研究社会性别结构、社会性别文化、社会性别制度甚至社会性别关系与民族、阶级、国家和经济体制的互动关系，所涉及的研究领域已呈现多元化的发展态势，并渐成规模。首先，形成了以中共党校、各地社会科研机构、高校和妇联组织等机构为主的学术研究网络。据有关资料统计，1999年全国性的中国妇女研究会成立，有团体会员109个，国家和省级的社科院成立了9个妇女研究机构，全国近50所高等院校成立了妇女研究中心。② 其次，涌现了一大批具有较高学术价值和社会效益的研究成果，女性学逐渐作为一门学科进入高校教育。一些高校相继在本科和硕士两个层面开设了女性/社会性别研究的课程，设立了女性研究方向，有力地推动了女性学的学科建设与发展。最后，国内国际项目合作取得实质性成效。在我国，教育部门越来越支持高校的女性和性别研究，在相关的哲学社会科学研究规划及课题指南中设立了一些妇女和性别研究的项目，如"国

---

① 朱楚珠、杨雪燕、李树茁：《社会性别基础读本》，北京：中国人口出版社2004年版，第12—15页。

② 谭琳、吴菁、李亚妮：《将妇女性别研究纳入中国社会科学研究的主流》，《妇女研究论丛》2005年第12期增刊。

外性别问题理论”“中国性别问题研究”，“妇女参与社会发展与妇女社会支持网络”等。国际上，我国的妇女研究机构得到许多基金支持，如福特基金在2001—2005年对我国资助的课题就有“发展中国的妇女与社会性别学”等。

社会性别理论在中国的传播也在现实层面上产生了积极的影响和作用。首先，促进了我国公民社会性别意识的觉醒。虽然这是一个漫长的过程，但我们正在经历对社会性别这一概念从不知到知的过程，这一过程本身就是社会性别意识觉醒的过程。其次，促进了社会科学领域的交叉。中国妇女研究优秀成果奖评选发现，近五年的妇女研究成果已涉及哲学、社会学、经济学、人口学、法学、历史学、文学、教育学、伦理学、心理学、人类学、政治学等多个学科。最后，促进了社会性别意识向决策主流迈进。妇女研究学者的许多研究成果已受到决策层的重视，她（他）们提出的一些政策建议也被采纳，社会性别意识正在向政府决策层渗透。

（二）我国公共管理实践——社会性别角度的考察

新中国成立后，我们将男女平等作为一项基本国策确立下来，打破了几千年来“男尊女卑”的传统性别观念，女性得以解放并加入到社会主义建设队伍当中。女性可以做和男性一样的工作，可以参与国家的政治与行政，法律也规定了女性在人民代表大会和行政系统中的最低比例。因此，人们一度认为，在我国，男女不平等已经是一个无须讨论的议题了。

然而，在中国，一个特殊的现象是我们无法漠视的。我们虽然制定了以男女平等为核心内容的相关法律，如《宪法》《婚姻法》和《妇女权益保障法》，但当这些法律规定在实施时往往呈现弱化的趋势，性别偏见和性别歧视反而有所强化。现实的情况是，我国现阶段还存在一系列的性别不平等问题。世界银行2002年在社会性别发展报告中，对我国现阶段存在的社会性别问题进行了详尽报告。①

就业的性别不平等现象日益加剧。中国妇女就业的比例比世界上许多国家都要高，然而随着劳动力市场的放开，两性的收入差距拉大了。1990年，女性收入是男性的83%，而到了1999年，女性收入只有男性的70%。两性之间收入差异的主要原因是女性就业者集中在报酬比较低的领域，而管理层还有技术要求较高的位置一直都被男性占据。

女性相对贫困现象日益突出。1949年以后的中国，贫困现象主要出现在乡村，然而现在贫困也在城市滋长。有研究表明，中国农村贫困人口已经女性化。由于男性外出打工，越来越多的女性承担了农活，农业生产的主力女性化也就意味着贫困的女性化。都市中的贫困在中国是个比较新的现象，女工在下岗人口中占有和其总人口很不协调的比例。她们的失业率高得多，再就业也困难得多。

教育的“市场化”带来了受教育机会的性别不平等。在中国，阻碍实现男女平等目标的仍然是两性之间受教育程度的差距，尤其是在农村，这种差距可能会因为教育的“市场化”而扩大。妇女中较高的文盲率和女孩中较低的受教育程度对于女性的经济机会及社会地位有着显而易见的影响。

医疗的“市场化”和计划生育政策的负面效应。医疗制度在向市场过渡的过程中，免费的医疗保险已越来越少了，必然导致个人及家庭医疗费支出加大，进而影响到妇女的健康和生活质量。而计划生育政策使得“重男轻女”思想在一些地方还比较严重。

较低的社会地位增加了妇女和女孩的易遭损害性。家庭暴力、拐卖妇女儿童、农村妇女居高不下的自杀率，说明受传统观念影响，中国妇女在社会中的地位仍然较低。

妇女在参与决策方面进展缓慢。1949年以来，在中国共产党组织

① 世界银行：《中国国别社会性别报告》，2002年6月，http://www.westwomen.org/modules/contents_12/front/Leaf_info.asp !leaf_id=88。

里，妇女在其中央委员会的席位在1973年上升至最高点——10%，但到1997年跌到了5%。党内仍然是男性占绝对主导地位。

虽然我国政府采取了一系列措施试图解决男女不平等问题，但我国现行公共管理体系中主体层与客体层社会性别意识的缺失使得这些措施往往达不到预期效果。

首先，公共管理主体层社会性别意识缺失。公共管理主体层主要是指公共管理的实施者及政府公务员。在行政权力系统中，高层是决策层，拥有较大的权力意志，中层和基层往往是决策的贯彻执行层，权力较小。而且，正职领导的影响力往往大于副职领导。在我国公务员队伍中，高层决策层女性领导比例很小，而且多任副职，不能使女性性别权利的要求形成自上而下的政策影响力。另外，中国的女性公务员大多负责诸如教育、卫生、环境、保护妇女/儿童/残疾人的权利，以及社会福利等社会性的工作，而男性公务员则主导着权力更大、资金更雄厚的部门，诸如国家安全、金融、建筑、能源、水利和对外关系等。这样的分工进一步延续了女性传统角色的定型，使得女性难以参加体制改革等关键领域的大部分决策。行政权力体系决策层中女性的缺失，容易导致女性群体利益的边缘化。男性主导的权力系统，很难有社会性别意识并自觉地从社会性别视角关注女性群体利益。

其次，公共管理客体层社会性别意识发展不均衡。公共管理的客体层指公共管理的受众者即公民。在我国，“男尊女卑”“男主外、女主内”的传统思想一直有比较肥沃的土壤。即使是受过高等教育的女性，也很难摆脱这些观念的影响，更多地把这当成是一种无须改变的习惯。换句话说，在客体层，女性自身的性别意识还没有被彻底唤醒，何谈男性 ?虽然近年来女性学在我国有了较大发展，一大批女性学者正在举起社会性别意识的大旗，但这一力量太过微小。我国女性学者，虽然在使社会性别意识进入决策主流的领域里做了大量的工作，但恐怕其更重要也更为根本的任务，是唤起包括男性在内的广大民众的社会性别意识的觉醒和觉悟。

总之，由于社会性别意识在公共管理主体层的缺失和客体层的不均衡发展，使得我国公共管理研究和实践的公共性不够完整。长期以来，我国社会中女性在利益表达过程中往往处于失语状态，女性问题往往得不到社会和政府强有力的关注，因此，我国公共管理中许多公共政策是漠视了女性利益和社会性别差异的政策，因此也就忽略并丧失了公共管理的公共性这一核心价值。

四、把社会性别理论纳入我国公共管理的价值取向：本土化和主流化

综上所述，我们清楚地看到，社会性别理论承认从分析两性关系入手可以发现社会关系和社会制度的根源和本质，从而将社会性别理论变成强有力的政治、经济和社会文化的分析工具，而这所涉及的恰恰就是公共管理所涉及的领域。但我国开展社会性别研究的主要力量来自于社会学和女性学领域，而最近几年快速发展的公共管理学科却在这一问题上出现了比较明显的缺位和失语。在我国公共管理的学科设置中，主要突出了行政管理、社会保障、教育管理等政策形成过程和政策领域，往往把社会性别问题简单地看成是社会学和女性学的问题，是妇女问题。正如本文已论述的，社会性别关系是最基本的社会关系，这些都是公共管理领域所不能忽视的问题。从方法论上看，社会性别理论可以作为强有力的政治、经济和社会文化的分析工具，为公共管理领域提供新的研究视角。所以，将社会性别理论纳入我国公共管理的研究与实践应该是时候了。

但同时，我们也应该看到，社会性别理论作为一种历史和文化的产物，产生的历史还是短暂的，它将随着社会的发展和变迁而不断变化和发展，如何运用它来指导鲜活的实践活动也应是一个不断探索的问题。这对于公共管理的研究和实践来说，尤其如此。我们认为，在充分认识社会性别理论在公共管理研究与实践中的价值的同时，还应该考虑这一理论在我国公共管理的研究与实践中如何运用好的问题。

基于此，我们提出如下一些值得探讨和关注的问题：

（一）应努力消化吸收社会性别理论的基本内容，并对之进行本土化的改造

社会性别理论主要产生于西方，它与西方历史文化有一脉相承的关系，是在西方主流思想基础上演化出来的一支。它所提出的一系列概念、范畴，一方面基于解决世界范围内人们所关心的共同问题，因而具有价值上的普适性；另一方面又由于它的西方知识身份，其产生、发展和对于解决社会问题的指导作用又与西方语境密不可分。中国有着特殊的历史传统，社会制度和文化价值观与西方也有着很大差别，因此，在引进这样一种理论和分析工具时，必然要与中国社会的实际相结合，加强吸收和消化的工作，对其进行本土化的改造。

同时，我们还应清楚地意识到，西方公共管理中的社会性别观念和实践与中国相比有着更高的起点，在一般人群中的影响也已经比较深入，所探讨和关注的理论和现实层面上的问题已经出现多元分化的趋势，围绕各项公共政策都有着颇具针对性的不同理论流派作为其支撑和指导，因而西方关于性别平等理论与实践深刻体现在政府的政策过程之中，对西方国家政府管理实践已产生了较大的影响。我国政府非常重视两性平等的问题，并且把男女平等当作社会主义价值观和伦理观的一项重要内容加以倡导，在实际政策制定中也有着明确的体现。《婚姻法》《继承法》《劳动法》以及《妇女儿童权益保障条例》等法律和政策的制定和落实也使得男女平等超越了宣传层面，深入到现实政策和社会规范层面。“男女平等”“妇女能顶半边天”“同工同酬”等口号有撼动人心的力量，国家关于妇女参政和干部结构中的女性比例问题也有明确的规定。但现实是，我们国家有着几千年两性不平等的历史，两性不平等作为深层文化结构和社会心理至今还在很大程度上左右着国民和社会对性别的认知。两性平等在多大程度上能从宣传层面深入到政策实践，或者，政策层面上的两性平等能否演化为人们行为模式上的文化认同，这些问题是值得推敲的。特别值得进一步追

问的是，上述有关法律和政策制定的背后是否潜藏着男权主导的观念和意识，两性平等在多大程度上是国家改造社会的一项措施，在多大程度上是在两性主动参与和推动下的社会性别平等实践？自上而下的国家行为，或是自下而上的社会行动，从来都是判断国家和社会之间关系模式的标尺。如果政府管理实践中的两性平等只停留在政府推动的层面，而缺少广大政策执行者和一般民众的了解和参与，两性平等的政策实践就很有可能落空或者停留在表面。更进一步，如果要推动两性平等向更深层次拓展，那么人们就不能不在理论上追问政策背后潜藏着的驱动力究竟是什么？是以男权社会为两性关系所做的界定为准进行政策驱动，还是以包括男性在内的性别觉醒为政策的内在驱动？这不能不引起人们的思考。西方性别理论在这些问题上有着深入的讨论，形成了各种流派之间互相论争的繁荣景象，西方政府的政策实践深受这些争论的影响，这些必须引起国内理论界和实践界的充分重视，以便构建具有中国特色的本土化的社会性别理论，用于指导我国公共管理的研究与实践。

（二）应将社会性别意识主流化的原则和观念纳入我国公共管理的研究与实践

在公共管理中关注社会性别问题的本土化，其出发点和落脚点，最终应该是社会性别意识的主流化。因为归根结底，社会性别理论的学习和构建还是要解决以两性为主体的社会问题，是要将社会性别理论的普适性价值充分运用于公共管理的研究和实践之中。

根据 1997 年联合国经济及社会理事会的报告，所谓社会性别意识主流化，是指“在各个领域和各个层面上评估所有有计划的行动（包括立法、政策、方案）对男女双方的不同含义。作为一种策略方法，它使男女双方的关注和经验成为设计、实施、监督和评判政治、经济和社会领域所有政策方案的有机组成部分，从而使男女双方受益均等，不再有不平等发生。纳入主流的最终目标是实现男女平等。”社会性别意识主流化的实践活动，并非仅仅是在公共管理现有的活动中添加

“妇女成分”或“两性平等成分”，而是在注重各层次、各领域提高妇女的参与度的同时，还要把男女双方的经验、知识和利益应用于符合共同发展的公共管理日程中。它强调的重点在于追求两性平等，通过公共政策和公共管理活动确保两性平等成为经济社会发展领域的首要目标。它并不仅仅专指女性，当男女有一方处在极其不利的位置时，主流化就会成为有性别区分的活动和平等权利行动。这些有性别区分的干预对象可以全部是女性，或男女都有，或全部是男性，使他们有能力参与发展活动，并从中获益。其目标是改变不平等的社会和体制结构，使之对男女双方都公平和公正，并获得平等的发展。

对于我国公共管理的研究和实践来说，社会性别意识的主流化既是一个理论问题，也是一个实践问题。

在理论上，应加强对社会性别理论的研究。首先是在借鉴、吸收西方社会性别理论资源的基础上，做好中国特色的理论建设工作。其次是强化社会性别的学术研究，在项目、资金、学科、学术队伍建设方面加大投入，加强社会性别理论的宣传和普及，通过文化传播，将新型社会性别观念和意识，内化在政策制定者、公共管理实践者和一般民众的思维方式和行为模式之中。

在实践上，首先应着眼于社会性别理论如何用于公共管理实践，提高政策制定者、实践者和一般群众对社会性别问题的敏感性，通过交流培训、标杆示范、试验推广等一系列方式，启发人们在社会性别问题上的自觉意识，帮助界定社会性别问题，推动社会性别的政策实践。其次是营造新型社会性别的观念氛围，塑造新型社会性别的行为规范，提高对社会性别问题的认知能力、表达能力和规范能力，构建新型的社会性别关系，并在实践中将社会性别理论作为公共管理的基本意识和基本知识加以倡导和运用。

行政哲学的基本问题初探*

何　颖**

行政哲学从不为人知到成为理论界较为关注的话题只是近些年的事情。然而，对行政哲学问题，如行政伦理、行政价值、行政发展等问题的研究，与对行政哲学本身的研究是两个不同层面的工作。目前学界对行政哲学问题的研究较为关注，但是对行政哲学本身的研究则还很少。本文试从行政哲学元问题研究入手，探讨与描述行政哲学的界定、特性、定位、研究方法和内容等问题。

行政哲学作为哲学研究的一个分支，是以哲学的理念与方式探求和说明人类行政活动的本质与规律，并在此基础上对现存的行政理念与行政认识进行反思，通过反思推动行政理念与行政认识发生跃迁与创新，从而形成新的行政理论，这一新的行政理论将对行政现实更具指导性、解释性与服务性。研究行政哲学的目的既在于认识行政活动的本性，也在于为建构公正的社会及完善的行政管理制度奠定理论基础。在我国目前进行的行政体制改革过程中，加强对行政哲学本身的研究无疑具有重大的理论意义与实践意义。

---

* 本文发表于《哲学研究》2005 年第 4 期。

** 何颖，时任黑龙江大学哲学与公共管理学院院长、教授。

一

研究行政哲学，首先要回答什么是行政。然而，什么是行政、如何理解行政，这在行政学界与哲学界均是颇有争议的问题。从哲学的维度理解行政不同于从行政学的维度理解行政。行政学多是从政治的、法律的、管理的角度即操作的层面来理解、认识与规范行政，而哲学所理解的行政不仅仅是指行政组织依法对国家政务的管理活动，还要从人的生存状态的层面来理解行政，是以人的社会实践活动为前提，从理性思维的高度来理解、把握、建构行政。因此，从哲学的维度所理解的行政就更具有概括性、解释性、指导性。本文认为，从哲学的维度所理解的行政是人类文明发展到一定阶段，以政府组织为物质承担者，为达到预期目标所进行的自我完善与控制、治理的社会实践活动过程。从这一定义可以看出行政在本质上具有很强的主体性，它强调作为行政主体的人类，为实现其目标而进行不断的自我约束、自我调节、自我发展、自我完善；强调行政是人类社会发展到一定阶段的产物，行政是以国家的产生为前提的一种特殊的管理形式及管理活动；强调行政是人类的一种生存方式，是人类进行自我发展与完善、并对社会进行控制治理活动的生成与展开的过程。

然而，要进一步理解行政，还必须对行政的特性作较为深入的探究。本文认为行政具有主观性与客观性相统一、目的性与价值性相统一、合法性与合理性相统一、群体意向性与现实活动性相统一的特性。

行政的本性在于其是主观性与客观性的统一体。行政具有现存的客观性，在国家产生至国家消亡的漫长历史过程中，行政以其特定的使命、特定的形式而存在。另一方面，行政又具有极强的主观性。行政是人类自然本能与主观精神相互作用的统一体，正如罗尔斯所言：行政是把政治上的可想望性和制度上的可行性加以有机结合。任何历史时期的行政都承载着那个时代的人们的主观追求，正是行政的这种主观目的性在一定程度上推动着人类社会的进步。从一定意义上讲，没有了行政的客观性，历史将是一片空白；没有了行政的主观性，历史的发展将是盲目的。行政的主观性与客观性交融在一起，伴随着历史前行，从而使得自国家产生以来的人类历史跌宕起伏、色彩斑斓。

行政的灵魂在于其目的性与价值性的统一。行政具有极强的集体意向性，即行政思维的目的性与行政行为的目标性。然而，人类行政的这种为达目标的思维与行为并不是盲目的，而是一种对人类自身发展的趋利追求，即具有行政价值的内在指向性。纵观行政发展的历史，传统行政追求的基本价值是价值中立（政治与行政二分）的公共利益与建构在工具理性价值观基础上的非人性化的官僚制。伴随着社会的现代化进程，传统行政的基本价值不断地受到质疑与解构，从而产生了新的公共行政范式，建立了新的以民主价值为基础的公共性、以正义价值为主导的合法性、以价值理性为指导的对官僚制的改造等新的价值理念，这标志着行政的发展完成了由传统行政向新公共行政的转变，标志着行政价值范式的转换。由此可见，行政的发展过程就是行政的目的性与价值性不断统一与转换的过程。

行政的行为表现为其合法性与合理性的统一。任何行政均受行政过程与行政价值的制约。行政的目标必须与社会认同、法律原则、制度规范保持一致，从而使行政行为具有合法性。然而，行政的这种合法性又是在一定的理性精神指导下进行、并符合和满足人的理性要求的，这体现了行政的合理性。由此可见，行政行为是其合法性与合理性的统一。

行政的表现是其群体意向性与现实活动性相统一的展开过程。行政并非单个人的活动，而是人类以政府组织为物质承担者的有组织的群体性活动。现代行政绝不是某一个人的意念的实现，而必须是绝大多数人的意志的实现，因此行政具有极强的群体意向性。行政的这种群体意向性在当今社会表现为行政对公共性的追求，它体现了公民的意志，强调了为公民服务，树立了公共精神。行政所追求的这种公共性即群体意向性的实现构成了现实的行政活动过程，是行政现实实践活动过程的展开。行政活动的展开过程就是人类不断设定追求目标与达到目标的现实的活动过程。

二

行政哲学作为一门新兴的学科还处于襁褓之中。行政哲学的一些基础性问题，如行政哲学的界定特性、定位、研究方法和内容等一系列问题，都有待于我们作进一步的探寻。

如何理解与定义行政哲学是不可回避的首要问题。行政哲学属于哲学范畴是无可争议的。现在学界争议的焦点在于，是将行政哲学定位在提供行政模式及政策的操作层面上，还是将其定位在提供行政理念的哲学的形而上的思辨层面上。本文主张后者，即站在哲学的高度、以哲学的视角、用哲学思辨的方法来研究和探寻行政。正是在这个意义上，我们可以把行政哲学理解为是对人类行政活动过程本质与规律的认识的反思活动，即行政哲学是对一定的行政理念、行政认识进行反思的活动。

如此界定行政哲学突出了行政哲学不同于从应用操作层面理解行政哲学所具有的特性。

行政哲学具有思辨性。行政哲学是以哲学的样态为其存在形式的，它不是对人类具体行政活动的探寻与揭示，而是在对行政活动本质揭示的基础上，对其所形成的行政理念、行政认识进行反思。行政哲学的作用在于对行政规律、行政本质、行政价值、行政目的、行政理想进行反思、批判、建构，因此具有极强的思辨性。

行政哲学具有自觉性。行政哲学是行政哲学的主体自觉地、不断地对业已形成的行政理念、行政认识进行自我反思与批判。这种反思的自觉性是哲学的特性使然。

行政哲学具有创造性。与行政学的目的是追求行政效率不同，行政哲学的目的是建构对行政现实具有指导、解释意义的行政理念与行政认识。行政哲学的上述思辨性与自觉性将体现为不断地对一定的行政理念与行政认识的本质、规律、价值观、目的性及理想进行反思与批判，从而促使原有的行政理念与行政认识产生跃迁，突破原有的羁绊而达到创新，推动行政理念与行政认识的发展与提升，建构新的行政理论，以使其更加符合行政现实的要求或对行政现实更具有指导意义。

行政哲学与哲学、行政学之间的关系是我们研究行政哲学所必须解决的问题，而这一问题实质上是行政哲学的定位问题。本文认为，行政哲学的定位应从性质与层次两个角度来考察。

从性质的角度定位行政哲学，它是哲学的一个分支学科。在人类现实的社会生活中，哲学以不同的方式存在，哲学家对哲学的研究也可以在不同的层面上进行。一般说来，哲学的研究可分为两个层次，一是元哲学研究，即对哲学本身进行反思与探寻；二是应用哲学研究，即对主客观融为一体的社会现象所进行的研究，如文化哲学、政治哲学、管理哲学、经济哲学、社会哲学、行政哲学、生态哲学，等等。可见，行政哲学属于哲学研究的第二个层次，即应用哲学，是哲学的一个分支学科，它是哲学而不是行政学，它探询的是对行政理念、行政认识的再认识，它是在哲学的层面探索人类在行政活动过程中的本质与规律，因此行政哲学的研究又区别于元哲学的研究。

从层次的角度定位行政哲学，它是行政学的基础学科。行政哲学作为哲学与行政学相结合的产物，是对行政学研究的理论升华，是在对行政本质、规律探寻的基础上形成的行政理念与行政认识的反思，同时也是在理论和实践相结合的层面上发挥哲学对行政管理实践的指导功能。因此，行政哲学是行政学的元理论，是行政学的基础学科。行政学界公认行政学科分为行政哲学、行政管理学、行政工艺学三个层次，可见行政哲学是行政学知识体系的基础学科，对行政管理学和行政工艺学的研究具有指导和统领作用。建立和研究行政哲学的目的是从哲学的层面和高度揭示对行政管理活动的本质和规律的认识，为行政管理活动提供高层次的理论指导，从而克服目前我国行政学研究中的理论滞后现象。

行政哲学采用抽象的、思辨的研究方法。行政哲学的特定的研究对象决定了它的思维进程与理论哲学的思维进程是相反的。理论哲学的思维进程是从特殊到一般，而行政哲学的思维进程是由一般到特殊，即从一般哲学理论出发，研究特定的行政理念与行政认识以及特定的价值目标。行政哲学的这种研究方法的走向表明了行政哲学本身的特性，表明了行政哲学的研究平台是建立在较高层次上的，是建立在对行政理念、行政认识的反思层面上的。

行政哲学的功能与行政学不同。行政哲学不提供具体的行政政策、行政设计、行政模式等现实操作层面的东西。它提供的是一定的行政理念、行政认识及行政理论；其作用不是在现实操作的层面指导、规范行政行为，而是在思想层面上，以一定的行政理念、行政理论来评价、解释现实行政，并通过行政理念与行政理论的反思、批判而达到行政理念与行政认识的跃迁、升华、创新，从而建构新的行政理论，并使这种行政理论对行政现实更加具有说明性、概括性、指导性与引领性。行政哲学是在更高的层次上为行政实践提供理论基础及决策智慧，即在更高的层次上为行政现实服务。

三

行政哲学研究的内容是丰富的。人类行政活动过程的复杂性与行政活动范围的宽泛性，决定了行政哲学研究内容的丰富性。行政哲学的内容体系可以从历时态与共时态两个视角来建构。

历时态的视角是从纵向发展的角度考察与探寻行政哲学在人类发展的各个不同历史阶段或时期的不同的理论形态。本文认为，人类有史以来的行政哲学发展的理论形态可粗略地概括为：自然主义的行政哲学、理性主义的行政哲学、官僚制的行政哲学、实践唯物主义的行政哲学、新自由主义的行政哲学、社团主义的行政哲学、结构主义的行政哲学和后现代主义的行政哲学等。为了理解古今社会，我们不仅必须了解历史上的行政哲学，而且必须从历史上的行政哲学中吸取现今仍具有生命力的东西。

共时态的视角则是从现今行政哲学研究所覆盖的范畴、论域及行政现实中所应解决的问题来构建其研究的内容体系。以问题研究为主线构建的内容体系是当今世界各国行政哲学研究的主流。这些行政问题的提出、研究与解决对各国的行政实践都具有重要的理论意义。中国行政学领域的研究存在着理论研究滞后于行政管理实践的缺陷，这使得我国行政管理实践缺乏具有指导性、概括性的行政理论，表现为行政体制的改革、行政的发展等均缺少事前充分的理论设计与理论准备，从而使改革出现重复性、曲折性并使得改革的成本过高。中国的行政现实急需对行政哲学的研究，急需理论的设计与指导。面对中国行政的现状，本文认为，中国的行政哲学至少应研究如下问题。

行政理念问题

行政理念的建构与取舍对行政实践具有重要的指导意义。不同的行政理念决定不同的行政行为方式，决定不同的政策制定导向。对中国而言，无论是对原有的行政理念进行反思，还是建构崭新的行政理念，其意义均十分重大，因此行政理念问题研究应成为我国行政哲学研究的重要内容。在我国应在系统分析并吸收传统行政理念如民本、善政等理念的基础上，吸纳现代西方国家政府管理的新理念，克服目前我国行政领域的“人治”“官本位”“人身依附”“任人唯亲”等封建的行政理念残余，建构具有中国特色、符合中国实际、并能服务于中国行政的以人为本、公平与效率、公平与正义、民主与法制等现代的行政理念，并使其成为我国行政发展的思想动力，从而为我国的行政改革与发展的顺利进行提供相应的理论基础与理论引领。

行政作用问题

行政应具有怎样的作用、应怎样发挥作用、作用的范围有多大，这些是世界性的问题。由于各国所具有的意识形态不同、价值观念不同，因此各国学者对这些问题的回答也不尽相同。我们对这些问题研究的原则应是：建构符合我国行政实践的行政作用理论。在经济全球化的背景下，在我国市场经济体制仍不完善的条件下，在我国由农业社会向工业社会转型时期，我国行政要发挥强势、有限政府的作用。作为强势政府，就要发挥好政府在市场经济与社会转型中的主导作用；作为有限政府，就必须处理好政府与社会、政府与市场、政府与责任、政府与公正、政府与民主、政府与法制、政府与“客户”之间的关系。这些关系处理的好坏直接关系到我国政府作用发挥的程度，关系到我国政府职能转变的程度，关系到我国的社会发展进程。因此对政府作用问题的研究应成为行政哲学研究的一个重要内容。

行政方法问题

行政方法问题不是简单的操作层面的问题，而是一种观念或方法论的问题。纵观百年来行政发展的过程，就其方法论而言，个人主义的理性思维与经验的实用分析方法为其显著特征。公共行政的研究方法依历史发展的顺序先后运用了政治学、管理学、心理学、社会学、行为科学、系统科学、信息科学、统计学、信息技术、经济管理、企业管理等方法。这些方法的运用一方面使得行政有了长足的发展，另一方面也使得行政的发展陷入了困境。从方法论的层面分析，行政的研究方法以无所不在的理性与科学为理论基础，以工具理性的线性思维方式为主导，对行政的研究仅仅局限在实证主义的功能性研究方面，把行政仅仅看作是一个为达目标的工具，注重对行政的科学性、规范性、非人性化的实证主义研究，使行政达到了高度的“理性化”。我们并不否认这种研究方法的优长，事实上没有这种研究方法，行政也发展不到现今的程度。然而，这种研究方法的缺陷也是较为致命的：缺少哲学的形而上的思维方式与方法，没有形成具有超前性、指导性的行政方法理念，导致过于注重行政的功能性、工具性研究；缺少多维度的研究方法，导致行政研究方法的正向性、单一性（线性），使得行政的研究方法缺少人性化及非理性因素；缺少伦理的维度，导致过于注重对个人规范的刚性的、强制性的、非人性化的制度建设，缺少对政府组织行为及政府政策的伦理约束。因此，从行政发展的角度看，本文认为，关于行政的研究方法，在保持现有研究方法的基础上，应当引入哲学的形而上的反思、批判的研究方法，以提高行政方法论研究的层面与视角；引入理性与非理性相统一的研究方法，以克服单一的理性思维与正向思维的研究方式与方法；引入伦理的研究方法，在尊重科学性的基础上，打破行政的以个体为核心价值理念的结构，调整好个人与个人、个人与组织、政府与社会的关系，建立良性的社会导向机制。

行政价值问题

行政应追求怎样的价值，这是行政哲学研究不可回避的问题。行政价值观的形成、跃迁、创新对行政而言意义重大。世界各国不同的行政价值观使得不同国家所走的行政发展道路并不相同。不同的国家在行政方面的基本价值是追求效率还是追求正义，这种选择上的不同表现了不同国家所处的发展阶段不同。因此如何吸收西方国家行政价值观的精华，建构符合我国文化背景的行政价值观，在目前有着重要的现实意义，这也是行政价值问题成为行政哲学研究的重要内容的原因所在。本文认为，我国的行政价值问题应主要研究与解决公平与效率、制度与伦理、道义与功利、民主与法制等关系问题。这些关系问题的解决对于确立我国行政发展的价值目标及行政改革方向有着重要的理论意义。另一方面，应对行政价值进行学理的研究，揭示行政价值的生成及其存在的方式，研究行政价值的内容、作用及实现途径，研究行政价值的评价标准及机制等问题。

行政伦理问题

行政伦理问题是目前行政学界、政治哲学界研究的热点问题。本文认为，行政伦理的本质在于追求行政过程的伦理价值及行政人员的道德完善，即行政的道德化诉求。而行政的道德化包括制度伦理与个体伦理两个层面，也就是说，行政伦理包含着两个维度，即整体的制度规范维度与个体的自律维度。制度伦理是指存在于社会基本结构和基本制度中的伦理要求和实现伦理道德的一系列制度化安排的辩证统一。制度伦理具有制度伦理化与伦理制度化的双重含义。个体伦理是指对行政人员的行政行为与个人修养的道德规范的总和。个体伦理包含规范伦理与心性伦理两方面内容。制度伦理与个体伦理是相互作用、互为前提的。个体伦理是制度伦理得以实施的前提，制度伦理则为个体伦理的实现提供保障与支持。但是，两者在所调节的伦理关系、规范原则、实施方式、道德评价方面又有着各自不同的特点与区别。行政伦理建设在行政活动中具有举足轻重的地位和作用。加强制度伦理建设将为行政改革提供制度的伦理资源，从而保证行政改革目标的实现；加强个体伦理的建设将使提高行政效率成为可能。因此，针对现代官僚制过于追求制度化、形式化而轻伦理、轻德治的现象，研究在全球化背景下中国行政伦理的内容、原则、规范以及行政伦理形成的内在机制、行政伦理与执政能力的关系等问题，将有助于中国的现代化发展。

行政发展问题

从行政哲学的维度所理解的行政发展是一个以人的全面发展为中心的、整体的、综合的、内生的复杂过程，它追求一个国家在特定的历史环境中实现政治、经济、文化、教育、科技等社会各方面的协调共进。行政发展追求的是伦理价值判断与事实价值判断的统一。行政发展指行政主体自身要消除、改革由于制度、政策、权力运作而带来的弊端及负面效应，从而使人类的政府行为更为科学、更为合理并以此指导获得人类社会进步的物化结果。纵观现代西方发展观的演变，呈现出两个特点：一是对发展的认识，走过了从经济到社会再到人的发展的逐步全面而又深入的过程，对发展的规定逐渐非经济化并趋向人文化，突出了发展的人文主义特征；二是经历了从进步方面看待发展到注意从代价角度理解发展的过程，逐渐突出发展的价值特征，把发展越来越看作是通过付出代价和扬弃代价以寻求再生之路的过程。本文认为，我国的行政发展研究应以上述发展观为理论前提。行政发展就是要以行政的力量来避免单纯的经济化趋向，要以整体的、综合的和以人的全面发展为中心的发展观来解决政府管理问题。经济和社会的发展不单单是生产发展的问题，它需要辅之以行政、文化及社会的协调发展。行政发展就是指政府为满足本国社会发展的需要而采用科学方法，变革与健全行政制度体系，调整行政活动方式与行政关系，以促进政治、经济、文化、社会各领域协调共进的行政活动过程。行政发展的前提是满足我国政治、经济与社会发展的需要，行政发展的基本方式是以科学的方法来改革与完善行政制度体系及行政方法，行政发展的目的是提高行政效能，行政发展的本质是促进、推动我国的政治、经济、文化、社会不断协调和全面发展，从而加速我国现代化的进程。中国的行政发展问题研究除上述关于行政发展的理念问题外，还应研究行政发展的内容、动力、原则、途径及价值目标，从而构建指导中国行政改革的行政发展理论。

四

行政哲学的研究是一项开拓性的研究。行政哲学的研究有着重要的理论意义与现实意义。

行政哲学的研究将有助于推动我国行政学理论研究向纵深发展，改变我国行政理论研究滞后于行政管理实践的现象。我国的行政学研究与国外的行政学研究相比较为落后，表现为政府管理的理念因受封建文化的影响而较为落后；行政管理的实践缺乏事先的理论设计与事中的理论指导；对行政实践中亟待解决的理论问题，如在全球化背景下的政府责任、政府职能、政府与社会的结构关系、公平与效率等基本理论问题的研究缺乏应有的深度。因此从哲学的维度与高度来研究和建构符合中国实际的行政哲学理论，将会推动行政学的理论研究向纵深发展，拓展行政学研究的思路，丰富行政学研究的内容，促进行政学学科体系的完善，提高行政学研究的科学水平，使行政哲学理论对行政实践具有一定的总结、指导与解释的理论功能，使我国行政学研究进一步理论化、系统化、本土化。

行政哲学的研究将有助于建立一门新的交叉学科。行政哲学的研究将把哲学与行政学有机地结合起来，以哲学的视角、哲学的高度、哲学的理性思维来研究和解决全球化背景下行政管理实践中存在的问题，并在此基础上抽象到一定的理论高度，形成高层次的、规律性的原理与范畴，从而建立一门理论与实践相结合的、具有极大学术价值和应用价值的新的交叉学科——行政哲学。同时也使哲学的研究进入一个新的研究层面和领域，这对于丰富哲学研究的内容、拓展哲学研究的领域都具有重要的理论意义与学术价值。

行政哲学研究的现实意义在于，我国行政改革与发展的实践需要行政理论的指导。我国行政体制的改革、政府机构的改革、人事制度的改革、国有企业的改革、社会保障制度的改革等均到了攻坚阶段，亟须行政改革理论的概括与指导，因此理论突破与理论创新迫在眉睫。要改变我国行政管理理论滞后于行政管理实践的现状，就必须加强对行政管理理论的研究。而只有从哲学高度来总结行政改革的经验与教训，才能使行政管理理论具有洞察力和超前性。因此，构建有中国特色的行政哲学理论，有助于为我国的行政改革提供理论基础与理论设计，从而为我国行政改革的顺利进行提供理论依据，并有效地推动行政管理理论为行政实践服务，促进行政理论与行政实践的有机结合。

综上所述，加强行政哲学的研究，对于推动我国行政理论研究的不断深入和不断创新，构建有中国特色的、并能指导中国行政实践的行政理论体系，促进行政理论与行政实践在更高层面上的结合，有着深远的理论意义与学术价值。

论现代司法的政治制度化功能*

程竹汝**

任何政治体系中都包含有一个特定形态的司法结构，就政治社会学的观点来看，这个结构通常履行着社会控制、社会整合、政治制度化等重要的社会政治功能。但这些功能在历史上是不断变化的。与古老的社会控制功能相比，可以说政治制度化是现代司法结构典型的功能特征。在历史上，这种功能是近代以来，特别是二战以后才开始凸现出来的。准确地说，它是随着宪政主义的实践而发展起来的。理论上，司法权原本被认为是国家权力中最弱的一种，但这里的所谓“弱”并不是指司法权对社会的作用弱，而是指相对于立法和行政权来说，它无力与之相抗衡，处于弱势的地位。也就是说，立法权、行政权可以作用于司法权，而反过来司法权则很少能够作用于立法权和行政权。这种观念在孟德斯鸠分权制衡的理论中早就有着典型的表现，虽然他认为三权中的任何两个合二为一都会危及人类的自由，但是就制衡而言，司法权的作用则几乎等于不存在。这位以分权理论被人们甚为推崇的思想家其实尚未发现司法权足以发挥制衡作用的机制。因

* 本文发表于《政治学研究》2002 年第 2 期。

** 程竹汝，上海市委党校（上海行政学院）科社部主任、政治学教授。

此，他所强调的制衡，主要是行政与立法之间的事情。[①] 然而，随后宪政实践的发展，改变了司法权很少能够作用于政治系统的局面，特别是行政诉讼与司法审查等制度的发展使司法权在行政和立法领域获得了延伸。对这些司法权新近发展起来的作用，我们可以在理论上将其概括为：现代司法的政治制度化功能。

一、政治制度化：现代司法典型的功能特征

（一）规约政治权力是政治制度化的核心命题

在政治学上，我们称之为政治制度化（political institutionalization）的理论范畴指的是什么？首先，它是一个政治社会学的范畴。社会学上的制度化（institutionalization）最初是指群体和组织的社会生活从特殊的、不固定的方式向被普遍认可的固定化的模式的转化过程。它是群体与组织发展和成熟的过程，也是整个社会生活规范化、有序化的变迁过程。具体包括共同的价值、统一的规范、系统的机构的生成和建构过程。[②] 从这一概念的基本内涵来看，由于规范、机构等要素及其社会生活的规范化、有序化同政治的本质联系，它被引入政治学领域是极为方便的和顺理成章的。其次，政治制度化特别在政治发展理论中被强调，它与政治民主化一起被学者们用来说明政治发展过程的一般规律。亨廷顿甚至认为政治制度化的水平可以成为衡量一个国家政治发展的尺度。[③] 虽然这位学者在使用这一概念时表现出了某种偏

---

① 汉密尔顿和孟德斯鸠都认为："司法机关为分立的三权中最弱的一个。"参见［美］汉密尔顿等：《联邦党人文集》（程逢如等译），北京：商务印书馆1980年版，第391页。

② 《中国大百科全书》"社会学"卷，第477页。

③ ［美］亨廷顿：《变革社会中的政治秩序》（王冠华等译），北京：三联书店1989年版，第11—12页。

向——强调参与的制度化。但是，在根本上政治制度化仍然是指政治生活的规范化和有序化。就此而言，规约政治权力应该是政治制度化理论的核心命题。既然政治权力的形成有赖于共同的价值、统一的规范、系统的机构动员、组织起来的资源，那么，它的行使照例就必须受到这些价值、规范、机构的规约。政治权力的生成和运用是否能够走上制度化轨道，无疑构成了各种政治制度存在的基本理由。①

在学界，人们很少将司法的政治功能与政治制度化在理论上联系起来，他们在谈到司法的相应功能时，比如谈到行政诉讼和司法审查的功能时，更多地强调的是它的民主意义。在20世纪90年代初，中国行政诉讼制度建立之时，学界为之欢呼和喝彩的话语主要是“民主”的。这是因为在中国，人们长期以来一直认为民主有着价值上的终极意义，而程序、制度充其量只是个工具。忽视制度化和程序的价值被认为是中国政治学和法学的一个明显的缺陷。② 因此，当政治发展理论强调政治制度化范畴时，人们仍然热衷于谈论参与式的民主，而并未将规约政治权力看作是制度化建设的核心要义。在这样一种理论背景下。司法的政治功能与政治制度化在理论上便缺少必要的联系环节。其实，即使我们在终极意义上强调司法在政治领域的民主作用，但这种作用归根到底还是通过规约政治权力的机制表现出来的。政治制度化无疑涉及政治过程的许多方面，但就其核心和目的来说，规约政治权力才是最重要的。因为只有政治权力趋向于规范性的运作，人们政治生活的规范化和有序化才是有指望的。因此，与其说司法的政治功能具有民主化的意义，不如说它更多的是具有制度化的意义。

在理论抑或经验领域，规约政治权力的方式和途径无疑是多方面的，但是，能够将政治权力导向制度化方向的方式和途径，法律和司

① 政治发展理论对于政治民主化和政治制度化的重视，与近代以来政治思想史中的民主主义和宪政主义倾向存在着惊人的联系，单纯的民主化和单纯的制度化都不可能带来政治的真正发展，它表明了人们欲在民主与宪政之间寻求某种平衡的企图。

② 季卫东：《法治秩序的建构》，北京：中国政法大学出版社1999年版，第9—11页。

法的途径恐怕是最为恰当的，目前尚未发现比它更为有效的方法。司法功能的这一特色是由它本身起作用的独特方式所决定的。首先，它是常规的、经常起作用的机制，这一特点与我国以前经常采用的一次性的群众运动方式相比较，其制度化的特点就充分显露出来了；其次，它是现成的，在历史上有着相当高的社会化程度，存在着为社会广泛利用的基础；最后，它是程序化的，程序成了连接政治权力与司法过程的常规性通道，只要这条通道畅通，对政治权力的规约就具有制度化的意义。也就是说，它是以一种制度化的方式来规约政治权力的。事实上，托克维尔强调司法制度应该是公民用来与国家权力相抗衡的形式时，也正是看中了司法的这一特殊功能。① 对此，我国也有学者评论说："司法制度在为公民提供制约政府权力的机制的同时，也对民众表达怨情规定了制度性的限制。司法体制的运作要遵循国家制定的法律，要严格地依照法律上的程序，要以证据作为判案的基本依据，使得司法在限制国家权力的同时也限制着民众表达不满的方式，从而有助于形成良好的社会秩序。"② 由此看来，司法功能是制度化规约政治权力方式中最重要的部分，它的发展说明了社会对待滥用政治权力的反应机制发生了根本的改变——将历史上由来已久的自发的、爆发性的、非常规性的反应机制转变成为自觉的、缓释性的、常规性的反应机制。毫无疑问，这个对社会有着重大意义的变迁过程构成了我们称之为政治发展的特征之一。

（二）规约政治权力是现代司法的功能性特征

现代司法功能的一个显著特点，就是它不仅在私法领域，更重要的是在规范社会与国家、公民与政府关系的公法领域获得了引人注目的发展。诚如学者们所看到的那样："现代司法活动与历史上的司法

---

① ［法］托克维尔：《旧制度与大革命》（冯棠译），北京：商务印书馆1996年版，第263页。

② 贺卫方：《司法的理念与制度》，北京：中国政法大学出版社1998年版，第250页。

活动相比，其重要意义不在于其纯法律功能的变化——实际上诸如解释法律和惩戒犯罪方面的基本功能可以说是亘古未变，而在于司法与政治的关系发生了实质性的嬗变。”① 这种实质性的变化指的是：原本主要用来对付社会和民众的法律和司法结构，也可以重点用来对付政府和官员了；长期以来一直主要用于规约民众行为的法律和司法结构，发展到可以重点用来规约官员和政府的行为了。看来麦迪逊关于政府问题——首先应有能力管理社会，而后还应有能力管理自身——的断言，不仅是一个政府设计中的逻辑问题，也是政治发展的历史逻辑。

司法功能在政治领域的延伸可以被看作是现代司法权发展的一个必然趋势，这一趋势在二战后的历史中表现得尤为突出，其根源可以追溯到近代以来宪政的历史发展进程中。同样，那些新近发展起来的功能又构成了现代宪政形态与以往不同的特征和表现。就宪政作为一整套规约政治权力的体制而言，现代司法结构新近发展起来的功能主要包括：

1. 规约官员的行为

官员的行为是政治权力的具体表现，权力是否被滥用在经验上只有诉诸官员们的行为是否正当合法。而由于现代政治所包含的有关官员的价值理念、制度规范都已发生了根本的改变，因此，作为历史上成长起来的直接规范人们行为的形式，现代司法结构承担着比以往任何时候都要大得多的规约官员行为的功能。从历史上来看，古代司法事实上也一直保留着对官员们的某种规约，但是，现代司法功能在这一点上则与以往有着本质的不同——它要监督官员们像所有的其他人一样，平等地遵守同样的法律规则。现代政治的一个基本特点，就是将所有的人在本源意义上都看作是平等的。这一理念在社会现实生活中的体现便产生了法律面前人人平等的制度原则。它实际是向现实生活中一部分人超越于他人之上和法律之外的传统发出的挑战。因此，

① 胡伟：《司法政治》，香港：三联书店（香港）有限公司 1994 年版，第 225—226 页。

现代法律和司法功能与以往的一个显著区别，就是它已尽量将所有的社会行为主体都纳入了统一规范体系的规约之中。历史上，等级社会通常将一部分人置于其他人之上，并承认高高在上的那部分人的法律特权，而这部分人照例就是承载着政治权力，从而也就掌握着大量的政治资源的官员们。现代政治所要解决的重大问题之一就是要消除这部分人的法律特权，使他们与其他所有的人们一样接受同样法律规则的约束。司法功能在解决这一问题过程中的作用是极其重要的，因为手中掌握着政治权力和资源的人们是最不易将自己看作是与普通人一样，从而接受同样规则的约束。历史已经证明了解决这一问题是极其困难的，迄今为止，尽管大多数国家的法律在这一问题上的立场已很明确，在规定上几乎不再有人能超越法律之外，但是，司法过程中的实际情况则远未像法律规定的那样完善。如果我们认为法律面前人人平等的原则，可以作为衡量一个国家法治发展的尺度的话，那么我们就不仅要看法律规范是否体现了这个原则，更主要的还要看司法的现实过程是否已能够囊括所有的主体。

在历史上，虽然由于各国因宪政制度和法治发展水平的差异，司法规约官员行为功能的强弱和有效程度有所不同，但总的来看，在二战以来它已获得了引人注目的发展。有很多个案可以用来证明这一重要的历史进程。如众所周知的美国的“水门事件”“伊朗门事件”“克林顿性丑闻案”，日本的“洛克希德案”“里库路特案”“金丸信案”，印度的“拉奥案”，印度尼西亚的“苏哈托案”，等等。

值得注意的是在同一个时期里，中国的司法领域也发生了很大的变化，其中，对官员行为的监控功能得到了相当程度的强化。首先，以宪法的形式确定了建设社会主义法治国家的发展战略。这个战略当然包含了要像对所有其他人一样对官员们的行为进行法律规约，亦即将对官员的监督纳入法治的轨道。其次，加强了制度和机构建设。检察制度和机构由恢复而逐步走向完善，并成立了专门的反贪机构，检察机构与审判机构一起承担了规约官员行为的重要职能。此外，在规约官员行为的问题上，由于我国特定的党政高度契合的政治结构，中共的纪检机构事实上也是一个重要的“准司法结构”，它的作用也是不容忽视的。再次，强化了司法监督官员行为的功能。与改革开放前相比，司法监督官员的功能有了明显的增强。从 1993 年 1 月至 1997 年 10 月，全国检察机关共立案侦查国家工作人员贪污、贿赂等职务犯罪案件 290513 件，其中大案 145538 件；立案侦查渎职、侵犯公民人身权利和民主权利的犯罪案件 89937 件，其中徇私舞弊案 5137 件，玩忽职守案 21393 件，非法拘禁案 20990 件，重大责任事故案 22191 件，重特大案件 20085 件。涉嫌犯罪的党政机关工作人员 13299 人，行政执法人员 7890 人，司法人员 14542 人，经管部门工作人员 13031 人；县处级以上领导干部 10528 人，其中厅局级干部 576 人，省部级干部 11 人。① 近年来，震惊全国的“成克杰案”“胡长清案”等一系列重大案件，说明中国的司法功能已有了新的发展，特殊的政治身份在司法过程中所享有的特权正在日益减少。

2. 行政诉讼

行政诉讼可以称得上是典型的“公民权利与国家权力相抗衡”的形式。实际上，托克维尔在《旧制度与大革命》一书中对英法两国司法制度的不同评价，就是根据这一形式的不同情况做出的。因为“在英国，不管一个人的地位如何，不管他控诉个人或国王，他都更有把握使世人听到他的控诉，而且在英国所有的法庭都可以找到维护他的财产、自由与生命的最好保障。”② 而法国的司法制度恰好缺少这一特征。托氏在这里所揭示的实际上远不只是英法两国司法制度的不同，它还揭示了英美法系和大陆法系的一个根本的区别：对英美法系的国家来说，由于它们关于法律的观念不存在公法与私法的区分，行政行为就像公民个人的行为一样，在法律上被视为是同质的，没有公、私

---

① 材料来源：《1997 年全国检察长工作会议》，载《中国法律年鉴》1998 年卷，第 161 页。

② ［法］托克维尔：《旧制度与大革命》（冯棠译）北京：商务印书馆 1996 年版，第 263 页。

之分的，都应受到司法的审查。因此，公民与行政机关的争讼同样要受到普通法院的管辖。按照现在的诉讼观念，可以说普通法系在不经意间就形成了一种我们可以称之为行政诉讼的制度。而对大陆法系国家来说，他们根深蒂固的法律观念就是公法与私法之区分，基于公法的行为与基于私法的行为是不同质的，由此，普通法院对发生在公民与行政机关之间的争议是不应有管辖权的，处理公民相互间关系的法律原则，当然也不能适用于处理公民与行政机关之间的关系。

为了解决公法关系中的法律救济问题，法国于1872年建立了隶属于行政体系的行政裁判制度。虽然这一很难称之为司法制度的行政裁判制度最初对欧洲各国产生了很大的影响，但第二次世界大战以后，这种影响已变得非常小了。像德国、日本等原先效仿法国制度的国家，其行政诉讼制度先后都放弃了法国的模式，实现了司法化，公法关系中的司法救济制度成为发展的趋势。就目前的情况来看，无论是普通法系的“行政诉讼”制度，还是大陆法系中司法化或半司法化的行政诉讼制度，都力图使制度更加周延，以使公民与行政机关的争议，有充分的法律救济途径。在大多数国家普通法院的这一功能日显突出。

中国的行政诉讼制度的建立经过了一个漫长的历史过程。新中国成立前，在我国所引进的现代法律制度中就包含了行政诉讼制度。①但其只有形式上存在的意义，并无实际的功能作用。在新中国成立后相当长的时间里，我国既无行政诉讼的制度，也无行政诉讼的做法。直到1982年，《民事诉讼法（试行）》的颁布，才规定了人民法院有权受理法律规定可以起诉的行政案件，并在此后所颁布的130多个法律、法规中规定了当事人不服行政机关处罚的诉权。虽然法律上有了规定，但此时行政诉讼并未在全国范围开展起来，从1983年至1989年7年间全国审理行政案件总共仅有两万余件。1990年10月1日

---

① 1912年《中华民国临时约法》第49条规定：“法院依法律审判民事诉讼及刑事诉讼；但关于行政诉讼及其他特别诉讼，别以法律定之。”1946年《中华民国宪法》第17条规定：“司法院为国家最高司法机关，掌管民事、刑事、行政诉讼之审判及公务员之惩戒。”

《行政诉讼法》开始实施，标志着行政诉讼制度在我国正式确立，到1997年，全国共审理行政案件就达34万余件。①这种情况表明，中国的司法制度已开始成为“公民权利与国家权力相抗衡”的一条制度化的通道。

3. 宪法诉讼

第二次世界大战后，各国宪政发展的一个突出特点，即公法诉讼——行政诉讼和宪法诉讼的发展。战前，除了美国联邦法院因袭1803年马伯里诉麦迪逊（Marbury v. Madison）一案所开创的先例，享有以宪法为依据审查国会的立法和行政部门的命令是否符合宪法的权力外，其他国家（奥地利除外，它于1919年建立了宪法法院）的司法制度中均缺少司法权介入宪法领域的安排。而就保障宪法实施的有限途径而言，宪法作为部门法之一，司法途径则至少是不可缺少的，是宪法得以有效实施的必要途径。因此，二战以后，各国纷纷成立宪法法院，建立宪法诉讼制度。瑞士于1943年在联邦法院设立宪法法庭；德国于1951年、意大利于1953年、希腊于1976年、葡萄牙于1982年、西班牙于1983年、韩国于1987年先后建立了宪法法院。有学者将宪法诉讼制度的发展看作是宪政发展的内在规律，并将这个规律在历史中的表现归结为违宪审查活动从自发到自觉以至制度全面理性化；违宪审查主体从无组织到有组织以至监督组织专门化；违宪审查方式从多重混合模式趋向于司法化。②

宪法诉讼制度的发展，其目的在于保障宪法的有效实施，使依赖于宪法运作的政府权力能够最终被规约到宪法所预设的制度范围之内。因此，就政治制度化在现实性上无非是宪政制度的有效运作而言，宪法诉讼制度的发展无疑具有重要意义。目前，我国尚未建立宪法诉讼的有关制度，但是，作为世界上较为普遍的一项制度安

---

① 资料来源：《改革开放以来人民法院审判工作发展概况》，《中国法律年鉴》1998年卷，第70页。

② 李龙等：《宪政规律论》，《中国法学》1999年第4期。

排，它已受到理论的特别关注。针对长期困扰我国的宪法实施的艰难局面，有学者明确地提出了宪法的司法化问题。认为“我国宪法实施的主要障碍，就是没有将宪法司法化，缺乏对宪法法律性的应有认识。”①

其实，虽然各国关于宪法诉讼制度的实践倾向已很明确，但理论上并没有完全解决问题——法律代表民意，它由民意代表三读通过，由国家元首公布实施；如何能够以少数几个法官仅仅过半数或者三分之二多数通过，即可以违宪的名义宣布其无效。这也就是说，法官依据法律裁判案件是无可非议的，但他是否能够以宪法为依据裁判法律或命令的合宪性则是一个问题。对此，理论上的认识的确很关键，如果事情像学者们所声称的那样“宪法首先是作为一部法存在的”，② 因而它的司法化、法官有权裁判宪法问题也就有了充足的理据，那就过于简单了。从法理上讲，民意代表和法官都位于宪法之下，均不足以成为宪法的代表。但是，依职能而论，既然民意代表可以依据宪法来制定法律，法官也应该能够依据宪法来裁判法律是否合宪。看来实践中的宪法诉讼制度存在的理据，只有诉诸以规约政治权力为目标的制衡理论才能得到说明，因为现实中的宪法无例外的都是所谓的政治法(它本不存在首先是法律或首先是政治的问题)，它在本质上是社会用来规范政治权力的工具。因此，宪法诉讼制度的发展可以看作是宪法的这一内在本质的体现。或者说，宪法诉讼隐藏在宪法固有的法治理念的逻辑之中。

总的来看，现代政治生活的规范化和制度化是同法律和司法的功能密切相关的，并且，这种关系的紧密程度随着历史的进程存在着日益加深的态势。上述司法功能在政治领域里的延伸就正是这种态势的具体表现。

---

① 王磊：《宪法的司法化》，北京：中国政法大学出版社2000版，第148页。

② 同上。

二、司法功能在政治领域的发展与政治体系的合法性

从理论上讲，政治体系的制度化过程，在制度、程序层面主要表现为对政治权力的有效规约，但是，并不是所有的约束政治权力的制度、程序都具有制度化的导向功能。一般来说，只有那些能够为政治体系提供合法性的制度和程序才能为整个社会所接受，最终成为实在的、稳定的和程式化的制度和程序。也就是说，只有与特定历史时期的普遍的合法性理念（价值）相契合的制度、程序才具有制度化的导向功能。马克斯·韦伯强调说，任何政治体系为了获得其继续存在的机会“都企图唤起并维持对它的‘合法性’的信仰”。① 他的意思就是说，合法性是政治体系存续的一个基本条件。那么，作为政治体系“获得价值观和稳定性”的制度化，② 显然与合法性是不可分的。道理也许很简单，只有能够提供合法性的制度、程序才能在社会中“化”得开来，也才能使在其基础上运作的政治权力反过来营造更多的合法性资源。而司法功能之所以具有政治制度化的作用，正是因为上述它的各种功能形式与合法性理念的高度契合。

合法性（Legitimacy），又称正统性，③ 尽管学者们对这个词的使用可能存在着某些偏向，但是，它的基本含义则是一致和确定的，即

---

① ［德］马克斯·韦伯：《经济与社会》（下册）（林荣远译），北京：商务印书馆1998年版，第239页。

② 亨廷顿将制度化定义为“组织和程序获取价值观和稳定性的一种进程”。［美］亨廷顿：《变革社会中的政治秩序》（王冠华等译），北京：三联书店1989年版，第12页。

③ Legitimacy一词，在译文中一般被译作“合法性”，比如在韦伯的《经济与社会》、弗里德曼的《法律制度》中的译法；或被译作“正统性”，比如在诺内特和塞尔兹尼克的《转变中的法律与社会》的译法。

它是关于政治权力与公民服从关系的一种理论假定。该假定认为在政治权力与公民服从之间存在着一种连接性因素，它足以引起政治权力的效用和公民对权力的服从。“在政府方面，其本身能自觉地拥有统治权力，并依据所拥有的权力进行施政，采取各种措施以适应环境变化；在人民方面，则承认同意授权政府统治权力之行使。而政治系统统治的合法性要在这两方面的条件均具备时才拥有。”① 合法性概念的意义就在于揭示了政治权力效用或社会大众服从的理由，即“人们对于内容未定的决定也准备接受这一心理状态的一般化”。② 而问题在于这里的理由或心理状态是如何形成的？对此，一般认为价值共识、程序和功绩是为政治体系提供合法性的基础或基本资源。有学者归纳说：“在当代的背景下，一个长久的政治秩序的合法性应具备三个条件，即政治体系建立一套明确一致的运作规则；统治者与民众拥有一套广泛的价值共识；民众深信既定的运作程序，以完成共同的价值共识。”③ 看来，政治体系的合法性不仅依赖于一套广泛的价值共识的形成，更依赖于这套价值能够有效地转化为制度和程序。

由此看来，司法结构的政治制度化功能能够在相互衔接的两个层面上，为政治体系提供合法性的资源：在深层上，它使政治体系更加契合于同社会达成的价值共识，使它看上去更加像一个“人民的政府”；在浅层上，它使政治体系内部的制度、程序结构表现出了更多的合理性，从而使它可能赢得更多的社会支持。

---

① D. Sternberger，“Legitimacy，”转引自胡伟《合法性问题研究：政治学研究的新视角》，《政治学研究》1996年第1期。

② N. Luhmann描述合法性的用语，转引自季卫东：《法治秩序的建构》，北京：中国政法大学出版社1999年版，第73页。

③ R. Lowenthal，“Political Legitimacy and Cultural Change in West and East，”转引自胡伟：《合法性问题研究：政治学研究的新视角》，《政治学研究》1996年第1期。

（一）价值的合法性

关于现代政治合法性的价值基础，尽管学界存在着种种不同的观点，但在将“人权”作为价值基础的问题上，则存在着明显一致的看法。因此，在目前关于我国司法改革的价值定位问题上，当人们纷纷执着于司法公正时，也有人指出：公正是一个历来就有着太多的歧义和不确定的概念，只有人权才能成为中国司法改革的价值目标。①其实，人权也未必是一个确定性极强的概念，只是由于人们普遍认为它构成了现今政治权力合法性的基础。加之，由于它与法律的天然联系，自然比公正概念有着更为实在的载体，因而在理论上，将人权看作是司法改革的价值目标确实更加到位和周延。而由于对政治权力司法规约的另一面或者说其目的就是保障公民权利，因此司法功能在政治领域的延伸与现代政治的合法性理念存在着高度的契合。我们可以说，随着这种延伸，政治体系便有可能获得更多的合法性资源。

在理论上，当人们不断地在强化他们关于现代政治的人权基础时，他们事实上不得不关注法律和司法对构筑这一基础的重大意义。如果司法果真像学者们所强调的那样，是政治体系内保障公民权利的最后一道防线，那么，这道防线对于构筑政治体系合法性基础的意义，无论如何强调都是不为过分的。而如果说公民权利得到保障的另一面就是政府权力的规范运作的话，作为保障公民权利最后一道防线的司法，其功能延伸至政治领域就是必要的和顺理成章的。因此，当我们进一步注意到堆砌这道防线的机制时，我们便会发现，其实它的强弱是随着司法功能在政治领域的有效延伸而变化的。如果尚有主体游离于法律和司法之外，这道防线的位置就会由此而向后移位，它对公民权利的保障也会由此受到限制和影响。

---

① 郭春明等：《司法制度改革研讨会综述》，《中国法学》2000 年第 4 期。

关于通过司法途径来控权，保障公民权利并为政治体系提供合法性的观点，长期以来一直受到法治理论的重视。英国著名的宪政主义者戴雪（A. V. Diecy）对普通法系在这方面的作用推崇备至，他说："法治最后还可以被归结为这样一个事实，即对我们来说，宪法并不像他国那样，构成其他制度得以产生的渊源；相反，它是法院区分和实现公民权利的结果。简而言之，我们的私法原则通过法院和议会的活动（在政治领域）拓展开来，并决定着国王以及官员们的地位；因此，在英国宪法是普通法的结果。"① 当成文法国家普遍将宪法看作是政治权力合法性的基础时，而在英国，这个合法性基础则是在法院保护公民权利而对国王和官员权力进行限定的过程中形成的。看来，政治体系的合法性逻辑在英国表现得更直截了当，在那里，公民权利，特别是相对于政治权力的那部分权利与司法功能有着更为直接的结合；而在成文法国家则绕了很长的弯子，难怪一些宪政主义者批评说，那些载满了权利承诺的宪法条款，摆在那里似乎就会自动实现，那里的宪政主义者显然忽视了他们保证要予以实现的权利承诺，依然不可缺少必要的司法救济手段。从二战以来司法功能在政治领域的发展来看，这种批评确是有道理的。但是在发展的根本机制上，权利和司法救济机制的现代结合是因为它可以为政治体系带来更多的合法性。用诺内特（P. Nonet）的思想来表述就是：任何向法治形态转变的主要根源都是探求合法性，实际上，现代法治的"每一主要属性都可以理解为一种正统化的策略"。②

就普遍的经验而论，如果政府的行为，特别是它的官员们的行为，由于受到法律和司法政治功能的限制而注意到了它赖以存在的目的，那无疑是社会大众的一大福祉。政治体系由此而获得的支持将是巨大的。尽管我国宪法和法律已经承诺了比其他国家毫不逊色的公民权利，

---

① A. V. Diecy, *Law of the Constitution* , 1885, 8ed, pp. 198-199.

② ［美］诺内特（P. Nonet）和塞尔兹尼克（P. Selznick）：《转变中的法律与社会》（张志铭译），北京：中国政法大学出版社1994年版，第61页。

但是，这些权利的法律保证仍然是一个有待进一步解决的问题。事实上，司法在保障公民权利、特别是在保障相对于政府权力的那部分公民权利时，它直接保障的就是政治体系的合法性资源。

（二）程序的合法性

关于制度、程序是否具有合法性问题，学界存在两种不同的观点。一种认为制度、程序并不具有独立于实体价值之外的合法性。弗里德曼（L. M. Friedman）就此问道："我们把合法性解释为基本上是程序性的，就是相信程序和机构，不管程序结果如何，机构干什么。但是如果结果总是违反某人的利益或他的道德感，该怎么办呢？"① 因此，结论应该是："正当过程当然就是一个崇高的理想；要求公正审判的权利是值得为之奋斗、甚至为之牺牲的。但是检验法律系统的最终标准是它做些什么，而不是如何做和由谁去做，换言之，是实体而不是程序或形式。"② 另一种观点则认为制度、程序存在着独立的合法性价值。卢曼（N. Luhmann）说，那种将程序的正确性与决定内容的正确性相混淆的做法，是不能为人们所接受的，应当指出那种认为正确的决定具有合法性，而不正确的决定不具有合法性的观点，在认识上纯粹是多余的。③ 对这种学理上的争论很难形成权威性的结论。但是，我们是否可以尝试地说：一方面程序的合法性绝不是与实体价值毫不相干的东西，没有某些实体价值的需求就不可能形成相关的制度和程序；另一方面，程序的合法性也具有自身的独立价值，某些制度和程序可能带来更多的信任、亲和，更恰当的阐释人们普遍信仰的如平等、人权等价值观。

司法功能在政治领域的延伸，典型地表现为一种制度和程序的发

---

① ［美］弗里德曼：《法律制度》（李琼英等译），北京：中国政法大学出版社 1994 年版，第 135 页。

② L. M. Friedman, *Law and Society: An Introduction*, Prentice 2 Hall, Inc., 1977, p. 64.

③ 季卫东：《法治秩序的建构》，北京：中国政法大学出版社 1999 年版，第 73 页。

展。这种发展除了通过对政治权力进行规约，保证公民权利的实体价值为政治体系提供合法性之外，它本身所具有的合法性价值也是不容忽略的。首先，它是人类不倦追求的平等理念在法律制度上的质的发展。当我们不仅在私法领域，而且在公法领域将“法人”概念引入法律中的时候，就不再有主体能超越法律之外；但是，当这种理念的发展还没有表现为司法制度和程序的发展时，法律的上述目标是无法达到的。在主体平等的问题上，理念与司法制度和程序之间背离或一致的程度也许可以用来衡量现实法治水平。因此，用“质的发展”来描述这一法治的进程应是恰当的。而社会大众在法律上的平等感觉所提供给政治体系的合法性支持，我们也许只能用“巨大”一词来描述它的力量。其次，它是政治权威理性化的符号。政治权威的理性化尽管是一个很难量化的概念，但在一般意义上将其定义为是接受一般规则的引导与规范的过程，应是不错的。而“规则是使权力合法化的一种有效方法”。① 现代政治的一个根本特征就是政治权力位于法律之下，接受法律的引导与规范，或者像韦伯所说具有法理合法性。而司法制度和程序的发展恰是这个特征最为典型的象征。诺内特（P. Nonet）和塞尔兹尼克（P. Selznick）对这一发展同政治体系合法性的关系有着深入的研究，他们认为：在政治体系需要被赋予法理合法性的情况下“法律与政治的分离是正统化的总策略”。在现代社会，有组织的政治共同体的行动并非自动合法化的，事实上，他们的行动与合法性之间总是存在着某种潜在的紧张关系，因此，司法制度和程序的发展，提供了缓释这种紧张关系的途径，并以法律的名义把约束权力行使的原则加以制度化了。因此，合法化在这里实际上表现为权与法的一场历史性转化，政治体系由此获得了实体性决策的合法性，司法系统则获得了程序性抗衡的自主性。这样一种制度格局最大的好处是：政治

① ［美］诺内特（P. Nonet）和塞尔兹尼克（P. Selznick）：《转变中的法律与社会》（张志铭译），北京：中国政法大学出版社1994年版，第68页、第64—65页、第62—63页。

权力在被限制的同时则获得了权威。① 并且，他们甚至认为正是现代政治体系对合法性的特殊需求导致了司法制度和程序的发展。他们说："证明权力正当的需求越大，权力被承认为权威的疑惑越多，正统化就越有可能要求特别的、实际上是专门的注意。证明正统性成了一种独特的社会职能，因而就开始了一种过程，使这一职能得到诸如法院这类专门的审查机构以及诸如教士或其他'精通法律'者这类专门群体的培育和维护。所以，正统化滋生了法律分化，也就是说，出现了独具特色的法律机构。"②

戴维·伊斯顿认为，合法性意味着公众对政治体系的支持，而这样的支持总体上可以分为两类即"特定支持"和"散布性支持"。前者是指因特定的政策绩效带来的受惠者的支持；而后者不具有这样的功利性，它是政治体系理性的价值和结构所传播的"善意"情感。前者所带来的支持是特定的，因而是不长久的；而后者则构成了一个巨大的长久的"支持蓄积"，它甚至能够使民众容忍那些不合理的、与其利益相悖的东西。政治体系的合法性主要来自于"散布性支持"。③由此看来，司法功能在政治领域的延伸在价值和程序两方面所提供的合法性，构成了典型的被戴维·伊斯顿称之为"散布性支持"的合法性资源。现代司法结构对政治体系的这一关键的作用应引起理论和实践的高度注意。

---

① ［美］诺内特（P. Nonet）和塞尔兹尼克（P. Selznick）：《转变中的法律与社会》（张志铭译），北京：中国政法大学出版社1994年版，第68页、第64—65页、第62—63页。

② 同上。

③ ［美］戴维·伊斯顿：《政治生活的系统分析》（王浦劬等译），北京：华夏出版社1989年版，第298—303页。

三、当代中国司法的政治功能

（一）当代中国司法政治功能的两个特征

特征一：在规约官员行为上具有行政化的司法控制特征。在这种特征的司法控制中，官员的行政级别具有重大意义，上级检察机关通常承担着对下一级官员主要的法律监督职责。比如对县委书记、县长的违法犯罪行为，通常是由地市司法机关管辖，依级上推。形成这种体制的原因，一般来看有二：一是现实行政化的司法管理体制使司法机关无力对同级的党政官员进行法律约束。一位因受贿被判处死刑的官员所做的忏悔恰到好处地说明了这个问题："在现行监督体制下，玉林市公、检、法的领导都是由我任命，他们用的是市里的钱，对市委、市政府主要领导不敢监督。我的权力太大，稍不注意，权力就会转化为金钱，监督机构对于我形同虚设。"①二是我们在法文化传统上一直习惯于对官员们进行行政控制，故而非常自然地将行政控制的一套用于了司法控制之中。

从历史上看，中国司法在政治体系内的功能很早就注意到了对官员恣意行为的控制，但是，受历史上司法对行政的体制性依赖所决定和影响，这种功能一直是严格地依托于官员等级制的。事实上，正如我们可以轻易辨识到的那样，在那里，法律对官员行为的控制完全依托的是上下级的行政关系，司法的作用仅仅是在这样的基础上才存在的。因此，在我国的法文化传统中，几乎不存在独立的司法对官员的限制。像包青天那样对官员直接行使司法权的情形，反证的恰是这种情形。这种法文化传统对现实的影响一直是很大的，直到今天，在对

① 《一个死囚的忏悔》，《人民日报》2000年8月29日。

官员行为的控制上，我们仍然注重的是纵向的行政级别监控；而对横向的司法的功能监控则仍重视不够。

在建设社会主义法治国家的过程中，这样一种对官员的法律监控方式同法治的价值、制度都是不相适应的：首先，它的有效性是值得怀疑的。在理论上，同级司法机关距相关法律事实是最近的，因此是最有资格对官员们行使法律监控的。而管辖权向上的移位，对公民和司法机关来说，无疑强化的都是官员的特殊身份和行政的权威性。这种体制必然导致级别越高、权威越大，受法律约束的机会就越少。结果可能是许多高级官员事实上超越于法律之外。昂格尔将中国的法传统定义为“官僚法”类型，所谓“官僚法”，通俗地讲就是对老百姓有实效，而对官僚们至少在事实上很难有效的法律。虽然我国在法律规则上已根本改变了这样一种法的传统，但在司法中的改变尚待时日。其次，它有悖于法治条件下人人平等的法律正当程序。在目前条件下，我们尚且将人民政府的具体行政行为都纳入到了同级法院的司法职能，而对它的行政首长和同级的其他官员的违法犯罪行为则通常要由上级司法机关来管辖，尽管这样做有着充足的现实理由，但这不能不说是法律程序上的一种矛盾现象。

特征二：有限的司法审查。在理论上，司法审查作为现代国家司法权的固有部分，它的审查范围包括了对法律的合宪性审查、抽象行政行为和具体行政行为的合法性审查等。但在现实中，由于各国宪政体制、法文化以及法治发展程度的差异，具体行使司法审查权的机关、范围、依据以及具体的救济方式都会有所不同。我国的司法审查表现为，人民法院依照法律对具体行政行为的合法性进行审查，审查的范围不包括对法律的合宪性和抽象行政行为的合法性审查。因此在这个意义上说，它是一种有限的司法审查制度。此外。现行的司法审查制度还存在另一个层面的有限性，即《行政诉讼法》第 53 条关于人民法院在审理行政案件时“参照”行政规章和地方性规章的规定。“参照”作为一个法学术语，包含了一种自由裁量的授权——司法机关可以适用，也可以不适用。如果某个具体行政行为所依据的行政规章或地方性规章违反了上位法，司法机关便可以直接依据上位法做出裁判，而对该行政规章或地方性规章不予适用。因此，学界认为，这条规定实际上是建立了一种对抽象行政行为进行间接审查的制度。①即使这样的观点成立，在实践上这种审查的效果也将是极为有限的。因为那些违反了上位法的规章，只是相对于引起诉讼的具体行政行为是无效的，而它的普遍的规范效力则仍然存在。并且，抽象行政行为也远不只就是上述两类规章。

有限的司法审查制度，代表了我国渐进性的法治发展战略，符合该制度初建的客观情况。但是，从法治发展的角度看，中国司法审查制度的发展将是不可回避的和必然的。

（二）解决行政法治问题是中国司法政治功能发展的重心

从人民代表大会制的政治体制和建设社会主义法治国家的战略来看，中国司法政治功能的发展，在相当长的历史阶段是围绕解决行政法治问题展开的。在人民代表大会制条件下，中国司法结构的政治功能主要表现在两个方面：一是规约官员的行为，二是在行政法治领域起作用。在理论上，后者通常被看作是法治建设的关键，没有行政法治也就没有法治可言。② 理论和经验均表明“司法审查是法院监督行政机关遵守法律的有力工具”。③

目前，我国有限的司法审查制度虽然在行政法治中发挥着重要作用，但是，这种作用远未满足行政法治发展的需要。由于在制度上，我们未将抽象行政行为纳入司法审查的范围，这不仅影响了司法发挥作用的领域，使最为重要的一个行政领域缺少常规的法律监控；而且还影响到了对具体行政行为进行司法审查的法律效果。现实中，常见的行政违法、越权都始于抽象的行政行为。比如，长期普遍存在且久

---

① 罗豪才主编：《中国司法审查制度》，北京：北京大学出版社1993年版，第4页。

② 详细的论证参阅孙笑侠《法律对行政的控制——现代行政法的法理解释》，济南：山东人民出版社1999年版，第22—26页。

③ 王名扬：《美国行政法》，北京：中国政法大学出版社1995年版，第566页。

拖不决的乱收费、乱罚款问题，无疑是行政机关抽象和具体行为的共同违法，就此对某一具体行政违法行为的纠正显然对问题的解决是杯水车薪。更为典型的是农民负担问题，可以说绝大部分的农民负担都是由行政机关的“规范性文件”加在他们身上的。对此农民们的看法是准确的，他们说：“中央政策很好，基层政策好狠”，从经验中他们认识到这是一个政策问题，而不是一个具体行为的问题。由于未赋予对这些“规范性文件”以可诉性，一方面造成了农民大量的上访；①另一方面使由此而引起的行政诉讼也处于十分尴尬的境地——被告常常是不能对此负责任的村组织，而应该负责任的县乡两级政府则不能成为被告。一份专门的研究指出：人民法院虽然也在受理一些涉及农民负担的行政案件，但由于把乡镇的农负文件看作是行政诉讼法第12条第2款规定的不予受理的抽象行政行为，因而把农负案件的诉讼对象只限于针对具体人发出的通知行为。这使通过司法途径解决农民负担问题的作用大打折扣，涉及农民负担的基层政府文件得不到应有的司法监督。因此，解决问题的一个很重要的途径，就是赋予农民对加重农民负担的基层“政策”的行政起诉权。② 其实，县乡一级以文件形式表现的所谓“政策”违法是常见的现象。③ 这些长期困扰现实政

---

① 在我国，上访系统所受到的社会压力与司法功能的发挥状态存在着一种显而易见的反向关系。上访制度是我国独具特色的政治沟通制度，它具有“问题向上交”的特点。因此，它的作用应该被定位在对各级国家机构的功能补缺上，一旦基层行政、司法功能不能到位，便会出现大量的上访现象。而由于法还承担着行政监控的职能，其功能的正常发挥必将减缓大量的利益表达进入上访系统。

② 详细的论述参阅余辛文：《关于农民负担的行政诉讼案件的几个问题》《法学研究》1997年第2期。

③ 曾经一则报道很典型：湖南攸县政府以整顿医药市场的名义，用正式文件的形式下令全县的用药单位必须在本县医药公司进货，并授权医药稽查组织，对从外地进药的单位进行处罚，包括送药上门的外地国有医药公司。结果造成了该县许多用药单位的药品短缺（中央电视台2000年10月18日《焦点访谈》报道）。这则报道使人联想到许多地方政府公开封锁本地市场的其他做法，如不许本地企业经销外地产品等。

治的大范围问题表明，我们的制度安排存在着某些缺陷。因此，从现实的需求和法治国家建设的目标来看，逐步地由下至上地将抽象行政行为纳入司法审查的范围应是我国司法审查制度发展的趋向。

第一，在理论上，司法审查制度的这种发展符合行政法治的内在要求。行政法治的核心是依法行政，这首先包括抽象行政行为的合法性。行政法学者施瓦茨说过："行政机关是法律的产物，正如公司从属于它的章程一样，行政机关从属于设立它的授权法。这就是说，行政法的基本原则与公司法的基本原则一样，是不得越权的原则……如果行政行为在法定权限之内，它是有效的；如果在权限之外，它是无效的。这是存在于行政机关和法院的宪法地位中的固有原则，无需用法律规定。"① 在学者们看来，不仅抽象行政行为的合法性是其效力的法理基础，而且，它与具体行政行为同属于司法审查的范围似乎也是不需要法律予以规定的"正当程序"。这也就是说，在法治的意义上行政行为是能够且必须受到控制的，这意味着法院有权对基于行政权而形成的决定的实质内容进行审查。可以说，依法行政必然要求司法审查作为其现实的制度基础。因此，从法治的原则来看，将抽象行政行为纳入司法审查的范围在理论上应是不成问题的。

第二，司法审查制度的这样一种发展进程不仅符合而且也可以强化现行的宪政体制。在现行宪政体制中，一府两院同出一源，他们的权力都直接来自于人大的授权，彼此之间可以基于法治的要求形成某种监督关系，现行的司法审查制度也正是在这样一种基础上运作的。因此，扩大司法审查的范围仍是现行宪政体制能够包容的。在理论上，对抽象行政行为合法性的控制存在着两种模式，即立法控制和司法控制。我国目前采用的是前一种模式，各级人大及其常委会有权撤销同级或下级行政机关做出的决定。但是，相对于立法控制，司法审查有着独特的作用机制。国外有学者在对两种控制形式进行比较后，认为

① ［美］伯纳德·施瓦茨：《行政法》（徐炳译），北京：群众出版社1986年版，第141页。

司法审查的特点和有效性是明显的。首先，司法审查方式可以弥补立法控制操作不便和动力机制不足的缺陷。司法审查的动力机制直接来源于公民对自己权利的关注，这一点是立法控制无法与之比拟的，它的操作方式也是高度制度化的；其次，司法审查具有相当的能动性，它不仅是对法律的内涵进行简单的估计，也不是对当下法律的字面意义进行机械的翻译，而是结合宪法和法律的一般规则、历史背景、道德观念以及特定条件下的社会需要所进行的综合考虑；其三，对公民来说，司法过程的参与度及公开度都是极高的，这是司法审查能够被社会公众接受的一个重要原因；最后，立法与行政的关系历来就比司法与行政的关系更加密切，因而司法审查更符合“正当程序”的要求，也更具有社会说服力。① 结合我国的情况来看，现实的行政法治状态说明了我国目前人大行政监督形式存在着诸多的不足，而司法审查制度的发展可以在一定程度上弥补这些不足。如果司法审查能够在抽象行政行为领域发挥有效作用的话，那将极大地强化全国法制的统一和法治发展的历史进程。

从上述两方面的分析来看，应该说行政在社会事务中发挥的作用越积极、越重要，对其合法性的要求也就越强烈，司法审查制度的客观基础也就越成熟。现实中唯一能够影响司法审查制度发展的因素是司法机关是否已有能力承担这样的职能，而这个问题正是目前的司法改革应予以特别关注和解决的问题。至于对扩大了的司法审查权在法院之间如何分配，抽象行政行为如何被纳入司法审查的范围，这些技术问题仍需要更为专门的研究。

---

① 李娟：《行政法控权理论研究》，北京：北京大学出版社 2000 年版，第 76 页。

中国官员责任追究制度建设的回顾、反思与展望*

张贤明　文　宏**

改革开放以来，官员责任追究制度作为社会主义政治文明建设中重要的制度创新，取得了巨大的进步。所谓官员责任追究制度，是指通过一定程序对没有履行好相应职责的官员进行追究，使其承担政治责任、道德责任或法律责任，接受谴责、处罚等消极后果的办法、条例、规则等的总称。本文所探讨的官员责任追究制度，包括党内官员责任追究制度。

一、官员责任追究制度建设的发展历程

民主政治是责任政治，中国特色社会主义民主政治也必然要求建立健全官员责任追究制度，形成公共权力的监控制约机制，做到职权

* 本文发表于《吉林大学社会科学学报》2008 年第 3 期。

** 张贤明，时任吉林大学行政学院教授；文宏，吉林大学行政学院政治学理论专业博士研究生。

与责任的统一。但是，改革开放以前，我国缺乏完善的官员责任追究制度，公共权力被滥用和错用而不受追究的情形十分普遍，严重地妨碍了社会主义民主政治的建设。

党的十一届三中全会后，我国逐步认识到责任制度在民主政治中的重要地位，开始不断建立健全官员责任追究制度。1978 年邓小平提出领导干部要严格要求自己，接受群众的监督，明确指出："为了整顿党风、搞好民风，先要从我们高级干部整起"①。中央据此制定了《关于高级干部生活待遇的若干规定》，对高级干部的生活待遇与责任认定作了详细的规定。1980 年，邓小平在著名的《党和国家领导制度的改革》讲话中指出："要有群众监督制度，让群众和党员监督干部，特别是领导干部，凡是搞特权、特殊化，经过批评教育而又不改的，人民就有权依法进行检举、控告、弹劾、撤换、罢免，要求他们在经济上退赔，并使他们受到法律、纪律处分"②，追究相应的责任。1980 年党的十一届五中全会通过的《关于党内政治生活的若干准则》，对坚持集体领导、接受监督等 12 个重要问题提出了要求，其中一个重要方面就是加强责任追究。1982 年制定的现行宪法明确规定全国人大和地方各级人大都要"对人民负责"，国家行政机关、审判机关、检察机关由人大产生，"对它负责、受它监督"，"一切国家机关和武装力量、各政党和各社会团体、各企业事业组织"，"一切违反宪法和法律的行为，必须予以追究"，体现了责任政治的基本原则。1989 年，国务院颁布了有关党政领导干部责任追究的《特别重大事故调查程序暂行规定》，对事故中的责任认定与追究作了详细的规定。上述举措初步建立了责任追究制度，并将职权与责任紧密地联系起来，作为一种对权责关系的制度安排，成为调控权力运作的重要机制。

然而，审视 20 世纪 80 年代的社会发展进程，特别是在改革开放

---

① 中共中央文献研究室：《三中全会以来重要文献选编》，北京：人民出版社 1982 年版，第 276 页。

② 《邓小平文选》第 2 卷，北京：人民出版 2001 年版，第 332 页。

之初，我国走的是一条循序渐进的发展之路，在实践过程中提倡“摸着石头过河”，体制创新也往往在暂不触动旧体制的情况下，实行增量改革，通过发展新体制来逐步推动对原有体制的改革，对公共权力运行的约束相对宽松，允许各项政策的实施有一个“试错”过程，对责任的认定与追究并不是很严格。即使追究责任，也往往就事论事，仅仅查处直接责任人，并不追究相关领导的责任，而对于决策失误、用人失察等责任类型，则大都没有得到积极而有效的追究，往往以“缺乏经验交学费”来搪塞，或是以“深刻检查、吸取教训”来应付，抑或是以“难以避免”来开脱，官员责任追究的制度化水平明显较低。

进入20世纪90年代，责任追究制度不断完善，责任追究力度也不断加大。1993年之后，改革开放事业进入了一个新的发展阶段，为了保证权力运行的规范性，加强和完善权力监督与制约，中央出台了一系列有关责任追究的规范性文件。中共“十四大”出台的新党章特别要求各级干部应“正确行使人民赋予的权力”，强调责任追究制度的完善。此后，为了进一步适应现实需要，相继出台了一些加强责任追究的规定，建立了责任追究的定性标准、计划方案、实施原则等，如《关于实行党风廉政责任制的规定》等。特别是1997年3月，中共中央发布的《中国共产党纪律处分条例（试行）》，对党内责任追究的规定十分详细，不仅有违规违纪的责任认定标准，而且还明确责任追究的指导思想、适用范围、追究原则，进一步推进了官员责任追究制度的规范和完善，责任追究制度建设取得了全面进展。20世纪90年代受到责任追究的官员有近百万之多，涉及范围从普通干部到高级领导干部，特别是对高级领导干部的查处，产生了很大的震慑作用，取得了较好的社会反响。

进入21世纪，官员责任追究制度进入了全面规划、整体推进的新阶段。这一阶段，官员责任追究的推行已开始注意以现代政治理论作为基础，注重制度建设，责任追究的对象已经扩展到了省部级高层，甚至是重要岗位的“一把手”，而且责任追究的严厉程度也由一般的行政警告、记过等处分上升到免职等严厉处分。特别是2003年的“非典事件”，包括两名省部级高官在内的上千名官员，因隐瞒疫情或防治不力而被查处问责。这是新中国历史上首次在突发灾害事件中，短时间内就同一问题连续地、大范围地追究领导干部责任，极大地推动了官员责任追究制度在中国的正式确立。2004年，在国务院印发的《全面推进依法行政实施纲要》中，明确提出要实现权力与责任的统一。2005年温家宝总理在政府工作报告中提出要强化行政问责制。2008年3月公布的《国务院工作规则》，提出“国务院及各部门要推行行政问责制度和绩效管理制度，明确问责范围、规范问责程序、严格责任追究”，行政问责制第一次写进了《国务院工作规则》。

在这一时期，为了整体推进官员责任追究制度的建设，我国加快了各项具体规章制度的制订和完善，有关责任追究的专门性法律和规章制度，如国务院《关于特大安全事故责任追究的规定》《中国共产党纪律处分条例》《中国共产党党内监督条例（试行）》《党政领导干部辞职暂行规定》《行政机关公务员处分条例》等，都先后制定与颁布，其他法律和规章制度，如《中华人民共和国安全生产法》《突发公共卫生事件应急条例》《中华人民共和国行政许可法》、国务院《全面推进依法行政实施纲要》《中华人民共和国公务员法》，也加强了关于责任追究的规定。另一方面，中央的示范作用带动了各地方责任追究制度的建立与推行，各个地方也逐步建立起违反宪法和法律、失职、渎职应当追究责任的制度，并逐渐深入人心。继重庆市首先颁布《重庆市政府部门行政首长问责暂行办法》之后，各地先后出台了问责办法或责任追究条例等地方性法规或规章，如《成都市行政首长问责暂行办法》《大连市政府部门行政首长问责暂行办法》《海南省行政首长问责暂行规定》等。这些办法或条例不仅对工作中的失误和损失，而且对工作中的不作为和效率低下如何问责，都进行了详细地规定，意在促使权力行使者勤政廉政，提高工作效率改进工作作风。而且，相关规定改变了过去领导干部特别是高级领导干部，除非本人参与了诸如腐败贪污之类的案件或犯有重大错误，一般不会被问责免职的状况，从制度安排上进一步拓宽了领导干部“下”的渠道，从体制上体现了监督与惩罚的作用。以相关的规范性文件为基础，一些重大事件的相关责任人都被追究了相应的责任，引起社会公众和舆论媒体的空前关注，得到公众的广泛认同，并有了相应的公众基础，责任追究制度正式确立。

二、官员责任追究制度建设的主要成效

改革开放以来，我国责任追究制度建设取得了历史性进步，责任追究制度不论是在明确主体、客体，还是在完善责任监督机制方面都取得了积极的历史经验，收到了良好的效果，主要表现在以下几个方面：

（一）责任追究的制度化水平明显提高，推动了政治文明进程

推进政治体制改革，提升政治文明，发展政治民主，建设法治国家，客观要求对掌握国家权力的党政官员必须能够进行相应的责任追究。分析我国改革开放以来有关责任追究的个案，从中我们可以清楚地看到责任追究的制度化水平在不断提高，而依照现代政治责任理念建立的责任追究制度，对传统的“责任观念”造成巨大的冲击，进而构建起崭新的政治道德，极大地推进了政治文明进程。在改革开放之初，进行责任追究的个案往往是在发生事故或案件后，以“权力问责”方式进行，责任追究主要根据上级领导的意见，并没有相关的“责任追究办法”或“责任追究制度”，责任追究缺乏具体的规范和操作程序，追究的过程中人为与偶发因素影响很大，责任追究很大程度上取决于领导人的重视程度。因此，追究力度有限，失之于软、失之于宽的问题比较明显，该追究不追究或不敢追究、敷衍了事的屡见不鲜。而经过改革开放30年的发展，责任追究制度朝着制度化的方向不断迈进，出台了有关责任追究的大量法律和规章制度，对责任主体、

责任事项、责任追究程序、责任追究结果等基本构成要素的规定日益全面、规范。虽然现有的制度本身也还不完善，比较零散，甚至还有不科学的地方，需要我们认真研究，不断加以完善，然而，我们可以看到责任追究的制度化水平在不断提高，对官员责任的追究，基本实现了从取决于领导人意见到取决于制度规范的转变。

官员责任追究制度化水平不断提升主要表现在以下几个方面：首先，权力应该受到监督与追究的理念逐步确立，职权与责任、权利与义务的关系不断理顺，对违法失职行为的性质、程度、后果及应承担怎样的责任进一步具体化，责任追究的主体和对象在实践中日益明确化。对于有法不依、执法不严、违法不究、执法犯法甚至徇私枉法的现象，不仅严肃追究了负有直接责任人员的责任，而且逐渐扩大到追究相关领导人的责任。其次，责任追究的标准与原则进一步细化，相继出台了很多具有普遍约束力的规章，注重责任追究的可操作性与实用性。如在行政责任领域，将“谁审批、谁处理、谁负责”的原则用相关法规的形式确定起来，成为具有普遍约束力的行为规范。对滥用职权以权谋私以及只审批不监管或者监管不力的相关行为，都要追究审批机关主管人员和其他直接责任人员的责任，开始逐步建立起行政自动纠错和责任追究系统。最后，责任追究的制度刚性进一步加强，领域也实现了由行政向司法方面的扩展。如最高人民法院制定了《人民法院审判人员违法审判责任追究办法（试行）》，最高人民检察院制定了《人民检察院错案追究条例（试行）》。不少地方人民法院、检察院也出台了相应的配套办法，对责任进行了相对明确的规定，现实中也出现了相关的司法责任追究的案例。责任追究制度化水平的提高，一方面提高了政治透明度，促使作为公共权力行使者的各级官员自觉地按照法律、法规、制度和程序行使权力；另一方面，也促使社会公众能有效地掌握官员的活动，判断官员是否对社会公众利益和要求做出了回应、履行了责任，从而有效地监督整个权力行使的过程与状态，实现了政治文明进程的整体推进。

（二）责任追究的范围不断扩展，有力地规范了各级官员的行为

回顾改革开放30年官员责任追究制度的发展历程，从其内容来看，改革开放初期进行责任追究的事例很少，可查的案例也仅仅只是有限的个案，追究的范围也局限于重大安全事故问责。随着改革开放事业的发展，责任追究由“点”向“面”不断推进，实行责任追究的标准也由笼统逐步走向具体，其范围不再局限于公共安全事故，决策失误、业务水平差、工作业绩平平、碌碌无为等也要问责。湖南常德市政府一副秘书长就因为未及时安排工作会议被追究责任，导致被免职。① 责任追究制度范围的不断扩展，潜移默化地影响到官员的行为方式，使得“不求有功，但求无过”等传统官场文化或潜规则受到彻底颠覆，极大地冲击了传统的“官本位”观念，迫使官员提高公共管理与服务的水平，从高高在上、盛气凌人的傲慢工作作风转向战战兢兢、如临深渊，改变了过去“在中国当官是最少风险的”② 状况。对官员“无为”进行责任追究，表面上看是促进机关工作效能的提高，要求各级官员的勤勉尽责，实质上是将责任的实现从单纯的事后追究扩展到事后追究与事前督促的结合，使其更符合责任政治的本意，是一种顺民意、得民心的制度创新。

从地域范围来看，责任追究制度也由中央层面辐射到地方层面。透过改革发展初期的责任追究的个案，我们可以发现，中共中央、国务院高度重视，甚至派出调查组。但是，现在越来越多的地方政府开始自觉而主动地在“用权受监督”的精神指导下，结合当地实际，制定出自己的责任追究办法并有力地监督了领导干部。重庆市2004年7月出台中国内地第一个以法定化的政府规章形式追究官员责任的文件，并以此为依据对重庆石柱县县长因当地发生一起特大交通事故而进行

---

① 吴湘韩：《湖南常德市政府一副秘书长擅自离岗被免职》，《中国青年报》2003年4月30日。

② 郭道晖：《法的时代精神》，长沙：湖南出版社1997年版，第467页。

责任追究[1]之后，各地相关责任追究办法陆续出台实施，启动责任追究程序多次，多名官员被追究责任。

（三）对权力的控制能力明显提高，促进了良好行政生态的生成

从法治的角度，有权利就应有相应的义务，有权力就应承担相应的责任。官员是行使权力的主体，也是当然的责任主体。[2] 官员责任追究制度是一种对行使公共权力进行民主控制的制度安排，体现责任行政理念和公共责任理念，将会在我国的政治生活中大大增强权力与责任不可分离的价值取向，形成与之相适应的行政文化和行政生态。现实中少数领导干部不思进取、工作责任感不强、依法行政意识较差的状况，往往很难上升到法律监督、纪律监督的层面，而这些问题恰恰损害了政府形象、干群关系和决策效率，恶化了权力运行的生态环境。责任追究制度可以在一定程度上以更高的标准去要求行使权力的官员勤政爱民、道德高尚，避免权力行使者出现不负责任的行为。特别是随着官员责任追究制度的完善，问责事由从滥权腐败的贪官扩展到碌碌无为的庸官，就更加有利于形成良好的行政生态。受传统政治文化的影响，“官本位”的观念根深蒂固，权力行使随心所欲、放任自流，而在责任观念、责任评价、责任监督等方面则表现出冷漠无视的态度。这一点在改革开放的初期表现得最为明显。当时决策者、责任人的责任意识淡漠，相关的责任追究往往存在敷衍塞责，官员出现决策失误等情况反而高升的现象也不鲜见。经过改革开放 30 年的发展，责任追究制度对权力的约束与控制能力明显提高，对责任追究的具体情形与范围作了详细地规定。例如中共中央批准的《党政领导干部辞职暂行规定》，就严格规范了“因公辞职”“自愿辞职”“引咎辞

---

① 田文生：《重庆市首次启动行政首长问责程序石柱县县长引咎辞职》，《中国青年报》2004 年 10 月 29 日。

② 张贤明：《官员问责的政治逻辑、制度建构与路径选择》，《学习与探索》2005 年第 2 期。

职”“责令辞职”等追究形式，明确规定“党政领导干部因工作严重失误、失职造成重大损失或恶劣影响，或者对重大事故负有重要领导责任等，不宜再担任现职，本人应当引咎辞去现任领导职务”，并详细列举了九种应该引咎辞职的情形。随着责任追究制度的完善和追究力度的加大，使得在中国当官的风险越来越大，官员的行为被暴露在“阳光”之下，哪怕一些细节的疏漏，也有可能被公开批评，甚至依法追究责任，从而迫使领导干部更负责、更科学地行使手中的权力，强化权力行使过程中的责任意识与心态，使之能在良好的责任氛围与责任文化中行使权力，从源头上遏制和减少责任失范行为的发生，在一定程度上提高官员在社会公众心目中的合法性与权威性，促进良好行政生态的形成。

三、官员责任追究制度建设进一步推进的难点与展望

由于我国的市场经济体制尚处于需要不断完善的时期，经济与政治发展不均衡，市场化和全球化的冲击不断加大，而责任追究制度的运行和建构又十分微妙而复杂，能不能实现制度的价值初衷，产生应有的效应，需要有良好的外部环境加以保障。就当前责任追究制度而言，其自身设计还有一些缺陷，外部环境还有一些障碍，推进责任追究制度建设仍有一些不容回避的难点。

第一，责任追究的制度需求与制度环境存在缺陷之间的矛盾。我国在经济社会高速发展的过程中，亟须对权力运行进行规范和约束。责任追究作为一种有效的治理方式，可以弥补以前责任制度的缺失，加强对权力的制约和监督以及对责任的有效追究，因此，我国在责任追究制度的安排方面存在很大的需求。然而，我们不得不正视一个基本的事实：即我国关于责任追究的制度环境存有缺陷。一方面，到目前为止，我国没有关于责任追究专门的法律依据。当前责任追究制度

的主要法理依据来源于《中华人民共和国公务员法》第82条、《中国共产党党内监督条例（试行）》以及《关于实行党风廉政建设责任制的规定》。其中，只有《中华人民共和国公务员法》属于真正意义上的法律，其他两种规范文件虽有一定的约束力，但本质上是执政党的内部纪律规范。仅仅以这些分散的规定作为依据来追究官员的责任，难免显得捉襟见肘。另一方面，我国不同地方、不同系统在法律法规的运用上也存在着不统一。各地关于责任追究的规章、条例的出台是责任追究制度化进程中的重要一步，但这些办法与规定都是暂行性的，缺乏法律法规的严密性、严肃性和权威性，而且比较粗糙，各地对责任认定个别环节的规定不统一，造成责任追究结果不一致。因此，目前一些地区推行的“责任追究制”从严格意义上说只是一种政策，而不是法律规范意义上的制度安排，在一定程度上也影响了责任追究制度发展的进程。

第二，责任追究的制度安排与实施能力有限之间的矛盾。从理论上说，当前我国关于责任追究的监督制约机制已经建立，形成了比较完备的责任监督及约束体系，不仅包括权力体系内部的和权力体系外部的监督，而且还包括自上而下的监督和自下而上的监督。如果从部门划分来讲，相应包括权力机关的监督、司法机关的监督、行政机关内部的监督、社会监督（包括执政党、民主党派、新闻媒体和社会公众的监督）。[①] 然而，在现实中，由于公众与权力部门之间信息不对称以及各种监督主体主观限制等原因，导致各种监督主体对权力监督过软，流于形式的现象仍然存在，监督效果不很理想，并没有发挥应有的作用，也使得一些应当被追究责任的人员逃避了追究。特别是我国公民参与责任追究的渠道不畅通，影响了责任追究制度实施的力度。要形成一个权力真正受约束、真正负责任的制度体系，不仅仅只是官员的职责，也是每个公民的权利和义务。如果公众缺少对官员监督和

① 高秦伟：《论责任政府与政府责任》，《行政论坛》2001年第7期。

制约的自觉性，最终将会导致参政议政的能力不足，很难在现实生活中对权力实行全面监督，进而影响责任追究制度的效果。

第三，责任追究的诉求与责任认定不明确之间的矛盾。责任是民主政治的基本价值理念，对权力进行控制和约束也是人类一直在探索的目标。责任追究的基本前提，是责任必须确定、明晰。然而，一方面，我国目前在责任评估方面缺乏科学合理的衡量标准，责任划分标准存在弹性过大、标准不明的情况，这就直接导致对权力失范行为的责任追究缺乏明确的标准。而且，相关绩效评估制度配套尚未完全建立，难以对相关责任主体在多大程度上满足社会公众的综合性评价进行判断。而没有一套明确的标准判断官员是否履行了责任，在多大程度上履行了责任，也很难划分党政之间、不同层级之间、正职副职之间的责任，因而无法确定官员责任追究中的坐标体系。在这种情况下进行责任追究，就有可能出现相同的事件、不同的问责结果的状况，从而引发对责任认定标准不公正的质疑，导致责任追究制度难以实施。另一方面，我国在责任追究程序方面也存在着相应的难题，责任追究机制的启动和运行程序也不健全。比如人大的责任追究职能有相关的法律规定，但是如何在责任追究程序启动之后，执行一系列听取报告、质询、调查、罢免、撤职、撤销等追究环节，在法律上仍然缺乏可操作的程序，而缺乏具有可操作性的责任追究程序的结果往往就是责任追究行为本身的异化，进而导致责任追究的不确定性。

第四，责任追究制度工具理性与价值理性之间的矛盾。责任追究制度实施的目的在于引导官员勤政廉政，提高执政能力和行政能力，提高各级领导干部的素质与水平，推进相关制度的完善与发展。然而，现代化的直接结果之一就是技术理性或者以技术为中心的工具理性的张扬，它的表现形式就是强调效率和功利，强调由技术变革和进步带来的效率，把技术本身或者用以实现进步的工具本身当成目的，带来人的异化和物化，它的后果是淡化和抹杀了人类的价值，混淆了是非、善恶、好坏，忽略了民主、自由、公正、道德。为了责任追究而进行责任追究，以惩处官员为中心的追究战略，会不断地强化这种工具理性效果，也会产生行政生态恶劣、创新意识不足、社会发展缓慢、不可持续发展等问题。因此在工具理性的张扬下，责任追究制度就可能显得体格强壮却灵魂全无，追究有余而成效不足，积极追究但对权力约束很少，出现一种畸形的制度发展格局和状态。

上述问题的存在表明，我国的责任追究还应采取相应的措施，在制度上不断健全，在实施中不断加大力度。

第一，深化责任追究制度的研究，构建责任追究的长效机制。未来的制度安排必须从责任追究制度的含义、本质、特征、原则、具体内容及来源等出发，进行整体性和系统性的研究，强化责任追究基本理论层面的学理思考，积极借鉴西方责任追究理论与制度的有益成果和成功经验，综合应用政治学、伦理学、哲学、社会学等学科的研究方法，多学科、多角度、多层次地研究责任追究制度，拓展研究视野，提升责任追究制度研究的理论层次，凸显责任追究制度的学理价值与社会实践价值，使责任追究制度拥有更有力的理论支持和更丰富的思想资源。在此基础上，探索责任追究制度相对统一的基本精神、原则及程序，将责任追究以法律形式予以确立。明确责任追究的主体、范围、客体、责任方式、期限、程序、赔偿等事项，建立结构合理、配置科学、程序严密、制约有效的权力运行体制，保证权力沿着制度化和法制化的轨道运行。强化对权力的全方位监督机制，形成责任追究的合力，促使各级官员正确认识和处理职权与责任、权利与义务的关系，并在各级官员中进行关于正确的权力观念和责任观念的教育，不断提高自觉性，清除各种模糊认识和错误观念，确保官员对自己行使权力的责任有正确的理论定位与价值取向，构建起责任追究的长效机制。

第二，强化对现实焦点问题及难点的探讨，实现责任追究的制度创新。首先，如何使责任追究制度不仅针对官员个人，而且针对党政领导集体还需进一步探讨。随着民主进程的推进，决策需要遵循科学化、程序化的要求，领导集体的作用愈发显现出来，诸多重大决策、重大工程项目等都需要经领导集体讨论后方能通过，这就意味着领导集体承担责任的可能性愈发常见。如果领导集体决策失误，相应的责任追究制度不仅要追究“一把手”的责任，也要追究领导集体的责任。其次，针对现实中有些官员或领导集体不思进取、得过且过，甚至相互拆台、拉帮结派，搞“小团体”的状态，扩大责任追究制度的范围，将决策失误、无为平庸、工作失误、用人失察等责任导入到责任追究的范围，并在正职领导承担责任的同时，有意识地将领导集体相关成员也纳入考察的范围。再次，进一步明确责任追究的范围与对象，在党政领导、正副职、不同层级官员之间实行责任划分与分配，使责任追究形成一定的制度预期。最后，强化责任追究制度配套体制的完善，加强干部人事制度、绩效评估制度、政务公开制度与责任追究制度的兼容，培育责任追究的社会氛围，力求制度上的突破，发挥出应有的制度效应。

第三，以维护公共利益作为责任追究制度的核心原则，强化权力运行过程中的责任取向。“从最广意义上来看，政府责任是指政府能够积极地对社会民众需求做出回应，并采取积极的措施，公正、有效率地实现公众的需求和利益。”① 从这个意义上讲，公共利益不仅是责任追究制度的行动指南，也是公共权力得以产生和存在的原因及理由，还是责任追究制度不断推进的力量之源。未来责任追究制度的发展，必须要将以人为本的执政理念和科学发展观的指导思想作为其强力推行的强大理论武器，进一步体现对人民负责的施政理念，加强官员的责任意识、伦理意识、诚信意识，促进经济、社会协调发展和人的全面发展，制止“部门权力化、权力利益化、利益政策化”的倾向，防止公共权力的异化变质。在继续坚持执政党或行政系统内部实行责任追究的同时，逐步强化其他责任追究形式，构建包括社会公众对政府及其官员的责任追究、人大代表对政府及其官员的责任追究、执政党和民主党派对政府及其官员的责任追究、新闻媒体对政府及其官员的

---

① 张成福：《责任政府论》，《中国人民大学学报》2000年第2期。

责任追究、司法机关对政府及其官员的责任追究等形式在内的多维责任追究体系。通过强化责任主体、责任受体、责任内容和责任机制的完善和建设，关注社会公共福利的增长，提高政府及其官员对公民需要的回应水平，促进社会和谐与文明发展，有效解决工具理性有余、价值理性不足的问题。

马克思的实践价值论
与政治“普世价值”问题*

张守夫**

一、马克思对两种方法论的批判

自休谟提出“价值”有别于“事实”的“休谟问题”以来，中西方学者对价值的研究主要是从主体论和主客体关系论两个方面进行的。主体价值论者强调价值是因人的理性目的、感情欲望、主观意志、利益偏好或兴趣需要等主体因素而产生的对人的意义、效用、满足或实现等，这种观点主要是西方价值论的主流思想；中国学术界则以价值的主客体关系论者居多，强调价值是客体及其属性和功能等客观因素对人及其需要而产生的满足、效用和意义。但是，这两种理论均走向了极端。具有片面性：前者过分强调主观性而走向主观相对主义价值论，后者过分强调客观性而忽视了价值产生的社会实践、主体创造和

---

* 本文发表于《政治学研究》2009 年第 3 期。

** 张守夫，山西大学政治与公共管理学院教授。

历史过程。针对这两方面的缺陷，马克思早在《关于费尔巴哈的提纲》中就已指出：“从前的一切唯物主义的主要缺点是：对对象，现实，感性，只是从客体的或者直观的形式去理解，而不是把它们当作感性的人的活动，当作实践去理解，不是从主体方面去理解。因此，和唯物主义相反，能动的方面却被唯心主义抽象地发展了，当然，唯心主义是不知道现实的，感性活动本身的。”① “全部社会生活在本质上是实践的。凡是把理论引向神秘主义的神秘东西，都能在人的实践中以及对这个实践的理解中得到合理的解决。”② 所以，我们有必要重新探讨、研究并理解马克思对社会科学研究的两种方法曾进行的批判，这对我们正确认识和分析时下“普世价值”论调有重要的启发意义。

（一）对单纯抽象和普遍定义的概念归纳方法的批判

自古希腊文明以来，西方学术研究就一直遵循着亚里士多德创造的研究方法，即通过“种加属差”的本质定义方法来确定同类事物存在的普遍形式和原因，并以此作为基础和出发点来构建概念和理论的知识体系。这种方法是从考察具体事物出发，从个别、特殊上升到普遍一般为止的，以达到单纯抽象概括为一类事物的共性，从而认为是完成了对事物的本质认识的普遍概念定义方法。

马克思早在《政治经济学批判导言》中批判了这种在研究价值概念时的单纯概念抽象的归纳方法。马克思认为，这样一条认识道路对社会科学研究来说是错误的。这种方法从实在和具体开始，从现实的前提开始，从表象中的具体达到越来越稀薄的抽象，得到一个混沌的关于整体的表象，直到达到一些最简单的规定为止，就认为万事大吉是错误的。③

一方面，这样一条道路把概念按层次一级一级地向上抽象，当上

① 《马克思恩格斯选集》第1卷，北京：人民出版社1995年版，第54页。

② 同上，第56页。

③ 《马克思恩格斯选集》第2卷，北京：人民出版社1995年版，第24页。

位概念的抽象度越来越高的时候，概念的内容越来越空乏，因而概念越来越远离人们的生活和社会实践。所以，马克思指出，在抽象的最后阶段，一切事物都成为逻辑范畴，用这种方法把每一个物体的一切所谓偶性（有生命的或无生命的，人的或物的）抽去，认为越远离物体就是日益接近物体和深入事物。因而整个现实世界都淹没在抽象世界之中，即淹没在逻辑范畴的世界之中。例如，如果我们抽掉构成某座房屋特性的一切，抽掉建筑这座房屋所用的材料和构成这座房屋特点的形式，结果只剩下一个一般的物体；如果把这一物体的界限也抽去，结果就只有空间了；如果再把这个空间的向度抽去，最后我们就只有同纯粹的数量，即数量的逻辑范畴打交道了。① 又如，就“价值”概念而言，价值作为一种单纯抽象，是对人类具体的实践活动所创造的社会物质、精神和制度文明及其对人类的意义的共同抽象；但是，单就物质文明的价值世界（如商品价值）而言，如果离开了价值的构成要素和在不同历史阶段的表现（如劳动、价格、资本、利润等），那么，对价值的单纯抽象就毫无意义，这样一个简单的定义“价值是无差别的一般人类劳动的凝结”② 就如同一句空话。

另一方面，形而上学家们把通过这样的方法而形成的概念进一步实体化和神秘化，认为这样的概念所表示的事物的本质是真实的、永恒的、普遍的存在。所以，马克思指出，“语言是思想的直接实现。正像哲学家们把思想变成一种独立的力量那样，他们也一定要把语言变成某种独立的特殊王国，这就是哲学语言的秘密。在哲学语言里，思想通过词的形式具有自己本身的内容。从思想世界降到现实世界的问题，变成了从语言降到生活中的问题。”③

这种对概念的单纯抽象方法，把人类的认知和实践演变成一种语言的游戏，偏离和滞后于时代发展的步伐。它的缺陷集中表现为：第

---

① 《马克思恩格斯选集》第1卷，北京：人民出版社1995年版，第138—139页。

② ［德］马克思：《资本论》第1卷，北京：人民出版社1991年版，第65页。

③ 《马克思恩格斯全集》第3卷，北京：人民出版社1972年版，第525页。

一，以这种单纯的抽象局限在抽象共相的普遍形式里，不能进展到对这种共相的特殊化和具体化，这种抽象的单纯性乃是一个异常贫乏的规定，不能据以把握现实生活和社会历史实践的丰富内容；第二，用有限的抽象规定去把握无限变化的对象并将抽象的同一性认作最高的原则；第三，把一般和个别、普遍与特殊、形式和内容对立起来，不承认它们的对立统一；第四，认为理想的、应当的、彼岸的观念是真实存在的，而现实世界因多变而受到轻蔑；第五，最重要的是脱离了人类自己的历史和实践，把抽象的概念神秘化。所以，马克思说：“哲学家们只要把自己的语言还原为它从中抽象出来的普通语言，就可以懂得，无论思想或语言都不能独自组成特殊的王国，它们只是现实生活的表现。”①

（二）对纯粹思想和概念演绎方法的批判

纯粹思想演绎的方法就是黑格尔的“绝对理念”外化的唯心主义辩证推理方法。事实上，是黑格尔第一个从唯心主义角度批判了自亚里士多德以来传统思维方式的片面性和局限性，只不过是他把与传统方法不同的辩证的历史主义方法引向到纯思的领域。因此，马克思在吸收他的合理思想的基础上扬弃了他的唯心主义基础。

黑格尔在《小逻辑》开篇中通过批判形而上学思维方式的片面性和局限性之后，提出了自己的思辨逻辑方法。黑格尔对形而上学方法的批判主要是：旧形而上学的思维是一种有限的、单纯抽象的思维，它没有意识到思想自身所包含的矛盾和思想自身与信仰的对立，却相信，只靠反思作用即可认识真理。旧方法认为抽象的孤立的思想概念本身就是自足的，它完全可以表达真理并且有效，这是基于一种非理论自觉的、未加分析的、盲目的信仰，即相信思想能够把握存在本身。这种思维方式实际上用亚里士多德的“种+属差”的定义方式，来考

① 《马克思恩格斯全集》第3卷，北京：人民出版社1972年版，第525页。

察、定义和表达上帝、自然、精神等这样内容丰富的观念，但是，没有什么谓词能够穷尽这些理念。这种形而上学是一种独断论，它们坚决排斥一个事物有两个相反的、自相矛盾论断，并认为这两个命题中，只能有一个是真的，另一个必然是假的。这就是黑格尔所批判的形而上学孤立的、片面的、静止的思维方式。① 但是，黑格尔把他的辩证方法引向了唯心主义。他认为思想与存在是完全同一的，理念是事物的本质，思想之外没有事物的本质，理念内部的普遍性和必然性的矛盾是推动事物发展的动力，各种思想规定性在认识和知识发展过程中具有动态和历史性质，这种方法是客观思想由单、贫乏、肤浅和片面，辩证地发展到复杂、丰富、深刻和全面的过程。

马克思从实践唯物主义的角度批判黑格尔的唯心主义方法。马克思在《哲学的贫困》中指出，蒲鲁东这样的黑格尔主义者，欲在纯粹的、永恒的、无人身的理性中，寻找和说明形而上学家们的固定不变的永恒的范畴、原理、规律、观念、思想（如分工、信用、货币等资产阶级生产关系）的形成情况和来历，把现实关系看作是人类“纯粹的、永恒的、无人身的理性”② 的一些原理和范畴的化身，把现实的人类历史看作是应用的形而上学和逻辑学。这种语言使人觉得这些范畴似乎是刚从充满纯粹理性的头脑中产生的，好像这些范畴单凭辩证运动才互相产生、互相联系、互相交织。但是，既然我们忽略了生产关系的历史发展，既然我们只希望在这些范畴中看到观念、不依赖实际关系而自生的思想，那么，我们就只得到纯理性的运动中去找寻这些思想的来历了。马克思深刻地指出：“黑格尔认为，世界上过去发生的一切和现在还在发生的一切，就是他自己的思维中发生的一切……他以为他是在通过思想的运动建设世界；其实，他只是根据自己的绝对方法把所有人们头脑中的思想加以系统的改组和排列而已。”③

---

① ［德］黑格尔：《小逻辑》（贺麟译），北京：商务印书馆1997年版，第63—187页。

② 《马克思恩格斯选集》第1卷，北京：人民出版社1972年版，第105页。

③ 《马克思恩格斯选集》第1卷，北京：人民出版社1995年版，第141页。

综上所述，形而上学把不变规律、永恒原理、理想范畴看作是先于人们现实生活的存在，在这一切一成不变的、停滞不动的、普遍的、永恒的存在里是没有历史的；而黑格尔把这些规律、原理、范畴看作是自古以来“人类的无人身的理性”的产物，它是有历史的，但只不过是观念中的历史，即反映在纯理性的辩证运动中的历史。马克思认为：“人们按照自己的物质生产的发展建立相应的社会关系，正是这些人又按照自己的社会关系创造了相应的原理、观念和范畴。所以，这些观念、范畴也同它们所表现的关系一样，不是永恒的。它们是历史的暂时的产物。”①

二、“价值一般”必须经实践上升到具体

对马克思来说，“概念一般”作为一种普遍的形式从来都不是真实的具体的历史存在，“概念一般”不过是人类思维抽象力把握世界的一种便捷的方式；而“概念一般”从抽象上升到具体的方法，也只是思维用来掌握具体并把它当作一个精神上的具体再现出来的方式，但绝不是具体产生过程本身。所以，马克思指出：整体，当它在头脑中作为被思维的整体而出现时，是思维着的头脑的产物，这个头脑用它所专有的方式掌握世界；而具体总体作为思维总体，作为思维具体，事实上是思维的、理解的产物，但是，绝不是处于直观和表象之外或驾乎其上而思维着的、自我产生着的概念的产物，而是把直观和表象加工成概念这一过程的产物；只要这个头脑还仅仅是思辨地、理论地活动着，那么，现实世界仍然是在头脑之外保持着它的独立性。② 因此，概念从抽象上升到具体，必须经过人类实践历史活动这一途径，才能去获得它的真实的内容和多样性的统一。

---

① 《马克思恩格斯选集》第1卷，北京：人民出版社1995年版，第142页。

② 《马克思恩格斯选集》第2卷，北京：人民出版社1995年版，第18—19页。

马克思以“交换价值”这个概念为例，阐释了概念抽象经实践上升到具体的这一科学上正确的方法。“交换价值”作为概念，早在人类社会早期就有。但是只有到了现代商品经济社会，交换价值才有了现代意义上的具体内涵：它是以人口，以在一定关系中进行生产的人口为前提，也是以某种形式的家庭、公社或国家等为前提；如果抛开构成人口的阶级，人口就是一个抽象；如果离开了阶级所依据的因素(雇佣劳动、资本等)，阶级又是一句空话；而这些因素是以交换、分工、价格等为前提的；当我们通过历史的分析再回到“交换价值”时，这时它已经是一个具有许多规定和关系的丰富的总体了。所以，交换价值只能作为一个既与的、具体的、生动的整体的抽象的关系而存在，因此，马克思说：“具体之所以具体，因为它是许多规定的综合，因而是多样性的统一，因此它在思维中表现为综合的过程，表现为结果，而不是表现为起点，虽然它是现实中的起点，因而也是直观和表象的起点。”①

“实践一般”是一个抽象，是人类物质生产活动、精神活动、政治和经济的社会交往活动的共同的抽象和规定；“价值一般”也是一个抽象，是人类实践所创造的物质文明、精神文明和制度文明在价值形态上的共同抽象和规定。这样的抽象是人类思维能力对事物的整体和简便的把握，所以也是一个合理的抽象。但是，构成实践和价值的发展的恰恰是那有别于这个一般和共性的“差别”。② 因此，对“实践”“价值”等概念一般所做的种种规定之所以要抽象出来，正是为了不至于因见到“普遍”就忘了概念内容发展的本质的差别。而忘记这种差别的正是那些想证明“普世价值”是一种普遍适用的永恒存在的形而上学家们的全部“智慧”所在。所以，同类事物所共同的被思维当作一般规定而确定下来的规定是存在的，但是用这些抽象的共性，不可能理解任何一个现实的历史的发展阶段。所以，科学合理的思维

---

① 《马克思恩格斯选集》第2卷，北京：人民出版社1995年版，第18页。

② 同上，第23页。

必须从抽象上升到具体，必须用人类实践的历史去体现和规定概念内容的丰富性和多样性。也就是说，类似价值这样的概念，不仅是一般历史实践的产物，更是特定历史阶段的产物。离开了现实的历史的具体内容，这些一般的抽象概念就没有任何价值。

马克思从实践唯物主义的观点出发，把各种价值形态看作是人类实践活动（体力劳动和脑力劳动）的历史创造和凝结。马克思之所以从劳动价值论开始探讨人类各种类型的价值形态的研究，基于如下事实：归根到底，是人的劳动创造了人类的物质文明、精神文明和政治文明（或制度文明），从而创造了人自己的历史；并且，物质生产活动及其所创造的物的价值世界（商品价值体现着人与人的关系）是人类其他活动的基础，社会意识形态以及与之相配套的政治制度，它们的价值形成和发展是受前者制约和决定的。具体地说，人造的物质产品（如商品）、精神产品和制度产品，其价值存在问题主要不是人们的主观好恶的评价和取舍的结果，而是凝结着人类实践活动的历史成果，体现着不同历史阶段人与人的特殊关系，因而，它们的价值是历史选择和创造的产物，具有主体性、客观性、具体性、现实性和历史性的特点；而且，在价值形态上，物质文明所体现的人类社会关系是第一位的，它决定着精神文明和制度文明发展的历史阶段、水平和程度。

马克思在《资本论》中具体研究了价值的二重性理论，区分了使用价值和价值。使用价值强调事物的有用性，是人类具体劳动成果（社会物质、精神和制度财富），对人的意义用“价值”这一抽象概念来判断人类物质、精神和政治交往过程中使用社会各种资源的合理性标准。如某一社会政治制度存在的价值，如果偏离了其所依赖的社会生产力和生产关系的状况，落后或超前占社会主导地位的阶级的经济要求，那么这样的制度存在是脱离了该制度的价值要求的。所以说，马克思的实践价值论对政治价值论来说具有重要的指导意义。显然，任何制度模式都是人类实践的成果，它们对不同历史时期的人们的交往活动具有使用价值；但是，现实制度之适用和存在却有其制度价值的标准（是否适合一定历史阶段的生产力和经济基础的水平），这个标准是对人类历史活动的抽象概括。显然，马克思的价值理论不同于在现代政治哲学中罗尔斯的制度正义的价值标准，罗尔斯所提出的制度正义的普适价值标准——自由和平等的权利原则，是无视历史发展和现实利益的形而上学价值观。

三、西方政治“普世价值”问题的实质

在西方学术界，占统治地位的政治观念、法律观念、道德观念、哲学观念以及其他观念都被归入抽象人学的领域；政治意识、法律意识、道德意识被宣布为具有普世价值的意识，而政治的、法律的、道德的人则被宣布为理性的人和无差别的一般的人。无人身理性的统治被当成了前提。一切占统治地位的政治和经济关系逐渐地都被宣布为人权关系，继而被转化为迷信——对抽象法、抽象正义原则、抽象民主自由和人权的迷信，等等。整个西方的主流意识到处涉及的都只是“普世价值”的信仰。绝对自由民主在世界越来越大的规模内推广并被圣化了，直到最后完全把普世价值宣布为永恒的、普遍适用的圣物为止。

政治领域中的价值问题显然不是一个纯粹的价值评价问题，而是一个价值实体的问题，即不是一个认识论问题，而是一个实践问题；不是一个是否符合或不符合抽象正义标准的好坏问题，而是一个是否适合或不适合生产力和经济基础的发展水平的实践问题，这个问题最终表现为人类实践历史的选择。然而，人们之所以不能清醒地认识到西方式政治“普世价值”所倡导的资产阶级的自由、平等、人权、民主、法治等观念的虚假性，一方面是因为不能正确辨别这些观念所源起的“古典自然法”理论论证的方法论的正误，另一方面是因为常常忽视了马克思的实践价值论所依据的唯物史观的立场和方法。

（一）古典自然法的“普世价值”的抽象人性论基础

演绎逻辑既是整理人类知识的必要工具，也容易导致误解，导致“前提错误，结论也必然错误”。古典自然法学家们虽然没有意识到以“抽象人性论”为基础的知识体系化的风险（“自然状态”被后来的实证主义斥责为胡说八道），但是，把代表当时人类先进思想的文化给予知识化和理论化的同时，也使其自由、平等、人权、民主、法治等观念形而上学“普世化”，从而导致现代西方政治价值中心论对人类危害的扩大。

在西方政治思想史上，普世价值观直接来源于“古典自然法”学说。随着文艺复兴、宗教改革运动、市场经济的发展，启蒙运动的自然法理论成为资产阶级政治革命的理论武器。以格劳秀斯、霍布斯、洛克、孟德斯鸠、卢梭为代表的启蒙思想家，他们高举“自然法”和“天赋人权”的旗帜，提出人权、自由、平等、博爱、民主、法治主张，参与资产阶级推翻政教合一的封建统治的斗争。这个时期的自然法学说就是“古典自然法”学说。

古典自然法学家的代表人物霍布斯、洛克和卢梭以抽象人性论为基础，设计了自然状态、自然权利（即人权）、自然法则这样的“三自”理论，来论证自然法理念（自由、平等、人权、法治等）的普适性。但是，他们设计的自然状态不同，得出的结论也有所差别：其一，霍布斯从人性恶论出发，把自然状态看作是一种“人对人像狼一样”的战争状态；得出的结论是，人们将自然权利让渡给主权者，君主按契约产生，主权者根据契约不可被推翻。其二，洛克从人性善论出发，把自然状态看作是一种田园牧歌式的幸福生活，人人天生的自由、平等、独立；得出的结论是，人们为了更好地保护自己的自由、人身和财产安全，缔结社会契约，自愿放弃各自单独惩罚权，交国家或政府行使，主权在民，政府是代理人。其三，卢梭是第一个明确提出所谓自然状态的描绘不过是一种假设性前提，只是为了论证的方便而已。他认为，在自然状态下，人们之间自由、平等地生活，是私有财产的出现导致了不平等。卢梭认为这是人类历史发展的必然现象，只有未来的社会才能实现通过人民自由协议而形成的人民主权的国家。我们看到，启蒙思想家基于理性纯演绎地推出自然法，从社会契约理论和自然权利理论出发提出自由、平等、博爱的正义原则以及国家制度正义理论。认为国家不是权利的创造者，而只是公民不可让渡的权利的捍卫者；国家和政府的权力是公民权利部分让渡的产物，不能捍卫公民自然权利的政府，因最终缺少合法性基础，可以被人民有权要求更换。他们以此来证明自然法对人类的永恒性和普遍有效性。这一“主权在民”思想是西方现代政治普世主义的直接理论渊源。

古典自然法的“普世价值”观有以下共同的特点：一是认为自然法源于人的理性，它是正义的准则，它指示任何与我们理性和社会相一致的行为就是道义上公正的行为，反之，就是道义上的罪恶行为；二是认为自然法是永恒不变的，它表现为道德规则的自律原则和政治法律规则的他律原则；三是自然法普适于遵从理性的全人类，人们既然都是平等和独立的，任何人就不得侵害他人的生命、健康、自由或财产；四是把自然法规定为是全体公民的合意和社会契约的产物。总之，西方自然法理论认为，天赋的自由、民主、人权是某种神圣先验的东西的产物，人们之间的政治、经济和一切交往关系以及人们的一切举止行为都受到这种普适价值的束缚和限制，于是他们似乎完全合乎逻辑地向全人类提出一种道德上的绝对命令：每个民族、每个国家都应该如此。

（二）作为西方意识形态的政治“普世价值”的本质

我们可以总结西方政治普世价值观的错误：其一，过度沉迷于那些抽象的普遍概念的思辨，似乎“民主”是盘旋在天空中的实体，从而脱离了这些普遍概念在现实生活中的适用条件；其二，对应该考虑在内的社会利益与个人利益，不同阶级的存在和利益矛盾，以及在使用和发展政治概念过程中所碰到的其他实际问题视若无睹；其三，确信能够认识某一原则或概念的本质和政治结果，全盘脱离实际效用，对概念进行抽象的思考，这导致处理问题时的不着边际——我们凭此可以说，“人权”之类的概念，在事实上，其本质结果就如同现实存在，思想似乎与现实同一；其四，无视政治的目的与效果，并拒绝“政治为什么是这样的历史存在”的设问，在普遍概念的天国中，没有人问“为什么制度会这样生成”，而那些实际的事实，则被逐入到神圣的教条中；其五，在方法上对公理体系进行错误的模仿，以致全部的政治实践成了纯粹普遍公理的运作和计算，并于其中通过逻辑推演获取政治的内涵、政治的生命成了逻辑，而不是历史的实践，社会发展的唯一动力变成了逻辑的演绎。

自 18 世纪以来，西方资产阶级思想家所共有的这种历史观，必然会把诸如自由、平等、民主、人权等思想越来越抽象化，概念的形式越来越普遍化。因为，他们之所以为自己编造出诸如此类的幻想，把自己的思想赋予以普遍性的形式，并描绘成唯一合乎理性的有普遍意义的思想，是由于他们为了达到自己的目的，不得不把自己的特殊利益说成是社会全体成员的共同利益，从而不得不在观念上把具体的人抽象为一般的人，把某一种思想和概念看作是历史上发展着的一般概念，把一切具体的社会关系看作是人们的一般关系，最终把占统治地位的资本主义社会的政治结构、经济关系和意识形态说成是“永恒规律”“普遍真理”和“普世价值”。

所以，马克思明确指出：“统治阶级的思想在每一时代都是占统治地位的思想。这就是说，一个阶级是社会上占统治地位的物质力量，同时也是社会上占统治地位的精神力量……占统治地位的思想不过是占统治地位的物质关系在观念上的表现，不过是以思想的形式表现出来的占统治地位的物质关系”。① 因此，“道德、宗教、形而上学和其他意识形态，以及与它们相适应的意识形式便不再保留独立性的外

① 《马克思恩格斯选集》第 1 卷，北京：人民出版社 1995 年版，第 98 页。

观了。它们没有历史，没有发展，而发展着自己的物质生产和物质交往的人们，在改变自己的这个现实的同时也改变着自己的思维和思维的产物。不是意识决定生活，而是生活决定意识。”① 在思辨终止的地方正是真正的人类实践活动和历史发展开始的地方。关于“普世价值”的空话在不断被各个不同民族和国家的具体的历史实践活动和实际发展过程所代替，现实的历史的发展规律在不会绝对的“普世价值”失去生存环境。各国的历史发展自有它自己的现实逻辑。

四、结语

鼓吹“普世价值”的资产阶级一方面承认封建专制的“君权神授”的价值观是有历史的，而另一方面又不承认自己的政治价值（资产阶级自由和民主）是有历史的，由此，我们就可以看出，那些自相矛盾的普世主义玄学家们的真实意图和野心。“普世价值”问题不是一个纯学术问题，“把西方资本主义国家的政治价值和政治制度模式认同为‘普世价值’这一现象说明，‘西化’政治主张与‘西化’学术倾向之间存在着密切关联……要克服学术理论上的‘西化’倾向，仅从政治上批判、揭露其实质和危害是不够的，还需要有针对性地从学理上加强马克思主义的研究，形成真正科学的、有充分说服力的马克思主义研究成果”。② 所以，当今天我们致力于建设中国特色社会主义政治文明和社会主义核心价值体系的时候，加强马克思主义理论的研究，坚持马克思主义的实践的、历史的、辩证的唯物主义作为我们的指导思想是多么的重要。基于马克思的实践价值论，中国的政治制

① 《马克思恩格斯选集》第1卷，北京：人民出版社1995年版，第73页。

② 王一程：《马克思主义是剖析“普世价值”问题的科学思想武器》，《政治学研究》2008年第6期。

度是中国革命和建设的历史产物，是受中国社会的生产力发展水平和中国社会经济结构变迁性质决定的历史产物。中国的政治价值选择应是最符合广大人民群众利益的选择，最符合国情的选择。

国家范畴与现代西方政治学的变迁*

吴 清**

一、问题的提出

19 个世纪末，政治学在美国率先从社会科学的其他学科中独立出来，并逐渐在西方政治学中取得了主导地位。它的学术发展方向大致代表了西方政治学发展方向。在美国，“国家”在相当长的一段时期内是政治学以及法学、哲学等多学科探讨的核心问题和构造理论不可缺少的重要概念工具。

然而，自 20 世纪 40 年代以来，随着行为主义思潮的兴起，作为一种分析的概念工具的“国家”在现代西方政治学研究的视野中日渐消失，以至几乎完全湮灭。对活跃于五六十年代和 70 年代的大多数政治学家来说，特定的国家同特定领土范围内特定的社会共同体之间的

---

* 本文发表于《中国社会科学》1994 年第 5 期。

** 吴清，时任上海交通大学国际与公共事务学院副教授。

相互关系，以及由此而来的种种政治现象，已经不再成为他们关注的重点①，有时甚至不再成为他们所关注的对象②。现代政治学的高度发展，并非建立在对国家形式的考察上，而是建立在对诸如政治系统、结构、利益集团、官僚政治、政治发展、投票、精英的行为与心理这些概念与现象的分析基础之上。

政治学领域中的上述现象，至80年代之后发生了一次重大转变。越来越多的学者从经济学、比较文化人类学等学科对国家的最新研究成果中获得启示，纷纷开始重新探讨国家及其在社会生活中的地位、影响与作用问题。学术兴趣的这一转移，不仅大大拓展了“国家”概念所包含的丰富内涵，而且导致了一个全新的理论模式——国家—社会关系模式——的产生。这一新的理论模式对当前西方社会科学领域中一些重要的分支学科已经产生了、并且仍在继续产生着深远的影响。

本文写作的目的，在于厘清“国家”这一理论概念在现代西方政治学研究中的发展演变过程，揭示其兴衰沉浮的背后所蕴含的社会历史与学术发展上的内在动因，分析不同阶段上西方学者在构建其主要理论模式过程中对于“国家”的理论探索所存在的得失及其对学科发展所造成的积极与消极影响。上述分析和考察，旨在促进国内理论界更为准确地理解和把握现代西方政治学理论的发展脉络，并且在自身的学科建设过程中能够批判性地借鉴他人的理论成果，避免重蹈其理论覆辙。

① 在国际政治学领域里，“国家”一直被作为一个基本的行动重位加以分析。但这种分析主要是在国家与国家间的关系的层次上进行的。它所关注的乃是一个国家同其他国家或同整个国际社会之间的相互关系以及由此而引发的一系列政治现象。这种考察的着眼点与政治学从一般意义上考察国家的着眼点，有本质的差别。

② 据美国科学基金会1971年调查，具有10年以上、15年以下专业研究背景的政治学者中，专门从事“政治理论”研究的，仅占该年限整个政治学者人数的6.3%。见《政治学：范围与理论》第1章，台湾幼狮文化事业公司1984年版，第129页。

二、"国家"与美国早期的政治学研究

所谓美国早期的政治学研究，系指自政治学在美国最先成为一门独立学科之日起①至20世纪40年代行为主义思潮在美国兴起之前的半个多世纪里，美国政治学所走过的发展历程。

在这一阶段上，美国政治学秉承了欧洲大陆学者，尤其是德国学者所持有的那种强烈的国家主义与法理主义的学术倾向。尽管此时的政治学已在名义上成为独立的学科，但并未在根本上从法学、哲学甚至伦理学等学科的分析概念与分析方法的阴影中摆脱出来。"国家"占据着这一阶段上政治学研究的中心地位。对于大多数的学者而言，所谓政治学就是"研究国家的理论、组织、政体和实践"② 的社会科学的一门分支学科，政治理论也只是"关于国家的起源、形式、行为和目的的整个学说。"③ 因此，政治学在这二时期实际上成为一门"国家学"。它将国家视为主权的最高化身④，并从政治法律制度、政府机构的设置等方面，对国家展开静态的、描述式的、历史主义的研究。其总体的研究脉络，不外是从有关的法律条文或某些重大的政策出发，对国家的立法、司法、行政、选举、政党等制度进行考察，追溯某些

---

① 一般认为，1880年至少在象征的意义上标志着政治学的正式诞生。是年，美国哥伦比亚大学（当时尚称学院）成立了全世界第一所专门的政治学院。见《政治科学大全》第1卷，第36页。

② ［美］詹姆斯·A. 古尔德与文森特·V. 瑟斯比编：《现代政治思想》第1编"引言"，北京：商务印书馆1985年版，第6页。

③ ［美］詹姆斯·A. 古尔德与文森特·V. 瑟斯比编：《现代政治思想》第1编"引言"，北京：商务印书馆1955年版，第6页。

④ 在这一阶段的中后期，有一部分学者，如哈罗德·拉斯基（Harold J. Laski）等人对这一观点提出了挑战。

重要的、正式的政治法律机构、职位权限、宪法及其他塑造了政治体制的制度基础的法律条文的历史渊源与演变过程，并对国家机构及政府官员的权力活动进行一些法理学意义上的探讨与论证。

上述研究模式，正如后来的行为主义者所指出的那样，根本无法对现实中的政治实际上是如何运转的问题做出清晰的回答。其背后所蕴含的假定，乃是将政治等同于国家或国家机构的活动，并试图从有关机构的设置、制度的架构等方面入手，对现实中的政治过程进行考察。国家实际上成了国家机构的代名词与各种政治法律制度的综合体，并被视为实际政治过程与政治行为的代表。至于下列问题：制度是如何运转的、国家是否能代表人们政治生活的全部内容、在法定的制度或机构之外是否还可能有其他形式的政治行为，等等，则不在其思考之列。

站在今天政治学发展的高度，指出并批评这种学术倾向的缺点及其幼稚性是十分容易的，但要完全否定其产生与存在的合理性则并非易事。诚然，早期政治学中的国家主义、法理主义、规范主义的研究方法并不适用于其批判者后来所生活的那个时代的社会政治现实，但却并非完全不具备来自其赖以立足的那个时代的社会现实依据。导致上述研究倾向的原因至少可以表现为下列三个方面：

首先，从社会历史的背景看，自由竞争的资本主义在渡过其资本的原始积累期之后，与不受约束的产业制度伴随而来的产业革命对于社会整体的破坏性，在这一时期已日益被人们所认识。相应地，要求国家机构出面对这种放任自流的自由竞争式的社会生活进行强有力的干预与调节的呼声也日益增强。在这一时期内，包括美国在内的各国政府纷纷一改其“忠实的守夜人”形象，以国家的名义，借助立法活动对无视起码的人道准则、践踏基本的生活权利的产业制度、产业政策与产业活动进行一定程度的限制和调节。社会现实的这一变化，引发了社会科学领域中对国家的性质与职能、自由的性质及其与法律强制间的关系等一系列重大理论问题的研究热潮，并进而触发了作为一种特殊利益集团的意识形态的传统自由主义，向作为一种社会哲学的现代自由主义的过渡。面对国家在社会生活中影响的日渐加强与整个哲学思潮的转变，刚刚独立的政治学继承本学科尚处于潜学科状态时所形成的学术传统，期望以其自己的调查研究手段对制度的创新与社会的进步有所贡献是十分自然的。

其次，随着这一时期内与传统自由主义精神相悖的立法与制度创新活动的日益增加，早期资本主义制度正日益被牵引着向现代资本主义制度过渡。尽管在这样一个变迁的时代里，国家在社会生活中的作用正日渐加强，但总体上说，它远未达到如后来的凯恩斯主义对它所要求的程度。政府机构与政府官员所从事的政治活动在社会生活中的地位、作用与影响相对来说仍然是明确而有限的。国家也仍然占据着政治生活的中心舞台，并且，在一定程度上构成了政治过程的起点与终点。因此，就学术发展的内在逻辑看，早期政治学将国家与国家机构相等同，并进而将其作为理论分析的起点与归宿，也就是顺理成章的了。

最后，就学术研究的方法与手段而言，现代社会科学通常所拥有的技术装备与技术手段，在这一阶段上尚不具备。统计方法既不完善，统计数据也难以获得。至于要像现在那样，运用大型计算机对大范围内的数据资料进行存储分析，就更是没有可能。技术手段与技术装备的欠缺，在很大程度上制约着早期政治学还只能借助于传统的哲学思辨技巧或历史主义的研究方法，对国家进行法理主义的规范式考察，而无力跨越到对大规模人群的政治态度与政治心理，或对各个层次上的政治行为与实际政治运作过程进行细致的研究。

以上三方面的因素，基本上可以概括“国家”这一理论概念之所以在早期政治学中占据主导地位并呈现出那样一种面貌的原因所在。尽管这种研究模式存在诸多弊端，但它却是推动政治学走向成熟的第一个阶段。

三、行为主义思潮的兴起与“国家”在政治学研究中的衰落

变迁的时代带来变迁的社会，变迁的社会进一步导致政治学理论的变迁。随着工业化进程的日益深入，早期政治学研究模式同社会政治现实之间的差距不断地在扩大。

工业化进程在20世纪初美国社会中的高歌猛进，一方面促进了社会经济、技术水平的迅猛提高，但另一方面也导致了社会结构的日趋复杂和社会矛盾的日益尖锐，并推动着各阶级、阶层、集团的政治意识的日益增强和整个社会政治动员程度的日渐高涨。在这一社会背景下，各种超越于或外在于国家原有的政治法律结构与制度框架的政治性媒体，如政党、利益集团、大众传播媒介等，日益介入政治过程并在社会生活中扮演重要角色①。现实中的政治活动无论在规模、涉及的范围还是其所包含的内容及表现形式上，都变得愈来愈复杂和多样化。政治已不再是单纯的政府或政府官员们各种权力活动的总和，政治生活的舞台也开始急剧地从国家向整个社会扩展。那种将国家作为现实的政治过程的起点与终点，进而将之作为理论分析的起点与终点的研究模式，显然已无法应付日益复杂化的社会政治形势，因此也就日渐丧失了其存在的合理依据。行为主义者敏锐地感受到既有的研究理论同现实之间的这一差距，适时地提出以实证主义的、经验的、科学的研究理论，取代规范的与历史主义的研究理论，以对现实中政治过程与政治行为的考察，取代对制度设施、法律文本的探讨，从而导致了政治学研究领域中的一次重大变革，并进而直接导致了作为一种分析的概念工具的“国家”在现代政治学研究中的衰落。这种衰落，

---

① 参见 G. Almond, “The Return to the State,” *American Political Science Review*, Vol. 82, 1988, p. 855.

可以集中地从先后占据现代西方政治学研究主导地位的三种理论模式——政治系统理论、结构—功能主义理论与多元主义理论——中体现出来。在上述三种理论模式中，“国家”或者因其被吸收进更具抽象性和普遍性的理论概念之中而消亡了自身，或者被作为一种假设性的概念而不再成为经验研究的重点。

作为政治学领域中行为主义思潮的主要代表人物之一，大卫·伊斯顿（David Easotn，1917-）是西方政治学界中第一个通过建立起一整套完整的理论体系而给予“国家”在政治学研究中的地位以毁灭性打击的政治学家。

在伊斯顿看来，20世纪最初50年里，政治学从未形成过类似于自然科学的那种“把整个学科都能归入其中的宽轨理论，或者叫概念框架。”① 这种状况使得政治学仅仅成为人们对于一大堆经验性事实的认识或对个别因果性关系命题的表述二者的堆积，而不是一个完整意义上的、具有最低限度的统一性与连贯性的学科体系。为了克服这一致命的缺陷，就必须找到或建立起一种能够标示出“整个政治学研究主题的普遍性概念。”② “国家”显然不是这样一种普遍性的或整合性的概念。因为国家本身不过是特定历史条件下诸多政治现象中的一种特殊的表现形式，并非所有政治现象的本质的共同属性。从历史上看，它不过是一种将特定领土上的特定人群团结起来，以对抗中世纪教会、封建割据势力及国际社会中其他成员对它的侵犯的“统一的象征”或“神话”。这样一种定义含糊、又不能概括政治生活的本质的概念，或许十分适用于构建意识形态理论，却完全不适于用作精确的政治分析工具，故而“应当予以完全放弃”。

基于上述认识，伊斯顿彻底摒弃了传统政治学将政治归结为国家

① 大卫·伊斯顿：《现代政治理论的衰落》，见［美］詹姆斯·A. 古尔德等编：《现代政治思想》，北京：商务印书馆1985年版，第401页。

② David Easton, *The Political System: An Inquiry into the State of Political Science*, p. 107-112, New York, 1964 .

或某种合法的权力活动的观点，认为政治活动之区别于其他社会活动的本质，在于一切政治性活动都是“价值的权威分配”。当政治生活被作为一个有机的整体、一种政治系统来看待时，它指的是人类社会中有关价值的权威性分配过程的持续的、稳定的、相互联系的行动模式，简言之，就是“从总的社会行为中抽象出来的、据以权威性地将价值分配到一个社会之中的一套互动关系”。

借助于对政治和政治系统这一全新的定义，伊斯顿一举将所有出现于现实的政治过程之中、又为传统政治学中的“国家”概念所无法包容的各种政治性媒体，从政党、利益集团、大众传播媒介到教会、工会甚至家庭等，统统纳入了政治系统的范畴之内，并置于政治分析的视野之中，从而摧毁了“国家”在政治学研究中的核心地位，为政治学研究范围的拓展提供了理论依据。

尽管政治系统理论最大限度地实现了伊斯顿将经验主义政治学研究的基础予以科学化、概念化的目的，并且，直至今天“仍然是研究一般理论的唯一通览全局的方法和高屋建瓴的视角”①，但是，这样一种高度抽象和高度概念化的理论，除了提供给人们一些认识政治生活的总的原则、一套从生物学中移植过来并加以一番改造的新的概念术语之外，其对于整个政治学研究究竟具有多少实质性的指导意义，是值得怀疑的。事实上，它的最大缺陷在于，它无法在政治学的各个具体的研究对象与整个政治系统之间建立起有机的联系，并且切断了具体的经验数据资料同整个抽象的政治系统之间本应具有的和谐的相关性。它的空洞性使它如同一张大网，虽然沿着网的边际能够最大限度地将社会生活这个海洋中的政治层面分离出来，但它却无法进一步地为人们就各个具体的政治行为、政治机构、政治组织等所做的考察提供真正有价值的、具体的指导。它的缺陷之二，在于它本身也并不是一个能够将政治学研究的所有领域都完全地包容进去的概念框架。根

---

① ［美］大卫·伊斯顿：《政治生活的系统分析》中文版“序”，北京：华夏出版社1989年版，第5页。

据“政治乃价值的权威性分配”这一定义，政治社会化过程将被排除出整个政治学研究的范围之外，因为它所研究的是构成整个政治过程的一个组成部分，但却处于实际的价值的权威性分配过程之外的政治性问题。

鉴于上述两方面的缺陷，政治系统理论实际上成了一种近乎完美的空洞的理论。对于任何一个关注于具体问题的学者来说，它可以“什么都是，因此也就什么都不是”。

结构—功能主义是阿尔蒙德（G. Amond）结合系统理论的思想成果和帕森斯（Taleott Parsons）的结构—功能主义分析方法，于50年代中提出的一种主要运用于比较政治分析的理论模式。同伊斯顿一样，阿尔蒙德同样认为，作为一种分析的工具，尤其是作为一种比较的对象，“国家”是一个过于狭隘的领域，无法用于针对不同文明圈之内的政治共同体及各种特殊的政治现象进行经验性比较。为了建立起一个足以统摄所有重要的政治现象、并超越于任何一种文明的特殊经验之上的普遍的社会科学法则，同时也是为了“将我们（指美国和西方国家—译注）的经验移植到其他国家之中……并且将它们的制度科学地整合进一个普遍的政府模式之中”，必须使政治学走出正式的国家体系范畴，“进入对各种社会集团网络和整个人口的态度”的考察之中。

基于这一认识，阿尔蒙德从功能主义者所秉持的“结构必以功能的需要为前提”的理论命题出发，认为任何一个社会中的任何一种持续出现的政治活动、相对稳定的政治制度或惯常的政治行为模式——所有这些构成了政治结构的内涵——都是满足一定的社会基本需要的产物，也即，都履行着维持社会系统的存在与政治系统的自运转的种种功能，并且，是这些功能要求的产物。结构之差异乃是由于功能之差异所造成的，并且随着功能的变化而变化。鉴于此，政治分析的首要任务，就是揭示结构与功能之间的对应关系及其对于系统的存在与运转所具有的作用和影响，同时在功能分析的基础上展开对结构的比较分析。

阿尔蒙德的结构—功能主义理论第一次为跨文化的政治比较分析提供了一个可操作的分析框架，从而奠定了比较政治学的理论基础，并促进了60年代政治现代化与政治发展研究的繁荣。然而，将这一理论运用于比较政治学研究却存在着三个方面的理论困难：

首先，它无法证明结构与功能之间存在着一加一等于二式的必然的对应关系。换言之，它对于功能要件的甄别及其与结构之间对应关系的确定，带有极大的主观随意性。它“既难以证明某些功能（如利益表达）对系统来说是必要的”，更“难以证明某些特定的政治制度或政治行为是唯一能履行一定功能的制度或行为。”相反，经验研究发现，“无论是同一社会中的不同的政治结构，还是不同社会中的不同的政治结构，都可以履行同样的功能。”①

其次，这一理论模式存在着明显的种族中心主义倾向。它从结构专门化与功能分化已达最高程度的西方政治系统中获取其所要分析的功能要件，并以此为基础横向比较不同社会中的政治结构之间的异同。这就导致它无法客观地评价第三世界发展中国家本土的制度与文化在政治发展与政治现代化进程中的作用②，并且无法解释在那些不具备西方社会中的政治结构、甚至不具备其所要求的功能要件的第三世界国家里，为什么政治系统同样可以和谐地运转并起到维持整个社会系统的平衡的作用。

最后，这一理论模式同所有的功能主义分析一样，还存在着难以对系统或结构的变迁与动态平衡问题做出透彻解释的缺陷。

至此为止，无论是政治系统理论还是结构一功能主义理论在驱逐了“国家”之后，都未能为政治分析的世界带来一片晴朗的天空。

就在系统理论、结构—功能主义理论方法论上的不足日益为研究

---

① 阿兰·C. 伊萨克：《功能分析方法介绍》，《国外政治学》1986年第2期，第11—13页。

② 有关五六十年代比较政治学的理论倾向问题，可参见拙作《本世纪以来比较政治学在美国的发展》一文，《国外社会科学》1994年第1期，第64页。

者们所认识的时候，以罗伯特·达尔（Robert A. Dahl）、西奥多·洛威（Theodore J. Lowi）等人为代表的政治学者针对西方社会权力结构的现实所提出的多元主义理论模式，日益成为美国政治学界的主流学派。正是这一理论模式同当前的国家—社会关系模式展开了最为激烈的论战。从某种意义上说，国家—社会关系理论是在对多元主义理论的批判过程中确立其理论的基本框架的。

在考察“国家”在多元主义模式中的地位之前，应该承认，认为多元主义模式完全将国家在社会生活中的作用排斥于其理论观照的视野之外，并非事实。罗伯特·达尔在其对纽黑文市权力结构的调查中就曾指出，当时的市长李在推动一系列有关城市生活的市政计划时，其决定并未受到任何一种特定的政治集团的影响①。70年代美国政治学界最具影响的新多元主义代表洛威也曾指出，“公共行政管理必然构造和改变多元主义的运行体系”，无视这一点，“无论是多元主义的理论还是多元主义的实践，都不会有任何意义”②。

但是，同样是事实的是，由于多元主义的基本理论信条乃是将政治的决定因素归结为拥有各种有形或无形的社会资源以及被良好地组织起来的社会公众的压力与影响，因此，它并未就国家的政治法律制度、官僚科层组织或意识形态上的哪些因素与特征，在哪些方面、以何种方式、多大程度上对社会的发展进程和政策的制订与执行进行了独立干预的问题做出细致的分析。即使是对国家及行政官员的独立自主性给予了相对集中的关注的新多元主义学派的学者，最多也只是简单地描述了官员们将其自身的价值偏好融合进了公共政策的制订与执行过程中，却并未深入分析当政府自身的意志同社会的意志相偏离或抵触时，前者是否和怎样利用国家或科层管理组织制度结构上的某些特点，强行将这一意志转化为政策。在多元主义者眼里，就其本质而言，政治不过是各种社会力量在国家所提供的政治舞台上角逐各种价

---

① 参见Robert A. Dahl, *Who Governs?* Yale University Press, 1961.

② Theodore J. Lowi, *The End of 69*.

值物的“矢量之和”①。“国家”既非其理论分析的重点对象，它也不因对国家的考察而奠定其在学科发展中的显赫地位。由于它对“国家”采取的是一种事实上的回避与虚置的态度，因此，在这方面，它对于前述两种理论模式的纠正是极为有限的。

除了上述三种理论模式外，70 年代曾异军突起的新马克思主义理论，其对待“国家”的方式也是值得我们注意的。

在将“国家”重新引入政治分析方面，新马克思主义理论确实拓展了人们对资本主义国家（也包括发展中国家）的社会与经济职能的再认识，并且为后来的国家—社会关系理论模式的兴起，提供了一个理论上的过渡阶段。就理论的层面而言，它基本上保留了马克思主义国家理论的核心，承认国家是统治阶级的工具、阶级斗争的舞台，其一定的制度结构与活动方式是由一定的生产力与生产关系模式所决定的。资本主义国家的相对自主性，归根到底“取决于这种国家在资本主义生产方式的结构中的地位，取决于它与这种方式中阶级斗争领域的特殊关系”②。因此，带着上述观点，在实际操作中，新马克思主义者对于国家的比较分析，实际上更注重于生产力与生产关系（或称生产模式）的对比分析。这同 80 年代出现的强调国家在社会生活中的独立自主性的国家—社会关系模式，形成了鲜明对照。

以上就“国家”这一理论概念在现代美国政治学研究中的发展演变所做的分析表明，“国家”从现代政治分析中消失并非偶然。它是西方社会政治现实发生变化及社会科学领域中行为主义思潮兴起的一个必然后果。“国家”的消失虽然对政治学作为一门独立学科的成熟不无促进作用，但其对学科发展所造成的伤害也是十分明显的。这种忽视或轻视，导致现代西方政治学在相当长的时间里无法就其知识体

---

① Stephen D. Krasner, “Approaches to the state,” *Comparative Polities*, January 1954, p. 227.

② ［希腊］尼科斯·波朗查斯：《政治权力与社会阶级》，北京：中国社会科学出版社 1982 年版，第 310 页。

系所赖以立足的基本问题—政治是什么——做出圆满的解答。对政治过程中社会性因素的过分强调，造成了现代西方政治学的畸形繁荣。

四、"国家"在当代西方政治学研究中的复兴

鉴于行为主义政治学对国家的忽视及由此而给政治学研究带来的迷误，自70年代末以来，西方政治学界出现了一股势头强劲的呼声，要求重新重视"国家"在政治学及其他社会科学的分支学科中所应有的地位。导致这一学术思潮产生的社会原因主要在于，自凯恩斯主义兴起之后，西方各主要工业化社会中，国家在应付早期工业革命所带来的政治挑战的过程中，其自身的制度建设被不断地加强和完善，其对于社会生活的控制规模与控制能力亦日益膨胀。政府部门的急剧扩张，使得国家在社会生活中的身影变得无处不在。70年代西方经济的衰退和停滞，更使人们日益感受到福利国家对其公民"从摇篮到坟墓"的一揽子关怀的背后所可能造成的严重后果。

在这样的社会背景下，一部分学者开始关注所有基于国家自身的条件而构成的种种因素对于社会生活的各个方面所具有的影响，并着手考察国家的政治法律制度、官僚科层组织、官员的意识形态、不同社会中"国家"所包含的文化内涵、利益集团的构成与活动方式、社会运动的展开、跨国公司的经营活动，以至制度变迁的演进路线、经济增长的动力机制所具有的实际作用，等等。由此而逐步形成了国家—社会关系理论模式。这一理论模式既不是早期政治学中法理主义、制度—规范主义研究模式的简单重复，也不是行为主义政治学范畴内政治理论的局部变形，而是自行为主义思潮兴起以来，政治学理论研究的一次重要创新。构成其理论核心的，是下列四个基本的理论观点：

第一，国家公职人员在制订和执行政策时，具有他们自己的、不同于社会的价值判断与价值偏好，其对于政策制订与执行所构成影响的范围与程度，是由国家内部制度结构上的诸因素所决定的。这些因

素包括官僚组织内在的组织需要，各部门相互之间对于政策的制订与执行过程中的地位、权限和预算的竞争，等等。各种社团、阶层、种族群体、利益集团等在特定政策问题上的价值偏好，对公职人员几乎不具备什么影响力。相反，它们常常被科层官僚们依其自身的观点、利益与选择序列加以筛选、解释和评价，并被融入政策的制订与执行过程中。

第二，全体公职人员价值偏好的总和，构成国家在特定政策问题上作为一个整体的价值偏好（国家意志）。即使在面对强大的社会反对压力时，国家也能够将其自身的意志贯彻于整个社会之中。国家的这种强大的独立自主性来自于官僚组织内部的相互协调，以及以往在对付外来压力过程中所形成的种种制度性措施和手段。这些手段与措施包括：说服和诱导与政策无直接利害冲突的社会集团保持中立，利用自身的组织资源与组织优势抵消外来压力的影响，动员政权的社会基础对抗反对力量的压力，直至直接运用法律赋予的武力镇压手段清除任何挑战者，等等。

第三，作为一种制度化的法律秩序与官僚组织的整体，国家的制度结构或其行为对于那些试图影响它的社会力量具有决定性的影响。不仅社会活动因子本身的活动方式、对社会资源的占有量与占有方式，以及它们如何对自身的利益要求进行界定等，必须依照国家一定的制度与程序架构并在其规定的范围内展开或得到确认；而且，即使在面临严重的社会危机时，国家行为、既定的制度框架以及受制于这种框架的政府官员们的活动等，也会对危机的解决方式及随后而来的制度的变迁与演进路线产生重大影响。

第四，由于在社会的自运转与变迁发展的过程中，国家拥有强大的自主性与干预能力，在分析小到妇女权利的界定，大到制度的变迁方式等一系列问题时，都必须将国家置于各种分析变量的首选对象。

进一步的考察可以发现，这一理论模式在将“国家”重新引入政治学研究的过程中，已经同行为主义政治学之间形成了一些重大的区别。二者的分歧表现在①：

1. 行为主义政治学将政治同价值的分配过程联系在一起，国家充其量只是各种社会力量在争夺价值物的分配过程中的一个中立的仲裁人；而国家—社会关系模式则将政治同作为一个行动的主体与整体的国家联系在一起，认为在大多数情况下，政治乃是国家同各种社会行为主体为争夺、维持和强化各自的合法性地位而展开的一场对社会的统治与控制权的争斗。

2. 行为主义政治学认为，决定国家的政治法律制度与政策的制订与执行的根本力量来自社会，制度的变迁完全是社会变迁的反映；而国家—社会关系理论则认为，制度的发展演进是既定的制度同变化中的社会环境的要求二者相互作用的结果，制度一经确立，就具有了自我维持的生命力，并顽强地拒绝改变。国家（尤其是政府官员）对于政策的制订与执行及制度的变迁，拥有比之于社会更大的影响力。

3. 行为主义政治学认为，制度与行为之间不存在必然的联系，根据政治法律制度无法揭示政治生活的本质特征，因此更注重考察个人或团体的政治行为的动机与过程；国家—社会关系理论则认为，制度是一切政治行为的基础与前提，离开了制度约束这一普遍存在的事实，就无法揭示政治生活的本质特征。

4. 行为主义政治学主张实证研究，摒弃价值观念的干扰，而国家—社会关系理论则认为，意识形态对于政治行为、政治过程与政治制度都具有重大影响，离开了对特定时期、特定人群、特定组织乃至对特定问题的诸价值倾向的比较考察，就无法对政治行为及制度的变迁等问题做出圆满的解释。

上述四个方面的区别归结为一点就是，两者在其各自研究中所面对和要回答的是截然不同的两个问题。行为主义政治学所面对的是，政治：谁、何时、怎样和获得什么；而国家—社会关系理论所面对的

① 斯蒂芬·D. 克里斯纳将二者间的区别分为五个方面，与此处的分析有所不同。

则是，政治：为什么、何时和怎样影响了社会的变迁与发展。

“国家”在当代政治学研究中的复兴，为西方政治学界吹进了一股清新的空气。其学术上的最大贡献在于，它为当代政治学开辟了一个新的研究领域，为考察现代社会的政治经济问题提供了一个新的理论视角，并且在一定程度上纠正了存在于上一个阶段政治学研究中的理论偏向，从而遏止了长期以来充斥于行为主义政治学研究中的社会学化倾向。在理论观点方面，它将人们对现代社会政治过程的认识，从多元主义的由社会到国家的单向制约，推进到社会与国家的双向互动阶段，并且在研究的对象、内容、技巧和方法等方面，对行为主义政治学进行了重大的革新。

但是，任何一种理论模式都不可能是十全十美的。国家—社会关系理论也不例外。就国家—社会关系模式在目前阶段上的研究与应用状况而言，它至少还存在两方面的问题：

首先，就理论的层面而论，将国家作为一个独立自主的实体从社会中分离出来并且作为社会的对立物看待，这种做法是值得商榷的。国家—社会关系学派的学者看到国家机构或政府官员（科层组织）对社会生活具有重大的影响能力，这无疑是正确的；但倘若据此认为国家与社会就是两个各自独立又相互对立、仅仅借助于政策的制订与执行这一媒介物相互沟通的时空领域，则是值得怀疑的。即使我们不去追究将国家等同于国家机构或科层组织、并进而将其对社会的影响仅仅局限在政策的制订与执行上是否全面合理，单就现实而论，要想在国家与社会之间，或者说在公共部门与私人部门之间划分出一条清晰明确的界限就是十分困难的。以相当于中央银行的美国联邦储备委员会而论，就其法律地位来看，无疑它是国家机构的一个组成部分，负有由国家法律所赋予的维护国家金融财政秩序正常运行的重大职责。但就其构成与运转方式来看，它又是由大大小小约六千家私人银行所组成的一个直接面向社会的联邦储备系统，几乎完全不受政府其他部门的挟制，甚至可以同总统的经济决策相对抗①。试问，如何才能在作为国家机构一个组成部分的联邦储备委员会同由这六千家私人银行所构成的社会金融系统之间划出一条界线分明的区分线呢？从另一方面看，像美洲银行、花旗银行这样一些巨型商业组织，尽管就其法律地位而言，它们实实在在地是私人性的商业组织，但它的一切经营活动无不构成国家经济、金融秩序的组成部分，并受到国家特殊的保护，接受其特殊的指导。很难说它们完全是一个独立自主的私人部门。由此可见，为了理论分析上的便利而人为地在国家与社会之间划出一条界线，缺乏充分的现实依据。它至少表明国家—社会关系理论没有充分意识到，在现代社会生活中，国家与社会在许多方面是相互融合的，在二者之间还存在着一个与两方面都界限模糊的中间地带，正是这一中间带构成了国家—社会关系理论的分析死角。如何将其整合入政治分析的框架之中，将是国家—社会关系理论所面临的最大挑战。

其次，由于国家与社会之间的分界问题未能解决，一部分学者在实际研究中轻率地将国家等同于国家机构，将国家在社会生活中的干预与影响能力等同于科层官僚（组织）对政策的制订与执行能力，并且过分夸大这种能力对社会政治经济发展进程的影响。这种操作上的偏差，显然是对多元主义理论的一种矫枉过正，未必比它所批判的多元主义模式更具多少科学性。这也是在国家—社会关系理论的研究中已经出现的一种学术偏向。

总而言之，作为当代西方社会科学领域内各比较学科中最为盛行的研究理论之一，尽管国家—社会关系理论还存在着上述两方面的缺陷，但就其已经取得的学术成果而论，总体说来，它仍不失为一个十分有效的研究模式②。就其对中国政治学研究的价值而言，正如当代美国的一位中国问题的学者所指出的那样：“作为历史上最为持久的

---

① 参见希尔斯曼《美国是如何治理的》第 15 章“政府与经济”。

② 有关将此理论模式运用于中国当前市场化改革的一个分析实例，可参见拙文《经济增长的政治动力之谜》，《经济学消息报》1993 年 12 月 30 日。

政治体系的继承者，当代中国为国家—社会关系的研究，提供了一个最佳的实验基地。”

事实上，包括国家—社会关系理论在内的所有西方政治学理论模式，其对中国政治学研究的价值，最终都将取决于我们能否在对其进行批判性的借鉴基础上，结合对中国政治、社会与历史的变迁发展轨迹的深入分析，从而建立起具有中国自身特色的政治学体系。

关注公民公平感

——我国部分公民公平感调查报告*

薛　洁**

公平感（sense of justice），是一种主观感受，它反映的是公民对社会公正现状的一种评价与态度，是人们对社会财富分配状况的公平体验，对政治、社会事务参与程度与公平程度的看法，以及在比较基础上所产生的心理感受。公平感是由客观的社会结构与主观的心理体验两方面决定的，它“既是由一系列制度安排和社会结构所形成的社会公平环境所决定的，也是由个人对社会公平的主观感受和主观评价所决定的，即是由客观社会因素和主观心理因素共同决定的，既体现在个体心理层面的感受上，也体现在社会结构合理性的标准上”①。公平感是公民政治态度的一个方面，作为主观感受的公平感，是通过比较的因素得来的，主要包括付出与所得的比较、自身与他人的比较、现在与过去的比较、地区间的比较、行业间的比较，等等。公平感是

* 本文发表于《吉林大学社会科学学报》2007 年第 5 期。

** 薛洁，时任吉林大学行政学院讲师。

① 赵琼：《影响社会公平感的心理因素和社会因素》，《光明日报》2005 年 5 月 10 日，B4 版。

反映公民政治态度的一个重要方面，直接决定社会矛盾的产生、影响政治认同的形成、左右社会稳定的状况。

培养公民的公平感是构建和谐社会的一个重要目标，因为和谐的社会必然是公正的社会。在我国的政治文明进程中，政府已经就医疗、就业、住房等各个方面进行政策调控，并取得了显见的效果。但是公民的公平感到目前为止还没有非常精确的量化考察，以此为主题的实证研究与调查也都大多局限在某个具体问题或个别的事件上，缺少系统的分析与研究。为了了解我国不同公民群体对改革与发展过程中对社会公正现状的感受和期待，我们组织了此问卷调查。调查得来的数据一方面可以帮助我们了解部分公民群体在公平方面的观点与态度，进行更为详尽的分析与研究，另一方面也可以为我们的政策调整提供客观的参考依据与咨询意见，从而促进社会公正的实现。

一、调查情况概述

这次公民公平感调查，是教育部哲学社会科学重大攻关课题“社会公正与政府责任研究”的组成部分，由子课题“公民公平感调查”课题组承担进行。课题组在选样的基础上，考察了中国东北、西北、东南地区的吉林、陕西、江苏、广东、黑龙江、辽宁、浙江等13个地区的部分公民群体。既有工人、农民、教师、公务员等普通职业群体，也有对公平问题讨论较多的焦点群体：三峡移民群体、自由职业者、低保户等。调查从2006年6月开始，经过主题论证、指标选定、题目设计、到问卷发放以及最后的录入分析，于2007年5月底完成，共发放问卷4500份，回收问卷3713份，其中有效问卷为3285份，回卷率为82.51%，有效率为88.47%。其中吉林省地区的问卷部分由课题组成员亲自发放收集，其他地区委托当地合作单位或调研公司完成。

（一）职业构成

这次调查问卷在进行公民群体选择时，尽可能考虑到被调查者职业的多样性，覆盖多种公民群体。具体分布如下：

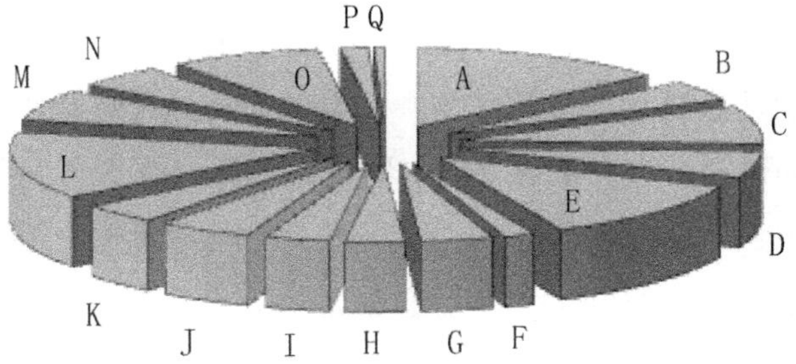

A. 国有（集体）企业职工（449，13.67%）

B. 非公有企业管理人员（140，4.26%）

C. 非公有企业职员（254，7.73%）

D. 私营企业主（178，5.42%）

E. 个体工商户或个体劳动者（400，12.18%）

F. 军人（53，1.61%）

G. 自由职业者（125，3.81%）

H. 离退休人员（103，3.14%）

I. 下岗、失业、半失业、无业人员（112，3.41%）

J. 学生（163，4.96%）

K. 党政机关、党群组织、事业单位领导干部，国有（集体）企业管理人员（134，4.08%）

L. 党政机关、党群组织、事业单位一般工作人员（456，13.88%）

M. 专业技术人员（科研人员、教师、医生、编辑、记者等）（214，6.51%）

N. 服务行业工作人员（154，4.69%）

O. 农业、林业、牧业、渔业、采矿业生产人员（265，8.07%）

P. 产业工人（50，1.52%）

Q. 其他（请说明）（19，0.58%）

图1　公民公平感调查样本职业分布图

从职业分布图中可以看出，党政机关、党群组织、事业单位一般工作人员（456人，占13.9%），国有（集体）企业职工（449人，占13.7%），个体工商户或个体劳动者（400人，占12.2%）在被调查者中人数最多，各自所占的比率均超过了10%，这部分人群属于我国最普通的工人、职员和个体劳动者，与人数紧随其后的是排在第四位的以农业为基本劳动对象的人员（共有265人，占8.1%）共同构成了这次问卷调查的被采访者的主体。被调查者的职业分布确保了调查范围分布的广泛；构成比例则决定了本次问卷调查收集的是最普通民众的意见与态度。

（二）年龄及其他

在受访者的年龄结构上，据表1，主体部分分布在19—60岁的在职人员，18岁以下及60岁以上人数所占比例低于10%，保证了被调查者对问卷题目进行理解时，有着充分职业基础与生活经历。

表1 “公民公平感”调查样本年龄分布

年　龄	人　数	所占百分比
18岁及以下	59	1.8%
19岁—25岁	722	22.0%
26岁—30岁	775	23.6%
31岁—40岁	832	25.3%
41岁—50岁	487	14.8%
51岁—60岁	262	8.0%
61岁及以上	146	4.4%
填写空缺	2	0.1%
共　计	3285	100%

另外，在被调查者中，性别比例数字分别为：男（1833人，占

56%），女（1443人，占44%）①，男性人数略占多数，这是由我国目前的就业比例以及被调查者中农民工群体的人数比例决定的。调查者中汉族人数为3039人，占92.5%；少数民族人数为187人，占5.7%。中共党员共1138人，占34.6%；民主党派人士156人，占4.7%；其他人共1960人，占59.7%。在教育程度上，大专及本科以下学历者共占91.6%；在个人年收入方面，年收入3万元及以下者所占比例超过80%。非农业户口人数为2317人，占70.5%；农业户口人数为947人，占28.8%。

以上这些数据表明，这次问卷的主要发放对象为我国社会最为普通的民众，他们经济收入较低、受教育程度一般、所属行业为普通劳动职业、政治面貌上大都不属于党员身份，总体上大都来自我国最为基层的普通城市和农村的劳动者，他们的意见反映了我国部分公民对社会公正状况的认知与感受。

二、调查定位与选样方法

公民公平感调查在主题定位上，是区别于客观的公正现状的调查的。公正现状是一种客观状况的描述，为保证其描述的客观准确性，应该是基于一定规模之上的统计，并且样本分布也应该与人口实际比例完全一致，才能以数据反映客观事实，例如城乡人均拥有教师数比较等；而公平感是一种主观感受，主观感受没有客观的一致的衡量标准。如同幸福感不能是他者的评价一样，公平感也只能是每个人自身的内心体验。它可以借助一些客观的指标数据来估计主观感受的程度，但公平感主要还是基于每个人的自身体验，以及对公正问题的观察得

---

① 说明：在问卷的个人信息填写部分，个别问卷对于个别信息是填写空白的。这里及以下各处数据除特殊注明之外，均包含缺省数据的百分比；而所列数据则为不包含缺省数据的实际数。

来的看法。

对社会现象是否公正的评价，与自身遭遇是否感到公平是两种不同的感受。特定情境下，人们所体验到的感受可能与作为旁观者的观点有着很大的区别。例如，未必每一个被调查者都有过对户籍限制的体验，但是每个人都可以有“对于户籍限制的态度与看法”，这样就需要答题者对我国户籍制度的整体作用作一个评价，这种评价不是通过体验得来的，而是通过观察得来的。

应该说，通过观察得来的感受不一定比得上亲身体验的看法强烈；甚至对事物的看法，在亲身体验之后与最初作为旁观者的看法可能大相径庭。亲身体验会影响甚至改变人们对事务的看法；同样，人们头脑中最初形成的对事务的看法，在亲身经历的时候，也会指导和影响人们的内心感受。因此，究竟是亲身体验的感受更真实，还是作为旁观者的看法更理性，在作为主观感受的公平感的判断中，无法准确比较。人们的认识总是在“理论—实践”的循环中不断超越，作为公平感的描述，也都只是对于某个历史时刻的描述。它的意义，不仅在于数据的收集与分析，而更在于通过这个调查的进行，引发答卷人思考和观察公平问题。

作为问卷的调查对象，我们的考察群体重点选择了东南沿海发达地区的广东城市地区、农业化比重较大的东北农村地区、西北大开发地区的西安，以及作为特定群体的三峡移民区等。本次调查，立意并不在对全体中国公民公平感进行总体评估，而是在构成状况差异较大的部分群体中作选样测试，了解我国部分公民对社会公平感的看法，以窥豹一斑。在问卷发放的数量上，适应选样群体的规模，有效样本数达到 3000 份以上。因而，本次调查的结果，可以显示部分普通民众对公正问题的态度与感受。

三、体系设计和信度

（一）指标选定

公平感是一种主观感受，测量公民的公平感应用的主要是一种主观指标，与客观指标提供事实资料不同，它反映人们对社会的现在及未来的看法，可以作为政策制定与实施的参考依据。当然，问卷在个人信息部分加重了客观条件的描述来估量和考察答题者的生存环境，以对照分析其自身的心理承受能力和经济承受能力，以及对社会问题的感知程度。例如，住房条件、医保类型、收入档次等，作为生活负担程度的一个衡量指标，影响对于社会保障和住房问题的感受。

应该指出的是，社会指标的确定是有它的系统的理论和论述依据的，但是指标的选择并不是僵化刻板的。除了现有的规则体系的指引外，对同一个主题的调查研究，不同的设计者会采取不同的测量指标，具有相当的灵活性。每个测量者所选用的指标，都代表了他的个性，显现出设计者本人的研究目的、知识背景、生活经验以及理论基础；对同一主题的研究，采取不同的指标体系，会具有不同的再测信度与效度。此问卷在具体的指标设定上，课题组借鉴了“经济合作与发展组织”的指标体系①当中关于公平的指标设计。

（二）指标的具体内容

根据我们在进行主题定位时进行的访谈考察，结合我国国民目前生活中的重要领域，确定了人们社会生活的主要方面作为划分主题，

---

① 经济合作与发展组织当中关于公平的指标体系包括社会基本保险覆盖率、犯罪意愿率、廉政建设、贫富差距、社会保障、行业公平感、付出收入回报、付出与他人比较、纳税公平、享受休闲的公平、享受健康和洁净环境，等等。

分别从住房、医疗、教育、就业与发展、参与与救济、户籍制度、交往与承认等角度作测量，同时融合比较的因素在其中：自己与他人的比较、付出与收获的比较、回报与预期的比较、现在与过去的比较，以及城乡间、地区间、行业间的比较，衡量公平理论中的机会均等原则、分配正义原则、避免剥夺发展成果原则的体现程度。从心理体验角度，本次关于公平感的调查内容包括了公民的生活满意度、优越感、相对剥夺感①、犯罪意愿、司法信任度、纳税意愿等感受。

（三）题目形式

在形式上，由于问卷涉及答卷者对社会公正状况的意见与态度，问卷个人信息部分又有关于经济收入部分，因此，为保证答题者按照真实意愿填写，在个人信息中也避免隐瞒，我们的问卷采取不记名方式进行，并且预留了测谎题，在个人信息中也采取了部分的跳答方式。具体形式，采取主观指标问卷常用的李克特量表形式，以对各个问题的感受的陈述作为题目，回答方式以封闭式回答为主，设定“非常同意”“同意”“说不清楚”“不同意”“非常不同意”五种不同的意见来考察答卷者对问题的接收与反对的强烈程度。答案为对称型，其中“说不清楚”的设计，反映答题者对某一看法意识模糊，如果某一陈述的该项选择集中，则体现该问题与公平感的相关度低。

充分考虑到我们选择的被调查群体的文化程度参差不齐，问卷尽可能做到文字表述简洁精练、浅显易懂；并且，为了保证答题者有充分的耐心答完整套问卷，我们尽可能精简问题，把整套问卷浓缩在九个量表中，避免提问的冗长、繁杂，使答题时间基本控制在15—20分钟。这样，在仅仅九个量表中要涵盖社会生活的各个方面的公平的态

---

① 相对剥夺感（relative deprivation），测量的是人们在与相应的参照群体的比较过程中所产生的一种对两者之差异的主观感受，这种感受一般而言都是负面的和消极的，都会透露出一种不满和愤慨的情绪。参见李汉林、渠敬东、夏传玲、陈华珊：《组织变迁的社会过程：以社会团结为视角》，上海：东方出版中心2006年版，第33—34页。

度看法，在取舍上只能就大舍小，使得问题集中，且尽可能具有包容性，能够让持各种态度看法的人都能针对自己的理解，找到选择答案。

（四）信度①与分辨力②

通常来说，人们总是对于自身利益密切相关的事才会感受强烈，而对于从未经历过或遭遇的社会事件可能漠不关心或者认识模糊。另外，个人信息部分还可能由于答卷者的忧虑心理而有所隐瞒或虚假填写。当然，考虑到农民和低保户等群体的识字比率以及阅读能力，都会或多或少地影响本次调查的结果。另外，主观感受的测量以得到人们第一印象的反应数据为准。对于同一问题的看法，不同的人具有很大的差异性，要把题目设计得能够适应不同的人的阅读习惯与感受，必须具有一定的包容性。比如对于“司法过程中的不公正现象”大概就可以概括人们对于司法不公方面的诸多的理解。此套问卷题目及指标体系经社会学、心理学不同专家认定，认为题目涵盖全面，概括详细，与主题具有很大的相关性。

针对再测信度而言，主观态度的测量不同于客观现状的描述，主观态度具有不稳定性，是一种受所在地的环境、文化及各方面差异的影响而变动的态度，也会根据客观情况的改变而浮动，甚至会受情绪的波动而改变。我们问卷所得来的结果，是在目前阶段，我国部分公民群体对公平问题的一些感受与看法。这些态度与意见，不仅会随着社会的进步、经济的发展、答卷人经济条件的变化、社会事件的发生、

---

① 信度分析是针对量表的有效性进行研究，分为内在信度与外在信度，内在信度考察评估项目之间的内在一致性，内在信度高意味着所得的评估结果可信；外在信度是指在不同时间内对同批被评估对象实施重复测量，评估结果是否一致，外在信度高反应被测量对象没有故意隐瞒，测量结果没有二义性。此处提到的再测信度指外在信度。

② 所谓分辨力，是决定该题目是否有调查的必要，如果所有人答案一致，那么该题分辨力就最低，为0，因而失去了调查的价值。例如，类似“靠特权干预司法过程是否公平？”的问题，因其答案会被认为毋庸置疑，故而没有达到标准分辨力而不能成为题目。

自身命运的转变，甚至教育水平的提高而发生改变，而且还会受答卷者当时的心理活动与情绪波动的影响。因而，即使使用同一套问卷对同一批人群进行再次测量，就要考虑到当时的现实条件和经济标准，以及被测人员的情绪状态等诸多因素，也可能产生不同的调查结果。因而，公民公平感的调查，都是在特定的历史背景下的瞬间描述，它不能借以进行宏观的永久的概括，却可以让我们了解现时的部分公民的看法。

当然，并不是所有关于公平感的问题都要体现在这张问卷中，有些问题虽与公平感很相关，但因其题目分辨力低而失去调查的必要。问卷在正式发放之前，进行了两次预调查，并且分别根据每次预调查的结果修改或去除了分辨力较低的题目，以保证问卷题目精简、有效和提高调查的意义。

四、调查结果与数据分析

此次调查问卷涉及关系国民生活的各个主要领域：住房、房价、医疗、教育、就业与发展、参与与救济、户籍限制，等等。下面首先从纳税意愿出发，作为衡量指标考察被访对象的公平感的程度；然后列举出被认为最不公平现象的强烈程度的排序；最后重点分析在最不公平社会现象的排序中排在前面的医疗问题、贫富差距大和住房及房价等问题。

（一）纳税意愿

依法纳税不仅是衡量公民诚信守法的一个重要标尺，更为重要的是，公民通过纳税来保障权利，纳税意愿既体现公民的权利意识，又是对社会公正状况认同的反映。自觉的纳税意识，产生于公民对于社会整体公正状况的认可，以及对于分配问题的公平体验，体现了从臣民到公民的转变。

表2 “公民公平感”调查对象个人年收入与主动纳税意愿对比分析

	非常同意	同意	说不清楚	不同意	非常不同意	总计	同意率
1000元以下	54	209	72	54	22	411	63.99%
1000—5000元	79	482	196	132	27	916	61.24%
5000—10000元	42	318	119	38	9	526	68.44%
1万—3万元	78	442	159	91	29	799	65.08%
3万—8万元	61	285	81	32	20	479	72.23%
8万—12万元	4	30	20	10	3	67	50.74%
12万—30万元	3	20	10	7	2	42	54.76%
30万—100万元	1	11	4	0	1	17	70.59%
100万元及以上	1	2	0	0	0	3	100.00%
总计	323	1799	661	364	113	3260	

针对调查问卷题目中“我愿意主动申报纳税”的陈述，分析不同收入阶层的人群的主动申报纳税的意愿，用同意率①作考察。据表2，同意率为100%的是年收入100万元以上的被调查者，当然，由于本次问卷调查对象中，此收入段的样本数仅为3，而只能作简单的对比。其次同意率比较高的收入段分别为个人年收入“3万—8万元”和“30万—100万元”两个收入段，他们的同意率分别为72.23%和70.59%，均超过了70%。其中，个人年收入在3—8万元之间的人群属于经济上脱离贫困，达到我国社会小康社会城镇居民基本收入标准的小中产阶级，且在本次调查数据中这部分人主要分布在城市和城镇地区（城市和农村的分布数分别为449人和28人），这部分人没有过

① 同意率，这里指对“我愿意主动申报纳税”的陈述的答案选项中，选择“非常同意”或“同意”的，视为有着明确的主动申报纳税意愿。同意率此处的算法为：（“非常同意”的人数+“同意”的人数）/该收入档的总人数，例如，收入为1000元以下的人群对“我愿意主动申报纳税”的同意率为：（54+209）/411=63.99%。

高收入，但不愁温饱，有固定的经济来源，生活较为稳定，社会认同感最强，纳税意愿高，他们的生活水平可以随着社会的经济发展而水涨船高，没有较大的生存困难，成为我国社会稳定与社会和谐的积极因素；而年收入在 30 万—100 万元，以及 100 万元以上的人群属于社会中的资产较多者，他们已度过了资本积累的奋斗阶段，生活条件优越，有相当数额的固定资产，掌握了相当的社会资源，具备很强的社会生存能力，因而对于社会公平也有着较强的感受。

在纳税意愿较低的部分为年收入为“8 万—12 万元”以及“12 万—30 万元”的两部分，他们的主动申报纳税的同意率仅为 50.74% 和 54.76%。这个数字与之前有关部门作的个人年收入 12 万元以上个人纳税统计调查结果有一致之处。个人年收入在 8 万—30 万元的人群，已经彻底解决温饱，开始在生活上努力进入更高层次，换房换车，进行财产积累，进入事业增殖发展的阶段。他们对社会承担了更多的义务，但可以享有的公民权利却不高于没到主动申报纳税标准的人们，因而对于主动申报倍感吝啬，纳税意愿略低。但总体上讲，按照我国的主动申报纳税标准，本次调查个人年收入达到 12 万元的样本数共有 38 人，其平均同意率为 61.29%。

另外，在纳税意愿与教育程度的交叉列表分析中，各个教育阶段的人群主动纳税意愿的同意率均为 60% 多，彼此差距不大，并不像表 2 中有因个人年收入而带来的明显数据变化。由此表明，在我国现阶段，决定人们主动纳税意愿的主要还是经济原因。

（二）被认为最不公平的社会现象

对于社会现象中被认为是最不公平的，被调查者按照题目要求选出三项，在调查题目所列举的 20 项选择中，按照图 2 频次统计，排在前十位的依次是：“普通百姓看不起大病重病”（1426 次）、“贫富差距拉大”（1203 次）、“普通百姓买不起房”（1190 次）、“官员贪污腐败现象”（768 次）、“特殊行业的垄断竞争优势”（724 次）、“岗位竞争中的不正之风”（587 次）、“高校毕业生就业难”（464 次）、“行业间福利待遇、发展机会差距大”（451次）、“城乡、地区间医疗条件差距大”（448次）、“一些地区居民生活环境污染严重”（380次）。其中前三项“普通百姓看不起大病重病”“贫富差距拉大”和“普通百姓买不起房”被选次数集中，均超过了1000次，这表明了最基本的健康与生存在被调查人们的头脑中居于最为重要的方面，因而对于政府在提供全面的医疗保障方面提出要求；而医疗保障问题、分配公平问题和房价偏高的问题作为与人们生活最为紧密相关的方面，依然是引起公民不公平感的最主要的问题。排序紧随其后的，是官员的腐败问题，这也显然地表明，人们在社会经济进步的努力的同时，对于良好社会风气的期盼与要求。

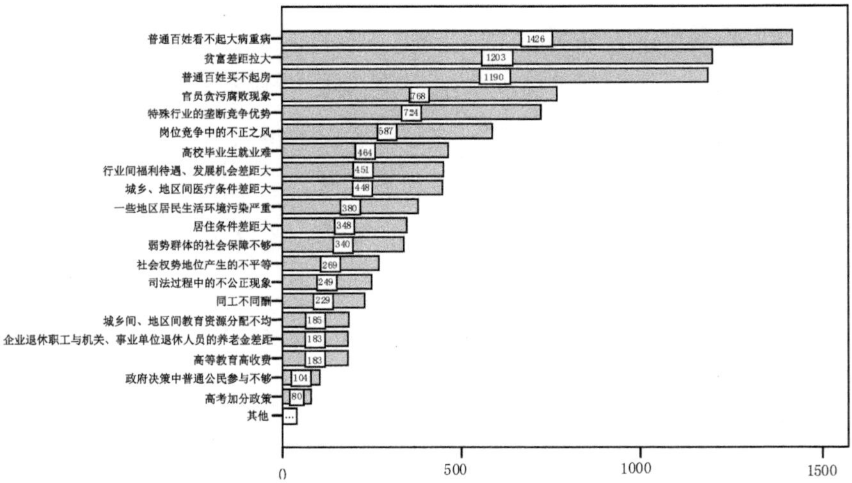

图2　最不公平的社会现象

同时，在前十项引起最不公平感的社会现象中，“一些地区居民生活环境污染严重”也被列其中，这体现出我国民众在关注个人生活的经济方面之外，已经开始关注环境问题。生存环境的洁净与健康、没有污染已经被列为每个人都应该公平享受的条件了。环境问题，不仅是一个环保问题，而且深层次上讲，还是一个经济问题，甚至是一个政治问题。大多数民众的生存环境意识的提高，也从一个方面表明了我国公民的权利意识的增强和我国社会文明进步的程度。

（三）医疗

在医疗问题上的题目设计，我们惯循了这样的思路：首先是基于对现状的评价，对我国目前医疗条件的城乡比较进行公平感知；然后，在对现状的问题寻找根源上，调查人们是否认为政府应该提供更多的保障；接下来，分别就医疗问题的两个常见方面：大病难治和小病不便的态度进行提问，如表3。

表3 “公民公平感”调查对象关于医疗的感受

	非常同意	同意	说不清楚	不同意	非常不同意	总计	同意率
目前我国城乡医疗条件的差别是不公平的	789	1869	394	203	28	3283	81.0%
政府应为社会每位成员提供基本的医疗保障	1049	1714	307	184	31	3285	84.1%
由于就医不便使得日常病患不能及时医治是不公平的	796	1828	353	260	47	3284	80.0%
由于医疗费用高而使大病得不到救治是不公平的	1046	1643	308	240	47	3284	81.9%

从答卷者对医疗问题反映的集中与强烈程度，即可反映出，就医问题的确是在引起最不公平感的社会现象中排在首位的。根据统计，在被调查者中，有81.0%的人同意或者非常同意我国目前城乡医疗条件差别大是不公平的；而对于政府应为社会每位成员提供基本的医疗保障方面同意率最高，达到了84.1%，而且在这部分数据当中，“非常同意”所占的比重也是最高的，有1049人，占32.0%，这表明人们在基本的医疗保障方面对于政府责任的强烈期待；接下来的两个陈述“由于就医不便使得日常病患不能及时医治是不公平的”和“由于医

疗费用高而使大病得不到救治是不公平的”的同意率也都分别为 80.0%和 81.9%，均超过了 80%，而且在大病难治的问题上，人们的看法还略强烈于小病不便治。这体现了，在现行的经济收入水平下，大病因为费用高而得不到救治是最大多数人最为忧虑的事情。大病重病高额的医药费，使人们根本无力承担，常常会因此而积蓄花尽，债台高筑，即使能够治愈，全家的生活从此也会压力重重，严重受到影响，更甚的还会人财两空，给亲人心理造成重大伤害。因此，医疗问题是引起人们最强烈不公平感的问题。

表 4　“公民公平感”调查对象的医疗方式

医疗方式	农村		城镇		城市		总计	
	人数	百分比	人数	百分比	人数	百分比	人数	百分比
完全自费医疗	203	30.7%	258	31.7%	379	21.2%	840	25.8%
合作医疗	343	51.9%	244	30.0%	111	6.2%	698	21.4%
公费医疗	20	3.0%	72	8.9%	461	25.8%	553	17.0%
社会医疗保险	62	9.4%	188	23.1%	746	41.7%	996	30.5%
商业医疗保险	9	1.4%	14	1.7%	36	2.0%	59	1.8%
其他	24	3.6%	37	4.6%	55	3.1%	116	3.5%
总计	661	100.0%	813	100.0%	1788	100.0%	3262	100.0%

人们对看病问题如此关切，那么在医疗方式上，是否都得到了全面的保障？如表 4 显示，在农村和城镇地区，医疗方式占比例最高的是合作医疗和自费医疗。在农村，有 51.9%的人们参加了农村合作医疗，然而还有 30.7%的人目前依然是完全自费医疗；在城镇，更是有 31.7%的人们属于完全自费医疗，有 30.0%的人们参加了合作医疗，只有 23.1%的人享有社会医疗保险。农村和城镇居民的高比例的完全自费医疗人数，不仅大大增加了农村城镇地区人们有了大病因为经济原因得不到救治的风险，更为重要的是，它为社会不稳定因素以及影响人们对于公平问题的看法。毫无疑问，统计显示，农村和城镇地区人们对于参加社会医疗保险或合作医疗的意识还没有足够提高，抵抗

大病风险的能力弱，这样，一旦出现重病大病，这部分人群的心理承受力和公平感就会大大降低。

而在城市地区，社会医疗保险的覆盖率也仅为41.7%，不足半数。虽然有25.8%的被调查者享有公费医疗，但是完全自费的比例依然也有21.2%。

在寻求更好的医疗保障，抵抗大病风险的出路上，无论农村、城镇和城市地区，人们都没有把希望放在商业保险上。表4显示，本次被调查者当中，拥有商业医疗保险的比例在农村、城镇和城市地区都是非常低，各自为：1.4%、1.7%和2.0%，虽然这表明在城市人们的意识中，重视商业医疗保险的比例略高于农村和城镇地区，但是应该说，对于得到更好的医疗保障，人们并不愿意（或者是无力）通过个人经济付出的方式购买商业保险，而是将主要的要求与希望投向了政府。

（四）贫富差距

贫富差距问题是每个社会在发展过程中都会遭遇的正常现象，但是贫富差距拉大，使更多人不能很好地分享发展的成果，就会在人们心中产生不公平感，从而成为一个政府应当重视的公共问题。应该说，随着经济的发展，我国社会从总体上比以前进步了，但是贫富差距不是一个纵向比较的维度，而是横向比较的维度。通过对自然禀赋差异与环境差异的比较，本次调查测量了公民对于贫富差距拉大问题的公平感和优越感。其中优越感是一个测量公平感受的一个方面的指标，它是人们对自己在社会中所处地位的一种自我评价。人们只有感到公平才会产生优越感。从表5可以看出，对于“贫富差距拉大是公平的”看法，只有31.1%的人同意，而“不同意”或“非常不同意”的人占52.8%，其中有高达477位被调查者反映强烈，非常不同意。这个态度测量的结果与题目中对“被认为最不公平的社会现象”的测量结果也是一致的，贫富差距拉大问题是排在前列的引起人们不公平感的重要问题。在对自我地位进行比较评价时，在我们的调查对象中，感到“与周围人相比，有优越感”的共1374人，占总样本数的41.9%；在这方面“说不清楚”自己是否有优越感的共有1035位，占31.5%；而不同意与非常不同意的人数共有872人，占26.6%。

表5 “公民公平感”调查对象对贫富差距的态度

	非常同意	同意	说不清楚	不同意	非常不同意	总计	同意率
贫富差距拉大是公平的	168	854	527	1256	477	3282	31.1%
我目前的工作地位与我的受教育水平基本符合	154	1945	575	506	102	3282	64.0%
不同行业间发展机会差别大是不公平的	316	1468	743	687	69	3283	54.3%
与周围人相比，我有优越感	143	1231	1035	751	121	3281	41.9%
与社会上大多数人相比我享有的薪酬待遇是公平的	126	1477	781	728	172	3284	48.8%

针对被调查者自身，对于“工作地位与受教育水平基本相符”的看法表示同意的比例尚高，达64.0%，再加上“说不清楚”态度的575人，不反对的人数占到了大多数。这说明人们对我国目前的就业和发展机会与个人受教育程度的一致性上基本认同，感到公平。但是，不同的行业在发展机会上的差距大，有共1784位被调查者认为不公平，占54.3%。这也与前文图2所列的在引起不公平感的社会现象中，“特殊行业的垄断竞争优势”被排在了第5位，“岗位竞争中的不正之风”排在第6位，以及“行业间发展机会差距大”排在了第8位是一致的。在与社会上的大多数人相比，同意或非常同意“自己的薪酬待遇是公平的”的人数共有1603人，占48.8%；不同意或非常不同意的人数同样也占27.4%。

（五）住房与房价

由并非收入原因导致的买不起房，是与公平有关的问题。

在本文的题目中，对住房状况的满意程度主要通过比较的因素得来——自己与他人比、付出与待遇比、现在与过去比、地区间比。对于“自己与他人相比”，对自己的住房待遇感到满意的比率（同意率）为53.6%，共有1761人；对于“付出与待遇”比较，对住房条件满意的同意率为47.5%，共1561人；与五年前相比，认为目前住房条件得到改善的明显同意率为58.2%，共1960人；认为地区间房价差距大为合理的比率为53.5%，共1755人。这四组数据如果均加上态度为“说不清楚”的样本数，则都达到了70%左右。

这次问卷的被调查中间，拥有1套住房的人数为2194人，占总样本数的67.0%；在住房来源上，购买经济适用房、购买商品房和购买单位的福利住房的比例总数为59.2%，农村自建住房比例为23.4%。城市与农村住房面积在50—130平方米之间的比例为74.2%。

在被访对象中，大多数人都已经能够承担购买一套自己的住房。那么房价偏高的事实对他们来说还有什么样的感受呢？从表6中看出，

表6　“公民公平感”调查对象对房价偏高原因的态度

	非常同意	同意	说不清楚	不同意	非常不同意	总计	同意率
目前我居住地区的房价基本合理	144	1283	674	904	276	3281	43.5%
政府的土地和房地产政策不合理导致了房价偏高	590	1525	829	290	48	3282	64.4%
政府对房地产市场监管不力导致了房价偏高	615	1612	689	310	55	3281	67.9%
炒房造成了房价偏高	664	1587	657	292	82	3282	68.6%

尽管被调查者中的大部分在经济条件上已经拥有自己的住房，但是对于房价合理的同意率依然不足50%，从而再次验证了目前我国社会大多数人认为房价偏高的事实。对于房价偏高的原因的统计表明，同意是因为“政府的土地和房地产政策不合理导致了房价偏高”的占64.4%，而同意“政府对房地产市场监管不力导致了房价偏高”占67.9%，认为“炒房造成了房价偏高”的占68.6%。

以上的数据统计显示，人们在与他人比较、付出与待遇的比较、现在与过去的比较等方面都对目前自己的住房待遇有着基本的认可态度，并且事实上大部分人（59.2%）也都拥有一定面积的自己的住房，人们依然对房价高感到不公平。究其原因，大部分人并不认为是因为自己收入低而造成的买不起房，而是把责任与期望都归于了政府。

（六）司法信任与尊重

公民在遇到不公正待遇时，是否愿意采取诉讼途径来解决，既反映公民的法律意识，更反映了我国的司法过程是否足够公正以使公民产生公平感并对之信任（见表7）。题目中对“在处理与他人的纠纷时，我更加信任法律手段”表示同意的人数有1788人，非常同意的有504人，二者占总样本数的69.8%。这个接近70%的数字体现了普通民众对于我国司法过程的很高的期待与信任；与此相对应的是，在引起不公平感的社会现象的排序中，“司法过程中的不公正现象”也同样是被排在了靠后的位置。在判断“我时常感到社会不公，有违法犯罪的冲动”中，统计数字显示，有30.4%的人承认自己具有犯罪冲动。这个概念与纳税意愿相对应，是人们在遭遇不公平待遇时，从心理上产生愤世嫉俗的情绪，无从抒发，从而产生犯罪意愿。这个统计数字表明，虽然大多数人还是认可我们的司法过程，但是也有一部分人缺乏良好的发泄途径，在遇到不公平对待时，对社会产生不信任感。这些都需要我们的政府在提供社会情绪排解路径上做出更多的努力。

表 7 “公民公平感”调查对象对社会的信任与承认的获得

	非常同意	同意	说不清楚	不同意	非常不同意	总计	同意率
在处理与他人的纠纷时，我更加信任法律手段	504	1788	518	414	58	3282	69.8%
我时常感到社会不公，有违法犯罪的冲动	158	840	632	1252	398	3280	30.4%
我在工作中的付出和努力能给我带来相应的荣誉和尊重	169	1740	715	539	121	3284	58.1%
在社会交往中我能够得到他人的尊重	244	2048	637	302	47	3278	69.9%

在工作和与他人交往中获得的尊重方面，是体现人们在心理感受上是否受到社会承认，拥有平等对待的状况。在本次调查中，同意或非常同意“我在工作中的付出和努力能给我带来相应的荣誉和尊重”的人数共有 1909 人，占 58.1%，这个比例超过一半；而不同意和非常不同意的人数只有 660 人，只占到 20%强。在社会交往中，同意或非常同意自己“能够得到他人尊重”的人数占 70.0%。这些都表明，在信任司法途径和认为获得社会平等对待方面的感受方面，本次的调查对象大多是感到公平的。

（七）户籍制度及其他问题

在本次调查的问题中，还有涉及对我国户籍制度是否公平的感受，以及对高考进行加分的一些问题。根据统计结果，从正面肯定户籍制度的态度占到多数。同意或非常同意户籍制度“是基本的身份证明”的比例为 81.6%，认为“是享受社会保障的依据”的比例为 70.5%，认为“社会治安管理的需要”的比例为 78.9%；而对于目前社会上的一些对于户籍制度的批评意见中，同意或非常同意户籍制度“限制了农民进城发展的机会”的比例只有40.8%，认为“限制了进入大城市就业发展机会”的比例是46.4%，认为“减弱人员自由流动，影响市场自由调节”的比例是48.8%。这些不超过50%的同意率都表明了，在大多数人们的心中，户籍制度的积极意义更为重要，更多人心里并未因为户籍的限制而产生不公平感。考虑到本次问卷的发放地几乎没有涵盖北京上海等大城市，因此，这个统计结果更为有说服力。

虽然有更多的人肯定我国户籍制度的积极意义，但是，在对由于户籍限制而导致社会保障、医疗卫生、义务教育等各方面的不平等待遇的评价上，有超过一半（55.8%）的人感到是不公平的。这也反映了人们目前对于户籍制度主要的反对意见并非在于它对城乡间流动的限制，而是大部分地在于它造成医疗保障条件方面的差异，以及限制了跨地区的教育机会的获得。

除此之外，在获得高等教育机会的特殊照顾方面，因学生自身条件优秀而给与高考加分（优秀学生干部、特长生等）的情况，感到公平的同意率为51.2%，比因身份而加分（烈士、华侨子女及少数民族学生等）的情况的同意率40.9%高出10.3个百分点，这显示，相对于因身份而获得加分，人们对于因优秀程度而获得加分的政策更加感到公平。

五、总结

本次社会调查把纳税意愿、犯罪意愿、优越感、司法路径的信任、认同感等感受作为指标，结合地区间比较、与他人比较、与过去比较等比较的因素，针对民众反映强烈的与生活密切相关的主题为主要内容考察了我国部分公民的公平感。通过统计分析，针对各个主题的调查都可以得出结论，我国公民有着基本的公平感。在针对这几方面做的具体分析中我们也可以看出，作为社会最普通的民众，本次调查对象对于我国社会公正现状基本持积极的评价态度，这既反映了公民对我国社会公正程度的基本认可，也体现了我国社会的总体和谐程度；作为基层的群众，他们成为在构建社会主义和谐社会中的主要依靠力量。同时，统计出在引起社会不公平感的诸多社会现象中，排在前三位的依次是“普通百姓看不起大病重病”“贫富差距拉大”和“普通百姓买不起房”，这也反映出，促进社会公正方面，我们的社会也存在有需要继续改进的问题，在这个责任上，政府承载了民众最多的期盼。

应该说明的是，本次调查对象的选样构成，属于我国社会最普通的民众，他们对于社会公正问题的感受态度，与社会中的更为优势的人群会有一定的差距；但是他们占我国人口中的最大多数，是一群最不容忽视的民心力量。